経済数学

藤田渉・福澤勝彦・秋本耕二・中村博和◆編

はしがき

　本書を経済数学のテキストとしてはじめて手にした読者諸君は，経済系あるいは経営・商学系の1，2年生であろう．経済学は文系なのに，なぜ数学などを学ばなければならないのかと，とまどっているかもしれない．しかしながら，経済にかかわる理論は日々あらたな数学的理論や手法をとり入れて駆使することにより高度に発展しつづけている分野であり，その勉強はさけて通れないものである．教える側にしても，経済学を文系だと思い込んできた学生に興味をもたせるために数学を敬遠するならば，結局のところ体系的に経済学を学ぶ機会を失わせてしまうだろう．

　たしかに理論の表現は文章のみでも可能である．著名な物理学者のしたためる名文が理数系の高校生の琴線に触れ，進路を決定付け，なおかつ研究者として成功した後も座右の書になっているなどということは稀な話ではない．著名な経済学者による数式を一切もちいることなく高度な理論を展開した初学者向けのテキストも数多くある．しかしこれらは数学的表現にも高度に習熟した一流の研究者が，吟味に吟味をかさねた文章表現を用いてつづった特殊なものであることに注意しなければならない．比喩やたとえ話ひとつとっても，その背後には数式や数学理論が即座に噴出奔流するであろう深遠な世界が控えているのである．

　数学的表現がなされれば，数式は中立である．そしてそれは進路を決定するような琴線にふれる言葉ではないかもしれないが，比喩によって表現された深遠な世界そのものである．議論は数学的表現に至るまでの前提や，定量的な分析結果の解釈に集中することができる．そこには曖昧さは少しもない．駆け出しの研究者や大学院生であっても，斯界の権威に論争を挑むことも可能であり，また多くの研究者が公平に判断してくれるだろう．もちろん相手が一枚上手で

あり，その数式をヒントにさらに高度で洗練された理論を発表されてしまうこともあるだろう．これは数学的表現のもうひとつのメリットである研究者間の共通言語や共通知識であるということにかかわる．逆に数学的表現が不得手な研究者は，過去の研究蓄積を利用できないという，不利な立場におちいることになる．

　また多くの経済学の初等教科書は，文章表現の限界と，数式使用の回避のために，グラフを活用する．視覚を活用した教材としてグラフ表現は多くの可能性を秘めているのは事実であるが，2次元の平面である限界を超えることはむずかしい．経済学を学べばすぐにその議論は多変数を対象にしていることがわかるであろう．グラフはそのままでは1変数の議論しかできない．多変数の議論をするには巧妙な前提のもとに1変数の議論に帰着させるか，あるいはグラフ自体を巧妙に描いて多変数をあつかうことになろう．コンピュータが普及することにより，立体のグラフも容易に利用できる時代になってきたが，それでも変数を1個追加できるだけであり，本質的に多変数の世界を3次元世界の生物であるわれわれの視覚で把握することは非常にむずかしいのである．

　こうして数学嫌いの学生諸君にたいしてことばをえらんだり，グラフや絵を描いてみせながらいろいろつくろっても，講義がすすむにつれ，経済学と数学の密接な関係は隠せなくなってくるのである．突如数式をみせて戸惑わせるよりも，徐々に習熟してもらい，その現実を知っておいてもらうべきであろう．しかし本書の読者諸君のような初学者にとっての数学を学ぶ最大のメリットは，すこし水準の高い経済学や経営学を学ぶために不可欠な道具を手に入れるということと同時に，論理的思考を訓練するための素材であると考えられる．

　もとより本書の内容では現代の経済学が駆使する数学や統計学，経営の現場で多用される数理的な意思決定支援法，ファイナンスの世界を支える金融工学の数学や数値計算法までをすべてカバーすることはできない．しかしながらこれらの数学は突如としてあらわれるものではなく，本書の水準の数学から徐々に組み立てていくことができるものである．さらに本書の内容でさえも簡単な微分表現や行列表現から少しずつ組み立てられていることがわかるだろう．数学を使用することにより経済学は暗記科目ではなく，少数の基本的な概念をも

とに，高度な水準まで自力で組み立てていくことができるものになる．またこれはほとんどすべての現代の科学に共通な論理的思考法を手に入れることでもある．その意味で数学は，将来研究者になるもの以外にとっても，社会に出てビジネスの現場でどのような数理的な表現があらわれようが，かなわぬまでも逃げ出さなくてすむための論理的思考法の素材なのである．

　本書は経済数学の講義でもちいる場合を考慮して以下のように各章を計画している．ただしこれに限定される必要はなく，他の教養数学や統計学などの講義をかんがみて，適宜必要な章を抜き出して講義することも自由であるし，また他の経済・経営系の講義課目のサブテキストとして使用することも可能である．

(1)　1セメスターまたは15コマの講義

　おおよそ経済数学の入門としては，第2章から第6章までの合計5章をもちいれば，1変数から多変数までの微積分，古典的な最適化法，線型代数の基礎，初等経済学で登場する線型代数までをカバーできるようになっている．第2,3章の微積分から講義を開始することも，第5章と第6章前半の線型代数から開始することも可能である．第4章の古典的な最適化法については，第6章後半のヘッセ行列式をもちいた議論と組み合わせながら講義すれば効果的であろう．

　第1章は中学・高校で学んだ数学からのブリッジとして用意されている．学生の知識に応じて必要な節を抜き出して講義することも可能である．また入試で数学を課していない場合などでは，第1章から講義を開始してもよいだろう．

(2)　2セメスターまたは30コマの講義

　経済数学の入門として，第2章から第6章までの合計5章を中心に時間的に余裕をもって講義する場合は，各節の設問や章末の練習問題などを素材にして演習に時間を割けば効果的であろう．第1章は学生の基礎知識の状況に応じて同様に適宜利用していただきたい．

　また経済数学は理論経済専攻の学生のためだけではなく，社会人として数理的な手法を身につけるための基礎科目として重要になりつつある．第7章の経済分析と線型代数はそのために有効に利用できる．経営系などでは線型計画法

を，政策系などでは産業連関分析をそれぞれ重点的にあつかうとよいだろう．いずれも第6章前半の線型代数からそのまま進むことができる．

他に独立して統計・確率の講義が用意されていない場合や，さらに引き続いて計量経済学などに進む場合には，第10章の確率に重点をおくとよいだろう．第8，9章は理論経済に進む学生を対象にする場合，教材としてもちいることができる．

本書が企画されたのは1年以上前になる．新緑の萌ころ，執筆者初打ち合わせでは，要求される経済数学の水準に短期間で達するためのテキストをと，熱い議論がかわされた．文系の高校生にも容易に読める入門書，初中級の公務員試験の参考書，理論的な説明は極力抑えた枠に囲まれたポイント中心の公式集のようなもの，中学高校の数学もふくめた楽しいテキストなど提案が続出した．刊行の遅れはひとえにこれら執筆者陣の使命感，責任感を甘くみた編者の油断にあり，関係の方々には宥恕を願うのみである．

本書の企画をされた西日本理論経済学会の諸先生方，とくに九州大学大学院経済学研究院の細江守紀教授には刊行に至るまでの間，ご心配をかけただけでなく，種々のご助言をいただき，また励ましていただいた．この場を借りて深くお礼を申し上げたい．また原稿が書き下ろされる長崎大学経済学部の学生，池田祐二郎君と長延央憲君には例題や設問もふくめて精読してもらい，実際に学習する立場の学生からの視点について，いろいろ意見を出してもらった．無理難題を押し付けたことについては陳謝したい．

なお，本書の出版に際しては，勁草書房編集部の宮本詳三氏には大変お世話になりました．心から感謝いたします．

2000年10月

編者一同

執筆者紹介・執筆分担

福澤　勝彦（長崎大学教授）（第1章，第6章2節）
中村　博和（佐賀大学教授）（第2章，第10章）
秋山　優（九州産業大学教授）（第3章）
髙尾　健朗（九州産業大学准教授）（第4章）
藤田　渉（長崎大学教授）（第5章，第6章1節，第7章）
秋本　耕二（久留米大学教授）（第8章，第9章）

目　　次

はしがき

第1章　基本的事項　…………………………………………………………… 3
　1.1　数　3
　1.2　方程式の解　7
　1.3　極限と無限　10
　1.4　ベクトルと行列式　13
　1.5　利子計算と現在価値（級数）　19
　1.6　数 e，指数関数と対数関数　22
　練 習 問 題　27

第2章　1変数関数の微分積分　………………………………………………… 29
　2.1　1変数の関数　29
　2.2　1変数関数の微分　36
　2.3　導関数をもとめる公式　43
　2.4　経済理論と微分　54
　2.5　高階の導関数と関数の極値　56
　2.6　1変数関数の積分　62
　練 習 問 題　65

第3章　多変数関数の微分積分　………………………………………………… 67
　3.1　多変数関数　67
　3.2　偏　微　分　71

3.3 全　微　分　*81*
3.4 2変数関数の合成関数の微分　*89*
3.5 多変数関数の積分　*93*
練 習 問 題　*97*

第4章　最適化問題 … *98*
4.1 多変数関数の凸関数と凹関数　*98*
4.2 多変数関数の極値問題（制約条件のない場合）　*104*
4.3 制約条件のある場合（条件付き極値問題）　*110*
4.4 陰関数の極値と包絡線定理　*120*
練 習 問 題　*127*

第5章　線型代数入門 … *129*
5.1 行列の定義と意味　*129*
5.2 行列式の定義と性質　*139*
5.3 行列の代数　*150*
練 習 問 題　*165*

第6章　経済学における行列と行列式 … *167*
6.1 逆行列と線型連立方程式の解法　*167*
6.2 最適化問題への行列と行列式の応用　*185*
練 習 問 題　*202*

第7章　経済分析と線型代数 … *203*
7.1 線型計画法　*203*
7.2 産業連関分析　*225*
練 習 問 題　*242*

第8章　関数方程式（I）　差分方程式の経済モデル … *244*
8.1 簡単なマクロ経済モデルとその限界　*244*
8.2 消費にタイム・ラグをもつモデル（1階の差分方程式）　*246*

8.3 景気循環モデル　251
8.4 n 階の線型差分方程式の解法と解の構造　252
8.5 景気循環モデルの分析　259
練 習 問 題　266

第9章　関数方程式（II）　微分方程式の経済モデル　267
9.1 微分方程式（1）　267
9.2 微分方程式（2）　269
9.3 ソロー＝スワン・モデル　273
9.4 微分方程式（3）　279
9.5 マクロ経済の動学モデル　288
練 習 問 題　293
補　　　論　293

第10章　確　　　率　298
10.1 確率の概念　298
10.2 確率変数と確率分布　307
10.3 確率分布の特性値　316
10.4 大数の法則と中心極限定理　322
練 習 問 題　326

スタディー・ガイド　328
さらにこのあとの学習のために　328
参 考 文 献　332
数 学 公 式　334
ギリシア文字などの読み方　338

練習問題略解　340

索　引　353

経済数学

第1章 基本的事項

　この章では中学・高校時代に学んだ数学の基礎的事項と，第2章以降の理解を助けるための公式や概念，あるいは表記法などを簡潔に紹介する．したがって，その内容の理解はそれほど困難ではない．むしろ，表記法や特殊な用語に慣れておくことが大切である．本章で紹介された概念のいくつかは第2章以降で再度詳しく論じられる．

1.1 数

1.1.1 数の表現

　頻繁にもちいられる数の表記法を示そう．周知のように数にはいくつかの種類がある．簡潔に表現するために，数の種類をつぎのような記号であらわすことが多い．

　　$\mathbb{N}$；**自然数の全体**：$1, 2, 3, \cdots$ のような個数や順番をあらわす数字．
　　$\mathbb{Z}$；**整数の全体**：$0, \pm 1, \pm 2, \pm 3, \cdots$（自然数は正の整数である）．
　　$\mathbb{Q}$；**有理数の全体**：0 および $\pm \dfrac{a}{b}$．ただし，a, b は自然数．
　　$\mathbb{R}$；**実数の全体**：無理数と有理数のすべて（無理数は，有理数ではない数直線上の数である）．

無理数の例としては，たとえば以下のようなものがある．

$$\sqrt{2} = 1.414213\cdots$$
$$\pi = 3.141592\cdots$$
$$e = 2.718281\cdots$$

1.1.2 数の集合と区間

実数の集まり，有理数の集まりなど，ある一定の条件を満足する数の集まりを数の集合という．したがって，ある条件を満足する数はその集合に属するといい，数はその集合の要素または元であるという．

いまある数，x が実数であることは，

$$x \in \mathbb{R} \tag{1.1}$$

であらわされ，x は実数 $\mathbb{R}$ の要素（あるいは元）であるという．直観的に実数は数直線上のすべての点である．

逆にその条件を満足しない数は，その集合に属さないという．

いまある数，i が実数ではないとき，i は実数全体の集合に属さない，あるいは実数の要素ではないといい，以下のようにあらわす．

$$i \notin \mathbb{R} \tag{1.2}$$

すべての数は，ある集合に属すか，属さないかのどちらか一方である．

数直線上の異なった定数 $a<b$ にたいして，$a \leq x \leq b$ となるすべての x の集合を閉区間とよび，$[a, b]$ であらわす．定数 a, b は閉区間に含まれる．

他方，$a<x<b$ となるすべての x の集合を開区間といい，(a, b) であらわす．a, b は開区間に含まれない．

集合のあらわし方のひとつに {要素 | 条件} がある．たとえば，上の開区間に含まれる実数 x 全体の集合は，$\{x | a<x<b, x \in \mathbb{R}\}$ のように表記される．

1.1.3 絶 対 値

数に関する記号として絶対値，$|x|$ は，数の絶対的な大きさをあらわす記号である．すなわち，

実数 x が $\begin{cases} \text{負の数}(x<0) \text{であれば}, & |x|=-x \\ \text{正の数}(x>0) \text{であれば}, & |x|=x \end{cases}$

-3 を例にとれば，$|-3|=|3|=3$ である．また当然であるが，$|0|=0$ である．

数直線上の2点の差の絶対値，すなわち x と y の差の絶対値，$|x-y|$ は2点間の長さ（数直線上の距離）をあらわしている．とくに，一方をゼロとすれ

ば，それは原点 0 からの長さである．つぎの関係はよく知られている．

$$|x|-|y| \leqq |x+y| \leqq |x|+|y| \tag{1.3}$$

不等式の記号≦は，等しいかあるいは小さいことをあらわしている．不等式についている等号＝は，下線_である場合（≤）もあるが意味するところは同じである．

　この関係の証明は容易である．x と y が正の数の場合と負の数の場合に分けて，それぞれ大小を確認すればよい．左側の式だけに証明を与えておこう．

$|x|-|y| \leqq |x+y|$ の証明　　いま x, y が共に正またはゼロ，すなわち $x, y \geqq 0$ としよう．このとき，$|x|=x, |y|=y$ より，$|x|-|y|=x-y$．他方，$x+y \geqq 0$ より，$|x+y|=x+y$．よって，あきらかに最初の関係が成り立つ．

$$|x|-|y|=x-y \leqq x+y=|x+y|$$

次に，x, y が共に負の場合を考えよう．絶対値の定義から，

$$|x|-|y|=-x-(-y)=-x+y$$
$$|x+y|=-x-y$$

ここで，$y<0$ よりもとめる関係は成り立つ．

　最後に，x が正またはゼロで，y が負の場合を考えよう．まず，

$$\begin{cases} x+y \geqq 0 \text{ ならば，} & |x+y|=x+y \\ x+y < 0 \text{ ならば，} & |x+y|=-(x+y) \end{cases}$$

他方，$|x|-|y|=x-(-y)=x+y$ である．

　いま，$x+y \geqq 0$ ならば，まず以下の関係が成立する．

$$|x|-|y|=x+y=|x+y|$$

つぎに $x+y<0$ ならば，$-(x+y)>0$ であるから，

$$|x|-|y|=x-(-y)=x+y<-(x+y)=|x+y|$$

となり，最初の式が成り立つ．正負が逆のケースも同様に証明すればよい．

1.1.4 累乗と平方根

同じ数字の積を何回かくりかえすとき，2回ならば2乗（あるいは自乗），3回ならば3乗とよび，n回ならばn乗とよぶ．たとえば2の3乗は，$2\times 2\times 2 = 2^3 = 8$ であり，n乗は2^nとかく．2の1乗は，$2^1 = 2$である．

より一般に，x^a は x の a 乗とよばれる．とくに，$a=\frac{1}{2}$のとき x がゼロまたは正の数であるなら，$\sqrt{x}$ と表し，ルート x とよぶ．ルートは2乗根（あるいは平方根）ともよばれる．

また，マイナスの累乗は，$x^{-a}=\frac{1}{x^a}$ である．ただし，x はゼロではない．マイナス1乗は，$2^{-1}=\frac{1}{2}$ である．とくに $a=0$ のとき，$x^0=1$ と約束する．

累乗の計算公式　　以下に重要な累乗の計算公式をいくつかあげておこう．

$$x^a \times x^b = x^{a+b} \qquad\qquad x^a \div x^b = x^{a-b}$$

$$(x^a)^b = x^{ab} \qquad\qquad \left(\frac{x}{y}\right)^a = \frac{x^a}{y^a}$$

1.1.5 複素数

負の数の2乗根は，虚数とよばれ，とくに $\sqrt{-1}$ は，i とあらわされ，実数には属さない数である．i は虚数単位とよばれ，以下を満足する数と定義される．

$$i^2 = -1 \tag{1.4}$$

より一般的に，実数と虚数とを含む数を複素数という．複素数は実数の部分と，iのついた虚数の部分からなる．前者を実数部（実部），後者を虚数部（虚部）という．任意の複素数 z は，a, b を実数として以下のようにあらわされる．

$$z = a + ib \tag{1.5}$$

さらにこの複素数 z にたいして，虚部の符号が異なるものを共役複素数とよぶ．

$$\bar{z} = a - ib \tag{1.6}$$

複素数 $z_1=a_1+ib_1, z_2=a_2+ib_2$ にたいし，和と差，および積が定義される．

$$z_1 \pm z_2 = (a_1+ib_1) \pm (a_2+ib_2) = (a_1 \pm a_2) + i(b_1 \pm b_2) \tag{1.7}$$

$$z_1 z_2 = (a_1+ib_1)(a_2+ib_2) = a_1 a_2 + a_1 i b_2 + a_2 i b_1 + i^2 b_1 b_2$$
$$= (a_1 a_2 - b_1 b_2) + i(a_1 b_2 + a_2 b_1) \tag{1.8}$$

複素数 $z=a+ib$ の絶対値は以下の式で定義される．あきらかに，$|z|=|\bar{z}|$．

$$|z| = \sqrt{a^2+b^2} \tag{1.9}$$

1.2 方程式の解

1.2.1 簡単な関数式と名称

もっとも単純な式は，以下の形で与えられ，1次式，あるいは1次関数という．

$$y = ax+b \tag{1.10}$$

この式は x のさまざまな値にたいして，y の値をあたえる．それゆえ，x は独立変数，y は x に依存して変化するので従属変数とよばれる．a,b は定数であり，パラメータとよばれることもある．とくに独立変数に付随する a は係数とよばれ，b は定数項とよばれる．

つぎのような式を1次方程式という．

$$ax+b = 0 \tag{1.11}$$

ここで，a,b は定数である．また，x は未知数とよばれる．この1次方程式の解 x は，$a \neq 0$ であるかぎり，あきらかに以下のように解くことができる．

$$x = -\frac{b}{a} \tag{1.12}$$

また，a,b は方程式の外で定まるので外生変数，x は方程式によって決定されるので内生変数とよばれる．これは一般の方程式体系においても同様である．

1次方程式の解は，$x-y$ 平面上において，直線 $y=ax+b$（傾き a，y 軸切片 b）と x 軸（$y=0$）の交点として幾何学的に考えることもできる．

1.2.2 2次方程式の解

x を未知数として,以下のような形の式は2次方程式とよばれる.

$$ax^2 + bx + c = 0 \tag{1.13}$$

ここで a, b, c は定数である.このとき,2次方程式は

$$D = b^2 - 4ac \geqq 0 \tag{1.14}$$

であれば実数の解が存在し,以下であたえられる(2次方程式の根の公式).

$$x = \frac{-b \pm \sqrt{b^2 - 4ac}}{2a} \tag{1.15}$$

解は根ともよばれ,解が実数であるので実根という.実数の解が存在するかどうかを判断する式 D は判別式といい,判別条件は以下のようになる.

$$\begin{cases} D = b^2 - 4ac \geqq 0 & \text{ならば,} \quad \text{実数の解が存在する.} \\ D = b^2 - 4ac < 0 & \text{ならば,} \quad \text{実数の解は存在しない.} \end{cases} \tag{1.16}$$

1.2.3 連立1次方程式

代入法 2つ以上の未知数をもつ,複数の1次方程式からなる体系を連立1次方程式という.たとえば以下の未知数 x, y に関する連立1次方程式を考えよう.

$$\begin{cases} x + 2y = 2 \\ 2x - y = 5 \end{cases} \tag{1.17}$$

この方程式は1組の解 (x, y) をもつ.これを解法の手順を確認しながら示そう.

$x + 2y = 2$ を変形し,$x = 2 - 2y$ とする.これを $2x - y = 5$ に代入すると,

$$2(2 - 2y) - y = 5 \iff -4y - y = 5 - 4 \iff -5y = 1 \iff y = -\frac{1}{5} \tag{1.18}$$

つぎに,$x + 2y = 2$ に,$y = -\frac{1}{5}$ を代入し.$x + 2\left(-\frac{1}{5}\right) = 2$ から,

$$x = 2 + \frac{2}{5} = \frac{12}{5} \tag{1.19}$$

したがって，この連立 1 次方程式の解は，$(x, y) = \left(\dfrac{12}{5}, -\dfrac{1}{5}\right)$．

消去法　同じ問題を消去法によって解いてみよう．y を消去するために (1.17) の 2 番目の式のみ全体を 2 倍すれば，以下のようになる．

$$\begin{cases} x + 2y = 2 \\ 4x - 2y = 10 \end{cases} \tag{1.20}$$

両式の左辺どうし，および右辺どうしをそれぞれ加えれば，まず x がもとめられる．

$$x + 4x + 2y - 2y = 2 + 10 \iff 5x = 12 \iff x = \dfrac{12}{5} \tag{1.21}$$

これをもとの連立方程式のいずれかの式に代入すれば，y をもとめることができ，解は代入法の場合とまったく同じく，$(x, y) = \left(\dfrac{12}{5}, -\dfrac{1}{5}\right)$ になる．

1.2.4　解の性質

一般的に未知数が 2 つの連立 1 次方程式は，係数を $a_{ij}(i=1, 2; j=1, 2)$ とし，定数項を $b_i(i=1, 2)$ とすれば，以下のように一般的に記述できる．また実根が存在すれば，それは 2 つの 1 次式であらわされた 2 直線の交点 (x, y) とみなせる．

$$\begin{cases} a_{11}x_1 + a_{12}x_2 = b_1 \\ a_{21}x_1 + a_{22}x_2 = b_2 \end{cases} \tag{1.22}$$

この連立 1 次方程式の記述法は，未知数が 3 以上の場合も同様にできる．

1 次の連立方程式は上の例のように，①ただひとつの解をもつ場合と，他方，②無限に数多くの解をもつ，③解をもたない，場合とがある．

②の解が無限にある例として以下をあげよう．

$$\begin{cases} x + y = 1 \\ 2x + 2y = 2 \end{cases}$$

下の式は，2で割ると，$x+y=1$ となり，上の式とまったく同じである．すなわち，解は直線上のすべての点の組み合わせである．

③の例としては以下をあげ，この連立方程式が解をもたないことを確認しよう．

$$\begin{cases} x+y=1 \\ x+y=4 \end{cases}$$

上の式を変形して，$x=1-y$ とし，下の式に代入すると，$(1-y)+y=5$ となり $1=5$ である．これは成り立たない．この2つの直線は平行した直線である．

1.3 極限と無限

1.3.1 数列と極限

この項では数学のなかで無限を扱うときに重要な，極限の概念をとりあげる．例として，δ^n を考えよう．いま，$0<\delta<1$ とすれば，$n\in\mathbb{N}$ をどんどん大きくしていくと，値はゼロへ限りなく近づいていく．いま，$\delta=0.1$ とすれば，

$$\delta^1=0.1$$
$$\delta^2=0.01$$
$$\delta^3=0.001$$
$$\cdots\cdots\cdots\cdots$$

のように δ^n は n が大きくなるにつれゼロへ近づく．このようにある数字が限りなくゼロに近づくことを以下のように表記し，δ^n の極限値はゼロであるという．

$$\lim_{n\to\infty}\delta^n=0 \tag{1.23}$$

ここで，以下のような実数の順序づけられた無限の数の列を考えよう．

$$a_1, a_2, a_3, \cdots, a_n, \cdots \tag{1.24}$$

上の例では，この数の列は以下のようにあらわすことができる．

$$\delta, \delta^2, \delta^3, \delta^4, \cdots, \delta^n, \cdots \tag{1.25}$$

一般にこのような数の列を数列とよび,以下のように表記する.

$$\{a_n\} \tag{1.26}$$

この数列において,n を無限大に大きくするとき,a_n がある有限の値 a に限りなく近づくならば,$\{a_n\}$ は a に収束するといい,以下のようにかく.

$$\lim_{n\to\infty} a_n = a \tag{1.27}$$

この a を,数列 $\{a_n\}$ の極限値とよぶ.あるいは,$a_n \to a$ とかくこともある.

1.3.2 極限の意味

以上の説明は直観的なあいまいなものである.ここで限りなく近づくという言葉をより正確に述べておこう.

定義1.1(極限(限りなく近づくこと))

$\lim_{n\to\infty} a_n = a$ であるとは,

「任意の正の数 ε にたいし,$n > N$ ならばつねに

$$|a_n - a| < \varepsilon$$

となる N が存在する」

ことである.

これはきわめて数学的な記述であるので,具体的な数値例でこの意味を確認しておこう.例として以下の数列を考える.

$$a_n = \frac{n}{n+2} \tag{1.28}$$

この数列 $\{a_n\}$ の極限値は以下のように,n を無限大に大きくすると $\frac{2}{n}$ がゼロになることから得られる.

$$\lim_{n \to \infty} a_n = \lim_{n \to \infty} \frac{n}{n+2} = \lim_{n \to \infty} \frac{1}{1+\frac{2}{n}} = 1 \tag{1.29}$$

定義1.1より，極限値1の意味は，任意の正の数 ε にたいし，$n > N$ ならば

$$\left|\frac{n}{n+2} - 1\right| < \varepsilon \tag{1.30}$$

となる N が存在することである．例として，いくつかの任意に選んだ ε にたいし，必ず $N(<n)$ が存在することを示そう．いま，$\varepsilon = 0.1$ とすれば，

$$\left|\frac{n}{n+2} - 1\right| < 0.1 \tag{1.31}$$

$\frac{n}{n+2} < 1$ であることから，上式の絶対値の符号を外すと，

$$1 - \frac{n}{n+2} < 0.1 \tag{1.32}$$

この式から，$n > 18$ を得る．したがって，$N = 18$ とすれば式は成り立つ．

同様に，$\varepsilon = 0.01$ にたいして，$N = 198$，さらに，$\varepsilon = 0.001$ のときは，$N = 1998$ とすれば，式は成り立つ．以下，ε をどんなに小さく選んでも，それに対応して N を選ぶことができる．このように「どんなに小さな値にたいしても」，ということが，「任意の」の意味であり，その ε にたいして，つねに N を選ぶことができることが定義の意味である．

ここで無限大について形式的な整理をしておこう．数字を無限大にとることを簡潔に表現するため ∞ という記号を使うことが多い．プラスに無限大に大きくなるときは $+\infty$，マイナスの場合は $-\infty$ であらわす．

無限の演算　　無限を含む演算をつぎのように約束する．

$$\infty + \infty = \infty \qquad -\infty + (-\infty) = -\infty \qquad \frac{1}{\infty} = \frac{1}{-\infty} = 0$$

$$\infty \times \infty = \infty \qquad a \times \infty = \infty \qquad a + \infty = \infty$$

$$a - \infty = -\infty \qquad (a は正の実数)$$

1.4 ベクトルと行列式

この節では第4章までを読むうえで必要とされるベクトルと行列式の基本的性質を簡単に紹介する．ベクトルによる表示は多変数の問題を扱ううえで必要とされる．行列式の計算方法は最適化問題においてもちいられる．

1.4.1 点と距離

2つの実数の組 (a_1, a_2) は，平面上の点をあらわす．この点全体の集合（すなわち平面）を $\mathbb{R} \times \mathbb{R} = \mathbb{R}^2$ と表記する．点 (a_1, a_2) が $\mathbb{R}^2$ の要素であることは，以下のようにあらわす．

$$(a_1, a_2) \in \mathbb{R} \times \mathbb{R} = \mathbb{R}^2 \tag{1.33}$$

また，$\mathbb{R}^2$ は2次元実数空間とよばれる．いま，座標平面上に点 $(3,4)$ をとる．原点からこの点への距離は，3角形の1辺の長さであるから，ピタゴラスの定理よりもとめることができる．

$$\sqrt{3^2 + 4^2} = \sqrt{9+16} = \sqrt{25} = 5$$

すなわち，この距離は5である．次に異なる2点，$(4,6)$ と $(1,2)$ 間の距離は，同様に3角形の一辺とすれば，以下のようにもとめることができる．

$$\sqrt{(4-1)^2 + (6-2)^2} = \sqrt{3^2 + 4^2} = \sqrt{9+16} = \sqrt{25} = 5$$

平面上の2点間の距離 より一般的には，平面（2次元実数空間）$\mathbb{R}^2$ 上の2点，$P(a_1, b_1)$ と $Q(a_2, b_2)$ との間の距離を以下のように定義する．

$$\|P - Q\| = \sqrt{(a_1 - a_2)^2 + (b_1 - b_2)^2} \tag{1.34}$$

1.4.2 ベクトル

2つの実数の組からなる点 (x_1, x_2) をベクトルともよび，以下のように表記する．この数の組はベクトルの要素（または成分）という．

図1.1 平面上の2点間の距離

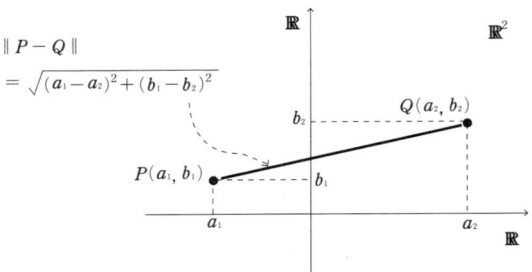

$$\mathbf{x} = \begin{pmatrix} x_1 \\ x_2 \end{pmatrix} \tag{1.35}$$

2つのベクトル $\mathbf{x} = \begin{pmatrix} x_1 \\ x_2 \end{pmatrix}$ と $\mathbf{y} = \begin{pmatrix} y_1 \\ y_2 \end{pmatrix}$ が等しいとは，その要素が等しい（$x_1 = y_1$，かつ $x_2 = y_2$ である）ことであり，

$$\mathbf{x} = \mathbf{y} \tag{1.36}$$

とかく．したがって，たとえば $\mathbf{x} = \begin{pmatrix} 1 \\ 2 \end{pmatrix}$ と $\mathbf{y} = \begin{pmatrix} 1 \\ 3 \end{pmatrix}$ であれば $\mathbf{x} \neq \mathbf{y}$ である．このことは，3つ以上の複数の実数の組からなる点についても同様である．

$\mathbf{x}' = (x_1, x_2)$ を，ベクトル $\mathbf{x} = \begin{pmatrix} x_1 \\ x_2 \end{pmatrix}$ の転置という．これは，$\mathbf{x}^T$ ともかく．

ベクトルの和，差，および数とベクトルの積 ベクトルには，和，および数との積が，それぞれ以下のように定義される．

$$\mathbf{x} + \mathbf{y} = \begin{pmatrix} x_1 + y_1 \\ x_2 + y_2 \end{pmatrix}, \quad \lambda \mathbf{x} = \begin{pmatrix} \lambda x_1 \\ \lambda x_2 \end{pmatrix} \tag{1.37}$$

たとえば，$\mathbf{x} = \begin{pmatrix} 1 \\ 2 \end{pmatrix}$，$\mathbf{y} = \begin{pmatrix} 3 \\ 3 \end{pmatrix}$ とすれば，$\mathbf{x} + \mathbf{y} = \begin{pmatrix} 1+3 \\ 2+3 \end{pmatrix} = \begin{pmatrix} 4 \\ 5 \end{pmatrix}$．

また，$\lambda = 3$，$\mathbf{x} = \begin{pmatrix} 1 \\ 2 \end{pmatrix}$ とすれば，$3\mathbf{x} = \begin{pmatrix} 3 \times 1 \\ 3 \times 2 \end{pmatrix} = \begin{pmatrix} 3 \\ 6 \end{pmatrix}$．

さらに，$\lambda = -1$ としたとき，$-\mathbf{x}$ は以下のように定義される．

$$-\mathbf{x}=(-1)\cdot\mathbf{x}=\begin{pmatrix}-x_1\\-x_2\end{pmatrix} \tag{1.38}$$

これにより，ベクトルの差，$\mathbf{x}-\mathbf{y}$ は以下のように定義される．

$$\mathbf{x}-\mathbf{y}=\mathbf{x}+(-\mathbf{y})=\begin{pmatrix}x_1-y_1\\x_2-y_2\end{pmatrix} \tag{1.39}$$

すべての要素がゼロのベクトルをゼロベクトルとよび，以下のように表記する．

$$\mathbf{0}=\begin{pmatrix}0\\0\end{pmatrix} \tag{1.40}$$

あきらかに，$0\mathbf{x}=\mathbf{0}$ である．

平面上のベクトル　　ベクトルの和や差などは幾何学的に表現すると理解しやすい．幾何学的にベクトル，$\mathbf{x}=\begin{pmatrix}1\\2\end{pmatrix}$ と，$\mathbf{y}=\begin{pmatrix}3\\3\end{pmatrix}$ は，原点 0 を始点とし，平面座標 $(1,2)$ と $(3,3)$ をそれぞれ終点とするベクトル（有向線分）と解釈できる．

図1.2のようにベクトル $\mathbf{x}$，$\mathbf{y}$ の和，$\mathbf{x}+\mathbf{y}$ は，$\mathbf{x}$，$\mathbf{y}$ を 2 辺とする平行四辺形の対角線に相当するベクトルであり，その要素の値は以下のように計算できる．

図1.2　ベクトル x, y の和, x+y

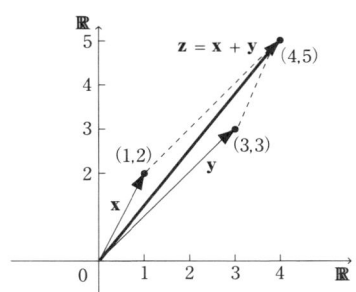

$$\mathbf{x}+\mathbf{y}=\begin{pmatrix}1\\2\end{pmatrix}+\begin{pmatrix}3\\3\end{pmatrix}=\begin{pmatrix}4\\5\end{pmatrix}=\mathbf{z}$$

ベクトルの演算　ベクトルの演算規則を列挙する．

$$\mathbf{x}+\mathbf{y}=\mathbf{y}+\mathbf{x}$$
$$(\mathbf{x}+\mathbf{y})+\mathbf{z}=\mathbf{x}+(\mathbf{y}+\mathbf{z})$$
$$\lambda(\mathbf{x}+\mathbf{y})=\lambda\mathbf{x}-\lambda\mathbf{y}$$
$$(\lambda+\nu)\mathbf{x}=\lambda\mathbf{x}+\nu\mathbf{x}$$

証明は容易である．最初の式のみ証明を与える．証明の手順はすべて同様である．

$\mathbf{x}=\begin{pmatrix}x_1\\x_2\end{pmatrix}$, $\mathbf{y}=\begin{pmatrix}y_1\\y_2\end{pmatrix}$ として，$\mathbf{x}+\mathbf{y}=\mathbf{y}+\mathbf{x}$ は以下のように証明される．

$$\mathbf{x}+\mathbf{y}=\begin{pmatrix}x_1\\x_2\end{pmatrix}+\begin{pmatrix}y_1\\y_2\end{pmatrix}=\begin{pmatrix}x_1+y_1\\x_2+y_2\end{pmatrix}=\begin{pmatrix}y_1+x_1\\y_2+x_2\end{pmatrix}$$
$$=\begin{pmatrix}y_1\\y_2\end{pmatrix}+\begin{pmatrix}x_1\\x_2\end{pmatrix}=\mathbf{y}+\mathbf{x}$$

1.4.3　内積と行列式

内積と行列式の説明の前に，三角関数の sin（サイン），cos（コサイン），tan（タンジェント）について簡単に復習をおこなう．直角三角形の各辺の長さを，a, b, c とし，a, c の間の角度を θ，また b, c の間は直角（90度）とする．このとき，サイン，コサイン．タンジェントはそれぞれ以下のように定義される．角度 θ の単位をラジアンといい，1ラジアンは $180/\pi$ 度となる．

$$\sin\theta=\frac{b}{a}, \quad \cos\theta=\frac{c}{a}, \quad \tan\theta=\frac{b}{c} \tag{1.41}$$

サインとコサインそれぞれの2乗の和は，三角関数の定義から，

$$\sin^2\theta+\cos^2\theta=\left(\frac{b}{a}\right)^2+\left(\frac{c}{a}\right)^2=\frac{b^2+c^2}{a^2}$$

またピタゴラスの定理（$b^2+c^2=a^2$）をもちいて，以下の重要な公式（三角公式）が導かれる．

$$\sin^2\theta + \cos^2\theta = 1 \tag{1.42}$$

一般の三角形（b と c のなす角が直角ではない）については，a, b のなす角を θ とするとき，つぎの余弦定理が成り立つ．

$$c^2 = a^2 + b^2 - 2ab\cos\theta \tag{1.43}$$

ベクトルの長さはその要素と原点からの距離として以下のように定義される．

$$\mathbf{x} = \begin{pmatrix} x_1 \\ x_2 \end{pmatrix} \text{ にたいして，} \|\mathbf{x}\| = \sqrt{x_1^2 + x_2^2} \tag{1.44}$$

また，原点を中心として，2つのベクトルのなす角度を θ であらわし，内積を，

$$(\mathbf{x}, \mathbf{y}) = \|\mathbf{x}\|\|\mathbf{y}\|\cos\theta \tag{1.45}$$

として定義する．この内積の定義から，ベクトル $\mathbf{x}$ と $\mathbf{y}$ の内積の値は，

$$(\mathbf{x}, \mathbf{y}) = x_1 y_1 + x_2 y_2 \tag{1.46}$$

であることが導かれる．すなわち，余弦定理より以下を示せる．

$$\begin{aligned}
(\mathbf{x}, \mathbf{y}) &= \|\mathbf{x}\|\|\mathbf{y}\|\cos\theta = \frac{\|\mathbf{x}\|^2 + \|\mathbf{y}\|^2 - \|\mathbf{x} - \mathbf{y}\|^2}{2} \\
&= \frac{x_1^2 + x_2^2 + y_1^2 + y_2^2 - (x_1 - y_1)^2 - (x_2 - y_2)^2}{2} \\
&= x_1 y_1 + x_2 y_2
\end{aligned}$$

要素が3個以上のベクトルについても内積は同様に定義される．3個の実数を要素とするベクトル $\mathbf{x} = (x_1, x_2, x_3)$，$\mathbf{y} = (y_1, y_2, y_3)$ の内積は，

$$(\mathbf{x}, \mathbf{y}) = \|\mathbf{x}\|\|\mathbf{y}\|\cos\theta = x_1 y_1 + x_2 y_2 + x_3 y_3$$

より一般に，n 個の要素からなるベクトルの内積は，以下で定義される．

$$(\mathbf{x}, \mathbf{y}) = \|\mathbf{x}\|\|\mathbf{y}\|\cos\theta = \sum_{i=1}^{n} x_i y_i \tag{1.47}$$

1.4.4 行列式と平行四辺形，立方体

ここでは 2 次と 3 次の行列式の定義をあたえる．詳細は第 5 章で論じる．4 つの実数 (x_1, x_2, y_1, y_2) を，以下のように配したものを 2 次の行列式とよぶ．

$$\begin{vmatrix} x_1 & y_1 \\ x_2 & y_2 \end{vmatrix}$$

行列式は数であり，2 次の行列式の値は，以下のようにあたえられる．

$$\begin{vmatrix} x_1 & y_1 \\ x_2 & y_2 \end{vmatrix} = x_1 y_2 - x_2 y_1 \tag{1.48}$$

さて，2 つのベクトル，$\mathbf{x} = (x_1 \ x_2)^T$ と，$\mathbf{y} = (y_1 \ y_2)^T$ を 2 辺とする平行四辺形の面積は，原点を中心として，この 2 つのベクトルのなす角度を θ とするとき，以下のようにもとめられる．

$$\begin{aligned} \text{面積} &= \text{底辺} \times \text{高さ} = \|\mathbf{x}\| \|\mathbf{y}\| \|\sin\theta\| = \|\mathbf{x}\| \|\mathbf{y}\| \sqrt{1 - \cos^2\theta} \\ &= \|\mathbf{x}\| \|\mathbf{y}\| \sqrt{1 - \left[\frac{(\mathbf{x}, \mathbf{y})}{\|\mathbf{x}\| \|\mathbf{y}\|}\right]^2} = \sqrt{(\|\mathbf{x}\| \|\mathbf{y}\|)^2 - (\mathbf{x}, \mathbf{y})^2} \\ &= \sqrt{(x_1^2 + x_2^2)(y_1^2 + y_2^2) - (x_1 y_1 + x_2 y_2)^2} \\ &= |x_1 y_2 - x_2 y_1| \end{aligned} \tag{1.49}$$

したがって，平行四辺形の面積は行列式の値の絶対値に等しくなっている．

たとえば，2 つのベクトル，$\mathbf{x} = (1 \ 2)^T$ と，$\mathbf{y} = (2 \ 1)^T$ を 2 辺とする平行四辺形の面積 A は，行列式，$\begin{vmatrix} 1 & 2 \\ 2 & 1 \end{vmatrix} = 1 \times 1 - 2 \times 2 = -3$ の絶対値より，3 であることが計算される（図1.3）．

3 次の行列式は，ベクトルを $\mathbf{x} = (x_1 \ x_2 \ x_3)^T$，$\mathbf{y} = (y_1 \ y_2 \ y_3)^T$ と $\mathbf{z} = (z_1 \ z_2 \ z_3)^T$ とするとき，以下のように定義される．

$$\begin{vmatrix} x_1 & y_1 & z_1 \\ x_2 & y_2 & z_2 \\ x_3 & y_3 & z_3 \end{vmatrix} = x_1 y_2 z_3 + x_2 y_3 z_1 + x_3 y_1 z_2 - x_1 y_3 z_2 - x_2 y_1 z_3 - x_3 y_2 z_1 \tag{1.50}$$

証明は省略するが，3 次元実数空間において，3 つのベクトルがつくる平行六面体の体積は，3 次の行列式の絶対値である．

図1.3　平行四辺形の面積と行列式

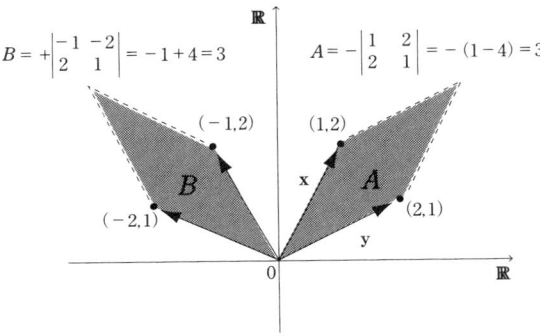

1.5　利子計算と現在価値（級数）

1.5.1　預けたお金の価値

つぎのような具体的な問題を考えよう．

問題：「現在の100万円（A）と1年後の100万円（B）はどちらが価値があるか？」

利子の存在を考えると，現在の100万円の方が価値がある．このことを具体的な数値例によって確認することから始める．いま100万円を銀行に預け，利子が年率2％（0.02）とする．このとき，1年後には2万円の利子収入があるので，現在の100万円（A）は1年後には102万円になる．これにたいし，1年後の（B）価値はそのまま100万円であるから，あきらかに（A）の方が価値がある．これは1年後の価値額での比較であるが，通常はこれを現在の時点で比較する．このことは1年後の金額を現在価値に換算するという．先の例をくりかえせば，（A）については現在の価値と1年後の価値はそれぞれ以下のようになっている．

$$\begin{cases} \text{・現在の価値} \quad 100\text{万円} \\ \text{・1年後の価値} \quad 102\text{万円}\ (=100\text{万円}\times 1.02) \end{cases}$$

この関係を逆に下から上へ読めば，1年後の102万円は，現在の100万円であることを意味する．したがって，1年後の価値を現在の価値へ換算するには，1年後の価値額を（1＋利子率）で割ればよく，

$$102 \div 1.02 = 100$$

であることがわかる．以上のことから，より一般的に1年後の金額が A である資産の現在価値 X は，利子率を r として以下の公式で計算される．

$$X = \frac{A}{1+r} \tag{1.51}$$

この利子率 r は広く割引率とよばれる．また，$\frac{1}{1+r}$ を割引因子とよぶ．

さらに，以下の公式で n 年後の額面価値 A を現在価値 $X(n)$ に換算できる．

$$X(n) = \frac{A}{(1+r)^n} \tag{1.52}$$

つぎに100万円を銀行に3年間預けた場合，総額はいくらになるだろうか．1年後の利子は元金に加わり，その金額をもとに利子収入が得られる（複利計算）ものとする．2年目，3年目，4年目それぞれの期首における金額をそれぞれもとめると，以下のようになる．3年間預金後の総額は106万1208円である．

$$\begin{cases} 2\text{年目} & 100 \times (1+0.02) = 102 \\ 3\text{年目} & \{100 \times (1+0.02)\} \times (1+0.02) = 100 \times (1+0.02)^2 = 104.04 \\ 4\text{年目} & \{100 \times (1+0.02)^2\} \times (1+0.02) = 100 \times (1+0.02)^3 = 106.1208 \end{cases}$$

一般に，B 円を n 年間，利子率 r で預金すると，$n+1$ 年目期首の預金総額 $Y(n)$ は以下の複利公式で計算できる．

$$Y(n) = B \times (1+r)^n \tag{1.53}$$

1.5.2　将来にわたる資産の価値

1期目の期首から各期の期首に C の価値を生み出す資産があるとする．このような例は借家からの家賃収入，株の配当金，また投資した設備からの利益などが考えられる．現実には毎年 C の価値は変動するかもしれないが，ここ

では議論の単純化のために一定としている．この投資の価値はどのように評価すべきであろうか．通常，期首の現在価値によって，この収益の流れは評価される．

期間が有限の場合 建物や機械設備などは寿命があり，利益を生み出す期間は限られる．このような場合，収益はある有限期間しか得られない．この有限期間の収益の現在価値 V は，期間を n，利子率を r とすれば次式で得られる．

$$V = C + \frac{C}{1+r} + \frac{C}{(1+r)^2} + \frac{C}{(1+r)^3} + \cdots + \frac{C}{(1+r)^{n-1}} \tag{1.54}$$

この式は割引因子 $\frac{1}{1+r}$ を公比とする等比級数とよばれるものである．

いま割引因子を $\delta = \frac{1}{1+r}$ として，現在価値 V はより簡単な式であらわされることを示そう．まず，δ をもちいて上式はつぎのようにかき直される．

$$V = C + \delta C + \delta^2 C + \cdots + \delta^{n-1} C \tag{1.55}$$

さらに，この式の両辺に δ を掛ければ，以下の式が得られる．

$$\delta V = \delta C + \delta^2 C + \cdots + \delta^n C \tag{1.56}$$

この式で先の式（1.55）を引き算すると（左辺は左辺，右辺は右辺で引き算），

$$(1-\delta)V = C - \delta^n C \tag{1.57}$$

となる．したがって，現在価値 V は以下の式で簡潔にあらわすことができる．

$$V = \frac{1-\delta^n}{1-\delta} C \tag{1.58}$$

期間が無限の場合 利得が無限に得られる場合，投資の価値は次式で示される．

$$V = C + \delta C + \delta^2 C + \cdots + \delta^n C + \cdots \tag{1.59}$$

この式は割引因子 δ を公比とする無限等比級数である．このとき，V の値は有限の場合と同様に V に割引因子を掛けて，元の式から全体を引き算すると，

$$(1-\delta)V = C \tag{1.60}$$

となることから，以下の式に整理できる．

$$V = \frac{C}{1-\delta} \tag{1.61}$$

期間が無限の場合の例　　無限に10の価値を生み出す資産を考えよう．割引因子を $\delta=0.8$ とすると資産の現在価値は 50 になる．

$$V = \frac{1}{1-0.8} \times 10 = 50 \tag{1.62}$$

1.6　数 e，指数関数と対数関数

1.6.1　無理数 e の解釈

　極限の知識を前提として，無理数 e の定義をあたえよう．π とともに e は重要な無理数で，経済学や統計学などでも頻繁にでてくる．その性質を理解することは大切である．e の定義のひとつは，以下であたえられる．

$$e \equiv \lim_{n \to \infty} \left(1 + \frac{1}{n}\right)^n \tag{1.63}$$

この e の値を小数点以下第 7 位まで示せば，つぎのようになる．

$$e = 2.7182818\cdots \tag{1.64}$$

　さらに，この e は経済学的な視点から特徴づけることができる．

　いま1年間の利子率を r とすると，預金した A 円は1年後には以下の式であらわされる預金額になる．

$$A(1+r) \tag{1.65}$$

つぎに，半年毎の複利計算での1年の預金を考えよう．1年を2期間に分割するので，利子率は $\frac{r}{2}$ で，複利計算であることから，1年後の預金額は，

$$A\left(1+\frac{r}{2}\right)^2$$

つぎに 4 カ月ごとに複利計算するとすれば，利子率は $\frac{r}{3}$ であり，預金額は，

$$A\left(1+\frac{r}{3}\right)^3$$

このようにして 1 年を n 分割すれば，1 年後の預金額は以下の式になる．

$$A\left(1+\frac{r}{n}\right)^n \tag{1.66}$$

さて，e を解釈するために，利子率 $r=1$，預金額 $A=1$ 円としておこう．このとき，1 年を n 分割したときの 1 円の 1 年後の預金額は，以下の式であらわされる．これは (1.63) の極限をとる前の式であることに注意しよう．

$$\left(1+\frac{1}{n}\right)^n \tag{1.67}$$

$r=1$ は，1 年間の利子率が100％であることを意味し．1 年間100％の利子で預金すれば，預けた 1 円は 2 倍になる．

$$\left(1+\frac{1}{1}\right)^1=2$$

半年の複利計算（2 分割）の場合には以下のようになり，利子率が半分以下であっても．半年複利の方が有利である．

$$\left(1+\frac{1}{2}\right)^2=2.25$$

期間の細分化を進めて，4 カ月ごとの複利計算（3 分割）であれば，

$$\left(1+\frac{1}{3}\right)^3=2.3703$$

同様にして 4 分割すれば，

$$\left(1+\frac{1}{4}\right)^4=2.441406$$

さらに，10分割，100分割，1000分割にたいし，小数点以下 4 桁までを示せば，

10分割	2.5937
100分割	2.7048
1000分割	2.7169

(1.67) で，n を無限大に大きくした場合が e の定義であるから，e は利子率

$r=1$ の連続的な複利計算による，特殊な1年後の預金額であると理解できる．
　では，より一般的な利子率 r の場合はどうであろうか．これは，

$$\left(1+\frac{r}{n}\right)^n \tag{1.68}$$

において n を無限大にした場合の連続的な複利合計である．上の式は $n=mr$ とおけば，累乗に関する公式から，

$$\left(1+\frac{r}{n}\right)^n = \left(1+\frac{r}{mr}\right)^{mr} = \left(\left(1+\frac{1}{m}\right)^m\right)^r \tag{1.69}$$

である．ここで n を無限大にすることは，m を無限大にすることであるから，

$$\lim_{n\to\infty}\left(1+\frac{r}{n}\right)^n = \lim_{m\to\infty}\left(1+\frac{r}{mr}\right)^{mr} = \left(\lim_{m\to\infty}\left(1+\frac{1}{m}\right)^m\right)^r \tag{1.70}$$

である．大きな括弧のなかは e であることから，

$$\lim_{n\to\infty}\left(1+\frac{r}{n}\right)^n = e^r \tag{1.71}$$

である．いうまでもなく $r=1$ のときは e である．

1.6.2　指数関数

　指数関数は数が急激に増大するような現象を表現する関数である．たとえば，1個の細胞が時間とともに分裂し増加していく様子は，以下の関数

$$y=2^n$$

によって表現される．変数は分裂回数 n であり，従属変数は細胞の総数 y である．細胞分裂がくりかえされると，細胞の総数は以下のように急激に増大する．

$$
\begin{aligned}
n&=1 \quad y=2\\
n&=2 \quad y=4\\
n&=3 \quad y=8\\
n&=4 \quad y=16\\
&\cdots\cdots \quad \cdots\cdots
\end{aligned}
$$

また $y=3^x$, $y=10^x$ などでは増加の度合いはさらに大きい．他方，$y=$

$\left(\dfrac{1}{2}\right)^x$ などでは，急激に減少する．指数関数は，一般に以下のように定義される．

$$y = a^x \qquad (a>0, a \neq 1) \tag{1.72}$$

$x \in (-\infty, +\infty)$ にたいし，定義から y は $(0, +\infty)$ の範囲でしか値をとらないことに注意．とくに数 e に関する指数関数,

$$y = e^x \tag{1.73}$$

は，確率や統計などでも重要な関数である．いうまでもなく，数 $e>2$ であるから，この関数も指数的に増加する．指数関数の演算は累乗の場合と同じである．

1.6.3 対数関数

1 次関数 $y=ax+b$ において，変数 x と y の場所を入れかえた $x=ay+b$ を考えよう．独立変数を x，従属変数を y とすれば左辺に y を出して式を整理すれば，$y=\dfrac{x-b}{a}=\dfrac{1}{a}x-\dfrac{b}{a}$ なる新しい 1 次関数をつくることができる．これは独立変数と従属変数の立場を交換してあることから，逆関数といわれる．

指数関数において，これと同じ関係の関数（逆関数）を対数関数という．たとえば，$y=2^x$ の変数 x と y の場所を入れかえた以下の関数をつくる．

$$x = 2^y \tag{1.74}$$

この場合も独立変数を x，従属変数を y として $y=$ という形を考えよう．この関係を以下のように表記するとき，この log が対数関数である．

$$y = \log_2 x \qquad (すなわち, \ x = 2^{\log_2 x}) \tag{1.75}$$

この例では，以下の関係が成り立っている．

$$\begin{aligned} x &= 2^0 = 1 & y &= 0 \\ x &= 2^1 = 2 & y &= 1 \\ x &= 2^2 & y &= 2 \\ &\cdots & &\cdots \end{aligned}$$

この対数関数にあらわれる 2 という数字は底（てい）とよばれる．たとえば，$x=10^y$ の場合は，底が 10 であり，逆関数である対数関数は $y=\log_{10}x$ である．この底が 10 の場合は常用対数とよばれる．

対数関数は，一般に以下のように定義される．

$$x=a^y \text{ にたいして}, \quad y=\log_a x$$
$$\text{すなわち}, \quad x=a^{\log_a x} \quad (a>0, a\neq 1, x>0) \tag{1.76}$$

対数関数は指数関数の逆関数として定義されるので，x は $(0, +\infty)$ の範囲でしか許されないことに注意．

さらに底が数 e である場合は，とくに自然対数とよばれ，以下のように，log に底 e を明示しないか，または特殊な対数関数の表記 ln をもちいる．

$$y=\log x = \ln x \quad (=\log_e x) \quad (e^y = x) \tag{1.77}$$

対数の定義から，以下の関係はあきらかであろう．

$$\log e^x = \ln e^x = x \tag{1.78}$$

対数の計算規則　　以下の計算規則が成り立つ $(x, y>0, a>0, a\neq 1)$．

$$\log_a(xy) = \log_a x + \log_a y$$
$$\log_a \frac{x}{y} = \log_a x - \log_a y$$
$$\log_a x^p = p\log_a x$$

証明

(1) まず，$u=\log_a x$, $v=\log_a y$ とおくと，$x=a^u$, $y=a^v$ である．累乗の公式より，$xy=a^u a^v = a^{u+v}$. したがって，対数関数の定義から，

$$\log_a(xy) = \log_a a^{u+v} = u+v = \log_a x + \log_a y$$

(2) 同様に，$\dfrac{x}{y} = \dfrac{a^u}{a^v} = a^{u-v}$ であるから，対数の定義により，

$$\log_a \frac{x}{y} = \log_a \frac{a^u}{a^v} = \log_a a^{u-v} = \log_a x - \log_a y$$

(3) 同様に，$x=a^u$ から，$x^p = (a^u)^p = a^{pu}$ であるから，以下が成り立つ．

$$\log_a x^p = \log_a a^{pu} = pu = p\log_a x$$

対数の底の変換　　対数の底は以下の公式（底変換の公式）をもちいて変換できる．底が異なるときは，底変換の公式をもちい，底をそろえて計算すればよい．

$$\log_a x = \frac{\log_b x}{\log_b a} \qquad (x>0,\ a,\ b>0,\ a\neq 1,\ b\neq 1) \tag{1.79}$$

証明には，以下の対数関数と，もとになる指数関数を考えよう．

$$y = \log_a x \iff x = a^y \qquad (ただし\ x>0,\ a>0,\ a\neq 1)$$

a と異なる，底 $b(b>0,\ b\neq 1)$ の対数，$\log_b x$ にたいして，

$$\log_b x = \log_b a^y = y\log_b a$$

これに，$y = \log_a x$ を代入すれば，

$$\log_b x = \log_a x \log_b a \qquad \therefore\quad \log_a x = \frac{\log_b x}{\log_b a}$$

たとえば，以下のように底をそろえて計算をおこなう．

$$\log_2 3 \log_3 4 = \log_2 3 \frac{\log_2 4}{\log_2 3} = \log_2 4 = \log_2 2^2 = 2$$

練習問題

問題 1.1　e が有理数でないことを記号で示しなさい．

問題 1.2　$x=-3,\ y=2$ とするとき，つぎの式の値をもとめなさい．

(1)　$|x-y|$　　(2)　$|x|+|y|$　　(3)　$|x|-|y|$

問題 1.3　次の 2 次方程式の解をもとめなさい．

(1)　$x^2-3x+18=0$　　(2)　$x^2+x+1=0$　　(3)　$2x^2-6x-3=0$

問題 1.4　つぎの連立方程式の解をもとめなさい．

(1) $\begin{cases} 2x+y=4 \\ x-2y=-3 \end{cases}$ (2) $\begin{cases} 2x+5y=1 \\ 3x+6y=2 \end{cases}$

問題 1.5 座標平面上の 2 点 $(-1,-1)$, $(3,4)$ 間の距離をもとめなさい．

問題 1.6 ベクトル $\mathbf{x}=\begin{pmatrix}1\\3\end{pmatrix}$, $\mathbf{y}=\begin{pmatrix}3\\1\end{pmatrix}$ とする．このベクトルを 2 辺とする平行四辺形の面積をもとめなさい．また，$2\mathbf{x}$, $2\mathbf{x}-\mathbf{y}$ の内積をもとめなさい．

問題 1.7 利子率を 0.03 とするとき，将来にわたり無限に毎期の期首に 50 の収益のあがる投資から得られる投資の現在価値はいくらになりますか．

問題 1.8 指数関数はどのような形状をしているか図にえがきなさい．

問題 1.9 つぎの式を計算しなさい．

(1) $\log 2 + \log 3$ (2) $3\log 4 - \log 2$ (3) $\log 2^3 + \log 5$

問題 1.10 つぎの行列式の値をもとめなさい．

(1) $\begin{vmatrix} 1 & 2 \\ 2 & 1 \end{vmatrix}$ (2) $\begin{vmatrix} 1 & 0 & 2 \\ 0 & 1 & 0 \\ 2 & 0 & 1 \end{vmatrix}$ (3) $\begin{vmatrix} 1 & 2 & 3 \\ 4 & 5 & 6 \\ 7 & 8 & 9 \end{vmatrix}$

第2章　1変数関数の微分積分

　この章では変数がひとつの関数の微分と積分について解説する．高校の数学での微積分の計算技術について記憶しているひともいるかもしれないが，もう一度，微分についてはその意味をよく理解し，経済学での限界概念が微分で表現されることを違和感なく受け取れるよう学習してもらいたい．1変数の関数で経済学に応用できることは少ないが，経済学でよくもちいられる多変数の微分積分，最適化問題を理解するための基礎になる．

2.1　1変数の関数

2.1.2　関　　数

　日常生活では，つかった頻度や時間，買った個数などに応じて料金を支払うということが多く，これは数学的には関数で表現される．

　電話を使用していて，月の基本料金が2900円で，通話料金が1分あたり50円であるならば，月に x 分使用したときの支払い y は，

$$y = 2900 + 50x \tag{2.1}$$

という数式で関係づけられる．

　上の例では，通話時間という数量と月の支払い額の間に対応関係があり，通話時間から支払い額がきまる．このような2つの数値の対応関係を関数という．

　一般的に関数を定義するとつぎのようになる．

定義2.1（関数）
　2つの数の集合 X と Y があって，X の要素である x にたいして Y の要素

であるyをただひとつ対応させる規則を関数という．この規則をfとするときに，関数関係を$y=f(x)$とかいて，yはxの関数であるという．xを独立変数，yを従属変数という．

さきの例でいえば，Xが1ヶ月間で可能な通話時間にあたり，Yは支払うことになりうる金額の全体である．それを数学的にあらわした関数式について説明すれば，通話時間から支払う料金をもとめるためには，通話時間に50を掛けてその結果に基本料金2900円を足すという規則をつかえばよいということである．

定義で述べているように，関数は2つの数量を結びつける規則のことであるから，関数に出てくる変数の記号は必ずしもxやyである必要はない．経済学などで意味がある変数をあらわすときはそれをあらわすにふさわしい記号がつかわれることもある．このことは関数をあらわす記号fについてもいえる．

2.1.2 単調関数と逆関数

増加関数と減少関数　電話料金をあらわす1次関数$y=2900+50x$は，通話時間が増加すれば料金も増えるという関数になっている．ある財の価格pとそれに対する需要量qの関係をあらわす

$$q(p) = -0.1p - 300$$

という関数は，価格が上がれば需要量は減少するという関数になっている．上述のような需要関数をもつ財の売上高は

$$R(p) = pq = -0.1p^2 + 300p$$

となるが，このときは価格を上げれば増える場合もあるし減る場合もある．

定義2.2（単調関数）

関数$y=f(x)$は区間$I=[a,b]$のどのような2点x_1, x_2をとっても
- $x_1 < x_2$のとき$f(x_1) < f(x_2)$となるならば区間Iで増加であるという．あるいは区間Iで関数fは増加関数であるという．
- $x_1 < x_2$のとき$f(x_1) > f(x_2)$となるならば区間Iで減少であるという．ある

いは区間 I で関数 f は減少関数であるという．
- $x_1<x_2$ のとき $f(x_1)\leqq f(x_2)$ となるならば区間 I で非減少であるという．あるいは区間 I で関数 f は非減少関数であるという．
- $x_1<x_2$ のとき $f(x_1)\geqq f(x_2)$ となるならば区間 I で非増加であるという．あるいは区間 I で関数 f は非増加関数であるという．
- 関数 f は非増加あるいは非減少のとき，単調関数であるという．また増加あるいは減少のとき狭義単調関数であるという．

この定義の増加関数を狭義の増加関数，減少関数を狭義の減少関数ということもある．

基本料金2900円で月の通話時間が110分までは通話料金がかからない電話の契約をした場合には通話時間が x であれば，料金は以下のような関数である．

$$y=\begin{cases} 2900 & x\leqq 110 \text{ のとき} \\ 2900+50(x-110) & x>110 \text{ のとき} \end{cases} \quad (2.2)$$

通話時間が110分以内ならば料金は増えも減りもしないので，区間 $[0,110]$ で増加関数でも減少関数でもなく（あるいは狭義増加関数でも狭義減少関数でもない），非減少関数もしくは非増加関数である．区間を変数 x が110以上となるところで考えれば増加関数（あるいは狭義増加関数）である．定義域全体では非減少関数である．

逆関数　　もういちど電話料金の1次関数 $y=2900+50x$ にもどると，この関数では通話時間が異なれば必ず料金も異なっていることがわかる．したがって料金がいくらであったか知ることができれば通話時間が確定する．このことを通話時間と料金は1対1で対応しているという．このときには関数関係を逆にみて

$$x=\frac{y-2900}{50}$$

という関数をつくり，料金から通話時間を定めることができる．これをもとの関数の逆関数という．

逆関数はいつでも存在するわけではない．関数 (2.2) では，通話時間が110

分以内であれば料金はすべて2900円なのだから，料金が2900円であったいうことからは，通話時間を確定することができない．したがってこの場合関数関係を逆にみて関数を定めることができない．

以上のことを一般的な関数で述べれば以下のようになる．

定義2.3（全射と単射）
X から Y への関数 $y=f(x)$ にたいして
- Y にふくまれる任意の y にたいして，X にふくまれる x が存在して $y=f(x)$ となるとき関数 f は全射である，あるいは上への関数であるという．
- X にふくまれる任意の $x_1 \neq x_2$ について，$f(x_1) \neq f(x_2)$ であるとき，関数 f は単射である，あるいは1対1対応の関数であるという．
- 関数 f は全射であり，かつ単射であるとき全単射であるという．

定義2.4（逆関数）
関数 $y=f(x)$ が全単射であれば，Y にふくまれるどのような y についても，ある x がひとつだけ定まるのであるから

$$g(y)=x \iff f(x)=y$$

として Y から X への関数 g を定めることができる．この関数 g を関数 f の逆関数といって f^{-1} であらわす．

さて2つの電話料金の関数は，一方は逆関数が定まり，もう一方は逆関数が定まらない．この違いはもちろん1対1の関数であるかどうかの違いで生じているが，さらにいえば，この違いは一方が増加関数であるのにたいし他方はそうなっていないことによる．

増加関数の定義によれば，ある区間 I で関数 f が増加しているならば，

$$x_1 < x_2 \implies f(x_1) < f(x_2)$$

であった．区間からどんな2点をとってきても，その2つが異なっていれば，いずれかが大きくなっているから，狭義増加あれば1対1対応であることがわかり，逆関数が存在する．狭義減少のときにもおなじことがいえる．

例2.1（逆関数の例）

110分まで通話料がかからない契約の料金関数は，$x \geqq 110$ のとき増加関数であり，$x \geqq 110$ に対応する $y \geqq 2900$ を Y と考えると全単射になる．したがって逆関数が定まる．

逆関数は

$$x = 110 + \frac{y-2900}{50} \quad (y \geqq 2900)$$

これは料金請求が2900円以上であったときに，通話時間がどれだけであったかをもとめる関数になっている．

2.1.3 関数の演算と合成関数

関数のあいだの演算　　あるひとつの財の需要量がその財の価格で決まるとすると，需要量は価格を独立変数とする関数であり

$$D = D(p)$$

とかける．これをその財の需要関数という．

経済学で需要が増える，あるいは需要が減少するというときこれは需要関数自体の変化をさす．たとえば需要関数が

$$\bar{D} = \bar{D}(p) = 1.2 D(p)$$

となれば，これは需要の増大をあらわしており需要量がすべての価格で1.2倍になったことをあらわす．

需要がすべての価格で一様に増大するのでなく，価格に依存してその増加率が変化するならば，増加後の需要関数は以下のようなかたちになる．

$$\bar{D} = \bar{D}(p) = f(p) D(p)$$

また，n 人の人がいて，それぞれの需要関数を $D_i(p)$ とすると，総需要 $D(p)$ は，すべての人の需要を加えた

$$D(p) = \sum_{i=1}^{n} D_i(p)$$

となる．

以上のように関数と定数のあいだ，あるいは関数のあいだで演算をおこなってつくられる関数についての約束を以下のように定義する．

定義2.5（関数の四則演算と定数倍）

2つの関数 f, g と定数 a にたいして，関数の和と差，関数の定数倍，関数の積と商は以下のように定義される．

- $(f \pm g)(x) = f(x) \pm g(x)$
- $(fg)(x) = f(x)g(x)$
- $(f/g)(x) = f(x)/g(x)$, （$g(x) \neq 0$ となる x で定義される）
- $(af)(x) = af(x)$

例2.2（関数の和の例）

電話料金の関数 $y = p(x) = 2900 + 50x$ は，通話時間にかかわらず必要な基本料金をあらわす関数 $f(x) = 2900$ と，通話時間で決まる通話料の関数 $g(x) = 50x$ の和である．

$$p(x) = (f + g)(x) = 2900 + 50x$$

基本料金の関数 f のように，定義域上でつねに一定の値をとる関数を定数関数という．

例2.3（2つの1次関数の四則演算）

関数 f, g がいずれも1次関数で

$$f(x) = ax + b, \quad g(x) = cx + d$$

のとき，k を定数として

$$(f + g)(x) = f(x) + g(x) = (a + c)x + (b + d)$$
$$(kf)(x) = kf(x) = (ka)x + kb$$
$$(fg)(x) = f(x)g(x) = acx^2 + (ad + bc)x + bd$$
$$(g/f)(x) = g(x)/f(x) = (cx + d)/(ax + b)$$

である．つまり1次関数を足し合わせると，その傾きがそれぞれの関数の傾き

を足し合わせた1次関数になり，定数倍すると傾きを定数倍した1次関数になる．しかし1次関数の積や商は1次関数にはならない．

関数の合成　　関数のあいだの四則演算は，同一の独立変数にたいして2つの関数の規則をそれぞれ個別に適用して，その結果に四則演算を施しており，関数の適用に関しては並列的なものである（図2.1の上）．それにたいし関数の適用を直列的におこなうこともできる（図2.1の下）．

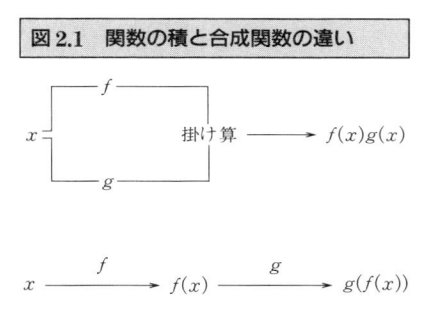

図2.1　関数の積と合成関数の違い

$$x \begin{array}{c} f \\ \\ g \end{array} \quad \text{掛け算} \longrightarrow f(x)g(x)$$

$$x \xrightarrow{f} f(x) \xrightarrow{g} g(f(x))$$

ある2つの関数を直列に適用することを関数の合成といい，合成してつくられた関数を合成関数とよぶ．

定義2.6（合成関数）
　2つの関数 $y=f(x)$ と $z=g(y)$ にたいし，f の値域が g の定義域にふくまれるなら f の定義域にふくまれる x にたいし，g の値域の z を対応させる関数

$$z=(g \circ f)(x)=g(f(x))$$

が定義できる．これを f と g の合成関数という．

　合成関数と関数の積は異なるものなので注意しなければならない．とくに関数の積については $fg=gf$ であるが，合成関数に関しては $f \circ g \neq g \circ f$ となることが普通である．

例2.4（2つの1次関数の合成）

関数 f と g が1次関数であるとする．

$$y=f(x)=ax+b$$
$$y=g(x)=cx+d$$

このとき

$$(g\circ f)(x)=(ca)x+(cb+d)$$
$$(f\circ g)(x)=(ac)x+(ad+b)$$

2.2　1変数関数の微分

2.2.1　微分係数と導関数

電話料金の関数 $y=p(x)$

$$p(x)=2900+50x$$

で，すでに a 分通話しているときに，さらに追加で1分通話したときの料金の変化は

$$p(a+1)-p(a)=\{2900+50(a+1)\}-\{2900+50a\}$$
$$=50$$

追加が0.1分，0.5分，2分の場合は変化は

$$p(a+0.1)-p(a)=5$$
$$p(a+0.5)-p(a)=25$$
$$p(a+2)-p(a)=100$$

となる．追加の通話時間が異なれば，料金の変化分が異なることはあきらかであるが，その変化分を追加の通話時間でわって1分あたりという意味での平均変化率を計算すると

$$\frac{5}{0.1}=\frac{25}{0.5}=\frac{100}{2}=50$$

となりすべて等しくなる．これは1次関数の傾きをあらわしており，よく知っているように1次関数のグラフである直線の傾きは一定であるから，任意の h 分の通話時間の増加にたいしても平均変化率は

$$\frac{p(a+h)-p(a)}{h}=50$$

となる．

一般の関数 $y=f(x)$ の場合についても

$$\frac{f(a+h)-f(a)}{h}$$

は，関数 f の点 a での増加分が h のときの平均変化率であり，これは関数のグラフでは，点 $(a,f(a))$ と点 $(a+h,f(a+h))$ を結んだ直線の傾きになっている．

図2.2のグラフからわかるように一般の関数 $f(x)$ の点 a における平均変化率は x が a から変化した場合の $f(x)$ の変化の様子，つまり増加するのか減少するか，そしてその変化の大きさの程度を反映しており，平均変化率をみることで点 a の付近での関数の変化がとらえられる．

しかし平均変化率は h のとり方にも依存しており，h のとり方によっては f の変化に関して異なった情報をあたえる．そこで h をごく微小な量として考えて平均変化率をもとめたものが微分係数である．

定義2.7（微分可能と微分係数）

関数 $y=f(x)$ にたいして，点 $x=a$ で平均変化率

図2.2　平均変化率

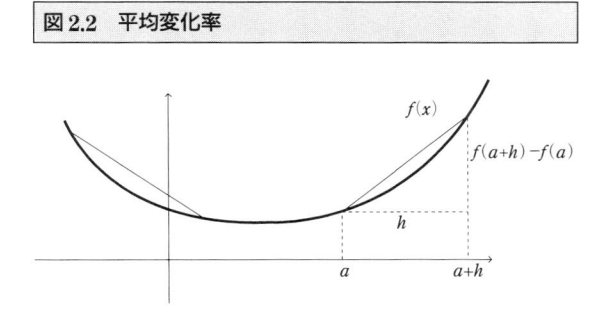

$$\frac{f(a+h)-f(a)}{h} \tag{2.3}$$

が $h\to 0$ のとき一定の値に近づくとき関数 f は点 a で微分可能といい，その一定の値を点 a での微分係数とよび，$f'(a)$ とかく．

　微分の定義で $h\to 0$ は，どのようなかたちでの近づき方も許される．逆にいえば h が正の値をとりながら 0 に近づこうと，負の値をとりながら 0 に近づこうと，あるいは正負いりみだれて 0 に近づこうと，平均変化率が一定の値に近づくとき微分可能というのである．

例2.5（1次関数の微分）

　電話料金の関数 $p(x)=2900+50x$ については，任意の x で
$$\frac{p(x+h)-p(x)}{h}=50$$
だから，任意の点で微分可能で微分係数は50である．一般に1次関数 $y=ax+b$ では微分係数は傾きの a である．

例2.6（微分できないケース1）

　ある一定以上通話時間が超えればそこからさきの通話料がディスカウントされる料金システムを考える．関数は
$$p(x)=\begin{cases} 2900+50x & 0\leq x\leq 300 \text{ のとき} \\ 2900+15000+40(x-300) & 300<x \text{ のとき} \end{cases}$$

$h>0$ のとき，$300<300+h$ であるから，関数の定義の下段が適用されて $x=300$ での平均変化率は
$$\frac{p(300+h)-p(300)}{h}=\frac{40h}{h}=40$$

これは h には依存せず，$h>0$ で h を 0 に近づけると平均変化率は40に近づくといえる．一方で $h<0$ のとき，$300+h<300$ であるから，関数の上段が適用されて $x=300$ での平均変化率は

$$\frac{p(300+h)-p(300)}{h}=\frac{50h}{h}=50$$

となり，この場合は平均変化率は50に近づく．つまり h の 0 への近づき方によって平均変化率が近づく値が異なる．したがってこの関数は点 $x=300$ で微分できない．

例2.7（微分できないケース2）

一定以上の通話時間を超えると基本料金が安くなる料金システムを考える．たとえばそのような料金関数は

$$p(x)=\begin{cases}2900+50x & 0\leq x<300 \text{ のとき}\\ 2000+50x & 300\leq x \text{ のとき}\end{cases}$$

$h>0$ のとき，$300<300+h$ であるから，関数の定義の下段が適用されて $x=300$ での平均変化率は

$$\frac{p(300+h)-p(300)}{h}=\frac{50h}{h}=50$$

これは h には依存せず，$h>0$ で h を 0 に近づけると平均変化率は50に近づくといえる．一方で $h<0$ のとき，$300+h<300$ であるから，関数の上段が適用されて $x=300$ での平均変化率は

$$\frac{p(300+h)-p(300)}{h}=\frac{900+50h}{h}=50+\frac{900}{h}$$

図2.3　ある点で微分できない関数のグラフ

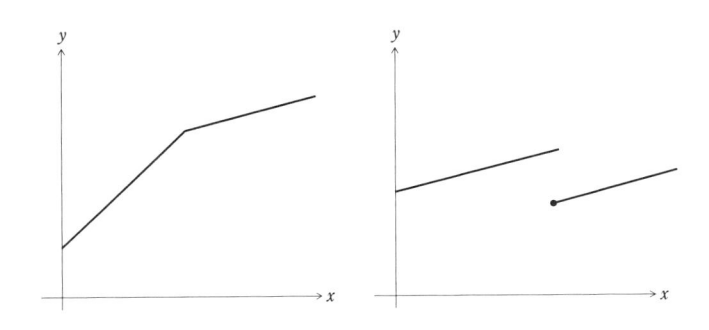

であり，この場合は平均変化率は h が 0 に近づくとどんどん大きくなり一定の値に近づかない．したがってこの関数は点 $x=300$ で微分できない．

例2.6，例2.7のように関数のグラフがある点で尖っているときや，つながっていないときは，関数はその点で微分できない．グラフがつながっていない関数は不連続な関数とよばれる．数式で定義すれば

定義2.8（連続関数）
関数 $y=f(x)$ は

$$\lim_{x \to a} f(x) = f(a) \tag{2.4}$$

のとき点 $x=a$ で連続であるという．連続でないとき不連続であるという．

関数が不連続であればその点で微分できないが，連続であったとしても必ずしも微分できるとはいえない（例2.6）．しかし微分できる関数は連続である．経済理論では，ほとんど場合もちいられる関数は微分できるし，関数型を特定せずにはすべての点で微分できる関数を前提にしていることが多いので最初のうちはあまり気にする必要はない．

導関数 関数 f が定義域のすべての点で微分できるならば，各点 x にその点での微分係数を対応させるという規則として新たに関数が定義される．これを関数 f の導関数とよび

$$f'(x), \quad \frac{df(x)}{dx}$$

などとかく．導関数は

$$f'(x) = \lim_{h \to 0} \frac{f(x+h)-f(x)}{h}$$

でもとめられる．導関数が存在することを前提にする議論では，$x=a$ の微分係数は導関数の $x=a$ での値であるといえる．

2.2.2　接線の方程式と微分

　関数 $y=f(x)$ の点 $A=(a,f(a))$ での接線とは，この関数のグラフと点 A で接している直線のことである．

　接線をあらわす関数は，$x=a$ での微分係数をもちいて

$$y=f'(a)(x-a)+f(a) \tag{2.5}$$

となる．

　微分ができれば接線の方程式はもとめられるが，その逆もいえて，ある点の十分近くで接線の方程式が関数を十分に近似しているならばその点で微分可能といえる．

　関数を $y=f(x)$ とする．点 $A=(a,f(a))$ を通る直線を考えて，その傾きを α とする．

$$y=\alpha(x-a)+f(a)$$

この直線と元の関数の $x=a$ での値はともに $f(a)$ で一致しているが，他の点では

$$\varepsilon(x)=f(x)-\{\alpha(x-a)+f(a)\}$$

だけの違いがある．関数 f が微分可能であるとは，x が a に近づくときこの誤差 $\varepsilon(x)$ が十分早く 0 に近づくことである．このとき α が関数 f の点 a における微分係数となる．正確にいうと以下のようになり，この定義は，定義2.7と同値である．

定義2.9（関数の微分可能性の定義：その2）

　関数 $f(x)$ にたいして

$$\begin{aligned}&f(x)=f(a)+\alpha(x-a)+r(x)(x-a)\\&r(x) \text{ は連続関数で，} r(a)=0\end{aligned} \tag{2.6}$$

とかけているならば f は点 $x=a$ で微分可能であるといい，α を $f'(a)$ とかく．

　このことはもし関数 $y=f(x)$ が点 $x=a$ で微分できるならば，その微分係数を $f'(a)$ とするとき，点 $x=a$ の十分近くの点では関数 $y=f(x)$ が傾き $f'(a)$

で切片が $f(a)$ の直線と近似的に等しいとみなしてよいことを示している．つまり

$$f(x) \approx f'(a)(x-a) + f(a) \tag{2.7}$$

ということである（≈は近似的に等しいことをあらわす記号）．

さらにこの関係を変数 x の点 $x=a$ からの微小な変化が，$y=f(x)$ のどれだけの変化に結びつくかという視点からみて

$$\Delta x = x - a, \quad \Delta f = f(x) - f(a) \tag{2.8}$$

とかくとき

$$\Delta f \approx f'(a) \Delta x \tag{2.9}$$

ということもできる．

微分係数について，平均変化率の極限値としての見方と，関数をある点の十分近くで1次関数で近似した場合の傾きとしての見方の2つの視点をもっておくと公式や定理などが理解しやすくなる．とくに，十分短い区間で定義される微分係数を傾きとする1次関数による折れ線で関数を近似していくイメージをもっておくと，微分係数で特徴づけられる関数の性質は理解しやすくなるであろう．

例として関数の増減と微分係数の関係についてみると以下のことがわかる．

図 2.4　関数の接線による近似

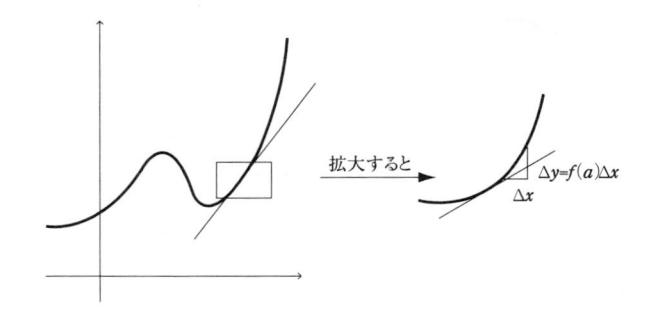

増加関数，減少関数と微分係数　　区間 $I[a,b]$ で定義されこの区間の両端をのぞいて微分できる関数について，増加関数と減少関数は微分係数をつかって以下のように判断できる．

- $f'(x)>0 \implies f(x)$ は増加関数
- $f'(x)<0 \implies f(x)$ は減少関数
- $f'(x)\geqq 0 \implies f(x)$ は非減少関数
- $f'(x)\leqq 0 \implies f(x)$ は非増加関数

これは平均値の定理をつかって説明されるが，たとえば関数 $f(x)$ が正の傾きをもった接線で近似できている場合には，正の傾きをもつ直線は増加関数だから，もとの関数 $f(x)$ も増加であると考えればよい．他の場合もおなじである．

なお平均値の定理とは以下のような定理で，関数上の2つの点 $(a,f(a))$ と $(b,f(b))$ を結ぶ直線の傾きと等しい微係数をもつ点 c が a と b の間に存在することを述べている．

定理2.1（平均値の定理）
　　$f(x)$ が開区間 (a,b) で微分可能，閉区間 $[a,b]$ で連続ならば，
$$\frac{f(b)-f(a)}{b-a}=f'(c),\quad a<c<b$$
となるような点 c が存在する．

2.3　導関数をもとめる公式

2.3.1　関数の四則演算に対する導関数

　1次関数や2次関数の場合は定義にしたがって計算することで簡単に導関数がもとめられるが，複雑な関数は単純な関数の微分の組み合わせとして導関数を計算することが多い．

2次関数の導関数　　2次関数 $f(x)=ax^2+bx+c$ にたいして，導関数を定義にしたがってもとめると

$$
\begin{aligned}
f'(x) &= \lim_{h \to 0} \frac{f(x+h)-f(x)}{h} \\
&= \lim_{h \to 0} \frac{\{a(x+h)^2+b(x+h)+c\}-\{ax^2+bx+c\}}{h} \\
&= \lim_{h \to 0} \left\{ \frac{a(x+h)^2-ax^2}{h} + \frac{b(x+h)-bx}{h} + \frac{c-c}{h} \right\} \\
&= \lim_{h \to 0} \frac{a(x+h)^2-ax^2}{h} + \lim_{h \to 0} \frac{b(x+h)-bx}{h} + \lim_{h \to 0} \frac{c-c}{h} \quad (2.10)\\
&= a\lim_{h \to 0} \frac{(x+h)^2-x^2}{h} + b\lim_{h \to 0} \frac{h}{h} \\
&= 2ax\lim_{h \to 0} \frac{h}{h} + \lim_{h \to 0} h + b \\
&= 2ax+b
\end{aligned}
$$

関数の和と積, 関数の定数倍の導関数　2次関数の導関数をもとめる計算過程(2.10)をみれば導関数をもとめるときの公式の一端が理解できる.

2次関数を $f_1(x)=ax^2, f_2(x)=bx, f_3(x)=c$ の和であると考えると, 2次関数の導関数をもとめる過程においては, これらの3つの関数の導関数をそれぞれもとめてそれらの和をとり2次関数の導関数 $f'(x)$ がもとめられている. さらに, $f_1(x)=ax^2, f_2(x)=bx$ といった関数については, それらを $g_1(x)=x^2, g_2(x)=x$ の定数倍であるとみなして導関数がもとめられている.

一般的には, 導関数をもつ関数 $f(x)$ と $g(x)$ の和である関数にたいしては

$$(f(x)+g(x))'=f'(x)+g'(x) \qquad (2.11)$$

が成り立ち, 関数を定数倍して得られる関数については

$$(af(x))'=af'(x) \qquad (2.12)$$

が成り立つ.

関数の引き算の場合もおなじことが成り立つので, 以下のように公式としてまとめられる.

公式2.1（関数の和と差，関数の定数倍の導関数）

関数 $f(x)$ と $g(x)$ の導関数を $f'(x)$ と $g'(x)$ とし，a を定数とするとき

$$(f(x) \pm g(x))' = f'(x) \pm g'(x)$$
$$(af(x))' = af'(x)$$

公式2.1は微分係数を接線の傾きと考えてみると点 a の近くで

$$\Delta f \approx f'(a)\Delta x, \quad \Delta g \approx g'(a)\Delta x$$
$$\Delta x = x-a, \quad \Delta f = f(x)-f(a), \quad \Delta g = g(x)-g(a)$$

であり，$\Delta(f+g) = \Delta f + \Delta g, \Delta(af) = a\Delta f$ より

$$\Delta(f+g) = \Delta f + \Delta g \approx (f'(a)+g'(a))\Delta x$$
$$\Delta(af) = a\Delta f \approx af'(a)\Delta x$$

となり，点 a での $(f+g)(x)$ の微分係数は $f'(a)+g'(a)$ であり，$(af)(x)$ の微分係数は $af'(a)$ であると考えることもできる．和の場合についていえば，x の微小な変化にたいし，2つの関数が近似的にそれぞれ $f'(a)$ 倍，$g'(a)$ 倍の変化を引き起こすので，2つの関数の和は $(f'(a)+g'(a))$ 倍の変化を引き起こすということをいっているのであり，導関数の公式はこれを任意の x にたいして適用したものである．

関数の積と商の導関数　2つの関数 $f(x)$ と $g(x)$ がいずれも $x=a$ で微分可能とする．このときには

$$\begin{aligned} f(x) &\approx f(a)+f'(a)(x-a) \\ g(x) &\approx g(a)+g'(a)(x-a) \end{aligned} \tag{2.13}$$

であるから，左辺と右辺をそれぞれかけあわせて

$$\begin{aligned} f(x)g(x) \approx{}& f(a)g(a)+\{f'(a)g(a)+f(a)g'(a)\}(x-a) \\ &+f'(a)g'(a)(x-a)^2 \end{aligned} \tag{2.14}$$

定義2.9にしたがって微分を考えると，右辺の最後の項は $f(x)$ を1次関数で近似するという観点からは誤差の部分になる．このことから $f(x)g(x)$ の $x=$

a での微分係数は右辺の式の $(x-a)$ の係数 $f'(a)g(a)+f(a)g'(a)$ となる．この a を任意の x におきかえて，関数の積の導関数については

$$(f(x)g(x))'=f'(x)g(x)+f(x)g'(x)$$

が成り立つ．

分数関数の導関数　　関数 $f(x)$ は $f(x)\neq 0$ であるとするとき

$$h(x)=\frac{1}{f(x)}$$

という関数を考えると $f(x)h(x)=1$ である．$f(x)h(x)$ は定数関数だから $(f(x)h(x))'$ は 0 である．$h'(x)$ が存在すると仮定して，左辺に関数の積の導関数をもとめる式をつかうと

$$f'(x)h(x)+f(x)h'(x)=0$$

したがって

$$\left(\frac{1}{f(x)}\right)'=h'(x)=-\frac{f'(x)h(x)}{f(x)}=-\frac{f'(x)}{(f(x))^2}$$

である．

　この結果と積の導関数の公式をつかうと以下のように関数の商の導関数がもとめられる．

$$\begin{aligned}\left(\frac{g(x)}{f(x)}\right)'&=g'(x)\left(\frac{1}{f(x)}\right)+g(x)\left(\frac{1}{f(x)}\right)'\\&=g'(x)\left(\frac{1}{f(x)}\right)+g(x)\frac{-f'(x)}{(f(x))^2}\\&=\frac{g'(x)f(x)-g(x)f'(x)}{\{f(x)\}^2}\end{aligned} \quad (2.15)$$

公式としてまとめるとつぎのようになる．

公式2.2（関数の積と商の導関数）

　関数 $f(x)$ と $g(x)$ の導関数を $f'(x)$ と $g'(x)$ とするとき

$$(f(x)g(x))' = f'(x)g(x) + f(x)g'(x)$$

$f(x) \neq 0$ のとき

$$\left(\frac{g(x)}{f(x)}\right)' = \frac{g'(x)f(x) - g(x)f'(x)}{\{f(x)\}^2}$$

例2.8（n 次関数の導関数）

$n \geqq 1$ のとき x^n の導関数をもとめよう．$(x)' = 1, (x^2)' = 2x$ はわかっている．$x^3 = x \times x^2$ と考えれば，

$$(x^3)' = (x)'x^2 + x(x^2)' = x^2 + 2x^2 = 3x^2$$

$x^4 = x \times x^3$ と考えれば，

$$(x^4)' = (x)'x^3 + x(x^3)' = x^3 + 3x^3 = 4x^3$$

これらのことから $(x^k)' = kx^{k-1}$ が予想される．これを仮定すると $x^{k+1} = x \times x^k$ と考えて

$$(x^{k+1})' = (x)'x^k + x(x^k)' = x^k + kx^k = (k+1)x^k$$

である．数学的帰納法から，$n \geqq 1$ のとき $(x^n)' = nx^{n-1}$ がわかる．

問2.1 以下の問いに答えなさい．
(1) $f(x) = 2x - 3, g(x) = 3x^2 + 4x$ のとき，$f(x)$ と $g(x)$ の和をもとめて微分したものと，$f'(x)$ と $g'(x)$ をそれぞれもとめて和をとったものが等しくなることを確かめなさい．
(2) $f(x) = -2x^2 + 5x + 1$ と $a = 3$ にたいして，$f(x)$ を a 倍してから導関数をもとめたものと，さきに $f'(x)$ をもとめてこれを a 倍したものが等しくなることを確かめなさい．
(3) $f(x) = (x^2 + 2x)(x - 3)$ の導関数を関数の積の導関数の公式をつかってもとめなさい．

2.3.2 合成関数と逆関数の導関数

2つの関数 $y=f(x)$ と $z=g(y)$ があって，それぞれ導関数を $f'(x)$ と $g'(y)$ とする．この2つの関数の合成関数 $z=(g\circ f)(x)$ が考えられるときにこの合成関数の導関数がどのようにもとめられるのか，また $f(x)$ に逆関数 $f^{-1}(x)$ が存在するとき，逆関数の導関数がどのようにもとめられるのかを考える．

合成関数の導関数　　関数が2つとも1次関数の場合，つまり

$$y=f(x)=\alpha x+\beta$$
$$z=g(y)=\gamma y+\delta$$

の場合を考えよう．

$b=f(a), c=g(b)$ として，それぞれの関数で $x=a$ からの微小な変化 $\Delta x=x-a$ と，$y=b$ からの微小な変化 $\Delta y=y-b$ にたいして，$\Delta f=f(x)-f(a)$，$\Delta g=g(y)-g(b)$ とすると

$$\Delta f=\alpha\Delta x$$
$$\Delta g=\gamma\Delta y$$

が正確に成り立つ．$y=f(x), b=f(a)$ であるから，y の微小な変化は Δf のことだといってもよいので，この2つの関係式から

$$\Delta g=\gamma\alpha\Delta x$$

この関係式が成り立つことは，微分係数をもちいた変数間の微小な変化の関係式 (2.9) に照らせば，合成関数 $z=g(f(x))$ の点 $x=a$ での微分係数が $\gamma\alpha$ であたえられることを意味していると考えられる．実際に合成関数は

$$(g\circ f)(x)=(\gamma\alpha)x+(\gamma\beta+\delta)$$

であるから，微分係数は $\gamma\alpha$ である．

一般的な関数の場合ここまでの話を正確に等号で結んだかたちの式で展開はできないが近似的な式でおなじことが考えられる．つまり関数 $y=f(x)$ と $z=g(y)$ について，f の点 $x=a$ での微分係数を $f'(a)$，g の点 $y=b=f(a)$ での微分係数を $g'(b)$ とすると

$$\Delta f \approx f'(a)\Delta x, \quad \Delta g \approx g'(b)\Delta y$$

から

$$\Delta g \approx g'(b)f'(a)\Delta x$$

１次関数のときの類推から，$x=a$ での合成関数 $g(f(x))$ の微分係数は，$b=f(a)$ であるから，$g'(f(a))f'(a)$ と考えられる．このことは近似の意味を数学的に正確に表現していればきちんと証明できて正しいことがわかる．ここまでは微分係数で考えていたので点 a をつかってあらわされていたが，この a はどんな点でもよいので，合成関数の導関数をもとめる公式はつぎのように述べることができる．

公式2.3（合成関数の導関数）

関数 f と g にたいしてそれぞれ導関数 f' と g' が存在するとする．合成関数 $g \circ f$ が考えられるとき，合成関数の導関数は

$$(g \circ f)'(x) = g'(f(x))f'(x)$$

でもとめられる．

例2.9（合成関数の微分公式をつかった例）

以下のような関数 $y = f(x)$

$$f(x) = (x^2 - 3x + 1)^3$$

は，$u(x) = x^2 - 3x + 1$, $v(x) = x^3$ とすると，$f(x) = (v \circ u)(x) = v(u(x))$. $u'(x) = 2x - 3$, $v'(x) = 3x^2$ であるから，

$$f'(x) = v'(u(x))u'(x) = 3(x^2 - 3x + 1)^2(2x - 3)$$

逆関数の導関数　　合成関数のときとおなじように一般の関数 $y = f(x)$ について

$$\Delta y \approx f'(a)\Delta x$$

から，$f'(a) \neq 0$ ならば

$$\Delta x \approx \frac{1}{f'(a)}\Delta y$$

となり，点 $y=f(a)=b$ での微分係数は $(1/f'(a))$ であることが予想されて，このことは実際に正しい．

y の方の座標であらわすのが適当なので，$a=f^{-1}(b)$ を代入して，点 $y=b$ での微分係数は $1/f'(f^{-1}(b))$ である．

点 $(x, y)=(a, b)$ でおこってきたここまでの話を任意の (x, y) におきかえれば逆関数の導関数の公式が以下のように得られる．

公式2.4（逆関数の導関数）
　関数 $y=f(x)$ の導関数を $f'(x)$ とするとき，逆関数 $f^{-1}(y)$ の導関数は

$$(f^{-1})'(y)=\frac{1}{f'(f^{-1}(y))}$$

であたえられる．

上の公式で最終的には逆関数も独立変数を x，従属変数を y とかくことが通常なので，y を x に変更することが多い．これは形式的におこなえばよい（つぎの例を参照）．

例2.10（無理関数の導関数）
　関数 $f(x)=\sqrt{x}$ は，関数 $y=g(x)=x^2$ の x が非負の場合の逆関数である．なぜなら，$x=g^{-1}(y)=\sqrt{y}$ であるから，独立変数を x，従属変数を y とおきえれば，$g^{-1}(x)=f(x)$ である．$g'(x)=2x$ であるから，$g^{-1}(y)$ の導関数は

$$(g^{-1})'(y)=\frac{1}{g'(g^{-1}(y))}=\frac{1}{2\sqrt{y}}$$

したがって

$$f'(x)=\frac{1}{2\sqrt{x}}$$

問2.2 以下の問いに答えなさい．
(1) $f(x)=(x^3+4x+1)^2$ の導関数を合成関数の導関数の公式をつかってもとめなさい．
(2) $f(x)=\sqrt[3]{x}$ の導関数を，これが x が非負のときの $g(x)=x^3$ の逆関数であることをもちいてもとめなさい．

2.3.3 指数関数と対数関数の微分

指数関数　　$a\neq 1$ にたいして，指数関数 $f(x)=a^x$ の導関数は

$$\lim_{h\to 0}\frac{a^{x+h}-a^x}{h}=a^x\lim_{h\to 0}\frac{a^h-1}{h} \tag{2.16}$$

であるから

$$\lim_{h\to 0}\frac{a^h-1}{h}=1 \tag{2.17}$$

となるような数 a が存在すれば，$f(x)$ の導関数はその関数とおなじになる．(2.17) を満たす数は存在して，$e=2.718\cdots$ である．つまり指数関数 $f(x)=e^x$ については，

$$f'(x)=e^x \tag{2.18}$$

が成り立つ．

指数関数の表記法　　$f(x)=e^{x^2+3x}$ とする．この関数は指数関数であるが e の肩の部分が複雑な長い式になっている．このような場合には

$$f(x)=\exp(x^2+3x)$$

とかくこともある．つまり

$$e^{\square}=\exp(\square)$$

である．

例2.11（指数関数の微分の例）

$f(x)=e^{x^2+3x}$ とする．これは，$u(x)=x^2+3x, v(x)=e^x$ とすると，この2つの合成関数であり，$u'(x)=2x+3, v'(x)=e^x$ だから

$$f'(x)=u'(x)v'(u(x))=(2x+3)e^{x^2+3x}$$

対数関数とその導関数　　指数関数 $f(x)=e^x$ は単調増加関数であるから逆関数を定めることができる．この逆関数を対数関数とよび

$$f(x)=\ln x \tag{2.19}$$

とかく．つまり

$$y=e^x \iff x=\ln y$$

である．

対数関数は指数関数の逆関数であるから，逆関数の導関数をもとめる公式をつかって，$y=f(x)=\ln x$ にたいして，$x=g(y)=e^y$ として

$$f'(x)=\frac{1}{g'(y)}=\frac{1}{e^y}=\frac{1}{x} \tag{2.20}$$

となる．

例2.12（対数関数の微分の例）

$f(x)=\ln(x^2+1)$ のとき，$u(x)=x^2+1, v(x)=\ln x$ とすれば，$f(x)$ は u と v の合成関数である．$u'(x)=2x, v'(x)=\frac{1}{x}$ だから

$$f'(x)=u'(x)v'(u(x))=2x\frac{1}{x^2+1}=\frac{2x}{x^2+1}$$

である．

対数微分　　一般的な指数関数 $f(x)=a^x$ にたいして，この両辺の対数をとれば

$$\ln f(x)=\ln a^x=x\ln a \tag{2.21}$$

左辺を x で微分すると，合成関数の微分と対数関数の微分の考え方をもちいれば，$\dfrac{f'(x)}{f(x)}$ であり，右辺の x に関する微分は $\ln a$ になる．したがって

$$\frac{f'(x)}{f(x)} = \ln a \implies f'(x) = (\ln a)a^x$$

を得る．このように対数をとってから導関数をもとめると便利な場合もある．

例2.13（x^a の導関数）

任意の実数 a にたいして，$f(x) = x^a$ とする．両辺の対数をとって

$$\ln f(x) = a \ln x$$

となるから，

$$\frac{f'(x)}{f(x)} = \frac{a}{x} \implies f'(x) = ax^{a-1}$$

となり，自然数 n について成り立っていた $(x^n)' = nx^{n-1}$ が，任意の実数についても成り立つことがわかる．

以上で得た導関数の公式をまとめると以下のようになる．

公式2.5（指数関数と対数関数の導関数の公式）

$$(e^x)' = e^x, \qquad (a^x)' = (\ln a)a^x$$
$$(\ln x)' = \frac{1}{x}, \qquad (\ln f(x))' = \frac{f'(x)}{f(x)}$$

公式2.6（x^a の導関数）

任意の実数 a にたいして

$$(x^a)' = ax^{a-1}$$

問2.3 以下の問いに答えなさい．
(1) $f(x) = \exp(x^2 + x + 1)$ の導関数をもとめなさい．
(2) $f(x) = \ln(x^4 + x^2 + 2)$ の導関数をもとめなさい．

(3) $f(x)=\sqrt[3]{x}$ が $f(x)=x^{\frac{1}{3}}$ であることをもちいて導関数をもとめなさい．

2.4 経済理論と微分

2.4.1 限界概念

ある財を生産するのに必要な費用を，財の生産量 x とその生産のための費用 C を財の生産量 q の関数としてあらわしたものを費用関数とよぶ．費用関数を $C=C(q)$ とかくと，q_0 での限界費用は微分係数 $C'(q_0)$ であり，費用関数の導関数 $C'(q)$ は限界費用関数とよばれる．

微分をつかわない経済学のテキストでは限界費用とはある生産量から追加的に 1 単位生産量を増加させるときの費用の変化分のことをさすとかかれていることもある．このことについては，微分係数をつかうと，近似的に

$$\Delta C = C(q_0+\Delta q) - C(q_0) \approx C'(q_0)\Delta q$$

であり，これが $\Delta q=1$ のときにも成り立つと考えて，1 単位追加による費用変化分を微分係数があらわしていると考えればよい．

一般に 2 つの経済変量が関数関係にあるとき，独立変量の 1 単位の追加による従属変量の変化は限界（marginal）ということばをつけて表現される．

例2.14（限界効用：marginal utility）

ある財を消費したときにどれだけの効用（満足度）が得られるかということを効用 u を財の消費量 x の関数としてあらわしたものを効用関数という．効用関数を $u=u(x)$ とするとき，$u(x)$ の導関数 $u'(x)$ を限界効用関数という．ここで限界効用というのは財を追加的にもう 1 単位消費した場合の効用の増加分という意味である．財の消費量が増えれば効用も増えるので，$u(x)$ は増加関数であるが，すでに消費した量が増えていけば，さらに追加 1 単位を消費することから得られる効用の増加分は減っていくと考えられ，限界効用関数は減少関数であるとされる．これは $u'(x)$ の導関数がつねに負であることで表現される．

2.4.2 弾力性と微分

限界概念は関数における独立変数の1単位の変化が従属変数にどれだけの変化をもたらすかを示すためのものであった．これにたいして独立変数の1％の変化が従属変数の何％の変化をもたらすかを示すのが弾力性の概念である．

関数 $y=f(x)$ で，x の変化量を Δx，それにともなう y の変化量を Δy として，微分をつかわずにいえば

$$\begin{aligned}\frac{\Delta y}{\Delta x} &\Longrightarrow 限界概念 \\ \frac{\Delta y/y}{\Delta x/x} &\Longrightarrow 弾力性概念\end{aligned} \quad (2.22)$$

である．

限界概念が微分であらわされるのとおなじように，弾力性についても，$\Delta x \to 0$ のとき

$$\frac{\Delta y/y}{\Delta x/x} \longrightarrow \frac{dy}{dx}\frac{x}{y} \quad (2.23)$$

であるから微分で表現できる．

対数をもちいた弾力性の表現　対数関数の導関数は，$(\ln x)' = \frac{1}{x}$ であったから，近似的に

$$\Delta \ln x \approx \left(\frac{1}{x}\right)\Delta x, \quad \Delta \ln y \approx \left(\frac{1}{y}\right)\Delta y$$

である．したがって

$$\frac{\Delta y/y}{\Delta x/x} \approx \frac{\Delta \ln y}{\Delta \ln x}$$

であり，右辺は

$$\frac{\Delta \ln y}{\Delta \ln x} \to \frac{d(\ln y)}{d(\ln x)}$$

だから，弾力性を対数をもちいてあらわすこともできる．

例2.15（両対数グラフと弾力性）
2変量のデータ (x_i, y_i) を $x-y$ 平面に打点したもの散布図という．点は必

ずしも直線上には並ばないが，これらをよくあらわすような直線 $y=ax+b$ をもとめることができる．これは，実証分析でもちいられる線形回帰である．もとめられた直線の傾き a は限界概念をあらわす．直接打点しないで，いずれについても，対数をとってから，線形回帰した場合には，回帰式は $\ln y = a\ln x + b$ であるから，傾きは弾力性をあらわすものになる．

2.5 高階の導関数と関数の極値

2.5.1 高階の導関数

関数 $y=f(x)$ の導関数 $f'(x)$ もひとつの関数であるから，微分係数をもとめたり導関数を考えたりすることができる．

2階の導関数 関数 $f(x)$ の導関数 $f'(x)$ についてさらにその導関数がもとめられるとき，つまり

$$\frac{d}{dx}\left(\frac{df(x)}{dx}\right) \quad \text{あるいは} \quad (f'(x))'$$

が存在するとき，これらを

$$\frac{d^2f(x)}{dx^2} \quad \text{あるいは} \quad f''(x)$$

などとかいて，もとの関数 $f(x)$ の2階の導関数とよぶ．

例2.16（2次関数の2階の導関数）
$f(x)=ax^2+bx+c$ にたいして，1階の導関数は $f'(x)=2ax+b$ であるから

$$f''(x)=2a$$

となり，2次関数の2階の導関数は定数関数である．また，その符号はもとの2次関数の x^2 の項の係数 a の符号と一致する．

1階の導関数 $f'(x)$ をひとつの関数とみて，その導関数を2階の導関数 $f''(x)$ とするのであるが，この2階の導関数もまたそれ自体関数であるので導関数が考えられる．2階の導関数の導関数があるとき，それをもとの関数の3

階の導関数という．

$$\frac{d^3 f(x)}{dx^3} = \frac{d}{dx}\left(\frac{d^2 f(x)}{dx^2}\right)$$

あるいは

$$f'''(x) = (f''(x))'$$

である．

　3階の導関数の導関数を考えて4階の導関数を得る．さらに4階の導関数の導関数を考えるというようにしていけば，一般に自然数 n について，n 階の導関数というものが考えられる．$(n-1)$ 階までの導関数があるとして，n 階の導関数は

$$\frac{d^n f(x)}{dx^n} = \frac{d}{dx}\left(\frac{d^{n-1} f(x)}{dx^{n-1}}\right)$$

あるいは

$$f^{(n)}(x) = (f^{(n-1)}(x))'$$

である．このように階数が大きいときは，(n) を右肩にかいて階数をあらわす．

例2.17（n 次関数の高階の導関数）

　$f(x) = x^n$ とするとき，

$$f'(x) = nx^{n-1}, \quad f''(x) = n(n-1)x^{n-2}, \quad f'''(x) = n(n-1)(n-2)x^{n-3}$$

であり，一般の k については

$$f^{(k)}(x) = n(n-1)\cdots(n-k+1)x^{n-k}$$

となる．

例2.18（指数関数の高階の導関数）

　$f(x) = e^x$ のとき，$f'(x) = e^x$．したがって $f''(x) = e^x$．一般にどんな k にたいしても，$f^{(k)}(x) = e^x$

凸関数と凹関数　　2次関数 $f(x)=ax^2+bx+c$ は，x^2 の係数 a の正負にしたがって，関数のグラフの形状が上にでっぱった形になる場合と下にでっぱった形になる場合の2通りになる．$a>0$ の場合のような下にでっぱっている関数を凸関数（下に凸な関数），$a<0$ の場合のような上にでっぱっている関数を凹関数という．数式で定義すれば以下のようになる．定義の意味は後で述べる．

定義2.10（凸関数と凹関数）
　　関数 $f(x)$ が区間 $I=[a,b]$ 上で凸関数であるとは，I の任意の点 x と y にたいし，$0\leq \alpha \leq 1$ のとき

$$f(\alpha x+(1-\alpha)y)\leq \alpha f(x)+(1-\alpha)f(y) \tag{2.24}$$

が成り立つことである．$-f(x)$ が凸関数になるとき，$f(x)$ を凹関数という．

　　点 x と y を結ぶ線分を $(1-\alpha):\alpha$ に内分する点が $\alpha x+(1-\alpha)y$ であり，その点での関数 f の値が (2.24) の左辺である．(2.24) の右辺は $f(x)$ と $f(y)$ の内分点であるから，図2.5のように点 $(x,f(x))$ と $(y,f(y))$ を結んだ直線が関数のグラフより上にあることを意味している．

　　図2.6でみるように直観的には，凸関数あるいは凹関数であることは，接線をつかって，2つの見方で述べることができる．ひとつは，関数が凸であれば，接線は関数自体よりもつねに下にあるということであり，また関数が凹であれば，接線は関数自体よりもつねに上にあるということである．もうひとつの見方は凸関数であるとは，接線の傾きが増加するから，$f'(x)$ が非減少関数で

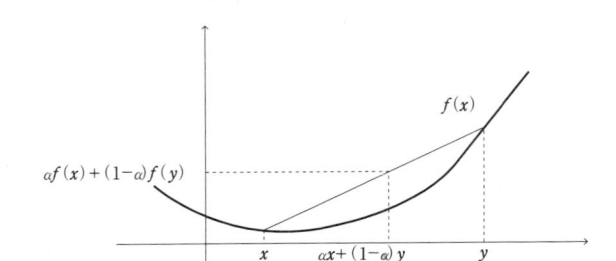

図2.5　凸関数の定義

図 2.6 関数の凹凸と接線の関係

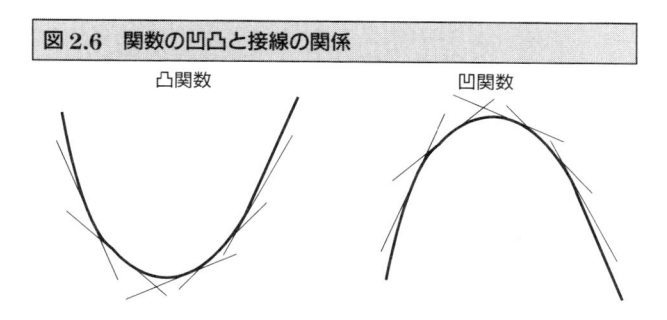

凸関数　　　　　　　凹関数

$f''(x) \geq 0$ であり，また凹関数であるとは，接線の傾きが減少するから，$f'(x)$ が非増加関数で $f''(x) \leq 0$ となることである．

数式をつかって上述のことは以下のように述べることができる．

命題2.1（凸関数の性質）
- 関数 $f(x)$ が区間 $I = (a, b)$ で凸関数であるとき，I の任意の点 x_0 で

$$f(x) \geq f(x_0) + f'(x_0)(x - x_0)$$

- 関数 $f(x)$ が 2 回微分可能であるとき

$$f''(x) \geq 0 \iff f(x) \text{ は凸関数}$$

問2.4 以下の問いに答えなさい．
(1) $f(x) = ax^3 + bx^2 + cx + d$ について，4 階までの導関数をすべてもとめなさい．
(2) $f(x) = \ln x$ について，4 階までの導関数をすべてもとめ，一般に k 階の導関数がどうなるか予想しなさい．

2.5.2 関数の極値

関数の $y = f(x)$ について，定義域の任意の点 x にたいして

$$f(a) > f(x)$$

となるとき，関数は点 a で最大値をとるという．

$$f(a) < f(x)$$

のときは最小値をとるという．以下では微分をつかって1変数関数の最大値や最小値をもとめる方法を説明する．

極大値と極小値 　関数 $f(x)$ が点 a で極大値をとるとは，点 a の十分近くのすべての点にたいして $f(a) > f(x)$ となることをいう．関数 $f(x)$ が点 a で極小値をとるとは，点 a の十分近くのすべての点にたいして $f(x) > f(a)$ となることをいう．極大値と極小値をあわせて極値とよぶ．極値はある点の十分近くに範囲を限定したときの最大値や最小値のことであると思えばよい．したがって関数の定義域内で極値を調べて，そのなかでの最大や最小をみつけることが最大値や最小値をさがすときに役立つ．

極値をとる必要条件 　関数 $f(x)$ が極大値を点 a でとるとすると，h を十分小さくとれば $f(a) > f(a+h)$ であるから，$f(a+h) - f(a) < 0$ である．したがって $h > 0$ のとき

$$\lim_{h \to 0} \frac{f(a+h) - f(a)}{h} \leq 0$$

であり，$h < 0$ のとき

$$\lim_{h \to 0} \frac{f(a+h) - f(a)}{h} \geq 0$$

以上のことから，点 a で極大値をとるならば

$$f'(a) = \lim_{h \to 0} \frac{f(a+h) - f(a)}{h} = 0$$

極小値をとるときもおなじように考えて，点 a で極小値をとるならば $f'(a) = 0$ である．つまり $f'(a) = 0$ は関数 $f(x)$ が点 a で極値をとるための必要条件であることがわかる．

定理2.2（極値のための必要条件）
　関数 $f(x)$ が $x = a$ で極値をとるならば，$f'(a) = 0$ である．

関数 $f(x)=x^3$ を考えれば，$f'(0)=0$ であるが，$x=0$ で極値をとっていないので，$f'(x)=0$ となれば極値をとるといえないことはわかる．

関数は $f'(x)=0$ となる点で極値をとる可能性はあることがわかったのであるから，つぎに，その点で本当に極値になっているかどうかを判定する条件をもとめる．そのためにはテーラー展開の考えをもちいる必要がある．

テーラー展開　　関数が点 $x=a$ で微分可能ならば，

$$f(x)=f(a)+f'(a)(x-a)+r(x)(x-a)$$
$$\lim_{x \to a} r(x)=0$$

であり，1次関数で近似できるのであった．1次関数でなく2次関数で近似するとした場合にはつぎのようになる．

$$f(x)=f(a)+f'(a)(x-a)+\frac{f''(a)}{2!}(x-a)^2+r(x)(x-a)^2$$
$$\lim_{x \to a} r(x)=0 \tag{2.25}$$

これを2次のテーラー展開という．

極値のための十分条件　　点 $x=a$ で $f'(a)=0$ だとして，テーラー展開の式で a に近い点という意味で $x=a+h$ とすれば，

$$f(a+h)=f(a)+\frac{f''(a)}{2!}h^2+r(a+h)h^2$$
$$\lim_{h \to 0} r(a+h)=0 \tag{2.26}$$

$f''(a)>0$ のときは，h を十分小さな範囲で考えて，$r(a+h)$ が0に近くなるようにすれば，$\frac{f''(a)}{2!}+r(a+h)>0$ となるようにできて，$h^2>0$ だから

$$f(a+h)-f(a)=\left(\frac{f''(a)}{2!}+r(a+h)\right)h^2>0$$

となる．

おなじ考え方で，$f''(a)<0$ のときは，

$$f(a+h)-f(a)=\left(\frac{f''(a)}{2!}+r(a+h)\right)h^2<0$$

である．

したがって，極値に関する十分条件として以下のことがわかる．

定理2.3（極値をとるための十分条件）
　関数が極値をとるための十分条件は以下のようになる．
- $f'(a)=0$ かつ $f''(a)>0 \Longrightarrow$ 点 a で f は極小値をとる．
- $f'(a)=0$ かつ $f''(a)<0 \Longrightarrow$ 点 a で f は極大値をとる．

2.6　1変数関数の積分

2.6.1　定積分と不定積分

　関数にたいしてその導関数をもとめることが微分という演算である．積分はその演算の逆の演算，導関数がその関数になるような関数をもとめることである．

原始関数　　1変数関数 $y=f(x)$ にたいして，導関数が $f(x)$ になるような関数

$$(F(x))'=f(x) \tag{2.27}$$

を関数 $f(x)$ の原始関数あるいは不定積分という．C を定数とすると（2.27）を満たすような $F(x)$ について

$$(F(x)+C)'=f(x)$$

であり，（2.27）を満足する関数はひとつではない．（2.27）となるような関数を不定積分とよび，とくにその代表を原始関数ということもある．
　$f(x)$ の原始関数を記号で

$$\int f(x)dx \tag{2.28}$$

とかく．

原始関数の公式　　原始関数をもとめることは導関数をもとめることの逆の作業であるから，導関数の公式から，原始関数の以下のような公式が得られる．

公式2.7(原始関数の公式1)

$$\int x^a dx = \frac{1}{a+1} x^{a+1} \quad (a \neq -1)$$

$$\int \frac{1}{x} dx = \ln x$$

$$\int e^x dx = e^x$$

つぎの公式も関数の和と定数倍についての微分の公式から明らかである.

公式2.8(原始関数の公式2)

a と b を定数とするとき

$$\int (af(x) + bg(x))dx = a\int f(x)dx + b\int g(x)dx$$

定積分 関数 $y=f(x)$ のグラフと x 軸で囲まれる部分の面積をもとめるのが定積分である.区間 $I=[a,b]$ で関数 $f(x)$ について,$|f(x)|<M$ となる M が存在すると仮定する.区間 I を,n 個の点

$$x_0 = a < x_1 < x_2 < \cdots < x_{n-1} < x_n = b \tag{2.29}$$

によって n 個の部分区間に分割し,$x_{i-1} \leq \omega_i \leq x_i$ となる点をとるとき

$$R = \sum_{i=1}^{n} f(\omega_i)(x_i - x_{i-1}) = \sum_{i=1}^{n} f(\omega_i) \delta_i \tag{2.30}$$

をリーマン和という.

リーマン和は関数と水平軸で囲まれる部分の面積を短冊状のもので,近似しているものと考えてよく,分割の細分化をおこなえば近似の度合いが高くなるであろう.したがって面積が確定するとは,分割の細分化をおこなうとき,リーマン和が,分割した区間から選ばれる点 ω_i によらず一定の値に近づくことである.

定義2.11(積分可能性)

関数 $f(x)$ は区間 $[a,b]$ の分割において,その分割の幅を 0 に近づけるとき,分割の仕方によらずリーマン和 (2.30) が一定の値 I に収束するとき区間 $[a,$

b] で積分可能であるといって,

$$I = \int_a^b f(x)dx \tag{2.31}$$

とかく.

定積分の性質　積分を分割を細かくしていったときのリーマン和の極限値と考えれば,定積分の公式は理解しやすい.

たとえば関数 $f(x)$ が積分可能で区間 $[a, b]$ で $|f(x)| \leq M$ であれば,

$$\left|\sum_{i=1}^n f(\omega_i)(x_i - x_{i-1})\right| \leq \sum_{i=1}^n |f(\omega_i)|(x_i - x_{i-1})$$
$$\leq M \sum_{i=1}^n (x_i - x_{i-1}) = M(b-a)$$

であり,$R \to \int_a^b f(x)dx$ だから

$$\left|\int_a^b f(x)dx\right| \leq M(b-a)$$

を得る.以下の公式も細かい点での証明は必要であるが,通常の和の公式から理解できる.

公式2.9（定積分の公式）

関数 $f(x)$ と $g(x)$ が区間 $I = [a, b]$ で積分可能であるとする.

● $\alpha f(x) + \beta g(x)$ も積分可能であり,

$$\int_a^b (\alpha f(x) + \beta g(x))dx = \alpha \int_a^b f(x)dx + \beta \int_a^b g(x)dx$$

● $f(x) \geq 0$ ならば,$\int_a^b f(x)dx \geq 0$

● $|f(x)|$ も積分可能なら,$\left|\int_a^b f(x)dx\right| \leq \int_a^b |f(x)|dx$

微積分の基本定理　閉区間 $[a, b]$ 上の連続な関数 $f(x)$ はリーマン積分可能であることが証明できて,以下のように $f(x)$ に原始関数が存在することがわかる.

命題2.2（連続関数の原始関数）

$[a, b]$ 上の連続な関数 $f(x)$ にたいし

$$F(x) = \int_a^x f(t)dt$$

とおくと，$F'(x) = f(x)$ である．つまり $F(x)$ は $f(x)$ の原始関数である．

この原始関数を不定積分の代表と考えると，不定積分をつかって

$$F(x) + C = \int_a^x f(t)dt \tag{2.32}$$

であるから，$x = a$ として，$C = -F(a)$ を得て，$x = b$ とすれば

$$F(b) - F(a) = \int_a^b f(x)dx \tag{2.33}$$

という微積分の基本定理が得られる．

練習問題

問題2.1 以下の関数の1階の導関数をもとめなさい．積あるいは商の導関数の公式をもちいる．
(1) $f(x) = x^3 + 2x$ 　　(2) $f(x) = (x^2+1)(3x+1)$
(3) $f(x) = (e^x+1)(x^4-3x)$ 　　(4) $f(x) = x\ln x$
(5) $f(x) = \dfrac{1}{x^2+1}$ 　　(6) $f(x) = \dfrac{\ln x}{e^x}$

問題2.2 以下の関数の1階の導関数をもとめなさい．
(1) $f(x) = (x^2+3x-1)^3$ 　　(2) $f(x) = (x^4+e^x)^2$
(3) $f(x) = e^{-3x}$ 　　(4) $f(x) = \exp(-x^2+x+1)$
(5) $f(x) = \ln(x^2+1)$ 　　(6) $f(x) = \ln(e^x+e^{-x})$

問題2.3 以下のそれぞれの関数について，1階と2階の導関数をもとめなさい．
(1) $f(x) = x^2 e^{-x}$ 　　(2) $f(x) = e^{x^2}\ln x$

問題2.4 $h(x) = f(x)g(x)$ であるとき，以下の問いに答えなさい．
(1) $h(x) = f(x)g(x)$ の両辺の対数をとり，その右辺と左辺のそれぞれの導関数をもとめて以下の式が成り立つことを確かめなさい．

$$\frac{h'(x)}{h(x)} = \frac{f'(x)}{f(x)} - \frac{g'(x)}{g(x)}$$

(2) (1)の等式の $h(x)$ に $h(x)=f(x)g(x)$ を代入し，積の導関数の公式が成り立っていることを説明しなさい．

問題 2.5 以下の関数の極値について調べなさい．

(1) $f(x) = -8x - x^2 + \dfrac{x^3}{3}$ (2) $f(x) = xe^{-x}$

問題 2.6 関数 $f(x)=x^4-4x^3+5$ が凸になっている範囲と凹になっている範囲を示しなさい．

問題 2.7 需要関数が $D(p)=p^a$ のとき，価格弾力性が一定であることを示しなさい．

問題 2.8 効用関数が $u(x)=x^a \, (x \geqq 0)$ のとき，限界効用関数が減少関数であるためには a はどのような値でなければならないか．

第3章　多変数関数の微分積分

　前章までは，たとえば $y=f(x)$ のような，独立変数がひとつの関数の微分・積分について説明してきた．しかしながら，経済学の初級教科書に出てくる効用関数や生産関数は，$z=f(x,y)$ のような独立変数が2つの変数からなる関数であることが多い．もちろん議論の一般化をはかるためのより精緻な分析においては，独立変数が2個以上からなる関数，すなわち，以下のように表記される多変数関数がもちいられる．

$$z=f(x_1, x_2, \cdots, x_n)$$

本章では，多変数関数における微分・積分について調べることにするが，主としてとりあげるのは多変数関数のひとつである，2変数関数である．

3.1　多変数関数

3.1.1　多変数関数と関数の連続性

2変数関数とグラフ　　2つの変数 x, y の値がある領域 S に属し，S 内の点 (x, y) にたいして変数 z の値が（ただひとつ）定まるとき，z は2変数 x, y の関数であるといって $z=f(x,y)$ などとかく．1変数の関数 $y=f(x)$ のグラフは，x-y 平面上の曲線としてあらわされたが，2変数の関数 $z=f(x,y)$ のグラフは，以下のようにしてあらわされる．

　まず，図3.1のような直交座標系 x-y-z を考える．独立変数 x, y の定義域 S は，x-y 平面上のひとつの範囲としてあらわされるが，ここでは，$0 \leq x, 0 \leq y$ であるとしよう．その領域内の任意の点 (x_0, y_0) にたいして，z 座標の値が $f(x_0, y_0)$ なる点がひとつ決まる．したがって，$z=f(x,y)$ のグラフは，S

図3.1　2変数関数のグラフ

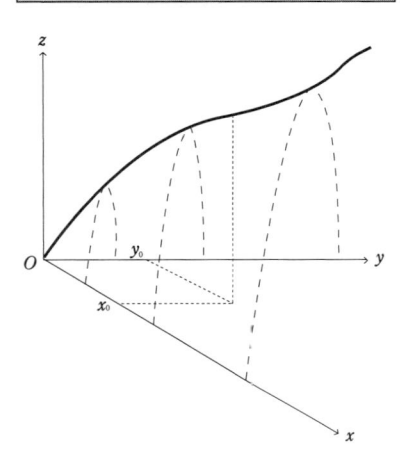

内の各点にたいして，z座標の対応する点が描く曲面としてあらわされることになる．

2変数関数の連続性　　2変数の関数 $z=f(x,y)$ について，定義域 S 内で点 (x,y) が点 (a,b) 以外の点を通りながら点 (a,b) に限りなく近づくとする．その近づき方がどんな近づき方であるかにかかわらず，z の値がひとつの値 c に限りなく近づく場合，c は z の極限値であるといい，以下のような記号であらわす．

$$\lim_{\substack{x \to a \\ y \to b}} f(x,y) = c \quad \text{あるいは} \quad \lim_{(x,y) \to (a,b)} f(x,y) = c$$

また，関数 $z=f(x,y)$ について，$(x,y) \to (a,b)$ のときの極限値が存在し，点 (a,b) における z 座標の値 $f(a,b)$ とのあいだに

$$\lim_{(x,y) \to (a,b)} f(x,y) = f(a,b)$$

が成り立つとき，$z=f(x,y)$ は点 (a,b) において連続であるという．関数 $f(x,y)$ が x,y の領域 S 内のすべての点において連続であるとき，$f(x,y)$ は S で連続関数であるという．

n 変数関数と連続性　　ここまでの説明は独立変数の数が 2 個である場合であったが，一般には変数の数が n 個であるような，n 変数関数が考えられる．

つまり n 個の変数の組 $(x_1, x_2, \cdots, x_n)$ を考え，それがとる値にたいして，ひとつの値を対応させる規則が n 変数関数

$$y = f(x_1, x_2, \cdots, x_n)$$

である．n 変数関数が点 $(a_1, a_2, \cdots, a_n)$ で連続であるとは

$$(x_1, x_2, \cdots, x_n) \longrightarrow (a_1, a_2, \cdots, a_n)$$

のとき

$$f(x_1, x_2, \cdots, x_n) \longrightarrow f(a_1, a_2, \cdots, a_n)$$

ということである．$n \geqq 3$ のときは，グラフをイメージすることはできないので，純粋に数の対応規則と考えるしかない．

3.1.2　経済学での例

効用関数　　経済学における 2 変数関数の代表例として，消費者行動の分析でもちいられる 2 財モデルの効用関数について復習しておこう．いま，消費者は，異なる 2 種類の財だけが購入可能であるとし，これらをそれぞれ第 1 財，第 2 財とよぶことにする．この消費者にとって，財を購入することによって得られる満足の度合い，すなわち効用水準 U は，消費者が手に入れたそれぞれの財の購入量（実数），x_1, x_2 に対応してただひとつの値（実数）に決まると仮定しよう．そうすると，消費財の購入量と効用との間の関係は，以下のような関数として数学的に表現することができる．すなわち，効用関数は，

$$U = U(x_1, x_2) \tag{3.1}$$

とあらわされる．この効用関数は，一般的な関数の形で表示されているが，以下のように特定化した関数として考えることもできる．

$$U = x_1^\alpha x_2^\beta \quad (\alpha > 0, \beta > 0) \tag{3.2}$$

とくに，α と β について，$\alpha + \beta = 1$ なるような制約があるときには，この効

用関数は，1次同次という性質をもち，コブ=ダグラス型効用関数とよばれる．ところで，同次関数は以下のように定義される．

定義3.1（m 次同次関数）
　関数 $f(x, y)$ が，任意の $\lambda>0$ にたいして，

$$f(\lambda x, \lambda y)=\lambda^m f(x, y) \tag{3.3}$$

であるとき，$f(x, y)$ は，m 次の同次関数，あるいは m 次同次であるという．

生産関数　つぎに，マクロ経済分析においてもちいられる，2種類あるいは3種類の生産要素からなるマクロ生産関数について考えてみよう．ここでは生産過程を，財貨・サービスを投入し，資本ストックと労働サービスとをもちいて，財貨・サービスを産出することと定義する．そうすると，生産物，すなわち財貨・サービスの産出量を Y とし，資本ストックの量を K，労働の雇用量を L，中間的に投入する財貨・サービスの数量を N とすれば，生産者にとっての技術的な制約から，Y, K, L, N のあいだには，

$$Y \leqq F(K, L, N)$$

なるような関係が考えられる．この関係をみたすような (Y, K, L, N) の組み合わせは，生産可能性集合とよばれる．この生産可能性集合のうち，とくに，

$$Y=F(K, L, N)$$

なる組み合わせを生産関数，とよんでいる．この生産関数は，3変数の生産関数である．

　ところで，生産物価格を P，中間財価格を P_N とし，付加価値額を V とすれば，$V=PY-P_N N$ となる．一国経済における V の総額は，国内総生産とよばれる．ここで，議論の単純化をはかるために，中間投入がないものと仮定すると（$N=0$），Y は最終生産物の産出量となり，次式のような2変数のマクロ生産関数が得られることになる．

$$Y=F(K, L) \tag{3.4}$$

また，効用関数と同様，1次同次のコブ=ダグラス型の生産関数として特定化したものは，

$$Y = K^{\alpha} L^{\beta}; \quad \alpha > 0, \beta > 0, \alpha + \beta = 1 \tag{3.5}$$

とかかれる．

問3.1 コブ=ダグラス型の生産関数が1次同次であることを示しなさい．

3.2 偏微分

3.2.1 偏微分係数と偏導関数

偏微分係数　　さてここで，より一般的な形での2変数関数，すなわち実数平面 $\mathbb{R}^2$ 内の領域 $S(\subseteq \mathbb{R})$ 上で定義された2変数関数，$z = f(x, y)$ について考えてみよう．

　S 内のある点 $(a, b) \in S$ のきわめて近くで変数 x, y をそれぞれほんの少しだけ変化させたとき，z がどれだけ変化するかについて調べてみよう．h は x の微小変化分，k は y の微小変化分をそれぞれあらわすとする．たとえば，点 (a, b) に限りなく近いところで，$a_1 > a$ であるような a_1 をとれば，$h = a_1 - a$ のことであり，$b_1 > b$ であるような b_1 をとれば $k = b_1 - b$ である．

x に関する偏微分係数　　ところで，この関数 $f(x, y)$ には変数が2つあるので，まず最初に y は変化せずに，x だけが変化したと考えることにしよう．すなわち，点 (a, b) が $(a + h, b)$ へと，変数 x だけが微小に h だけ変化したとする．そうすると，第2章で述べたように，y が $y = b$ であるときの，x の変化分 h にたいする z の変化分の平均変化率は，

$$\frac{f(a + h, b) - f(a, b)}{h}$$

とかける．ここで，$h \to 0$ としたとき，この平均変化率が一定の値に限りなく近づくときに，関数 $f(x, y)$ は点 (a, b) において，x について偏微分可能であるといい，その一定の値を点 (a, b) での x に関する偏微分係数とよぶ．この極限の値である偏微分係数は，

$$f_x(a, b) \quad \text{あるいは} \quad \frac{\partial f(a, b)}{\partial x}$$

とかく．つまり

$$f_x(a, b) = \lim_{h \to 0} \frac{f(a+h, b) - f(a, b)}{h} \tag{3.6}$$

である．

y に関する偏微分係数　　つぎに，x は変化せずに，点 (a, b) が $(a, b+k)$ へと，変数 y だけが微小に k だけ変化したとする．そうすると，x が $x=a$ であるときの，y の変化分 k にたいする z の変化分の平均変化率は，

$$\frac{f(a, b+k) - f(a, b)}{k}$$

とかける．ここで，$k \to 0$ としたとき，この平均変化率が一定の値に限りなく近づくときに，関数 $f(x, y)$ は点 (a, b) において，y について偏微分可能であるといい，その一定の値を点 (a, b) での y に関する偏微分係数とよぶ．この極限の値である偏微分係数は，

$$f_y(a, b) \quad \text{あるいは} \quad \frac{\partial f(a, b)}{\partial y}$$

図3.2　偏微分係数

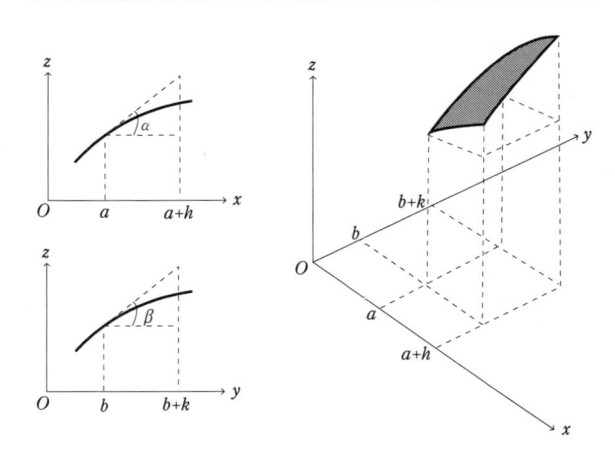

とかく．つまり

$$f_y(a,b)=\lim_{k\to 0}\frac{f(a,b+k)-f(a,b)}{k} \tag{3.7}$$

である．

ところで，点 (a,b) における偏微分係数 $f_x(a,b)$ は，$f(x,b)$ を x のみの関数 $(g(x)=f(x,b))$ とみなしたときの $x=a$ における微分係数 $g'(a)$ に等しい．また幾何学的には，図3.2に示したように，$f_x(a,b)$ は，曲面 $z=f(x,y)$ を平面 $y=b$ で切り取った断面にあらわれる曲線の $x=a$ における接線の傾き $\tan\alpha$ に等しくなる．同様に，偏微分係数 $f_y(a,b)$ は，平面 $x=a$ 上の曲線の $y=b$ における接線の傾き $\tan\beta$ に等しい．

偏導関数　　$f(x,y)$ が，定義域 S 内のいかなる点においても x,y について偏微分可能なときに，関数 $f(x,y)$ は S において偏微分可能であるという．ところで，偏微分係数 $f_x(x,y)$, $f_y(x,y)$ は，S 内の各点 (x,y) に対応して決まるから，これも x および y の関数であるといえよう．したがって，これらは，偏導関数とよばれる．偏導関数は，

$$f_x=f_x(x,y)=\frac{\partial f(x,y)}{\partial x}=\frac{\partial f}{\partial x}$$

$$f_y=f_y(x,y)=\frac{\partial f(x,y)}{\partial y}=\frac{\partial f}{\partial y}$$

などとかかれる．

***n*変数関数の場合**　　一般の n 変数関数のときも偏微分や偏導関数は2変数の関数とおなじように考えていけばよい．

$z=f(x_1,x_2,\cdots,x_n)$ の点 $(a_1,a_2,\cdots,a_n)$ での，$x_i\,(i=1,2,\cdots,n)$ に関する偏微分係数は

$$f_{x_i}(a_1,a_2,\cdots,a_n)$$
$$=\lim_{h\to 0}\frac{f(a_1,a_2,\cdots,a_i+h,\cdots,a_n)-f(a_1,a_2,\cdots,a_i,\cdots,a_n)}{h}$$

である．f_{x_i} の部分を，i 番目の変数に関する偏微分係数という意味で，f_i とかくこともある．偏導関数についても同様である．

3.2.2 偏導関数の計算の仕方

ここまでの説明からわかるように，偏導関数は x あるいは y のいずれか一方を固定し，もう一方の変数のみが変化したとき平均変化率の極限であるから，具体的な関数にたいして偏導関数をもとめるには，1変数の関数の微分ができればよい．つまり，x に関する偏導関数を計算するときは y を定数と考え，x の1変数の関数の微分をおこなえばよい．おなじように，y に関する偏導関数を計算するときは x を定数と考え，y の1変数の関数の微分をおこなえばよい．したがって偏導関数をもとめる過程では，1変数の微分における和や積の公式あるいは合成関数の考え方をつかってよい．

例3.1（偏導関数の計算例：その1）

$f(x,y)=2x^2+3xy^2+2y^3$ のとき，$f_x(x,y)$ と $f_y(x,y)$ をもとめる．x で偏微分するときは，y を定数と考えてよいから，$2y^3$ の部分は，x で偏微分すると

$$\frac{\partial(2y^3)}{\partial x}=0$$

また通常の微分の考え方から

$$\frac{\partial(2x^2)}{\partial x}=4x$$

である．

$3xy^2$ の部分は，$3y^2x$ と考え，変数 x からみれば，$3y^2$ の部分が定数であるから

$$\frac{\partial(3y^2x)}{\partial x}=3y^2$$

和の公式からつぎの結果を得る．

$$\frac{\partial f(x,y)}{\partial x}=4x+3y^2$$

おなじように考えて，y で偏微分すると

$$\frac{\partial f(x,y)}{\partial y}=6xy+6y^2$$

例3.2（偏導関数の計算例：その2）

$f(x,y)=\exp(xy^2)$ のとき，$f_x(x,y)$ と $f_y(x,y)$ をもとめる．x で偏微分するときは，y を定数と考えてよいから，x で偏微分するときは，y^2 がひとつの定数であるかのようにみなしてよい．したがって，y^2 の部分を定数をあらわす記号 c でおきかえた関数 $g(x)=\exp(cx)$ を微分することを考えればよい．

1変数関数の微分が理解できていれば，

$$g'(x)=c\exp(cx)$$

はわかる．したがって $f(x,y)$ を x で偏微分するときは，この1変数関数の微分の c が y^2 であると考えているのだから

$$f_x(x,y)=y^2\exp(xy^2)$$

となることがわかる．

y について偏微分をもとめるときには，おなじように考えて x を定数と考えるのだから

$$g(y)=\exp(cy^2)$$

の微分をもとめ

$$g'(y)=2cy\exp(cy^2)$$

として，c が x であったことをおもいだして

$$f_y(x,y)=2xy\exp(xy^2)$$

とすればよい．

以上のように変数で混乱するときは，定数であるかのようにみなす部分をひとつの定数にかきかえて微分をもとめればよい．なれてくればおきかえなくてもできるようになる．

問3.2 以下の関数の偏導関数 f_x と f_y をもとめなさい．
(1)　$f(x,y)=x^2+2xy+2y^3$　　(2)　$f(x,y)=(x+2xy^2)^3$

(3)　$f(x, y) = \exp(-2x^3 y^2)$　　(4)　$f(x, y) = \ln(x^2 + 3y^4)$

3.2.3　限界効用と限界生産物

限界効用　前述の効用関数 $U = U(x_1, x_2)$ において，第1財のみを追加的に1単位購入したときにその消費者の効用がどれだけ増すかをあらわしたものは，第1財の限界効用とよばれ，第2財のみを追加1単位購入したときには第2財の限界効用とよばれる．

関数 $U(x_1, x_2)$ の偏微分はふたつの変数の一方を固定したときの微分であるから，第2章の微分係数と増分の近似式を適用し

$$U(x_1 + \Delta x_1, x_2) - U(x_1, x_2) \approx \frac{\partial U}{\partial x_1} \Delta x_1 \tag{3.8}$$

$$U(x_1, x_2 + \Delta x_2) - U(x_1, x_2) \approx \frac{\partial U}{\partial x_2} \Delta x_2 \tag{3.9}$$

である．ここで Δx_1 と Δx_2 を1とおけば (3.8) と (3.9) の左辺は，x_1 と x_2 をそれぞれ1単位増加させたときの効用の増加分になる．したがって，この限界効用の概念は，$U = U(x_1, x_2)$ における x_1 および x_2 に関する偏微分係数であらわされることになる．すなわち，第1財の限界効用を U_1 とすると，

$$U_1 = \frac{\partial U}{\partial x_1}$$

のことであり，同様に，第2財の限界効用 U_2 は，

$$U_2 = \frac{\partial U}{\partial x_2}$$

である．

限界生産力　生産関数 $Y = F(K, L)$ については，資本ストックを追加的に1単位生産過程に投入（雇用）したときに，何単位生産物がふえるかは資本の限界生産力とよばれ，解析的には，

$$F_K = \frac{\partial F}{\partial K}$$

であらわされる．また，労働1単位を追加的に雇用したときの産出量の増加比率，すなわち労働の限界生産力は，

$$F_L = \frac{\partial F}{\partial L}$$

である．

例3.3（限界効用と限界生産力の計算例）

効用関数が，

$$U = x_1^\alpha x_2^\beta; \quad \alpha > 0, \beta > 0$$

のとき，それぞれの財にたいする限界効用は，

$$U_1 = \frac{\partial U}{\partial x_1} = \alpha x_1^{\alpha-1} x_2^\beta$$

$$U_2 = \frac{\partial U}{\partial x_2} = \beta x_1^\alpha x_2^{\beta-1}$$

となる．

生産関数が，コブ=ダグラス型生産関数であるときは，

$$Y = K^\alpha L^\beta; \quad \alpha > 0, \beta > 0, \alpha + \beta = 1$$

であるから，資本の限界生産力および労働の限界生産力は，

$$F_K = \frac{\partial F}{\partial K} = \alpha K^{\alpha-1} L^\beta$$

$$F_L = \frac{\partial F}{\partial L} = \beta K^\alpha L^{\beta-1}$$

である．

問3.3 効用関数 U が1次同次のとき，任意の λ にたいして以下のことが成り立っていることを確かめなさい．

$$\frac{\partial U(\lambda x_1, \lambda x_2)}{\partial x_1} = \frac{\partial U(x_1, x_2)}{\partial x_1}$$

3.2.4　高階偏微分

2階の偏導関数　関数 $f(x, y)$ が x, y について偏微分可能であり，その偏

導関数 $f_x(x,y)$ と $f_y(x,y)$ が存在するとする．これらの偏導関数は 2 変数の関数なので x と y に関する偏微分が考えられる．

$f_x(x,y)$ と $f_y(x,y)$ のいずれも x, y について定義域内で偏微分可能であるとしよう．そうすると，偏導関数の偏導関数，つまりもとの関数の 2 階の偏導関数をもとめることができる．2 階の偏導関数は 4 個考えることができる．すなわち

$$f_{xx} = \frac{\partial^2 f}{\partial x^2} = \frac{\partial}{\partial x}\left(\frac{\partial f}{\partial x}\right) \tag{3.10}$$

$$f_{xy} = \frac{\partial^2 f}{\partial x \partial y} = \frac{\partial}{\partial x}\left(\frac{\partial f}{\partial y}\right) \tag{3.11}$$

$$f_{yx} = \frac{\partial^2 f}{\partial y \partial x} = \frac{\partial}{\partial y}\left(\frac{\partial f}{\partial x}\right) \tag{3.12}$$

$$f_{yy} = \frac{\partial^2 f}{\partial y^2} = \frac{\partial}{\partial y}\left(\frac{\partial f}{\partial y}\right) \tag{3.13}$$

である．ここでたとえば，(3.10) では f の x に関する偏導関数 f_x の x に関する偏導関数を，(3.11) では f の y に関する偏導関数 f_y の x に関する偏導関数をもとめている．

例3.4（2 階の偏導関数の計算例）

$f(x,y) = 2x^2 - 3xy + 5y^2$ のとき，1 階の偏導関数は

$$f_x(x,y) = 4x - 3y, \quad f_y(x,y) = -3x + 10y$$

である．2 階の偏導関数は f_x と f_y を x で偏微分した

$$f_{xx}(x,y) = 4, \quad f_{yx}(x,y) = -3$$

と，f_x と f_y を y で偏微分した

$$f_{xy}(x,y) = -3, \quad f_{xy}(x,y) = 10$$

である．

例3.5（コブ=ダグラス型生産関数の 2 階の偏導関数）

生産関数

$$Y=F(K,L)=K^{\alpha}L^{\beta};\quad \alpha>0, \beta>0, \alpha+\beta=1$$

について，$\alpha+\beta=1$ であるから，$\beta=1-\alpha$．したがって，$Y=F(K,L)=K^{\alpha}L^{\beta}=K^{\alpha}L^{1-\alpha}$ とかける．このとき，

$$F_{KK}=-\alpha(1-\alpha)K^{\alpha-2}L^{1-\alpha}$$
$$F_{KL}=\alpha(1-\alpha)K^{\alpha-1}L^{-\alpha}$$
$$F_{LK}=\alpha(1-\alpha)K^{\alpha-1}L^{-\alpha}$$
$$F_{LL}=-\alpha(1-\alpha)K^{\alpha}L^{-(\alpha+1)}$$

である．

α の符号条件から，$F_{KK}<0$ である．K での偏微分をもとめるときは L を固定して，変数 K だけの関数とみなしていることと，導関数が負のとき1変数関数が減少関数であったことを考えれば

$$F_{KK}=\frac{\partial F_K}{\partial K}<0$$

は限界生産力 $F_K(K,L)$ が L を固定したとき K の減少関数であることをあらわしている．このことを資本にたいする限界生産力は逓減するという．おなじように考えて α の符号条件により，$F_{LL}<0$ であるから労働にたいする限界生産力も逓減することがわかる．

偏微分の順序によらない条件　　ところで，上の例3.4と3.5の関数においては，それぞれ

$$f_{xy}=f_{yx}\quad \text{あるいは}\quad F_{KL}=F_{LK}$$

となっているが，一般的には,以下のような定理として述べられるものである．つまりこの定理の条件が成り立っていれば，$f(x,y)$ を x で偏微分してつぎに y で偏微分した結果と，y で偏微分した後に x で偏微分した結果はおなじになり，偏微分する順番は問わないでよいことになる．

定理3.1（ヤングの定理）
　　$z=f(x,y)$ において，点 (a,b) で $f_{xy}(x,y)$，$f_{yx}(x,y)$ が存在し，かつ連続で

あれば，
$$f_{xy}(x,y) = f_{yx}(x,y)$$

が成り立つ．（証明略）

高階の偏導関数　$f(x,y)$ の 2 階の偏導関数 (3.10), (3.11), (3.12), (3.13) が，x あるいは y について偏微分可能ならば 3 階の偏導関数をもとめることができる．たとえば 4 個の 2 階の偏導関数について x に関する偏導関数は

$$f_{xxx} = \frac{\partial^3 f}{\partial x^3} = \frac{\partial}{\partial x}\left(\frac{\partial^2 f}{\partial x^2}\right) \tag{3.14}$$

$$f_{xxy} = \frac{\partial^3}{\partial x \partial x \partial y} = \frac{\partial}{\partial x}\left(\frac{\partial^2 f}{\partial x \partial y}\right) \tag{3.15}$$

$$f_{xyx} = \frac{\partial^3}{\partial x \partial y \partial x} = \frac{\partial}{\partial x}\left(\frac{\partial^2 f}{\partial y \partial x}\right) \tag{3.16}$$

$$f_{xyy} = \frac{\partial^3 f}{\partial x \partial y^2} = \frac{\partial}{\partial x}\left(\frac{\partial^2 f}{\partial y^2}\right) \tag{3.17}$$

が得られる．2 階の偏導関数の y に関する偏導関数もおなじようにして 4 個得られるから，2 変数関数の 3 階の偏導関数は 8 個ある．しかし，このときも，3 階の偏導関数がすべて存在し，連続ならば，順序は無関係になり，たとえば

$$f_{xxy} = f_{xyx} = f_{yxx}$$

というように，結果は，x と y に関して，それぞれ何回偏微分したかに依存する．

3 階以上の偏導関数についても偏導関数のもとめ方や順序についてはおなじように考えていけばよい．つまり n 階までの偏導関数が存在しそれらが連続であれば，x について r 回，y について $(n-r)$ 回偏微分してもとめられる導関数は，順序にはよらず，記号で，$\dfrac{\partial^n f}{\partial x^r \partial y^{n-r}}$ とかかれる．

変数の数が 3 個以上のときも考え方はおなじである．

問 3.4　以下の関数について 2 階の偏導関数をすべてもとめなさい．また $f_{xy} = f_{yx}$ が成り立っていることを確認しなさい．
(1)　$f(x,y) = x^3 + 2x^2 y^2$　　(2)　$f(x,y) = (x-2y)^3$

(3)　$f(x, y) = \exp(-xy^2)$　　(4)　$f(x, y) = x\exp(2y)$

3.3　全微分

3.3.1　接平面と微分

　ここまでは，$f(x, y)$ の x 軸や y 軸という特定の方向に沿っての微分である偏微分を考えてきた．偏微分はいずれか一方の変数が固定されて，もう一方の変数が変化したときの局所的な動きをとらえており，偏微分係数で，限界効用や限界生産力のところで説明したように，他の変数が一定のとき，ひとつの変数の変化がどれだけの関数の変化をおこすのかをあきらかにできる．

　しかしながら個々の偏微分係数では 2 つの変数が同時に変化したときの関数の動きはわからない．また 2 つの変数が同時に変化する場合には，これまでの微分や偏微分の説明でつかわれた平均変化率という考え方はなじまない．

　そこで 1 変数関数の微分係数のもうひとつの考え方である接線の傾きという考え方が適用される．このとき，2 変数関数は最初に述べたように曲面をなすから，接線ではなく接平面による近似を考える．

平面の方程式　　一般的に点 (a, b, c) を通る平面は以下のような式で定められる．

$$\alpha(x-a) + \beta(y-b) + \gamma(z-c) = 0$$

ここで $\gamma = 0$ のときは，z 軸に平行な面となるので，z の 2 変数関数を考えるときは $\gamma \neq 0$ であり，平面の方程式は

$$z - c = \alpha(x-a) + \beta(y-b)$$

であるとする（平面上で y 軸に平行な直線は普通の意味で関数でないことを考えればよい）．

接平面と微分　　関数 $z = f(x, y)$ で定まる曲面上の点 $(a, b, f(a, b))$ を通る平面

$$z = \alpha(x-a) + \beta(y-b) + f(a,b) \tag{3.18}$$

と $z=f(x,y)$ は点 (a,b) で z の値は一致しており，他の点 (x,y) では

$$f(x,y) - \{\alpha(x-a) + \beta(y-b) + f(a,b)\} \tag{3.19}$$

だけの違いがある．1変数のときとおなじようにこの違いが (a,b) に近いところでは十分に小さくなるとき，2変数関数は微分可能という．正確に定義すれば以下のようになる．

定義3.2（2変数関数の微分可能性）

2変数関数 $z=f(x,y)$ は

$$f(x,y) = \alpha(x-a) + \beta(y-b) + f(a,b) + r(x,y)\sqrt{(x-a)^2+(y-b)^2} \tag{3.20}$$

ただし，$r(x,y)$ は連続関数で，$\lim_{(x,y)\to(a,b)} r(x,y)=0 \tag{3.21}$

のとき $f(x,y)$ は (a,b) で微分可能もしくは全微分可能という．また (α, β) を微分係数という．

1変数の関数のときと同様に近似的に考えれば，全微分可能ならば

$$\Delta x = x-a, \quad \Delta y = y-b, \quad \Delta f = f(x,y) - f(a,b)$$

として

$$\Delta f \approx \alpha \Delta x + \beta \Delta y \tag{3.22}$$

ここで，y を b に固定すると，$\Delta y=0$ となり，Δf は x のみの変化にともなう z の変化をあらわす．このとき(3.22)は

$$\Delta f \approx \alpha \Delta x \tag{3.23}$$

であるから，この α は x についての偏微分係数に等しい．おなじように考えれば β は y についての偏微分係数に等しいこともわかるから，f が点 (a,b) で全微分可能であれば微分係数は

$$(\alpha, \beta) = \left(\frac{\partial f(a,b)}{\partial x}, \frac{\partial f(a,b)}{\partial y} \right) \tag{3.24}$$

である．したがって接平面の方程式は以下のようになる．

$$z - f(a,b) = \frac{\partial f(a,b)}{\partial x}(x-a) + \frac{\partial f(a,b)}{\partial y}(y-b)) \tag{3.25}$$

また

$$df = \frac{\partial f}{\partial x}dx + \frac{\partial f}{\partial y}dy \tag{3.26}$$

を全微分という．これは形式的に定義されるものであるが，(3.24) の結果を考えに入れて，(3.22) の記号を $\Delta f, \Delta x, \Delta y$ を df, dx, dy でおきかえたものと考えればよい．次項では，全微分が $\Delta f(x,y)$ の近似値をあたえることを解析的に確認することにしよう．

3.3.2　2変数の全微分と偏微分

3.3.1項では，接平面が存在するという視点から2変数関数の全微分を定義し，全微分可能であれば，全微分は偏微分をもちいて導出できることをみた．

直観的には偏微分係数を傾きにもつ x 軸方向の接線と y 軸方向の接線でつくられる平面が接平面になると考えるのはわかりやすいが，実際には偏微分可能性だけでは全微分可能性はいえない．極端なケースでいえば，

$$f(x,y) = \begin{cases} x^2 + 1 & (x,y) = (x,0) \\ y^2 + 1 & (x,y) = (0,y) \\ 0 & \text{それ以外} \end{cases} \tag{3.27}$$

となっていれば，点 $(0,0)$ で x, y の両方で偏微分可能であるが，その偏微分係数をつかってつくられる平面 $z=1$ は接平面ではない．

以下では，偏微分可能ならば全微分可能になっている条件を提示して，そこから全微分を再度説明する．

連続微分可能な関数　　上でのべたように，偏微分可能であっても必ずしも全微分可能とはいえない．これから説明するように偏導関数が存在し，かつ連続であれば，偏微分可能ならば全微分可能である．

定義3.3（連続微分可能）

関数 $f(x,y)$ が，点 (a,b) の近くで変数 x, y について偏微分可能であり，かつ偏導関数がすべて連続であるとき，$f(x,y)$ は，点 (a,b) において連続微分可能であるという．

まえに説明した2階導関数の結果が偏微分する順序によらないという条件は，この定義のことばでいえば，連続微分可能な関数は2階導関数の結果が偏微分する順序によらないといえる．

連続微分可能と全微分　　関数 $f(x,y)$ が，点 (a,b) において連続微分可能であるしよう．このとき，$f(x,y)$ において，変数 x と y が同時に変化したときの関数の変化分について考えてみよう．そこで，点 (a,b) において，変数 x が h だけ変化し，変数 y が k だけ変化したとしよう．このとき，点 (a,b) が $(a+h, b+k)$ に変化したときの関数 f の変化分を $\Delta f(a,b)$ であらわすと，

$$\Delta f(a,b) = f(a+h, b+k) - f(a,b) \qquad (3.28)$$

となる．これを変形して，

$$\begin{aligned}\Delta f(a,b) &= f(a+h, b+k) - f(a,b) \\ &= f(a+h, b+k) - f(a, b+k) + f(a, b+k) - f(a,b) \\ &= \{f(a+h, b+k) - f(a, b+k)\} + \{f(a, b+k) - f(a,b)\}\end{aligned} \qquad (3.29)$$

とする．

ここで，(3.29) の右辺の第1項 $f(a+h, b+k) - f(a, b+k)$ についてみれば，変数 y は $b+k$ で不変であるが，変数 x が a から $a+h$ に変化したときの関数 f の変化をあらわしている．おなじく第2項は，変数 x は a で不変であるが，変数 y が b から $b+k$ に変化したときの関数 f の変化をあらわしている．そこで，第1項に関しては，y は変化しないから関数 f を x のみの関数とみなし，第2項に関しては，x は変化しないから関数 f を y のみの関数とみなして，それぞれ1変数関数の「平均値の定理」（第2章，定理2.1参照）をもちいれば，

$$f(a+h,\,b+k)-f(a,\,b+k)=f_x(a+\theta_1 h,\,b+k)h, \quad 0<\theta_1<1$$
$$f(a,\,b+k)-f(a,\,b)=f_y(a,\,b+\theta_2 k)k, \quad 0<\theta_2<1$$

とかきかえることができる．ここで，

$$\varepsilon_1=f_x(a+\theta_1 h,\,b+k)-f_x(a,\,b)$$
$$\varepsilon_2=f_y(a,\,b+\theta_2 k)-f_y(a,\,b)$$

とすると，

$$\begin{aligned}\Delta f(a,\,b)&=f(a+h,\,b+k)-f(a,\,b)\\&=f_x(a+\theta_1 h,\,b+k)h+f_y(a,\,b+\theta_2 k)k\\&=(f_x(a,\,b)+\varepsilon_1)h+(f_y(a,\,b)+\varepsilon_2)k\\&=f_x(a,\,b)h+f_y(a,\,b)k+\varepsilon_1 h+\varepsilon_2 k\end{aligned}$$

となる．上式は，点 $(a,\,b)$ において，各変数 $x,\,y$ がそれぞれ微小に変化したときの関数 $z=f(x,\,y)$ の全変化分をあらわしているが，とくに最下段の式の右辺の最初の 2 項を関数 $f(x,\,y)$ の $(a,\,b)$ における全微分とよび，dz あるいは $df(a,\,b)$ であらわす．

$$df(a,\,b)=f_x(a,\,b)h+f_y(a,\,b)k$$

$h,\,k$ は，変数 $x,\,y$ のそれぞれの微小変化分であるから，

$$h=\Delta x, \quad k=\Delta y$$

よって，

$$df(a,\,b)=f_x(a,\,b)\Delta x+f_y(a,\,b)\Delta y$$

定義域内の任意の点という意味で，$(a,\,b)$ を $(x,\,y)$ におきかえて，

$$dz=df(x,\,y)=f_x(x,\,y)\Delta x+f_y(x,\,y)\Delta y \tag{3.30}$$

ともかく．

ところで，変数 $x,\,y$ の全微分は，

$$dx = \Delta x, \quad dy = \Delta y$$

であるから，

$$dz = df(x, y) = f_x(x, y)dx + f_y(x, y)dy = \frac{\partial f}{\partial x}dx + \frac{\partial f}{\partial y}dy \quad (3.31)$$

である．仮定から，$f_x(x, y)$ および $f_y(x, y)$ は点 (a, b) の近くで連続であるから，h と k が限りなく 0 に近づくとき，すなわち $h \to 0$ かつ $k \to 0$ であるとき，

$$\lim_{(h,k) \to (0,0)} f_x(a + \theta_1 h, b + k) = f_x(a, b)$$

$$\lim_{k \to 0} f_y(a, b + \theta_2 k) = f_y(a, b)$$

である．したがって，

$$h \to 0, k \to 0 \implies \varepsilon_1 \to 0, \varepsilon_2 \to 0$$

となることがわかる．

$\varepsilon_1 h + \varepsilon_2 k$ の項は，h や k にくらべて格段に早くゼロに収束する（より高位の無限小である）と考えられるから，全微分 $df(x, y)$ は $\Delta f(x, y)$ の近似値をあたえることがわかる．

n 変数関数の場合　　n 変数関数 $z = f(x_1, x_2, \cdots, x_n)$ についても，全微分可能性の定義，接平面などの定義はそのまま拡張的に定義される．また連続微分可能であれば全微分可能となる．

n 変数関数 $z = f(x_1, x_2, \cdots, x_n)$ の場合には，全微分は，

$$dz = f_{x_1}dx_1 + f_{x_2}dx_2 + \cdots + f_{x_n}dx_n$$
$$= \frac{\partial f}{\partial x_1}dx_1 + \frac{\partial f}{\partial x_2}dx_2 + \cdots + \frac{\partial f}{\partial x_n}dx_n$$

となる．

3.3.3　陰関数の微分と限界代替率

陰関数　　変数 x, y について，$F(x, y) = 0$ であるような関数 F について考えよう．いま，x のとりうる範囲の中から値をひとつ選んだときに，上式の関係

から y の値が決まり，ある区間において y が x の関数として定まるとき，これを $F(x,y)=0$ によって定まる陰関数とよぶ．これにたいして，$y=f(x)$ のようにあらわされる関数を陽関数という．ところで，$F(x,y)=0$ によって定まる陰関数はひとつとは限らない．たとえば直交座標系において，原点 $(0,0)$ を中心とし半径 1 の円を描く方程式，$x^2+y^2=1$ についてみてみよう．

$$x^2+y^2-1=0 \tag{3.32}$$

であるから，y について解くことによって，

$$y=\sqrt{1-x^2}=(1-x^2)^{\frac{1}{2}}$$
$$y=-\sqrt{1-x^2}=-(1-x^2)^{\frac{1}{2}}$$

という 2 つの関数が得られる．

さて，このような陰関数の存在と，その性質について，以下のような定理が成り立つ．

定理3.2（2変数の場合の陰関数定理）

$F(x,y)=0$ において，$F_x(x,y)$，$F_y(x,y)$ が連続で，$F(a,b)=0$，$F_y(a,b)\neq 0$ であれば，(1)～(3) の性質をもつ関数 $y=g(x)$ が $x=a$ の近くでただひとつ存在する．

(1) $g(a)=b$
(2) $F(x,g(x))=0$
(3) $\dfrac{dy}{dx}=-\dfrac{F_x}{F_y}$

この定理の厳密な証明は難しいが，(3) の陰関数から定まる関数の導関数については，全微分の議論から説明できる．

陰関数の導関数 　2 変数関数 $z=F(x,y)$ で，z の値が一定の C になる (x,y) は $x-y$ 平面でひとつの曲線をつくり，それをあらわす関数を $y=g(x)$ とすると

$$z=F(x,y)=F(x,g(x))=C \tag{3.33}$$

この (3.33) をみたしながら，x と y が変化するとき関数の値が一定で $z=C$ であることと，全微分の式から

$$dF=0$$
$$dF=F_x dx + F_y dy \tag{3.34}$$

ここで形式的に式を変形して

$$\frac{dy}{dx} = -\frac{F_x}{F_y} \tag{3.35}$$

を得る．

限界代替率　効用関数 $U=U(x_1, x_2)$ で，第1財の量を1単位減少あるいは増加させるとき，効用を一定に保つためには第2財をどれだけ増加あるいは減少させなければならないかをあらわす量を限界代替率という．

消費者にとって，効用水準が変わらないような財の組み合わせの集合は，

$$\{(x_1, x_2) | U=U(x_1, x_2), \quad U=\bar{U} : 一定\}$$

となり，等効用線とよばれる．限界代替率はこの等効用線をあらわす関数 $x_2=x_2(x_1)$ を微分してもとめられる．これはつまり，

$$U(x_1, x_2) - \bar{U} = 0$$

から定まる関数の微分をもとめることである．

効用関数 $U=U(x_1, x_2)$ について全微分をすると，

$$dU = \frac{\partial U}{\partial x_1} dx_1 + \frac{\partial U}{\partial x_2} dx_2$$

となる．

効用が一定で変化しないから，$dU=0$ である．そうすると，

$$0 = \frac{\partial U}{\partial x_1} dx_1 + \frac{\partial U}{\partial x_2} dx_2$$

となる．もし，第2財に関する限界効用の値が0でなければ，

$$-\frac{\Delta x_2}{\Delta x_1} = -\frac{dx_2}{dx_1} = \frac{\dfrac{\partial U}{\partial x_1}}{\dfrac{\partial U}{\partial x_2}} \tag{3.36}$$

となる．上式は，等効用線上において，限界代替率が限界効用の比率に等しくなることを示している．

例3.6（技術的限界代替率）

生産関数 $Y = F(K, L)$ について全微分をおこなうと，

$$dY = \frac{\partial F}{\partial K}dK + \frac{\partial F}{\partial L}dL \tag{3.37}$$

生産要素である労働を1単位減少あるいは増加させたとき，生産量を一定に保つためには資本を何単位減少あるいは増加させなければならいないかを示す比率は技術的限界代替率とよばれる．

生産量を一定にする K と L の組み合わせがつくる曲線を等量曲線という．等量曲線上においては，$dY = 0$ であるから，

$$-\frac{dK}{dL} = \frac{\dfrac{\partial F}{\partial L}}{\dfrac{\partial F}{\partial K}} = \frac{F_L}{F_K} \tag{3.38}$$

上式は，等量曲線上においては，資本と労働の限界代替率が限界生産物の比に等しくなることを示している．

3.4　2変数関数の合成関数の微分

x と y が1変数関数である場合　　関数 $z = f(x, y)$ は，領域 S において連続微分可能であるとしよう．そうすると，定義により，$f(x, y)$ は偏微分可能で，かつ偏導関数がすべて連続であるから，全微分可能である．さてここで，変数 x, y は，ともに変数 t の微分可能な関数であるとし，それぞれ，

$$x = g_1(t), \quad y = g_2(t)$$

とあらわされるとしよう．ただし，$(g_1(t), g_2(t))$ は，領域 S 内の点であるとする．そうすると，

$$z = f(x, y) = f(g_1(t), g_2(t))$$

とかける．いま，変数 t がわずかに Δt だけ変化したとする．このとき，t の変化分 Δt によって生じる，変数 x, y のそれぞれの変化分 $\Delta x, \Delta y$ は，

$$\Delta x = g_1(t + \Delta t) - g_1(t), \quad \Delta y = g_2(t + \Delta t) - g_2(t)$$

である．したがって，t の変化によって生じる z の変化分 Δz は，

$$\begin{aligned}\Delta z &= \Delta f(a, b) \\ &= f(g_1(t + \Delta t), g_2(t + \Delta t)) - f(g_1(t), g_2(t)) \\ &= f(g_1(t) + \Delta x, g_2(t) + \Delta y) - f(g_1(t), g_2(t)) \\ &= f(x + \Delta x, y + \Delta y) - f(x, y)\end{aligned}$$

そうすると，3.3節でのべたように，

$$\Delta z = f_x(x, y)\Delta x + f_y(x, y)\Delta y + \varepsilon_1 \Delta x + \varepsilon_2 \Delta y$$

となる．この両辺を Δt で割ると，

$$\frac{\Delta z}{\Delta t} = f_x(x, y)\frac{\Delta x}{\Delta t} + f_y(x, y)\frac{\Delta y}{\Delta t} + \varepsilon_1 \frac{\Delta x}{\Delta t} + \varepsilon_2 \frac{\Delta y}{\Delta t}$$

ところで，変数 x, y は t の微分可能な関数であったから，t に関して連続な関数である．$t \to 0$ のときには，$\Delta x \to 0$, $\Delta y \to 0$ となる．また，

$$\frac{dz}{dt} = \lim_{\Delta t \to 0} \frac{\Delta z}{\Delta t}, \quad \frac{dx}{dt} = \lim_{\Delta t \to 0} \frac{\Delta x}{\Delta t}, \quad \frac{dy}{dt} = \lim_{\Delta t \to 0} \frac{\Delta y}{\Delta t}$$

であり，$\varepsilon_1 \frac{\Delta x}{\Delta t} + \varepsilon_2 \frac{\Delta y}{\Delta t}$ の項は，ゼロに収束するから，

$$\frac{dz}{dt} = f_x(x, y)\frac{dx}{dt} + f_y(x, y)\frac{dy}{dt} = \frac{\partial f}{\partial x}\frac{dx}{dt} + \frac{\partial f}{\partial y}\frac{dy}{dt} \tag{3.39}$$

という合成関数の微分公式を得る．以上，2変数関数の場合の合成微分律について説明したが，経済モデルでは t を時間をあらわす変数と考えることが多い．その場合，x, y はそれぞれ時間に関する変数となり，

$$\frac{1}{x}\frac{dx}{dt}, \quad \frac{1}{y}\frac{dy}{dt}$$

は，連続時間のもとでの瞬間的な変化率（成長率，増加率）をあらわす．

例3.7（合成関数の計算例）

$f(x, y), x(t), y(t)$ は以下のような関数とする．

$$f(x, y) = x^2 \exp(-2y), \quad x(t) = 2t+1, \quad y(t) = t^2$$

このとき f に x, y を直接代入して微分することを考える．そうすると，

$$f(x(t), y(t)) = (2t+1)^2 \exp(-2t^2)$$

だから

$$\begin{aligned}\frac{df}{dt} &= 4(2t+1)\exp(-2t^2) + (2t+1)^2(-4t)\exp(-2t^2) \\ &= 4(1 + t - 4t^2 - 4t^3)\exp(-2t^2)\end{aligned} \tag{3.40}$$

である．一方で

$$f_x(x, y) = 2x\exp(-2y) \qquad f_y(x, y) = -2x^2\exp(-2y)$$
$$\frac{dx}{dt} = 2 \qquad\qquad\qquad \frac{dy}{dt} = 2t$$

だから，合成関数の公式をつかうと

$$\begin{aligned}\frac{df}{dt} &= f_x(x(t), y(t))\frac{dx}{dt} + f_y(x(t), y(t))\frac{dy}{dt} \\ &= 2(2t+1)\exp(-2t^2) \times 2 + (-2(2t+1)^2)\exp(-2t^2) \times (2t) \\ &= 4(1 + t - 4t^2 - 4t^3)\exp(-2t^2)\end{aligned} \tag{3.41}$$

となり，(3.40) とおなじ結果を得る．

例3.8（2階の導関数）

$z = f(x(t), y(t))$ にたいして1階の導関数は

$$\frac{df}{dt} = f_x(x(t), y(t))\frac{dx}{dt} + f_y(x(t), y(t))\frac{dy}{dt} \tag{3.42}$$

であり，これはまた t の関数であり t による微分が考えられる．(3.42) の右辺の第1項を微分すると

$$\frac{d}{dt}\Big(f_x(x(t),y(t))\frac{dx(t)}{dt}\Big) \qquad\qquad (3.43)$$
$$=\frac{d}{dt}(f_x(x(t),y(t)))\times\frac{dx(t)}{dt}+f_x(x(t),y(t))\times\frac{d}{dt}\Big(\frac{dx(t)}{dt}\Big)$$

ここで再度合成関数の公式をつかうと

$$\frac{d}{dt}(f_x(x(t),y(t)))=f_{xx}(x(t),y(t))\frac{dx}{dt}+f_{yx}(x(t),y(t))\frac{dy}{dt} \quad (3.44)$$

したがって (3.43) は

$$f_{xx}(x(t),y(t))\Big(\frac{dx}{dt}\Big)^2+f_{yx}(x(t),y(t))\Big(\frac{dy}{dt}\Big)\Big(\frac{dx}{dt}\Big)$$
$$+f_x(x(t),y(t))\Big(\frac{d^2x}{dt^2}\Big) \qquad\qquad (3.45)$$

(3.42) の第2項もおなじように計算して，結局

$$\frac{d^2f}{dt^2}=f_{xx}\Big(\frac{dx}{dt}\Big)^2+f_{yx}\Big(\frac{dy}{dt}\Big)\Big(\frac{dx}{dt}\Big)+f_x\Big(\frac{d^2x}{dt^2}\Big)$$
$$+f_{yy}\Big(\frac{dy}{dt}\Big)^2+f_{xy}\Big(\frac{dx}{dt}\Big)\Big(\frac{dy}{dt}\Big)+f_y\Big(\frac{d^2y}{dt^2}\Big) \qquad (3.46)$$

この式はいりくんでいるが，$f_{xy}=f_{yx}$ となっていたり，x,y の2階の導関数が0になるときは，もう少し簡潔になる．

例3.9（陰関数の微分）

$F(x,y)=0$ において，$F(x,y)$ が偏微分可能で，陰関数 $y=g(x)$ が微分可能であるとする．$F(x,g(x))=0$ の両辺を x で微分すると，

$$F_x\frac{d(x)}{dx}+F_y\frac{dy}{dx}=0, \quad \therefore F_x\cdot 1+F_y\frac{dy}{dx}=0$$

ここで，$F_y\neq 0$ ならば，

$$\frac{dy}{dx}=-\frac{F_x}{F_y} \qquad\qquad (3.47)$$

上式をさらに x で微分すると，

$$\frac{d^2y}{dx^2}=\frac{d}{dx}\Big[-\frac{F_x}{F_y}\Big] \qquad\qquad (3.48)$$

$$= -\frac{\left(F_{xx}+F_{xy}\dfrac{dy}{dx}\right)F_y - \left(F_{yx}+F_{yy}\dfrac{dy}{dx}\right)F_x}{F_y^2} \tag{3.49}$$

$$= -\frac{\left[F_{xx}+F_{xy}\left(-\dfrac{F_x}{F_y}\right)\right]F_y - \left[F_{yx}+F_{yy}\left(-\dfrac{F_x}{F_y}\right)\right]F_x}{F_y^2} \tag{3.50}$$

$$= -\frac{F_{xx}F_y^2 - 2F_{xy}F_xF_y + F_{yy}F_x^2}{F_y^3} \tag{3.51}$$

となる．

x と y が 2 変数関数である場合　　ここまでは x と y が 1 変数の関数であり，関数の合成によって $f(x,y)$ が 1 変数関数とみなされるときの，f の t に関する導関数 $\dfrac{df}{dt}$ をもとめた．

x と y が 2 変数 (s,t) の関数

$$x = x(s,t), \quad y = y(s,t)$$

のとき，$z = f(x,y)$ は関数の合成で (s,t) の 2 変数の関数になる．

$$z = f(x(s,t), y(s,t))$$

この場合には，f の s と t に関する偏導関数が考えられる．

s に関して偏導関数をもとめるときは，t を定数とみなして s だけの微分を考えればよかったのであるから，変数が 1 個であるときの公式（3.39）において，t で 1 変数の微分しているところを，偏微分として

$$\frac{\partial z}{\partial s} = f_x(x,y)\frac{\partial x}{\partial s} + f_y(x,y)\frac{\partial y}{\partial s} = \frac{\partial f}{\partial x}\frac{\partial x}{\partial s} + \frac{\partial f}{\partial y}\frac{\partial y}{\partial s} \tag{3.52}$$

おなじように考えて，t で偏微分すると

$$\frac{\partial z}{\partial t} = f_x(x,y)\frac{\partial x}{\partial t} + f_y(x,y)\frac{\partial y}{\partial t} = \frac{\partial f}{\partial x}\frac{\partial x}{\partial t} + \frac{\partial f}{\partial y}\frac{\partial y}{\partial t} \tag{3.53}$$

となる．

問3.5　以下の問いに答えなさい．
(1) $f(x,y) = x^2 y^3$, $x(t) = 2t - 1$, $y(t) = t + 1$ のとき合成関数の公式をつかって $\dfrac{df}{dt}$ をもとめなさい．

(2) $x(t)=a+kt$, $y(t)=b+ht$ (a, b, h, k は定数) で $f_{xy}=f_{yx}$ のとき．

$$\frac{d^2f}{dt^2}=f_{xx}k^2+2f_{xy}hk+f_{yy}h^2$$

を確かめなさい．

3.5 多変数関数の積分

本節では，多変数関数の積分について説明するが，紙数の制約上，簡単な紹介にとめおくことにする．3変数以上の積分については大変複雑になるので，ここでも2変数関数 $z=f(x, y)$ のみを取り扱うことにする．経済学で，とくに2変数関数の重積分がとりあげられるのは統計学の領域においてであり，結合確率密度関数がそれである．

リーマン和 いま，実数平面 $\mathbb{R}^2$ 上に有界な閉領域 D（たとえば，楕円のような領域などを考えればよい）において，連続な関数 $z=f(x, y)$ が定義されているとしよう．領域 D をふくむように適当な矩形 $[a, b]\times[c, d]$ をとり，この矩形を有限個の微小な長方形の小区画（セル）によって分割することを考える．たとえば，区間 $[a, b]$ および $[c, d]$ 上に

$$a=x_0<x_1<\cdots<x_m=b, \quad c=y_0<y_1<\cdots<y_n=d$$

なるような有限個の点をとれば，この矩形は mn 個のセル

$$[x_{i-1}, x_i]\times[y_{j-1}, y_j]; \quad i=1, 2, \cdots, m, \quad j=1, 2, \cdots, n$$

によって分割することができる．つぎに，各セル内にそれぞれ任意に1点 (ξ_i, η_j) をとる．関数 $h(x, y)$ を

$$h(x, y)=\begin{cases}f(x, y) & \text{if } (x, y)\in D \\ 0 & \text{if } (x, y)\notin D\end{cases}$$

によって定義し，第2章の1変数関数の積分のところの (2.30) で説明したようなリーマン和 S をつくる．

$$S=\sum_{i=1}^{m}\sum_{j=1}^{n}h(\xi_i,\eta_j)(x_i-x_{i-1})(y_j-y_{j-1}) \tag{3.54}$$

$h(x,y)$ の定義からあきらかなように，$(\xi_i,\eta_j)\not\in D$ であれば $h(\xi_i,\eta_j)=0$ であるから，

$$\Delta x_i=x_i-x_{i-1},\quad \Delta y_j=y_j-y_{j-1}$$

とすると，和 S は

$$S=\sum\sum_{(\xi_i,\eta_j)}f(\xi_i,\eta_j)\Delta x_i\Delta y_j \tag{3.55}$$

となる．

積分可能　　(3.55) で，m および n を限りなく大きくすると，各セルの縦横の辺の長さが限りなく小さくなり（ゼロに近づく），セルの面積も限りなく小さくなる（ゼロに近づく）．このとき，和 S が小区画への分割の方法や各セル内での点 (ξ_i,η_j) の選び方に関係なく一定の値に収束する場合に，関数 $f(x,y)$ は閉領域 D において積分可能であるといい，この一定の極限値を以下のような記号でかく．

$$\iint_D f(x,y)dxdy \tag{3.56}$$

この極限値が $f(x,y)$ の D における定積分であり，2 変数関数の定積分であるから 2 重積分とよばれる．一般に，n 変数関数の定積分を n 重積分という．

2 重積分の意味　　ここで，2 重積分 (3.56) の直観的な理解を簡単にのべよう．関数 $f(x,y)$ は D 上で非負の値 $(f(x,y)\geqq 0)$ をとるものと仮定しよう．そうすると，(3.55) の $\Delta x_i \Delta y_j$ は，セル $[x_{i-1},x_i]\times[y_{i-1},y_i]$ の面積をあらわすから $f(\xi_i,\eta_j)\Delta x_i\Delta y_j$ は，セルを底面とし高さ $f(\xi_i,\eta_j)$ の立方体（四角柱）の体積を示していることになる．したがって，(3.55) は各立方体の体積の総和をあらわしている．(3.56) は，D の区画分割を限りなく細かくしたときの体積の総和の極限であるから，直観的には，D 上の直柱を曲面 $z=f(x,y)$ で切り取った立体（屋根の部分がちょうど曲面 $z=f(x,y)$ になっている）の体積をもとめることにほかならないことが理解されるであろう（図3.3）．

図3.3　2変数関数の積分

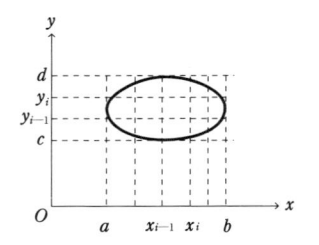

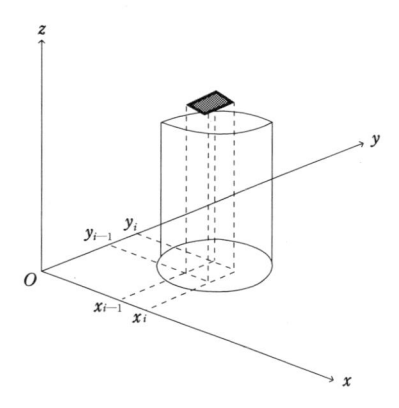

重積分の性質　重積分の性質については以下の2つの定理を紹介するにとどめる．

定理3.3

重積分の基本性質と重積分の定義から，以下のような性質が成立する．関数 $f(x,y)$, $g(x,y)$ は，有界閉領域 D で連続とする．

$$\iint_D (f(x,y) \pm g(x,y))dxdy = \iint_D f(x,y)dxdy \pm \iint_D g(x,y)dxdy$$

$$\iint_D \alpha f(x,y)dxdy = \alpha \iint_D f(x,y)dxdy$$

D 上で $f(x,y) \geq 0$ ならば，

$$\iint_D f(x,y)dxdy \geq 0$$

つぎに，2重積分が1変数の積分を繰り返して計算できる場合には，以下の定理が成り立つ．

定理3.4

累次積分関数 $g_1(x)$, $g_2(x)$ は，区間 $[a,b]$ において，連続でかつ $g_1(x) \leq g_2(x)$ とする．このとき，$y=g_1(x)$, $y=g_2(x)$, $x=a$, $x=b$, で囲まれた閉領域 D 上で関数 $f(x,y)$ が連続であれば，次式が成り立つ．

$$\iint_D f(x,y)dxdy = \int_a^b \left(\int_{g_1(x)}^{g_2(x)} f(x,y)dy \right) dx$$

練習問題

問題 3.1 つぎの関数を $f(x,y)$ として，1階偏導関数 f_x, f_y, 2階偏導関数 f_{xx}, f_{yy}, 交差偏導関数 f_{xy}, f_{yx} をもとめなさい．

(1) $x^3 y^2$ (2) $x^2 + y^2$

(3) $x^3 + 3x^2 y - 5xy^2 + y^2$ (4) $(4x-y)^3$

(5) $x^{\frac{1}{2}} y^{\frac{1}{2}}$ (6) $x^{\frac{1}{3}} y^{\frac{2}{3}}$

問題 3.2 以下の各式について，全微分 $dz = z_x dx + z_y dy$ をもとめなさい．

(1) $z = 5x^2 y^3$ (2) $z = x^4 y$

(3) $z = (3x^2 - 2y)(x - 6y^2)$ (4) $z = x^3 y e^{xy}$

(5) $z = x^{\frac{1}{2}} y^{\frac{1}{2}}$ (6) $z = x^{\frac{1}{3}} y^{\frac{2}{3}}$

問題 3.3 以下の重積分の値をもとめなさい．

(1) $\iint_D xy\, dxdy$ $D = \{(x,y) : 0 \leq x \leq 1, 0 \leq y \leq 1\}$

(2) $\iint_D x\, dxdy$ $D = \{(x,y) : x^2 + y^2 \leq 1, x \geq 0, y \geq 0\}$

第4章 最適化問題

本章では，経済学への最も典型的な応用例である，多変数関数の極値問題について，2変数関数に限定して検討していく．まずはじめに，最適化問題の理解にとって非常に重要な多変数関数の凸性（あるいは凹性）について，やや詳しく説明する．多変数関数では第2章で紹介した1変数関数の凸性よりも細かい分類が必要である．

つぎに，多変数関数の極値問題を，制約条件のない場合，および制約条件のある場合について説明する．後者でもちいられるラグランジュの未定乗数法に習熟することは，経済学を理解するための必須条件である．例として，効用最大化問題と費用最小化問題をとりあげる．

最後に，陰関数の極値問題と包絡線定理について説明し，その応用例として，長期費用関数をとりあげる．なお，陰関数の極値問題は，ラグランジュの未定乗数法の前に説明するのが妥当であるかもしれないが，早く最適化問題の経済学への応用に慣れるために，あえてラグランジュの未定乗数法をさきに説明することにした．

4.1 多変数関数の凸関数と凹関数

4.1.1 凸 集 合

t を $0 \leq t \leq 1$ をみたす実数とするとき，$\mathbb{R}^2$ 上の 2 点 (x_1, y_1), (x_2, y_2) を結ぶ線分を $t:(1-t)$ に内分する点 $(x(t), y(t))$ は，

$$(x(t), y(t)) = ((1-t)x_1 + tx_2, (1-t)y_1 + ty_2) \tag{4.1}$$

とかくことができる．

定義4.1（凸集合）

集合 $S\,(\subset \mathbb{R}^2)$ に属する任意の 2 点 (x_1, y_1)，(x_2, y_2) を結ぶ線分の任意の内分点 $(x(t), y(t))$ が集合 S に属するとき，S を凸集合である，という．

図4.1(a) は凸集合であり，図4.1(b) は凸集合ではない．また，$\mathbb{R}^2$ 全体や $\mathbb{R}^2$ における非負領域 $\mathbb{R}^{2+}(=\{(x, y)|x \geqq 0, y \geqq 0\})$ も凸集合である．

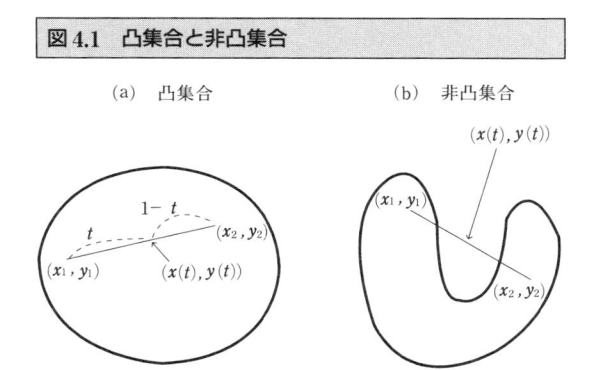

図4.1　凸集合と非凸集合

(a) 凸集合　　　　　(b) 非凸集合

n 次元空間における凸集合を定義するには，ベクトルをつかった表現が便利である．$\mathbb{R}^n$ 上の各点をベクトルとみなす．このようにみた $\mathbb{R}^n$ をベクトル空間という．$\mathbb{R}^n$ 上の有限個のベクトル $\mathbf{x}_1, \mathbf{x}_2, \cdots, \mathbf{x}_k$ と実数 $t_1, t_2, \cdots, t_k$ にたいして，

$$\mathbf{x} = \sum_{i=1}^{k} t_i \mathbf{x}_i$$

の形のベクトルはあきらかに $\mathbb{R}^n$ 上のベクトルである．これをベクトル $\mathbf{x}_1, \mathbf{x}_2, \cdots, \mathbf{x}_k$ の 1 次結合とよぶ．さらに，すべての $t_i\,(i=1, 2, \cdots, k)$ が非負 $(t_i \geqq 0)$ のとき，この $\mathbf{x}$ を非負 1 次結合とよび，すべての $t_i\,(i=1, 2, \cdots, k)$ が非負 $(t_i \geqq 0)$ で，$\sum_{i=1}^{k} t_i = 1$ をみたすとき，この $\mathbf{x}$ を凸結合とよぶ．$\mathbb{R}^n$ 全体や $\mathbb{R}^n$ における非負領域 $\mathbb{R}^{n+}(=\{(x_1, x_2, \cdots, x_n)|x_1 \geqq 0, x_2 \geqq 0, \cdots, x_n \geqq 0\})$ も凸集合である．

4.1.2　凸関数と凹関数

多変数の場合の凸関数であるための条件，あるいは凹関数であるための条件は，第 2 章において説明された 1 変数の場合の条件をそのまま拡張すればよい．

定義4.1で約束した $\mathbb{R}^2$ の凸部分集合 S 上で定義された2変数関数 $f(x,y)$ が，任意の2点 $(x_1, y_1), (x_2, y_2) \in S$ および任意の実数 $t\,(0 \leq t \leq 1)$ にたいして，

$$f(x(t), y(t)) \leq (1-t)f(x_1, y_1) + tf(x_2, y_2) \tag{4.2}$$

をみたすならば，$f(x,y)$ は S において凸関数である，という．とくに，任意の2点 $(x_1, y_1), (x_2, y_2) \in S$ および任意の実数 $t\,(0 < t < 1)$ にたいして，

$$f(x(t), y(t)) < (1-t)f(x_1, y_1) + tf(x_2, y_2) \tag{4.3}$$

をみたすならば，$f(x,y)$ は S において狭義の凸関数である，という．もちろん，(4.2) は (4.3) の場合をふくんでいる．すなわち，狭義の凸関数であれば必ず凸関数である．

$f(x,y)$ が凹関数であるとは (4.2) において逆向きの不等号が成り立つ場合である．おなじように，$f(x,y)$ が狭義の凹関数であるための条件は，(4.3) において逆向きの不等号が成り立つことである．そこで，凹関数と狭義の凹関数をつぎのように定義する．

定義4.2（凹関数）

$-f(x,y)$ が $\mathbb{R}^2$ の凸部分集合 S において凸関数のとき，$f(x,y)$ は S において凹関数である，という．$-f(x,y)$ が狭義の凸関数のときには，$f(x,y)$ は S において狭義の凹関数である，という．

凸関数の場合と同様に，狭義の凹関数は凹関数である．図4.2(a) は2変数関数における狭義の凸関数を，図4.2(b) は狭義の凹関数を図示したものである．

凸集合を定義域とする2変数関数 $z=f(x,y)$ が狭義の凸関数であるとは，3次元空間 $\mathbb{R}^3$ において $z=f(x,y)$ がつくる曲面上の点とその曲面より上にある点すべての集合 $\{(x,y,z) | z \geq f(x,y), (x,y) \in S\}$ （このような集合を関数 f のエピグラフといい，epi$f$ などとあらわす）が強く凸になっていることと考えてもよい．

また，$z=f(x,y)$ がつくる曲面上の点とその曲面より下にある点すべての集合 $\{(x,y,z) | z \leq f(x,y), (x,y) \in S\}$ （このような集合を関数 f のハイポグラフといい，hyp$f$ などとあらわす）が強く凸になっていることと考えてもよい．

図 4.2　狭義の凸関数，凹関数

(a)　狭義の凸関数　　　　(b)　狭義の凹関数

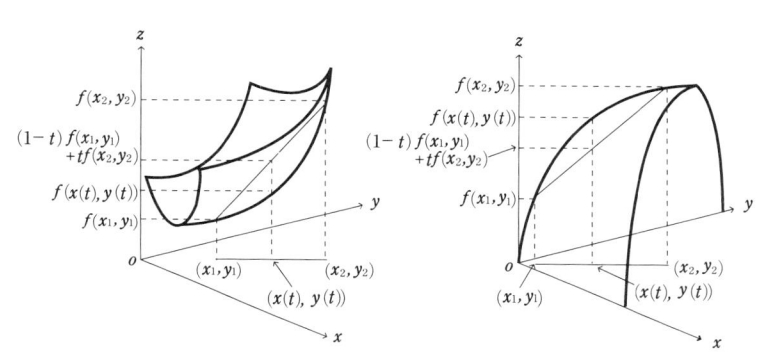

例 4.1

2 変数関数 $f(x, y) = x^2 + y^2$ は，任意の $(x_1, y_1), (x_2, y_2) \in \mathbb{R}^2$，および任意の $0 \leq t \leq 1$ にたいして，

$$
\begin{aligned}
&f(x(t), y(t)) - \{(1-t)f(x_1, y_1) + tf(x_2, y_2)\} \\
&= ((1-t)x_1 + tx_2)^2 + ((1-t)y_1 + ty_2)^2 - \{(1-t)(x_1^2 + y_1^2) + t(x_2^2 + y_2^2)\} \quad (4.4)\\
&= t(t-1)\{(x_1 + x_2)^2 + (y_1 + y_2)^2\} \leq 0 \quad (\because 0 \leq t \leq 1)
\end{aligned}
$$

が成り立つ．したがって，$f(x, y)$ は $\mathbb{R}^3$ において凸関数である．

また，(4.4) から任意の $0 < t < 1$ にたいして，

$$f(x(t), y(t)) < (1-t)f(x_1, y_1) + tf(x_2, y_2)$$

が成り立つので，$f(x, y)$ は $\mathbb{R}^3$ において狭義の凸関数である．

例 4.2

2 変数関数

$$f(x, y) = Ax^{\alpha}y^{\beta} \quad (x \geq 0, y \geq 0)$$

を考える．ただし，A, α, β は正の定数である．これは，$\alpha + \beta < 1$ のときには，狭義の凹関数，また $\alpha + \beta = 1$ のときに凹関数（ただし，狭義の凹関数ではな

い）であり，さらに $\alpha+\beta>1$ のときには凹関数でも凸関数でもない（以下で説明する強い準凹関数である）．このことを直接証明するのは難しいので，以下の図4.3をみて納得してほしい．

図4.3　強い準凹関数

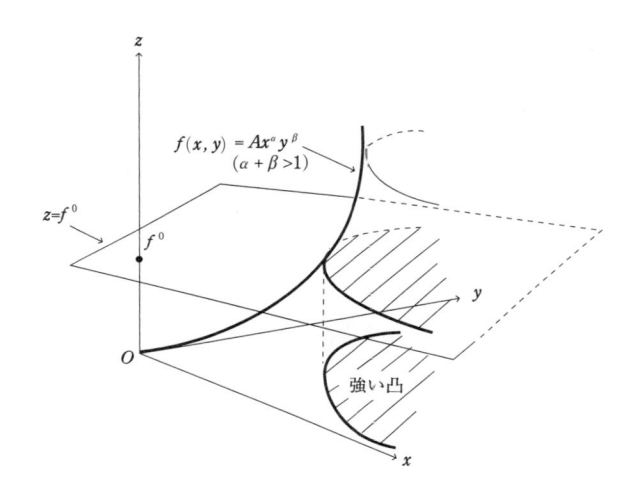

$f(x, y) = Ax^{\alpha} y^{\beta}$
$(\alpha + \beta > 1)$

$z = f^0$

f^0

強い凸

定義4.3（準凹関数 a）

$f(x_2, y_2) \geq f(x_1, y_1)$ をみたす任意の2点 (x_1, y_1), (x_2, y_2) と任意の実数 t ($0 \leq t \leq 1$) にたいして，

$$f(x(t), y(t)) \geq \min\{f(x_1, y_1), f(x_2, y_2)\}$$

となる関数 $f(x, y)$ を準凹関数という．とくに，任意の $0 < t < 1$ にたいして，

$$f(x(t), y(t)) > f(x_1, y_1)$$

となる関数 $f(x, y)$ を狭義の準凹関数という．

準凹関数を図で理解するためには，つぎのように凸集合の概念をもちいて定義してもよい．

定義4.4（準凹関数 b）

任意の f^0 にたいして，$\{(x,y)|f(x,y) \geq f^0\}$ が凸集合ならば，関数 f は準凹関数である．とくに，集合 $\{(x,y)|f(x,y) \geq f^0\}$ が強く凸ならば関数 f は強い準凹関数である．

例4.2で，$\alpha+\beta>1$ のときには，そのグラフをみればあきらかに，強い準凹関数である．凹関数，狭義の凹関数，準凹関数，狭義の準凹関数，強い準凹関数のあいだにはつぎのような強さの関係がある．

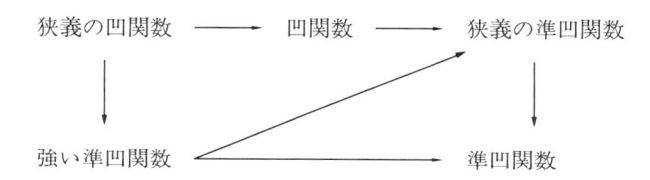

```
狭義の凹関数  ────→  凹関数  ────→  狭義の準凹関数
     │                                    │
     ↓                              ↗     ↓
  強い準凹関数  ──────────────────→  準凹関数
```

n 変数関数の場合　　凸関数と凹関数の概念を n 変数関数の場合に拡張することは容易である．ここでは，表現を簡単にするために $\mathbb{R}^n$ の任意の点をベクトルとして，$\mathbf{x}=(x_1, x_2, \cdots, x_n)$ とあらわす．また，n 変数関数を $f(\mathbf{x})$，$(\mathbf{x} \in \mathbb{R}^n)$ とあらわしておく．

$\mathbb{R}^n$ の凸部分集合 S 上で定義された n 変数関数 $f(\mathbf{x})$ が，任意の $\mathbf{x}_1, \mathbf{x}_2 \in S$ および任意の $0 \leq t \leq 1$ にたいして，

$$f((1-t)\mathbf{x}_1+t\mathbf{x}_2) \leq (1-t)f(\mathbf{x}_1)+tf(\mathbf{x}_2) \tag{4.5}$$

をみたすならば，$f(\mathbf{x})$ は S において凸関数である，という．また，

$$f((1-t)\mathbf{x}_1+t\mathbf{x}_2) \geq (1-t)f(\mathbf{x}_1)+tf(\mathbf{x}_2) \tag{4.6}$$

をみたすならば，$f(\mathbf{x})$ は S において凹関数である，という．とくに，任意の $\mathbf{x}_1, \mathbf{x}_2 \in S$ および任意の $0<t<1$ にたいして，

$$f((1-t)\mathbf{x}_1+t\mathbf{x}_2) < (1-t)f(\mathbf{x}_1)+tf(\mathbf{x}_2) \tag{4.7}$$

が成り立つ場合には，$f(\mathbf{x})$ は S において狭義の凸関数である，といい，

$$f((1-t)\mathbf{x}_1+t\mathbf{x}_2) > (1-t)f(\mathbf{x}_1)+tf(\mathbf{x}_2) \tag{4.8}$$

が成り立つ場合には，$f(\mathbf{x})$ は S において狭義の凹関数である，という．

通常，消費の理論で効用関数を凹関数，生産の理論で生産関数を凹関数，費用関数を凸関数と仮定することが多い．

問4.1 $f(x,y)=-x^2-y^2+2x+4y-1$ が狭義の凹関数であることを示しなさい．

4.2 多変数関数の極値問題（制約条件のない場合）

4.2.1 極値の判定条件

極値 多変数関数 $z=f(x,y)$ が点 $A(a,b)$ において極大値をとるとは，図4.4(a) に描かれているように，$z=f(x,y)$ のグラフが点 $A(a,b)$ でその周囲よりも最も高くなっていることを意味する．逆に低くなっている場合には点 $A(a,b)$ で極小値をとることになる（図4.4(b)）．

1階の条件 図4.4(a) および図4.4(b) から，点 $A(a,b)$ で極大値をとる場合と極小値をとる場合のいずれの場合においても，$z=f(x,y)$ の点 $A(a,b)$ における1階の偏微分係数がゼロとなっていなくてはならないことが理解でき

図4.4 極大と極小

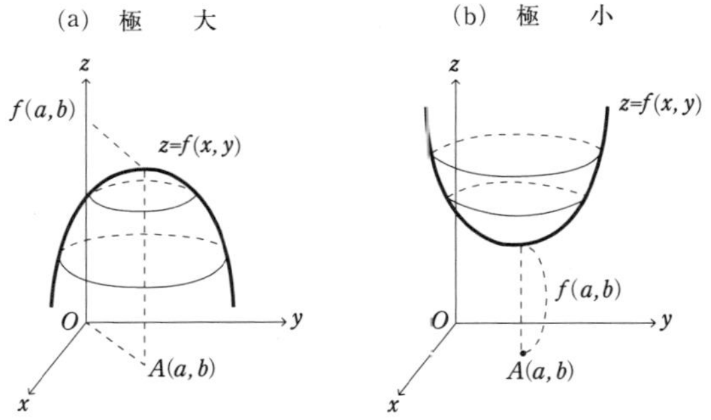

(a) 極 大

(b) 極 小

るであろう．すなわち，多変数関数 $z=f(x,y)$ が点 $A(a,b)$ において極値をとるための必要条件は

$$f_x(a,b)=0 \quad \text{かつ} \quad f_y(a,b)=0 \tag{4.9}$$

である．(4.9) を満足する点 $A(a,b)$ を $z=f(x,y)$ の停留点という．

2 階の条件　(4.9) を満足する点 $A(a,b)$ において $z=f(x,y)$ が極大値をとっている場合には，x 軸方向においても y 軸方向においても極大値をとっていなくてはならないので

$$f_{xx}(a,b)<0 \quad \text{かつ} \quad f_{yy}(a,b)<0 \tag{4.10}$$

が成り立っていなくてはならない．逆に，極小値をとっている場合には，

$$f_{xx}(a,b)>0 \quad \text{かつ} \quad f_{yy}(a,b)>0 \tag{4.11}$$

が成り立っていなくてはならない．(4.9) を満足する点 $A(a,b)$ が (4.10) あるいは (4.11) を満足していたとしても，必ずしも関数 $z=f(x,y)$ が極値をとることを保証しない．点 $A(a,b)$ で関数 $z=f(x,y)$ において極値をとることが保証されるためには，直観的には理解しにくいが，つぎの条件が成り立つことが要求される．すなわち，

$$D(a,b)=f_{xx}(a,b)f_{yy}(a,b)-\{f_{xy}(a,b)\}^2>0 \tag{4.12}$$

(4.12) は x 軸方向と y 軸方向だけではなく，あらゆる方向からみても点 $A(a,b)$ において関数 $z=f(x,y)$ が極値をとるための条件である．

鞍点　$D(a,b)<0$ のときには，点 $A(a,b)$ は関数 $z=f(x,y)$ の変曲点あるいは鞍点になっている．鞍点というのは，関数 $z=f(x,y)$ のグラフをある方向からみれば極小になっているが，他のある方向からみると極大になっているような点である（図4.5）．図4.5の点 $A(a,b)$ を x 軸方向からみれば極小になっており，y 軸方向からみれば極大になっている．このように鞍点では，偏微分係数 $f_x(a,b)$ と $f_y(a,b)$ とが互いに相異なる符号をとっていると考えられるため $D(a,b)<0$ となるのである．なお，鞍点という名称はその形が馬の背中

図4.5 鞍　　点

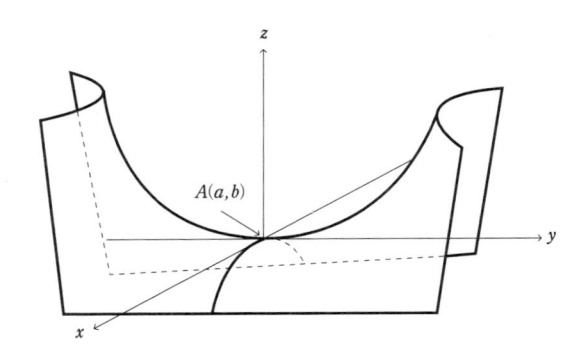

に乗せる鞍（くら）に似ていることに由来している．鞍点はやはりその形から峠点（とうげてん）ともよばれる．

　また，$D(a,b)=0$ ならば点 $A(a,b)$ における極値については，これからは何の情報も得られない．しかし，関数によっては極大値をとるか極小値をとるかが容易に判断できる場合もある．以上のことを整理するとつぎのようにまとめることができる．

定理4.1（2変数関数の極値の判定）

　2変数関数 $f(x,y)$ において

$$f_x=0 \quad \text{かつ} \quad f_y=0 \tag{4.13}$$

を成り立たせる点 $A(a,b)$ で，

$$D(a,b)=f_{xx}(a,b)f_{yy}(a,b)-\{f_{xy}(a,b)\}^2 \tag{4.14}$$

とおいたとき

(1)　$f_{xx}(a,b)>0$, $D(a,b)>0 \Longrightarrow$ 点 $A(a,b)$ で極小

(2)　$f_{xx}(a,b)<0$, $D(a,b)>0 \Longrightarrow$ 点 $A(a,b)$ で極大

(3)　$D(a,b)<0 \Longrightarrow$ 点 $A(a,b)$ で極値をとらない

(4)　$D(a,b)=0 \Longrightarrow f_{xx}$ と $D(a,b)$ だけでは判定できない

極値の条件と関数の凸性および凹性　　言い方をかえると，定理4.1の（1）は，関数 $f(x,y)$ が点 (a,b) の近くで強く凸であるための十分条件であり，（2）は強く凹になっているための十分条件である．なお，定理4.1の $D(a,b)$ を以下のように行列式として表現したものを，ヘッセ行列式という（詳細は第6章を参照）．

$$D(a,b)=\begin{vmatrix} f_{xx}(a,b) & f_{xy}(a,b) \\ f_{xy}(a,b) & f_{yy}(a,b) \end{vmatrix} \tag{4.15}$$

4.2.2　例題でみる極値問題

例4.3

関数

$$f(x,y)=-x^2-y^2+2x+4y-1 \tag{4.16}$$

の極値をもとめる．関数 $f(x,y)$ の x,y それぞれに関する偏導関数をもとめると，

$$f_x(x,y)=-2x+2, \quad f_y(x,y)=-2y+4$$

となる．

　これから，定理4.1の条件（4.13）を満足する点をもとめるためには，$f_x=0$ と $f_y=0$ とおいてこれらを連立方程式として解けばよい．すると $A(1,2)$ が得られる．つまり，$A(1,2)$ が極値をとる点の候補である．

　つぎに，点 $A(1,2)$ が実際に極値をとるかどうかを判定しなくてはならない．それには，まず関数 $f(x,y)$ の2階偏導関数および交差偏導関数をもとめておく．

$$f_{xx}(x,y)=-2, \quad f_{yy}(x,y)=-2, \quad f_{xy}(x,y)=0, \quad f_{yx}(x,y)=0$$

ここで，点 $A(1,2)$ について $D(x,y)=f_{xx}(x,y)f_{yy}(x,y)-\{f_{xy}(x,y)\}^2$ の値をもとめると

$$D(1,2)=f_{xx}(1,2)f_{yy}(1,2)-\{f_{xy}(1,2)\}^2=4>0$$

であり，かつ

$$f_{xx}(1,2)=-2<0$$

となるので，点 $A(1,2)$ で関数 $f(x,y)$ は極大となる．このときの極大値は

$$f(1,2)=-1^2-2^2+2\times 1+4\times 2-1=4$$

である．ただし，この関数は，

$$f(x,y)=-(x-1)^2-(y-2)^2+4$$

と変形してみれば，$(1,2)$ で極大値 4 をとり，そのグラフは図4.6のようになることが容易に確かめられる．

図4.6 極 大 値

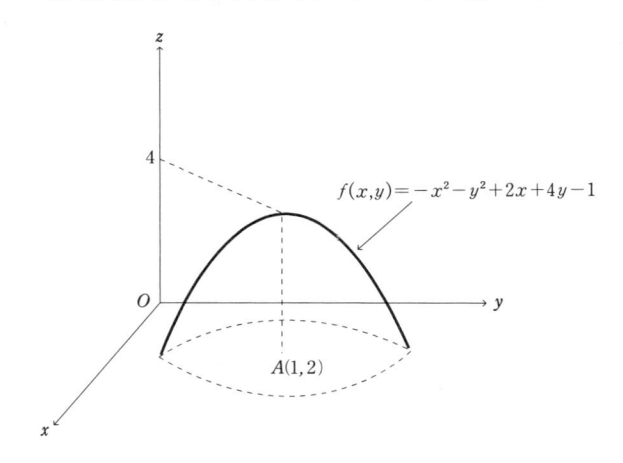

例4.4

つぎに関数

$$f(x,y)=x^3-3xy+y^3$$

の極値を調べる．

$$f_x = 3x^2 - 3y, \quad f_y = -3x + 3y^2$$
$$f_{xx} = 6x, \quad f_{yy} = 6y, \quad f_{xy} = -3, \quad f_{yx} = -3 \tag{4.17}$$
$$D(x, y) = f_{xx}f_{yy} - (f_{xy})^2 = 36xy - 9$$

$f_x = f_y = 0$ をみたす (x, y) は $(0, 0)$ と $(1, 1)$ である．$D(0, 0) = -9 < 0$ なので，点 $(0, 0)$ では極値をとらない．$D(1, 1) = 27 > 0$ かつ $f_{xx}(1, 1) = 6 > 0$ なので，点 $(1, 1)$ で極小値 $f(1, 1) = -1$ をとる．

例4.5

企業が1種類の生産要素 X をつかって，2種類の生産物 (Y_1 と Y_2) を生産する場合を考える．このとき生産関数は陰関数の形で

$$F(y_1, y_2, x) = 0 \tag{4.18}$$

とあらわすことができる．ただし y_1, y_2, x はそれぞれ Y_1, Y_2, X の量を示す．ここで (4.18) は x の陽関数の形に解くことができると仮定する．すなわち

$$x = f(y_1, y_2) \tag{4.19}$$

生産要素 X の価格が r であるとすると費用関数は $C = rf(y_1, y_2)$ である．企業は2種類の生産物 (Y_1 と Y_2) をそれぞれ一定の価格で販売することによって収入を得ているものとする．するとこの企業の収入は $R = p_1y_1 + p_2y_2$ となる．ただし p_1, p_2 はそれぞれ Y_1 と Y_2 の価格である．したがって利潤は y_1, y_2 の関数として以下のようにあらわされる．

$$\pi = p_1y_1 + p_2y_2 - rf(y_1, y_2)$$

利潤最大化の1階の条件は π を y_1, y_2 で偏微分し，それぞれ 0 とおけば

$$\frac{\partial \pi}{\partial y_1} = p_1 - r\frac{\partial f}{\partial y_1} = 0$$

$$\frac{\partial \pi}{\partial y_2} = p_2 - r\frac{\partial f}{\partial y_2} = 0$$

となる．これを

$$r = \frac{p_1}{\left(\frac{\partial f}{\partial y_1}\right)} = \frac{p_2}{\left(\frac{\partial f}{\partial y_2}\right)}$$

と変形し，逆関数の微分の公式を適用すれば

$$r = p_1 \frac{\partial y_1}{\partial x} = p_2 \frac{\partial y_2}{\partial x}$$

が得られる．これは，各生産物の限界生産物価値 $p_i\left(\frac{\partial y_i}{\partial x}\right)$ $(i=1,2)$ は生産要素 X の価格に等しくなければならないことを意味する．

また，2階の条件は

$$\frac{\partial^2 \pi}{\partial y_1^2} = -r \frac{\partial^2 f}{\partial y_1^2} < 0 \quad \text{かつ}$$

$$\frac{\partial^2 \pi}{\partial y_1^2} \cdot \frac{\partial^2 \pi}{\partial y_2^2} - \left\{ \frac{\partial^2 \pi}{\partial y_1 \partial y_2} \cdot \frac{\partial^2 \pi}{\partial y_2 \partial y_1} \right\} = r^2 \left\{ \frac{\partial^2 f}{\partial y_1^2} \cdot \frac{\partial^2 f}{\partial y_2^2} - \left(\frac{\partial^2 f}{\partial y_1 \partial y_2}\right)^2 \right\} > 0$$

となる．なお，$r > 0$ であるから2階の条件は

$$f_{11} > 0, \quad f_{11} f_{22} - (f_{12})^2 > 0$$

とあらわすこともできる．

問4.2 つぎの関数の極値を調べなさい．
(1) $f(x, y) = x^2 - xy - y^2 - 4x - 2y$ (2) $f(x, y) = x^2 + y^4$

4.3 制約条件のある場合（条件付き極値問題）

4.3.1 制約条件付き極値問題

4.2節では，制約条件のない場合の極値問題について検討した．しかし，経済学における多くの極値問題は，独立変数がある条件をみたさなければならないと制約されていることが多い．たとえば，予算制約がある場合の効用最大化問題，産出量を所与とした場合の費用最小化問題などがその典型的な例である．

ここでは，まず，条件付き極値問題のイメージをつかむために簡単な図をつかって説明し，そのあと形式的な極値のもとめ方であるラグランジュの未定乗数法について説明する．

2変数関数 $f(x,y)$ は，その独立変数が $g(x,y)=0$ という条件をみたす値しかとることを許されていないとする．このひとつの陰関数 $g(x,y)=0$ の条件のもとで，2変数関数 $f(x,y)$ の最大値をもとめる問題は，つぎのように表現される．

等号制約付き最大化問題

$$\max f(x,y)$$
$$\text{s.t. } g(x,y)=0$$

ここで，$f(x,y)$ を目的関数といい，$g(x,y)=0$ は制約条件である．なお，max は，maximize, s.t.は subject to の略記号である．

また，目的関数の最小値をもとめるには，max の代わりに min（minimize の略）をもちい，等号制約付き最小化問題という．これらの最大化問題と最小化問題をあわせて，等号制約付き極値問題という．

例4.6

例4.3の関数

$$f(x,y)=-x^2-y^2+2x+4y-1 \tag{4.20}$$

に，制約条件として，

$$g(x,y)=x+y-2=0 \tag{4.21}$$

が課せられている場合を考えよう．この問題は，

$$\max -x^2-y^2+2x+4y-1$$
$$\text{s.t. } x+y-2=0$$

とかかれる．関数 (4.20) の独立変数 x と y は制約条件 (4.21) をみたす範囲しかとることを許されていない．

つまり，ここでの問題は，この制約条件をみたす x と y の組のなかで，関数 (4.20) を最大化するものをみつけることである．図4.7では，$x-y$ 平面上の直線 PQ が制約条件 (4.21) をあらわしている．曲線 PMQ は，直線 PQ

図 4.7　制約条件付き最大化問題

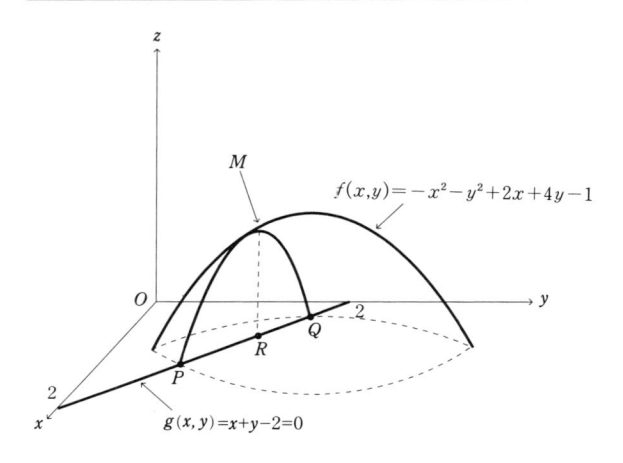

を通る x-y 平面に垂直な平面で関数 $f(x,y)$ のグラフを切った切り口である．この曲線 PMQ 上で最も高い点（ここでは点 M）に対応する x-y 平面上の点 R がこの問題の解である．

　条件付き極値問題を解くには，2 通りの方法がある．まず，制約条件が陽関数の形として，$y = \varphi(x)$ という形にあらわされる場合である．例4.6では，制約条件 (4.21) は，陽関数として

$$y = \varphi(x) = -x + 2 \tag{4.22}$$

とあらわされる．ここで，(4.22) を (4.20) に代入すれば，

$$f(x, \varphi(x)) = -2x^2 + 2x + 3$$

となり，単なる1変数関数の極値問題に還元される．第2章2.5.2項において説明されている手順にしたがって，(4.20) は，$x = \dfrac{1}{2}$，$y = \dfrac{3}{2}$ のとき，極大値 $\dfrac{7}{2}$ をとることがわかる．

　もし，制約条件が (4.22) のような陽関数としてあらわされないときには，より一般的な方法としてラグランジュの未定乗数法が利用される．次項では，ラグランジュの未定乗数法の形式的なつかい方について説明する．

4.3.2 ラグランジュの未定乗数法

ラグランジュの未定乗数法は，つぎの定理4.2をもとにした極値問題の解法である．

定理4.2

条件 $g(x, y)=0$ のもとで関数 $f(x, y)$ が点 (a, b) で極値をとるとする．$g_x(a, b) \neq 0$ または $g_y(a, b) \neq 0$ のとき，

$$\begin{cases} f_x(a, b)+\lambda g_x(a, b)=0 \\ f_y(a, b)+\lambda g_y(a, b)=0 \end{cases}$$

となる実数 λ が存在する．

定理4.2の λ をラグランジュの未定乗数，あるいは単にラグランジュ乗数という．意味は少し難しいのだが，ラグランジュの未定乗数法そのものはつかい方が簡単なため，経済学では多用される方法である．まず，形式的にそのつかい方について説明する．

ラグランジュの未定乗数法 等号制約付き最大化問題が

$$\max f(x, y)$$
$$\text{s.t. } g(x, y)=0$$

であたえられているとする．このとき，λ をラグランジュ乗数とし，ラグランジュ関数

$$L(x, y, \lambda)=f(x, y)+\lambda g(x, y) \tag{4.23}$$

をつくる．ここで，ラグランジュ関数 $L(x, y, \lambda)$ を x, y, λ で偏微分し，それぞれ0とおくと，極値をとるための1階の条件

$$\frac{\partial L(x, y, \lambda)}{\partial x}=f_x(x, y)+\lambda g_x(x, y)=0 \tag{4.24}$$

$$\frac{\partial L(x, y, \lambda)}{\partial y}=f_y(x, y)+\lambda g_y(x, y)=0 \tag{4.25}$$

$$\frac{\partial L(x, y, \lambda)}{\partial \lambda} = g(x, y) = 0 \qquad (4.26)$$

が得られる．なお，(4.26) は制約条件そのものであることに注意せよ．(4.24)，(4.25) および (4.26) を連立方程式として解けば，極大値をとる点の候補，つまり，(4.23) の停留点 $(x, y) = (a, b)$ が得られる．ただし，ここでもとめられた停留点 (a, b) が実際に極大値をとるかどうかの判定には，2階の条件が必要である．極値をとるための1階の条件は，(4.24) と (4.25) より，

$$\frac{f_x}{g_x} = \frac{f_y}{g_y} \quad (=\lambda) \qquad (4.27)$$

のように整理することもできる．このときの λ の値はシャドウプライス（影の価格）ともよばれる．

この λ が影の価格とよばれる理由は，4.3.3項の例4.8において説明することにする．

ラグランジュの未定乗数法の正当性　　ここで，ラグランジュの未定乗数法の正当性を確認してみよう．かりに，制約条件が陽関数の形として，$y = \varphi(x)$ という形にあらわされたとしよう．これを制約条件 $g(x, y) = 0$ に代入すれば，

$$g(x, \varphi(x)) = 0$$

とあらわされる．これを x で微分すると，

$$g_x(x, \varphi(x)) + g_y(x, \varphi(x)) \frac{d\varphi(x)}{dx} = 0$$

となる．これを整理すると，

$$\frac{d\varphi(x)}{dx} = -\frac{g_x(x, \varphi(x))}{g_y(x, \varphi(x))} \qquad (4.28)$$

となり，これは $g(x, y) = 0$ によって定まる陰関数 $y = \varphi(x)$ の導関数である（3.3.3項において，簡単に説明をしたが，4.4節において，再度検討する）．また，陰関数 $y = \varphi(x)$ を目的関数 $f(x, y)$ に代入し，x で微分し0とおく．すなわち，

$$f_x(x, \varphi(x)) + f_y(x, \varphi(x)) \frac{d\varphi(x)}{dx} = 0$$

これより，
$$\frac{d\varphi(x)}{dx} = -\frac{f_x}{f_y} \quad (4.29)$$

(4.28) および (4.29) より，
$$\frac{f_x}{f_y} = \frac{g_x}{g_y}$$

が得られる．これは，(4.27) そのものである．

2 階の条件 前にものべたように，1 階の条件によってもとめた停留点が，極大値をとるか極小値をとるか，それとも，それらのいずれもとらないかの判定には，つぎの定理4.3 の 2 階の条件が必要である．

定理4.3（極値をとるための 2 階の条件）

$(x, y) = (a, b)$ を (4.23) の停留点とし，行列式

$$\hat{H}(a, b) = \begin{vmatrix} 0 & g_x(a, b) & g_y(a, b) \\ g_x(a, b) & L_{xx}(a, b) & L_{xy}(a, b) \\ g_y(a, b) & L_{xy}(a, b) & L_{yy}(a, b) \end{vmatrix} \quad (4.30)$$

をつくる．このとき，

(1)　$\hat{H}(a, b) > 0$ ならば関数 $f(x, y)$ は点 (a, b) で極大値をとる．
(2)　$\hat{H}(a, b) < 0$ ならば関数 $f(x, y)$ は点 (a, b) で極小値をとる．
(3)　$\hat{H}(a, b) = 0$ のときには，判定できない．

(4.30) の行列式を縁付きヘッセ行列式という（詳細は第 6 章を参照）．

例4.7

例4.6をラグランジュの未定乗数法によって解いてみよう．まず，以下のラグランジュ関数をつくる．ただし，λ はラグランジュ乗数である．

$$L(x, y, \lambda) = -x^2 - y^2 + 2x + 4y - 1 + \lambda(x + y - 2)$$

ラグランジュ関数 $L(x, y, \lambda)$ を x, y および λ で偏微分し，それぞれ 0 とおく

と，極大値をとるための1階の条件

$$L_x(x, y, \lambda) = -2x + 2 + \lambda$$
$$L_y(x, y, \lambda) = -2y + 4 + \lambda = 0$$
$$L_\lambda(x, y, \lambda) = x + y - 2 = 0$$

が得られる．これらの3式を連立方程式として解けば，$x = \frac{1}{2}$, $y = \frac{3}{2}$, $\lambda = -1$ がもとめられる．また，$g_x = g_y = 1$, $L_{xx} = L_{yy} = -2$, $L_{xy} = 0$ であることから，縁付きヘッセ行列式は，

$$\hat{H}\left(\frac{1}{2}, \frac{3}{2}\right) = \begin{vmatrix} 0 & 1 & 1 \\ 1 & -2 & 0 \\ 1 & 0 & -2 \end{vmatrix} > 0$$

となる．これより，関数 $f(x, y) = -x^2 - y^2 + 2x + 4y - 1$ は，点 $\left(\frac{1}{2}, \frac{3}{2}\right)$ において極大値をとる．

制約条件が線形である場合に，目的関数が凹関数をふくむ準凹関数であれば，2階の条件は満足され，1階の条件でもとめた停留点において目的関数は最大値をとる．たとえば，効用最大化問題における予算制約式は線形であり，通常の効用関数は準凹関数であると仮定されている．したがって，効用最大点がコーナー解になる場合を除いて，予算制約付き効用最大化問題の解は，1階の条件だけを考えれば十分である．次項では，以上の点に注意して，ラグランジュの未定乗数法のつかい方を経済学の例によって検討していこう．

4.3.3 経済学への応用例

本項では，ラグランジュの未定乗数法の最も典型的な経済学への応用例をとりあげる．

例4.8（効用最大化問題）

x 財と y 財の2財を消費する消費者の効用最大化問題を考える．x, y をそれぞれ x 財，y 財の量をあらわすものとし，$u = u(x, y)$ をこの消費者がもっている効用関数とする．ただし，効用関数は非負領域

$$\mathbb{R}^{2+}=\{(x,y)|x\geqq 0, y\geqq 0\}$$

において強い準凹関数であると仮定する．いま，x 財の価格が p，y 財の価格が q であり，所得が I であるとき，予算制約が $px+qy=I$ であたえられる．したがって，この問題は，つぎのように定式化される．

$$\max u(x,y)$$
$$\text{s.t. } I-px-qy=0$$

λ をラグランジュ乗数としてラグランジュ関数をつくると

$$L(x,y,\lambda)=u(x,y)+\lambda(I-px-qy)$$

となる．$L(x,y,\lambda)$ を x, y および λ で偏微分してそれぞれ 0 とおくと，1 階の条件

$$L_x=u_x-\lambda p=0$$
$$L_y=u_y-\lambda q=0$$
$$L_\lambda=I-px-qy=0$$

が得られる．これら3つの式を連立方程式として x, y および λ について解けば，効用を最大化する各財の消費量，つまり，最適消費量が得られる．ただし，2階の条件は効用関数が準凹関数であることからみたされている．なお，3つの式のうち前の2つの式から

$$\frac{u_x}{p}=\frac{u_y}{q}=\lambda$$

が得られる．これは，効用を最大化する最適消費量では各財の価格にたいする限界効用の比が一定になっていることを意味しており，加重限界効用均等の法則という．

　また，x と y を所得 I の関数とし，効用関数 $u(x,y)$ を I で微分すると，合成関数の微分より，

$$\frac{du}{dI}=u_x\frac{dx}{dI}+u_y\frac{dy}{dI}=\lambda\left(p\frac{dx}{dI}+q\frac{dy}{dI}\right)$$

が得られる．一方，予算制約式を所得 I で微分すると，

$$p\frac{dx}{dI}+q\frac{dy}{dI}=1$$

となるので,

$$\frac{du}{dI}=\lambda$$

となる．つまり，この場合のラグランジュ乗数 λ は，所得変化にたいする効用の変化の割合になっており，所得（あるいは貨幣）の限界効用を示している．要するに，効用最大化の1階の条件とは，各財の貨幣1単位分の限界効用と貨幣の限界効用が一致する条件なのである．いいかえれば，各消費者は貨幣1単位当たりの潜在的な主観的価値（λ の値；影の価格）によって，各財の貨幣1単位分の価値を評価しているのである．

例4.9（需要関数）

ある消費者の効用関数が,

$$u=x^\alpha y^\beta$$

であらわされている．2財の価格を p および q とし，所得を I とし，予算制約式が

$$px+qy=I$$

であるとする．このときの効用最大化問題をラグランジュの未定乗数法で解こう．まず，ラグランジュ関数

$$L=x^\alpha y^\beta+\lambda(I-px-qy)$$

をつくり，L を x, y, λ で偏微分して0とおき，1階の条件をもとめる．

$$L_x=\alpha x^{\alpha-1}y^\beta-\lambda p=0$$
$$L_y=\beta x^\alpha y^{\beta-1}-\lambda q=0$$
$$L_\lambda=I-px-qy=0$$

1番目と2番目の式から，L_x と L_y の比をとると

$$y = \frac{\beta p}{\alpha q} x$$

になる．これを3番目の式に代入すると，

$$x = \frac{\alpha I}{(\alpha + \beta)}, \quad y = \frac{\beta I}{(\alpha + \beta) q}$$

が得られる．x 財と y 財の最適消費量が，x 財と y 財の価格および所得であらわされている．つまり，これらは，x 財と y 財にたいする需要関数をあらわしている．

例4.10（費用最小化問題）

ある企業は，2種類の生産要素 K と L をつかって，ひとつの財を生産している．このとき，生産関数が

$$y = f(k, l)$$

であらわされるものとする．ただし，k は生産要素 K の投入量，l は生産要素 L の投入量である．r を生産要素 K の価格，w を生産要素 L の価格とする．すると，費用関数が，

$$C = rk + wl$$

であらわされる．いま，今期の生産目標量が y に決まったとしたら，最小の費用でこの生産目標量を達成するには，どのような水準に生産要素の投入量を決定すればよいだろうか．まず，この問題は，つぎのように定式化できる．

$$\min rk + wl$$
$$\text{s.t.} f(k, l) = y$$

この問題の解き方は，例4.8とまったくおなじである．まず，ラグランジュ関数

$$L(k, l, \lambda) = rk + wl + \lambda(y - f(k, l))$$

をつくり，L を k, l, λ で偏微分してそれぞれを 0 とおけば，費用最小化のための1階の条件

$$L_k = r - \lambda \frac{\partial f(k, l)}{\partial k} = 0$$

$$L_l = w - \lambda \frac{\partial f(k, l)}{\partial l} = 0$$

$$L_\lambda = y - f(k, l) = 0$$

が得られる．これから，

$$\frac{r}{w} = \frac{\dfrac{\partial f}{\partial k}}{\dfrac{\partial f}{\partial l}} \quad \left(= \frac{f_k}{f_l} \right)$$

この式の左辺は，生産要素の価格比をあらわしており，右辺は技術的限界代替率とよばれるものである．つまり，費用最小化のための必要条件は，要素価格比が技術的限界代替率と一致していることである．

問4.3 所得が20万円で，これをすべて X 財と Y 財の購入にあてるものとする．いま，X 財の価格が1000円，Y 財の価格が400円，X 財と Y 財からなる効用関数を $u = xy$ とする（u：効用水準，x：X 財の数量，y：Y 財の数量）．このとき，効用を最大にする X 財と Y 財の購入量はどれだけか，また貨幣の限界効用はいくらになるか．

4.4 陰関数の極値と包絡線定理

4.4.1 陰関数の極値

4.3.2項でも簡単に説明されているが，関係式 $f(x, y) = 0$ で定まる陰関数 $y = \phi(x)$ を微分することを考えよう．陰関数の導関数自体は3.3.3項，定理3.2において，すでに説明されているが，ここでは極値について議論するために，さらにその2次導関数が問題になる．実はこれも3.4節の例3.9において簡単に説明されている．これらを復習の意味で再度整理しておこう．

まず，$y = \phi(x)$ を $f(x, y) = 0$ に代入し，それを整理すると，

$$f(x, \phi(x)) = 0$$

$$f_x(x, \phi(x)) + f_y(x, \phi(x)) \frac{d\phi(x)}{dx} = 0 \tag{4.31}$$

これを x で微分すると，

$$\frac{d\phi(x)}{dx} = -\frac{f_x(x, \phi(x))}{f_y(x, \phi(x))} \tag{4.32}$$

となり，目的の陰関数の導関数が得られる．(4.31) をもう一度 x で微分すると，

$$\begin{aligned}f_{xx}(x, \phi(x)) + 2f_{xy}(x, \phi(x))\frac{d\phi(x)}{dx} \\ + f_{yy}(x, \phi(x))\left(\frac{d\phi(x)}{dx}\right)^2 + f_y(x, \phi(x))\frac{d^2\phi(x)}{dx^2} = 0\end{aligned} \tag{4.33}$$

(4.32) および (4.33) より，目的の陰関数の 2 次導関数が得られる．

$$\frac{d^2\phi(x)}{dx^2} = -\frac{f_{xx}f_y^2 - 2f_{xy}f_xf_y + f_{yy}f_x^2}{f_y^3}$$

陰関数定理を以下のように再整理しよう．

定理4.4（陰関数定理）

(1) 関数 $f(x, y)$ が点 (a, b) の近傍で 1 回微分可能，かつその導関数が連続であるとする（このことを C^1 級であるともいう）．このとき，

$$f(a, b) = 0, \quad f_y(a, b) \neq 0$$

ならば，点 $x = a$ の近くで $b = \phi(x)$, $f(x, \phi(x)) = 0$ となる陰関数 $y = \phi(x)$ が一意に存在して，以下の式が成り立つ．

$$\frac{d\phi(x)}{dx} = -\frac{f_x(x, \phi(x))}{f_y(x, \phi(x))}$$

(2) 関数 $f(x, y)$ が点 (a, b) の近傍で 2 回微分可能かつ 2 階導関数が連続（このことを C^2 級であるともいう）ならば，(1) で定まった陰関数 $y = \phi(x)$ の 2 次導関数は以下のようになる．

$$\frac{d^2\phi(x)}{dx^2} = -\frac{f_{xx}f_y^2 - 2f_{xy}f_xf_y + f_{yy}f_x^2}{f_y^3}$$

$f(x, y) = 0$ で定まる x の陰関数 $y = \phi(x)$ の極値をもとめる方法を考える．もし，$y = \phi(x)$ が $x = a$ で極値 b をとるならば，$\frac{d\phi(x)}{dx} = 0$, すなわち

$$f_x(a, b) = 0$$

となる．したがって，連立方程式

$$f(x, y) = 0, \quad f_x(x, y) = 0$$

の解を $(x, y) = (a, b)$ とすれば，この a, b にたいして極値をとるかどうかを調べればよいことになる．このとき，定理4.4の (2) より，

$$\phi''(a) = -\frac{f_{xx}(a, b)}{f_y(a, b)}$$

となるから，陰関数 $y = \phi(x)$ は，

$\dfrac{f_{xx}(a, b)}{f_y(a, b)} > 0$ のとき $x = a$ で極大値 b をとり，

$\dfrac{f_{xx}(a, b)}{f_y(a, b)} < 0$ のとき $x = a$ で極小値 b をとる．

例4.11

関数 $f(x, y) = 2x^4 - 8xy^3 + y^4 + 5 = 0$ から定まる関数の極値をもとめる．まず，

$$f(x, y) = 2x^4 - 8xy^3 + y^4 + 5 = 0$$
$$f_x = 8x^3 - 8y^3 = 0$$

とおく．$y^3 = x^3$ より，$y = x$．これを $f(x, y) = 0$ に代入して，

$$2x^4 - 8x^4 + x^4 + 5 = 0$$
$$\therefore x = \pm 1 \quad \therefore y = \pm 1$$

また，

$$f_{xx} = 24x^2, \quad f_y = -24xy^2 + 4y^3$$

(1) $(x, y) = (1, 1)$ のとき，$f_{xx}(1,1) = 24$，$f_y(1, 1) = -20$．このとき，

$$\frac{d^2 y}{dx^2} = -\frac{24}{(-20)} > 0$$

よって，$x=1$ で極小となり，極小値は 1．
(2) $(x, y)=(-1, -1)$ のとき，$f_{xx}(1,1)=24$, $f_y(1,1)=20$.
$$\frac{d^2 y}{dx^2}=-\frac{24}{20}<0$$
よって，$x=-1$ で極大となり，極大値は -1．

問4.4 つぎの関係式で定まる陰関数 y の1次導関数と2次導関数をもとめなさい．
(1) $x^2+y^2-a^2=0$　　(2) $x^3+y^3-3xy=0$

4.4.2 包絡線定理と長期費用曲線

関数 $f(x, y, t)=0$ は t を定数とすると，y は x の関数となるので，これはひとつの曲線をあらわすことになる．ここで，t をいろいろ変えると，曲線群が得られる．これらの曲線群に共通に接する曲線をこの曲線の包絡線という．

例4.12（短期および長期費用曲線）

短期費用曲線は，
$$C=C(x, k)$$
であらわされる．ただし，x は生産量であり，k は工場規模をあらわすパラメータである．図4.8には，k をいろいろ変えた場合の短期費用曲線群が描かれている．

この曲線群に共通に接する曲線（図では太い曲線）が包絡線であり，これは長期費用曲線である．なお，短期平均費用曲線群の包絡線は長期平均費用曲線でもある．

包絡線のもとめ方　関数 $f(x, y, t)=0$ の包絡線をもとめる方法を説明する．これをおこなうには，t をパラメータ（媒介変数）とする関数
$$x=\phi(t), \quad y=\varphi(t)$$
によってあらわされる関数の包絡線を考える方がわかりやすい．もちろん，関

図 4.8 短期費用曲線群と長期費用曲線

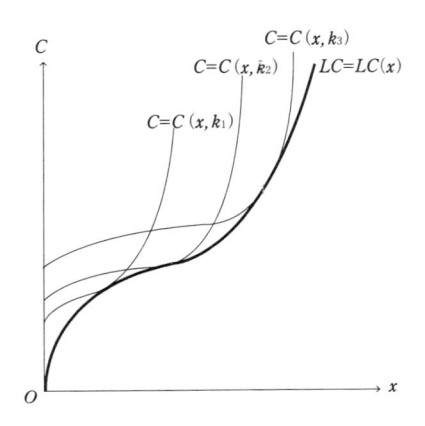

数 $f(x, y, t)=0$ は

$$f(\phi(t), \varphi(t), t)=0$$

を満足している．ここで，$f(x, y, t)=0$ を t に関して微分すると，

$$f_x \frac{dx}{dt}+f_y \frac{dy}{dt}+f_t=0 \tag{4.34}$$

となる．さて，ある点における包絡線の傾きは，以下のパラメータ表示された関数の微分の公式であらわされる．

$$\frac{dy}{dx}=\frac{\frac{dy}{dt}}{\frac{dx}{dt}} \tag{4.35}$$

また，曲線 $f(x, y, t)=0$ の傾きは

$$\frac{dy}{dx}=-\frac{f_x}{f_y} \tag{4.36}$$

である．包絡線の定義から，包絡線はあるパラメータ t のときの曲線 $f(x, y, t)=0$ に接しているので，上の2つの等式を等値して

$$f_x \frac{dx}{dt}+f_y \frac{dy}{dt}=0 \tag{4.37}$$

を得る．(4.34) から (4.37) を引くと

$$f_t(x, y, t)=0$$

が得られる．以上のことから，つぎの定理が導かれた．

定理4.5（包絡線定理）

関数 $f(x, y, t)=0$ によってあらわされる曲線群がひとつの包絡線をもつならば，その包絡線上でどの点の座標もつぎの方程式を満足する．

$$f(x, y, t)=0 \quad \text{および} \quad f_t(x, y, t)=0$$

実際に，包絡線をもとめるには，定理4.5の2つの方程式から t を消去すればよい．

例4.13

曲線群

$$(x-t)^2+y^2=\frac{1}{2}t^2$$

の包絡線をもとめる．ただし，t はパラメータである．

まず，あたえられた曲線群の式を陰関数の形で

$$f(x, y, t)=(x-t)^2+y^2-\frac{1}{2}t^2=0 \tag{4.38}$$

とあらわす．つぎに，$f(x, y, t)=0$ の両辺をパラメータ t で偏微分すると

$$f_t(x, y, t)=-2(x-t)-t=0$$

これより，$t=2x$．これを (4.38) に代入すると

$$(x-2x)^2+y^2-\frac{1}{2}\times(2x)^2=0$$
$$\therefore y=\pm x \quad (\text{図4.9})$$

例4.14

短期費用曲線群が

図4.9 包絡線

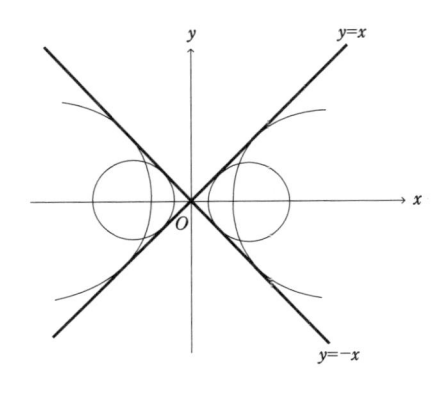

$$C = C(x, k)$$

であらわされているものとしよう．ただし，x は生産量であり，k は工場の規模をあらわすパラメータである．これを陰関数の形に変えて

$$G(C, x, k) = C - C(x, k) = 0 \tag{4.39}$$

とあらわす．つぎに，k に関する偏導関数をゼロに等しいとおくと

$$G_k(C, x, k) = 0 \tag{4.40}$$

が得られる．(4.39) と (4.40) から k を消去すれば長期費用曲線 $LC = LC(x)$ が得られる．長期費用曲線は，生産量だけの関数である．実は，長期費用曲線は，各生産量にたいして最適規模の工場で生産されるという条件を前提として導かれるものなのである．

例4.15

短期費用曲線群が

$$C = 0.04x^3 - 0.75x^2 + (11-k)x + 5k^2$$

であたえられているとする．ただし，x は生産量，k は工場規模を示すパラメータである．このときの長期費用関数をもとめてみよう．

短期費用曲線の式を陰関数の形で

$$G(C, x, k) = C - 0.04x^3 + 0.75x^2 - (11-k)x - 5k^2 = 0 \qquad (4.41)$$

とあらわす．$G(C, x, k) = 0$ を k に関して偏微分すると

$$G_k(C, x, k) = x - 10k = 0$$

となる．これより，$k = 0.1x$．これを (4.41) に代入して，

$$\begin{aligned}G(C, x) &= C - 0.04x^3 + 0.75x^2 - (11-0.1x)x - 5(0.1x)^2 \\ &= C - 0.04x^3 + 0.80x^2 - 11x \\ &= 0\end{aligned}$$

これより，長期費用関数は

$$LC = 0.04x^3 - 0.80x^2 + 11x$$

である．

練習問題

問題 4.1 例4.2の関数で，$A=1$，$\alpha=\beta=\dfrac{1}{2}$ のときの関数 $f(x, y) = x^{\frac{1}{2}} y^{\frac{1}{2}}$ について，$t = \dfrac{1}{2}$ のとき，$f(x, y)$ が (4.2) をみたすことを示しなさい．

問題 4.2 つぎの関数の極値を調べなさい．
(1)　$f(x, y) = x^2 + xy + y^2 - 6x - 4y$　　(2)　$f(x, y) = x^2 - y^2$
(3)　$f(x, y) = x^3 + y^4$

問題 4.3 つぎの制約条件付き最大化問題を解きなさい．
(1)　条件 $x + y = 1$ のもとで，$x^2 + y^2$ の極値をもとめなさい．
(2)　$x^2 + y^2 = 1$ のもとで，xy の極値をもとめなさい．

問題 4.4 以下の各設問に答えなさい．
(1)　所得のすべてを2種類の財 X, Y に支出する消費者の効用関数が，2財の消費量をそれぞれ x, y として $u = x^2 y$ で示されるものとする．いま，X 財の価格が1，Y 財の価格が2，貨幣所得が15とするとき，この消費者の貨幣所得の限界効用はいくらになるか．（国家 I 種試験問題）

(2) X 財と Y 財を消費するある個人の効用関数が，$u=xy$（u：効用水準，x：X 財の数量，y：Y 財の数量）で示されるとする．個人の所得は200であり，個人はすべての所得を2財の購入のために支出し，当初，X 財と Y 財の価格はともに20であったとする．ここで X 財の価格が18に，Y 財の価格が8に変化したとき，この個人の効用水準を価格変化前とおなじにするためには，所得をいくら減少させればよいか．（国家I種試験問題）

問題 4.5 ある産業の短期費用曲線群が，総費用を c，生産量を x として，$c=0.05x^3-0.8x^2+(10-k)x+5k^2$ で示されるものとする．ただし，k は設備規模をあらわすパラメータである．いま，この産業のアウトプットの価格を8とすると，最適な設備規模での k の値はいくらになるか．（国家I種試験問題）

（ヒント：長期には k が調節されて，一定の生産量 x にたいして，総費用を最小にする k が選択される．したがって，まず，長期費用曲線をもとめ，それから長期限界費用とアウトプットの価格を等値すればよい．）

第5章　線型代数入門

　行列をもちいた代数である線型代数は，巨大な連立方程式体系の簡潔な表現や統一的な解法を可能にする．これらは経済理論や分析において大きな役割を果たしている．本章ではその導入部として行列と行列式の紹介，および行列の演算法則について説明する．

5.1　行列の定義と意味

5.1.1　表，配列，そして行列

　日常的にわれわれはある一定の規則で数字を並べたものを見ることは多い．そのなかでもっとも親しみ深いものは表（ひょう）であろう．

(1)　表

　表においては，縦方向には表頭の項目名と，横方向には表側の項目名と，規則正しく対応づけて数値を読まなければならない．

例5.1（表の例）

　下表は原材料 C, D, それぞれ25kgから製品 A を10kg，製品 B を20kg製造

（単位：kg）	製品 A	製品 B	原材料合計
原材料 C	5	20	25
原材料 D	15	10	25
生産量合計	10	20	

したときの配合表である．数字の並びは横方向には原材料の各製品製造過程への配分を，縦方向には製品別の各原材料投入の構成を示す．

原材料すべてが製品に転換されるわけではないので，横方向と異なり縦方向では原材料の合計値と製品の量は合致していない．

(2) 配　列

表中の長方形に並んだ数値のように，ある規則で並べられた数字の集まりを配列という．配列内の数は配列の要素または成分という．

コンピュータ（電子計算機）の世界ではこの配列概念を多用する．コンピュータは表をそのまま処理することは不得手である．表のデータは一旦ある約束にしたがい1列に並べ替えられて入力され，またおなじくその約束を逆にもちいてモニタやプリンター上に表に復元して出力される．コンピュータは数値を1個ずつ処理していくある種のパイプのようなものだからである．

この数字の並び方の約束のことを配列の形式（フォーマット）という．もっとも簡単な配列は表と同様に，縦方向に何行，横方向のデータは何個という約束のみでできている．表を横方向に1行ずつ裁断して，その終端を次の行の始端と糊付けしていけば1本の長いテープ状のデータができるが，1行は何個のデータからできているという配列形式をもちいれば，逆方向の配列（表）への復元も間違いなくおこなわれる．もちろん形式を誤れば復元は不可能である．

例5.2（配列の復元）

長方形型の配列の形式を，横方向の1行には4個のデータが並び，そのような横方向の行が全部で3行あるとする．

①配列を1本のデータに変換する．

$$
\begin{array}{|cccc|}
\hline
1 & 2 & 3 & 4 \\
5 & 6 & 7 & 8 \\
9 & 10 & 11 & 12 \\
\hline
\end{array}
\xrightarrow{1列化}
\boxed{1\ \ 2\ \ 3\ \ 4\ \cdots\ 11\ \ 12}
$$

②約束（配列の形式）を守れば配列を復元できる．

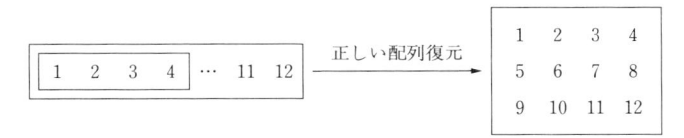

```
┌─────────────────────┐              1  2  3  4
│ 1  2  3  4 … 11 12 │ ──正しい配列復元→  5  6  7  8
└─────────────────────┘              9 10 11 12
```

③横方向の1行には3個のデータが並び，そのような横方向の行が全部で4行というように約束を間違えれば，もとの配列は復元できない．

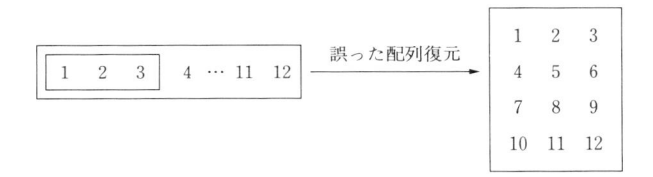

```
┌─────────────────────┐              1  2  3
│ 1  2  3   4 … 11 12 │ ──誤った配列復元→  4  5  6
└─────────────────────┘              7  8  9
                                    10 11 12
```

(3) 配列の形式と要素の位置

　配列の形式は配列の大きさとともに，要素である各数の位置関係を規定している．長方形型の配列では，横方向の要素の並びを行，縦方向の要素の並びを列として，何行目何列目というように行と列を指定すれば特定の要素を一意に指定できる．これはちょうど $X-Y$ 座標系のグラフにおいて，1点の位置を座標，(x,y) で一意に指定できるのに類似している．表における縦横の項目名による数値の一意的な指定も同様である．

　また配列や表の大きさも同様に行数と列数から何行何列とあらわすこともできる．例5.2において復元された配列と，もとの配列が等しいことは，行数と列数が等しく，かつすべての同位置の要素どうしが等しいことで判断していた．

(4) 配列として考える行列

　まず長方形型に数（文字数も含む）の並んだもの，すなわち数からなる長方形の配列を行列としておこう．単なる配列とは異なることを強調するため，行列を構成する配列を括弧（　）で囲むことにしよう．要素の間は空白があるのみで，コンマ（,）などはつけない．行列の要素は実数でも複素数でもよい．また数でも変数やパラメータでも，さらに数式であってもよい．またそれらが混在していてもよい．本章では実数の範囲で議論を進める．

例5.3（行列の例）

例5.1の表から抜き出した配列により，以下のような行列をつくることができる．

$$\mathbf{X} = \begin{pmatrix} 5 & 20 \\ 15 & 10 \\ 10 & 20 \end{pmatrix} \quad \mathbf{Y} = \begin{pmatrix} 5 & 20 & 25 \\ 15 & 10 & 25 \end{pmatrix} \quad \mathbf{Z} = \begin{pmatrix} 5 & 20 \\ 15 & 10 \end{pmatrix}$$

$$\mathbf{x} = \begin{pmatrix} 10 & 20 \end{pmatrix} \quad \mathbf{y} = \begin{pmatrix} 25 \\ 25 \end{pmatrix}$$

それぞれの行列は $\mathbf{X}$ や $\mathbf{Y}$ のように文字記号をもちいて名前がつけられている．これにより，目的の行列をさす際に，いちいち要素をすべて列挙しなくてもすむ．行列の記号表記では，$\mathbf{A}$ のように太い大文字で表記して，一般の文字式と区別することが多い（ベクトルは太い小文字で $\mathbf{a}$ のように表記）．

配列での考え方をひきつぎ，行列を構成する配列内の数を同様に，行列の要素または成分という．また同じく横方向の数の並びを行列の行，縦方向の数字の並びを列といい，行数と列数で行列の大きさをあらわし，行と列の位置を指定して行列内における要素を一意に指定する．したがって，行数と列数が等しく，かつすべての同位置の要素どうしが等しければ，2つの行列は等しい．

以上の議論について，一般的な行列表記で習熟しておこう．

(5) 行列の大きさ（次元）

行列の大きさが n 行 m 列であるときに，$n \times m$ 行列といい，また行列の次元が $n \times m$ であるともいう．とくに行列の次元を意識するとき，行列をあらわす記号にその次元を添字とする．たとえば $\mathbf{A}_{n \times m}$ のように表記する．

(6) 一般的な $n \times m$ 次元の行列表記

定義5.1（一般的な行列表記）

$n \times m$ 次元の行列 $\mathbf{A}_{n \times m}$ の一般的な表記は以下のようになる（行列の次元があきらかな場合は添字の $n \times m$ を省略する）．最右辺はさらに要素の一般形で代表して表記したものである．

$$\mathbf{A} = \begin{pmatrix} a_{11} & a_{12} & \cdots & a_{1j} & \cdots & a_{1m} \\ a_{21} & a_{22} & \cdots & a_{2j} & \cdots & a_{2m} \\ \vdots & \vdots & \ddots & \vdots & \ddots & \vdots \\ a_{i1} & a_{i2} & \cdots & a_{ij} & \cdots & a_{im} \\ \vdots & \vdots & \ddots & \vdots & \ddots & \vdots \\ a_{n1} & a_{n2} & \cdots & a_{nj} & \cdots & a_{nm} \end{pmatrix} = [a_{ij}]_{n \times m} \tag{5.1}$$

上から第i番目の行の,左から第j番目の列にある要素を,第i行第j列要素,または第(i,j)要素や第ij要素という.実際の行番列番でさすときには混乱を避けるため,たとえば第23要素と表記するよりも第$(2,3)$要素と表記する方がわかりやすいだろう.この第(i,j)要素を文字記号で,右下に小さな文字(添字)を2重につけて,a_{ij}と表記する.この2重添字のうち左側のiは上からの行数,右側のjは左からの列数を示している.2重添字のiとjのあいだにはコンマ(,)などはつけずに連続して表記される.したがって,a_{21}とかいてあってもこの21は20+1のことではないし,a_{ij}のijは掛け算$i \times j$を意味しているわけではない.行列の次元が$n \times m$ならば,iは1からnまで,jは1からmまでの値をとる.

行列の記号表記の方法や,要素の配列で表記する場合の括弧の形状,また行列をあらわす記号に次元を添字する方法はテキストによってさまざまであるので注意すること.本書の表記方法は一応標準的なものである.

定義5.2(行列の等式)

$n \times m$ 行列 $\mathbf{A} = [a_{ij}]_{n \times m}$ と $l \times k$ 行列 $\mathbf{B} = [b_{ij}]_{l \times k}$ とが等しいとは,
(1) 2つの行列の次元が等しい.すなわち $n = l$ かつ $m = k$.
(2) 行列を構成する配列の同一位置の要素がすべて等しい.すなわち,すべての i, j の組み合わせに対して $a_{ij} = b_{ij}$.

が同時に成立し,なおかつそのときのみ2つの行列は等しいといい,数の場合と同様にイコール(=)をもちいて等式表現する.

$$\mathbf{A} = \mathbf{B} \tag{5.2}$$

問5.1 例5.3の5つの行列の大きさをそれぞれ次元で表現しなさい．

問5.2 例5.3において，$\mathbf{X}=[x_{ij}]$ と表記した場合，要素 x_{12}, x_{23}, x_{31} の値をそれぞれ示しなさい．また $\mathbf{Y}=[y_{ij}]$ と表記した場合，20，および15に対応する要素を2重添字付きの文字記号で示しなさい．

5.1.2 特殊な次元の行列，行列の分割
(1) 正方行列
定義5.3（正方行列）

行列を構成する配列が縦横等しい正方形型の $n \times n$ 行列であるとき，次数 n の正方行列という．行列記号への添字は次数をつける．

$$\mathbf{A} = \begin{pmatrix} a_{11} & a_{12} & \cdots & a_{1n} \\ a_{21} & a_{22} & \cdots & a_{2n} \\ \vdots & \vdots & \ddots & \vdots \\ a_{n1} & a_{n2} & \cdots & a_{nn} \end{pmatrix} = [a_{ij}]_n \tag{5.3}$$

(2) 転置行列

行と列に関する情報が平等であれば，その順序が入れ替わっても，もとの行列のもつ情報は変わらないはずである．したがってこのような行と列を入れ替えた（転置した）行列を考えることができる．

定義5.4（転置行列）

$n \times m$ 行列 $\mathbf{A}=[a_{ij}]_{n \times m}$ の行と列を入れ替えた行列を転置行列といい，もとの行列をあらわす文字記号の右肩に転置を意味する記号である，プライム（'）または T をつけて表記する．

行列の次元も逆転して，$m \times n$ になることに注意すること．

$$\mathbf{A} = \begin{pmatrix} a_{11} & a_{12} & \cdots & a_{1m} \\ a_{21} & a_{22} & \cdots & a_{2m} \\ \vdots & \vdots & \ddots & \vdots \\ a_{n1} & a_{n2} & \cdots & a_{nm} \end{pmatrix} \quad \text{ならば，} \quad \mathbf{A}^T = \begin{pmatrix} a_{11} & a_{21} & \cdots & a_{n1} \\ a_{12} & a_{22} & \cdots & a_{n2} \\ \vdots & \vdots & \ddots & \vdots \\ a_{1m} & a_{2m} & \cdots & a_{nm} \end{pmatrix} \tag{5.4}$$

また略記すれば，$\mathbf{A}=[a_{ij}]_{n \times m}$　ならば，$\mathbf{A}^T=[a_{ji}]_{m \times n}$ (5.5)

(3) 行列と列ベクトル・行ベクトル

定義5.5（列ベクトル・行ベクトル）

縦一列に要素が並ぶ $n \times 1$ 行列を n 次元列ベクトル，逆に横一列に要素が並ぶ $1 \times m$ 行列を m 次元行ベクトルという．さらに要素がただひとつからなる 1×1 行列をスカラーという．スカラーは数と同一視することもできるが，議論のなかでとくに 1×1 行列として区別することもある．

列ベクトルを転置すれば行ベクトルに，また逆に行ベクトルを転置すれば列ベクトルになる．

$$\mathbf{a}=\begin{pmatrix} a_1 \\ a_2 \\ \vdots \\ a_n \end{pmatrix} \quad \mathbf{b}=(b_1 \quad b_2 \quad \cdots \quad b_n) \quad \mathbf{c}=(c)_{1 \times 1}=c \quad (5.6)$$

例5.4（行ベクトル・列ベクトル）

例5.3の行列 $\mathbf{x}$ は行列 $\mathbf{X}$ の第3行部分を抜き出したもの，またおなじく行列 $\mathbf{y}$ は $\mathbf{Y}$ の第3列部分を抜き出したものである．これらはそれぞれ 1×2 行列，および 2×1 行列と考えられると同時に，それぞれ2次元行ベクトル，2次元列ベクトルである．

さらにこれ以外にも例5.3の行列 $\mathbf{X}$ あるいは $\mathbf{Y}$ から列ベクトルや行ベクトルを抜き出すことが可能であり，このことからは $n \times m$ 行列は n 本の行ベクトルの集まり（組）で構成されている，あるいは m 本の列ベクトルの集まり（組）で構成されているということもできる．

問5.3 例5.3の行列 $\mathbf{X}$，$\mathbf{Y}$ および $\mathbf{Z}$ から列ベクトルと行ベクトルをすべて抜き出しなさい．またそれぞれの次元を確認しなさい．

(4) 列ベクトル，または行ベクトルによる行列の分割

例5.3の 2×3 行列 $\mathbf{Y}$ は，3本の列ベクトルの集まり（組）と考えられる．

$$\mathbf{Y}=\begin{pmatrix} 5 & 20 & 25 \\ 15 & 10 & 25 \end{pmatrix} \Longrightarrow \left(\begin{pmatrix} 5 \\ 15 \end{pmatrix} \begin{pmatrix} 20 \\ 10 \end{pmatrix} \begin{pmatrix} 25 \\ 25 \end{pmatrix}\right) \tag{5.7}$$

この3本の列ベクトルをそれぞれ $\mathbf{y}_1, \mathbf{y}_2, \mathbf{y}_3$ と名づければ，$\mathbf{Y}=(\mathbf{y}_1\ \mathbf{y}_2\ \mathbf{y}_3)$ とあらわすこともできる．このようなベクトルを要素とするような行列の表現を，行列 $\mathbf{Y}$ の，3本の列ベクトルによる分割という．

また同時に行列 $\mathbf{Y}$ は，2本の行ベクトルの集まり（組）でもある．

$$\mathbf{Y}=\begin{pmatrix} 5 & 20 & 25 \\ 15 & 10 & 25 \end{pmatrix} \Longrightarrow \begin{pmatrix} (5\ 20\ 25) \\ (15\ 10\ 25) \end{pmatrix} \tag{5.8}$$

この2本の行ベクトルをそれぞれ $\mathbf{y}_4, \mathbf{y}_5$ とすれば，$\mathbf{Y}=\begin{pmatrix} \mathbf{y}_4 \\ \mathbf{y}_5 \end{pmatrix}=(\mathbf{y}_4^T\ \mathbf{y}_5^T)^T$ と表記できる．

n 次元ベクトルは n 個の数をある順序で配列したものであり，実数要素ならば n 次元実数空間 $\mathbb{R}^n$ 中の1点を示す座標と考えることができる．この意味では，おなじ要素配列の列ベクトルと行ベクトルは同一視可能であるが，通常は列ベクトルと行ベクトルは概念的にも記号的にも区別される．

(5) ブロック行列

例5.3の行列 $\mathbf{Y}$ は3本の列ベクトルに分割できるが，そのうち2本の列ベクトルで行列 $\mathbf{Z}$ をつくることができるので，行列 $\mathbf{Y}$ は1個の行列と1本の列ベクトルにも分割できる．

$$\mathbf{Y}=\left(\begin{pmatrix} 5 & 20 \\ 15 & 10 \end{pmatrix} \begin{pmatrix} 25 \\ 25 \end{pmatrix}\right)=(\mathbf{Z}\ \mathbf{y}_3) \tag{5.9}$$

このように行列は列ベクトルまたは行ベクトルだけでなく，小さな行列によっても分割することができる．たとえば，$n\times m$ 行列 $\mathbf{A}$ について，

$$\begin{cases} n=n_1+n_2+\cdots+n_l+\cdots+n_L \\ m=m_1+m_2+\cdots+m_k+\cdots+m_K \end{cases} \tag{5.10}$$

（ただし，$n_1, n_2, \cdots, n_l, \cdots, n_L$ および $m_1, m_2, \cdots, m_k, \cdots, m_K$ は正の整数）とすれば $L \times K$ 個の小さな $n_l \times m_k$ 行列 $\mathbf{A}_{lk}$ で行列 $\mathbf{A}$ を分割できる．このときこれらの小さな行列 $\mathbf{A}_{lk}$ はもとの行列 $\mathbf{A}$ の部分をなすため部分行列という．また行列 $\mathbf{A}$ をこの部分行列 $\mathbf{A}_{lk}$ を要素のようにして表記できる．これはブロック細工のようにみえることから部分行列をブロックといい，またもとの行列 $\mathbf{A}$ のブロック行列表現ともいう．

$$\mathbf{A} = \begin{pmatrix} \mathbf{A}_{11} & \mathbf{A}_{12} & \cdots & \mathbf{A}_{1K} \\ \mathbf{A}_{21} & \mathbf{A}_{22} & \cdots & \mathbf{A}_{2K} \\ \vdots & \vdots & \ddots & \vdots \\ \mathbf{A}_{L1} & \mathbf{A}_{L2} & \cdots & \mathbf{A}_{LK} \end{pmatrix} \tag{5.11}$$

問5.4 例5.3において，行列 $\mathbf{X}$，$\mathbf{Y}$ および $\mathbf{Z}$ それぞれの転置行列をもとめなさい．またこれらの行列を列ベクトルおよび行ベクトルで分割し，その表記による転置行列と比較しなさい．

5.1.3 行列の意味

行列は長方形状に並んだ数の配列でもある．しかし，あえてそれを行列とよぶのは，たんなる数の配列以上の意味をもつためである．

(1) 係数行列

例5.1の表は，製品 A を10kg，製品 B を20kg製造する場合の原材料の配合表である．以下の仮定がみたされて配合比率がつねに一定ならば，この表は製品 A と B の製造に必要な原材料 C と D の量をもとめる問題にも，逆に手持ちの原材料 C と D から製造可能な製品 A と B の量をもとめる問題にも利用できるだろう．

$\begin{cases} \bullet \text{製品 } A \text{ と } B \text{ の製造工程は，それぞれ独立であり干渉しない．} \\ \bullet \text{製造量にかかわらず製品1kgの製造に必要な原材料の比率は変化しない．} \\ \bullet \text{すべての原材料を } k \text{ 倍投入すれば，製品もおなじく } k \text{ 倍製造できる．} \end{cases}$

以上の仮定をみたせば，例5.1の表は製造量でそれぞれの原材料使用量を割ることにより，つぎのような製品1kgあたりの表にかきかえて使用できる．

	製品 A	製品 B
原材料 C	0.5	1.0
原材料 D	1.5	0.5
生産量	1.0	1.0

この表より原材料と製品の関係を数式化する．製品 A と B の製造量目標をそれぞれ独立変数 x_A, x_B, 必要な原材料 C と D をそれぞれ従属変数 y_C, y_D とすれば，y_C と y_D は，それぞれおなじく x_A と x_B の2変数の関数になる．

$$\begin{cases} y_C = f(x_A, x_B) = 0.5x_A + 1.0x_B \\ y_D = g(x_A, x_B) = 1.5x_A + 0.5x_B \end{cases} \tag{5.12}$$

目標製造量の組 x_A, x_B と必要原材料の組 y_C, y_D を列ベクトルで表記すれば，

$$\mathbf{x} = \begin{pmatrix} x_A \\ x_B \end{pmatrix}, \quad \mathbf{y} = \begin{pmatrix} y_C \\ y_D \end{pmatrix} = \begin{pmatrix} f(x_A, x_B) \\ g(x_A, x_B) \end{pmatrix} = \begin{pmatrix} 0.5x_A + 1.0x_B \\ 1.5x_A + 0.5x_B \end{pmatrix} \tag{5.13}$$

任意の独立変数の組 x_A, x_B から従属変数の組 y_C, y_D を計算することが可能であり，この関数 f, g の組からなる対応関係はこれらを要素とするベクトルの対応関係とも考えられる．ベクトル $\mathbf{x}$ からベクトル $\mathbf{y}$ を決める仕組み，すなわち関数のような対応関係（写像）として考えることができる．この関係を記号 F であらわし関数表記からの連想により，以下のように表記してみよう．

$$\mathbf{y} = \begin{pmatrix} y_C \\ y_D \end{pmatrix} = \begin{pmatrix} f(x_A, x_B) \\ g(x_A, x_B) \end{pmatrix} = F(\mathbf{x}) \tag{5.14}$$

この写像 F は (5.12) または (5.13) の x_A と x_B の係数とその並び（相互の位置関係），$\begin{smallmatrix} 0.5 & 1.0 \\ 1.5 & 0.5 \end{smallmatrix}$ のみで決定され，ベクトル $\mathbf{x}$ の要素 x_A と x_B がどんな値をとる場合でも変化しない．この係数の並びを配列として，行列（係数行列という）で表記すれば，

$$\mathbf{A} = \begin{pmatrix} 0.5 & 1.0 \\ 1.5 & 0.5 \end{pmatrix} \tag{5.15}$$

行列 $\mathbf{A}$ はベクトル $\mathbf{x}$ からベクトル $\mathbf{y}$ への写像（この例では 2 次元実数空間 $\mathbb{R}^2$ から 2 次元実数空間 $\mathbb{R}^2$ への写像）を特徴づけており，この写像 F を具体的に記述したものになっている．行列はたんなる配列とは異なり，ベクトル（あるいは多次元の空間の点）どうしを対応させる写像（要素どうしの関数は 1 次式で記述されるので 1 次変換，または線型変換という）を特徴づけている．

$$\mathbb{R}^m \ni \mathbf{x} \xrightarrow[F]{\mathbf{A}_{n \times m}} \mathbf{y} \in \mathbb{R}^n \tag{5.16}$$

連立方程式との関係　逆に，(5.12) は y_C と y_D を既知定数，x_A と x_B を未知変数とする連立方程式とみることも可能である．このとき行列 $\mathbf{A}$ は連立方程式 (5.12) の係数行列になる．写像 (5.16) からは，もし写像 F の逆写像 F^{-1} が存在すれば，すなわち行列 $\mathbf{A}$ から具体的な逆写像 F^{-1} をもとめることが可能ならば，連立方程式を一意に解くことができるはずである．このように係数行列と連立方程式は密接な関係がある．

(2)　データ行列

係数行列以外にも経済学においては重要な行列がある．これはデータや変数の配列により行列が構成されるデータ行列（または変数行列）である．上記の行列 $\mathbf{A}$ が係数行列であるのにたいし，最初の例5.1から直接作成された例5.3での行列 $\mathbf{Z}$ などはデータ行列の一種である．係数行列が写像を特徴づけるのにたいし，データ行列は計量経済学などで多変量のデータセットとしてもちいられる．

問5.5　定義5.1の $n \times m$ 行列 $\mathbf{A}$ はどのような連立方程式系の係数行列か．

5.2　行列式の定義と性質

5.2.1　配列，パズルそして行列式

(1)　配列を用いたパズル

行列はたんなる配列ではなく，写像（1 次変換）や連立方程式を特徴づけるものとして，あるいはデータセットとして意味をもたされたものである．また

式や表が背景にあり，そこから数の相互の位置関係を抜き出してつくられる．

これにたいして，つくられた数の配列や行列がもっている性質のみに独立して興味をもつ場合もある．代表的なものが配列をもちいた数のパズルである．

例5.5（魔方陣）

正方形の升目に1から順に数を埋め，縦・横・斜め方向の数の和がすべて等しくなるように数を配置するパズルを魔法陣という．以下の行列 $\mathbf{W}$ は3次の正方行列の場合のパズルの解であり，1から9までの数をすべて1回のみ使用して，

縦・横・斜め8通り

$$
\begin{array}{ccc}
4 & \to & 9 \to 2 \\
\downarrow \searrow & \downarrow \swarrow & \downarrow \\
3 & \to & 5 \to 7 \\
\downarrow \swarrow & \downarrow \searrow & \downarrow \\
8 & \to & 1 \to 6
\end{array}
$$

の3個の数の和（定和という）はすべて15である．転置行列 $\mathbf{W}^T$ もおなじくこのパズルの解になる．

$$\mathbf{W} = \begin{pmatrix} 4 & 9 & 2 \\ 3 & 5 & 7 \\ 8 & 1 & 6 \end{pmatrix} \tag{5.17}$$

例5.6（2次の正方行列と数を対応させるパズル）

さらに以下のようなパズルを考える．2次の正方行列 $\mathbf{A}$ の要素について以下のようなたすきがけ $\begin{smallmatrix} a_{11} & a_{12} \\ & \searrow \swarrow & \\ & \swarrow \searrow & \\ a_{21} & a_{22} \end{smallmatrix}$ （対角線方向に斜めにかけて引く）演算でひとつの数をもとめる．

$$\mathbf{A} = \begin{pmatrix} a_{11} & a_{12} \\ a_{21} & a_{22} \end{pmatrix} \longmapsto a_{11}a_{22} - a_{12}a_{21} \tag{5.18}$$

この演算ルールを関数のように考え，$f(\mathbf{A}) = a_{11}a_{22} - a_{12}a_{21}$ なる表記をしておく（行列から数へ対応づけるので写像の一種である）．ここで正方行列 $\mathbf{A}$ とおなじ要素をもち，$f(\mathbf{A}) = f(\mathbf{B})$ となるような正方行列 $\mathbf{B}$ を探してみよう．

以下の各行列が，このパズルにおいてもとめる行列である．

$$\mathbf{B}_1 = \begin{pmatrix} a_{11} & a_{21} \\ a_{12} & a_{22} \end{pmatrix} = \mathbf{A}^T \quad \mathbf{B}_2 = \begin{pmatrix} a_{22} & a_{21} \\ a_{12} & a_{11} \end{pmatrix} \quad \mathbf{B}_3 = \begin{pmatrix} a_{22} & a_{12} \\ a_{21} & a_{11} \end{pmatrix} = \mathbf{B}_2^T$$

このパズルでは，解になる行列の転置行列はあきらかに解になるので，$\mathbf{B}_2$ に注目しよう．$\mathbf{B}_2$ はもとの正方行列 $\mathbf{A}$ の行交換と列交換をそれぞれ1回ずつおこなう（順番は不問）ことによりつくることができる．

$$\mathbf{A} = \begin{pmatrix} a_{11} & a_{12} \\ a_{21} & a_{22} \end{pmatrix} \xrightarrow{\text{行交換}} \begin{pmatrix} a_{21} & a_{22} \\ a_{11} & a_{12} \end{pmatrix} \xrightarrow{\text{列交換}} \begin{pmatrix} a_{22} & a_{21} \\ a_{12} & a_{11} \end{pmatrix} = \mathbf{B}_2 \quad (5.19)$$

ちなみに行交換または列交換のいずれかを1回のみおこなえば，対応する数は絶対値はおなじでも符号が逆になることに注意．

$$\text{行交換1回のみ} \quad \begin{pmatrix} a_{21} & a_{22} \\ a_{11} & a_{12} \end{pmatrix} \longmapsto a_{21}a_{12} - a_{22}a_{11} = -f(\mathbf{A}) \quad (5.20)$$

2次の正方行列の場合は行交換または列交換のいずれかをあわせて2回（偶数回）おこなえばもとの値に戻るので，このパズルの一般的な解法はもとの正方行列 $\mathbf{A}$ の行交換と列交換をあわせて偶数回おこなうか，またはその転置行列ということになる．

(2) 行列式

以上のパズルにおける2次正方行列にたいする演算操作のルール（2次正方行列を構成する配列をひとつの数に対応させる写像）(5.18) は数学上は2次の行列式という．またあらためて記号 f のかわりに以下の表記にしたがう．

定義5.6（2次の行列式）

2次の正方行列，$\mathbf{A} = \begin{pmatrix} a_{11} & a_{12} \\ a_{21} & a_{22} \end{pmatrix}$ の行列式は，

$$|\mathbf{A}| = \begin{vmatrix} a_{11} & a_{12} \\ a_{21} & a_{22} \end{vmatrix} = a_{11}a_{22} - a_{12}a_{21} \quad (= \det \mathbf{A}) \quad (5.21)$$

行列とは係数や表からつくられる配列であり，またベクトル間の写像を特徴

づけるものであったが，行列式は行列を構成する配列に対応するひとつの数である．用語が似ているが混同に注意すること．また行列式をつくれるのは正方行列のみであることにも注意．なお1次の正方行列と考えられるスカラー（数）の行列式は，考えられる演算操作はそのままの数を採用することしかなく，その数自体になる．

(3) 行列式の性質

すでにのべた性質（以下の①および②）をふくめて，行列 $\mathbf{A}$ の行列式 $|\mathbf{A}|$ （$\det\mathbf{A}$ とも表記する）は以下のような重要な性質をもつ．

① 転置行列の行列式はもとの行列の行列式に等しい．すなわち，$|\mathbf{A}|=|\mathbf{A}^T|$．

② 行列の，2つの行（または2つの列）の交換により，行列式の絶対値はおなじであるが，符号が変わる．

③ 行列のある行（または列）が他の行（または列）の倍数の場合，$|\mathbf{A}|=0$．

$$\begin{vmatrix} a_{11} & a_{12} \\ ca_{11} & ca_{12} \end{vmatrix} = ca_{11}a_{12} - ca_{11}a_{12} = 0$$

④ 行列の任意の行を（または列）を何倍かすれば，行列式の値はその倍数を掛けたものになる．

$$\begin{vmatrix} a_{11} & a_{12} \\ ca_{21} & ca_{22} \end{vmatrix} = ca_{11}a_{22} - ca_{12}a_{21} = c(a_{11}a_{22} - a_{12}a_{21}) = c\begin{vmatrix} a_{11} & a_{12} \\ a_{21} & a_{22} \end{vmatrix}$$

⑤ 行列の任意の行（または列）を何倍かして他の行（または列）に加えても（減じても）行列式の値は変わらない．

$$\begin{vmatrix} a_{11} & a_{12} \\ a_{21}+ca_{11} & a_{22}+ca_{12} \end{vmatrix} = a_{11}(a_{22}+ca_{12}) - a_{12}(a_{21}+ca_{11})$$

$$= a_{11}a_{22} + ca_{11}a_{12} - a_{12}a_{21} - ca_{11}a_{12} = a_{11}a_{22} - a_{12}a_{21} = \begin{vmatrix} a_{11} & a_{12} \\ a_{21} & a_{22} \end{vmatrix}$$

ここで倍数 c は分数・小数でも負でもよく，また1倍および0倍もふくまれる．

以下，とくに問題がなければ行についての操作をおもにのべるが，列につい

ての操作についても同様に成立する

(4) 係数行列と行列式

これまでパズルとして行列式をみてきたが，もとの行列を連立方程式系の係数行列として考えた場合の意味について検討してみよう．

連立方程式の解の存在と行列式　　以下の連立方程式とその係数行列 $\mathbf{A}$ を考える．

$$\begin{cases} a_{11}x_1 + a_{12}x_2 = d_1 \\ a_{21}x_1 + a_{22}x_2 = d_2 \end{cases} \iff \mathbf{A} = \begin{pmatrix} a_{11} & a_{12} \\ a_{21} & a_{22} \end{pmatrix} \tag{5.22}$$

代入法あるいは消去法をもちいてこの連立方程式を解けば，

$$\begin{cases} x_1 = \dfrac{a_{22}d_1 - a_{12}d_2}{a_{11}a_{22} - a_{12}a_{21}} \\ x_2 = \dfrac{-a_{21}d_1 + a_{11}d_2}{a_{11}a_{22} - a_{12}a_{21}} \end{cases} \quad \text{ただし，} (a_{11}a_{22} - a_{12}a_{21}) \neq 0 \tag{5.23}$$

ここで，係数行列の行列式

$$|\mathbf{A}| = \begin{vmatrix} a_{11} & a_{12} \\ a_{21} & a_{22} \end{vmatrix} = (a_{11}a_{22} - a_{12}a_{21}) \neq 0 \tag{5.24}$$

が解の存在について非常に重要であることがみてとれる．(5.23) を係数行列 $\mathbf{A}$ の行列式 $|\mathbf{A}|$ をもちいてかきなおせば，

$$\begin{cases} x_1 = \dfrac{a_{22}d_1 - a_{12}d_2}{|\mathbf{A}|} \\ x_2 = \dfrac{-a_{21}d_1 + a_{11}d_2}{|\mathbf{A}|} \end{cases} \quad \text{ただし，} |\mathbf{A}| \neq 0 \tag{5.25}$$

ところで，先出の行列式の性質③は，以下のような連立方程式の係数行列 $\mathbf{Z}_3$ からつくられた，行列式 $|\mathbf{Z}_3|$ に対応したものと考えることができる．

$$\begin{cases} a_{11}x_1 + a_{12}x_2 = d_1 \\ ca_{11}x_1 + ca_{12}x_2 = d_2 \end{cases} \iff \mathbf{Z}_3 = \begin{pmatrix} a_{11} & a_{12} \\ ca_{11} & ca_{12} \end{pmatrix} \quad \text{よって，} |\mathbf{Z}_3| = 0 \tag{5.26}$$

このような例として以下の連立方程式を考えてみればわかるように，代入法でも消去法でも解をもとめることはできない．

$$\begin{cases} x_1 + 2x_2 = 3 \\ 2x_1 + 4x_2 = 6 \end{cases} \tag{5.27}$$

したがって $|\mathbf{Z}_3|=0$ とは，このような係数行列をもつ連立方程式は解けないということを意味し，このような行列 $\mathbf{Z}_3$ は特異行列といわれる．$|\mathbf{A}|\neq 0$ ならば行列 $\mathbf{A}$ は非特異行列，または正則行列といわれ，(5.22) の解が存在する必要十分条件になっている．

連立方程式の式の順番と行列式　　さらに行列式の性質は連立方程式の代入法や消去法，およびそれにともなう式変形と密接な関係があることを示そう．

性質②（2つの行の交換）は，連立方程式の式の順番入れ替えに相当する．

$$\begin{cases} a_{21}x_1 + a_{22}x_2 = d_2 \\ a_{11}x_1 + a_{12}x_2 = d_1 \end{cases} \iff \mathbf{Z}_2 = \begin{pmatrix} a_{21} & a_{22} \\ a_{11} & a_{12} \end{pmatrix} \tag{5.28}$$

解の公式 (5.25) から，分母は新たな係数行列から導出する行列式 $|\mathbf{Z}_2|$ をもちい，分子については以下の文字定数の交換をすればよい．

$$a_{11} \longleftrightarrow a_{21} \qquad a_{12} \longleftrightarrow a_{22} \qquad d_1 \longleftrightarrow d_2 \tag{5.29}$$

よって，機械的にあてはめれば解をもとめることができる．

$$\begin{cases} x_1 = \dfrac{a_{12}d_2 - a_{22}d_1}{|\mathbf{Z}_2|} = \dfrac{-(a_{22}d_1 - a_{12}d_2)}{-|\mathbf{A}|} \\ x_2 = \dfrac{-a_{11}d_2 + a_{21}d_1}{|\mathbf{Z}_2|} = \dfrac{-(-a_{21}d_1 + a_{11}d_2)}{-|\mathbf{A}|} \end{cases} \tag{5.30}$$

$$\text{ただし，} |\mathbf{Z}_2| = -|\mathbf{A}| \neq 0$$

(5.30) と (5.25) を比較すれば，分子の絶対値はおなじでも符号が異なっている．また，分母も $|\mathbf{Z}_2|=-|\mathbf{A}|$ より絶対値はおなじで符号が異なり，結局，符号を通分すれば方程式の解の値はおなじになる．これより，式の順番を交換しても解は不変であることと，性質②とのあいだに深い関係があることがわかる．

連立方程式の同値変形と行列式　　行列式の性質④は，たとえば第2式の両辺を何倍したところでもとの方程式とは同値であることに相当する．

$$\begin{cases} a_{11}x_1 + a_{12}x_2 = d_1 \\ ca_{21}x_1 + ca_{22}x_2 = cd_2 \end{cases} \iff \mathbf{Z}_4 = \begin{pmatrix} a_{11} & a_{12} \\ ca_{21} & ca_{22} \end{pmatrix} \quad |\mathbf{Z}_4| = c|\mathbf{A}| \quad (5.31)$$

これも文字定数の交換をおこなって，機械的に解の公式 (5.25) に代入すれば，

$$a_{21} \longleftrightarrow ca_{21} \quad a_{22} \longleftrightarrow ca_{22} \quad d_2 \longleftrightarrow cd_2 \quad (5.32)$$

$$\begin{cases} x_1 = \dfrac{ca_{22}d_1 - ca_{12}d_2}{|\mathbf{Z}_4|} = \dfrac{c(a_{22}d_1 - a_{12}d_2)}{c|\mathbf{A}|} \\ x_2 = \dfrac{-ca_{21}d_1 + ca_{11}d_2}{|\mathbf{Z}_4|} = \dfrac{c(-a_{21}d_1 + a_{11}d_2)}{c|\mathbf{A}|} \end{cases} \quad (5.33)$$

$$\text{ただし，} |\mathbf{Z}_4| = c|\mathbf{A}| \neq 0$$

よって公式 (5.25) と比較すれば，a_{21}, a_{22}, d_2 の代わりに c 倍した ca_{21}, ca_{22}, cd_2 を代入しても，分母・分子でこの倍数 c は通分されて解は不変であることが確かめられる．

消去法，代入法と行列式　　行列の性質⑤の操作は，たとえば連立法形式の消去法において，(5.22) の第1式の両辺に $\left(\dfrac{a_{21}}{a_{11}}\right)$ をかけて，第2式から減じるなどという操作に深く関係する．

(5.22) を消去法により第2式より x_2 をもとめ，さらにもとの第1式に導出された x_2 を代入して x_1 をもとめる直前の段階に変形してみよう．

$$\begin{cases} a_{11}x_1 + a_{12}x_2 = d_1 \\ \left(a_{21} - \dfrac{a_{21}}{a_{11}}a_{11}\right)x_1 + \left(a_{22} - \dfrac{a_{21}}{a_{11}}a_{12}\right)x_2 = d_2 - \dfrac{a_{21}}{a_{11}}d_1 \end{cases} \quad (5.34)$$

係数行列とその行列式は以下のようになっている．

$$\mathbf{Z}_5 = \begin{pmatrix} a_{11} & a_{12} \\ 0 & a_{22} - \dfrac{a_{21}}{a_{11}}a_{12} \end{pmatrix}, \quad |\mathbf{Z}_5| = a_{11}\left(a_{22} - \dfrac{a_{21}}{a_{11}}a_{12}\right) - a_{12} \cdot 0 \quad (5.35)$$

$$= a_{11}a_{22} - a_{12}a_{21} = |\mathbf{A}|$$

(5.34) の解は (5.25) とおなじになることはあきらかであるが，結局，行列

式の性質⑤が意味するところは，$|\mathbf{A}|\neq 0$（$\det \mathbf{A}\neq 0$）ならば方程式の解をもとめることができ，その連立方程式を消去法や代入法で処理しても，もとの方程式と同値であることに対応している．

以上，行列式の性質は連立方程式の解が存在する条件に深く関連し，(5.25)に示すように行列式は解の一部になっていること，また式の順序交換や消去法・代入法や式の同値な変形といったことによっても解は変化しないこと（方程式体系は同値）と密接に関係していることがうかがわれる．ここでは式が2本の連立方程式について簡単に説明がなされたが，より一般的な線型連立方程式体系においても同様の議論が成立することが後の節で再度詳しく論じられることになる．

問5.6 行列と行列式のちがいについて簡潔にのべなさい．

問5.7 要素に具体的な数値をもちいて2次の特異行列を作成しなさい．またその転置行列も特異行列であることを確認しなさい．

問5.8 行列式の性質のうち，③, ④, ⑤については定義5.6の行列 $\mathbf{A}$ をもちい，行についての操作をおこなって行列式の性質を確認してある．これにたいして列についての操作をおこなっても同様の性質が確かめられることを示しなさい．

5.2.2　3次以上の行列式

2次の行列式は単純なたすきがけで計算できたが，3次の行列式は以下のようなやや複雑なたすきがけ計算をする．これも同じくスカラー（数）である．

定義5.7（3次の行列式）

$$|\mathbf{A}| = \begin{vmatrix} a_{11} & a_{12} & a_{13} \\ a_{21} & a_{22} & a_{23} \\ a_{31} & a_{32} & a_{33} \end{vmatrix} = a_{11}a_{22}a_{33} + a_{12}a_{23}a_{31} + a_{13}a_{21}a_{32}$$
$$- a_{13}a_{22}a_{31} - a_{11}a_{23}a_{32} - a_{12}a_{21}a_{33} \quad (5.36)$$
$$= a_{11}a_{22}a_{33} - a_{11}a_{23}a_{32} + a_{12}a_{23}a_{31} - a_{12}a_{21}a_{33} + a_{13}a_{21}a_{32} - a_{13}a_{22}a_{31}$$

$$= a_{11}(a_{22}a_{33} - a_{23}a_{32}) - a_{12}(a_{21}a_{33} - a_{23}a_{31}) + a_{13}(a_{21}a_{32} - a_{22}a_{31})$$

$$= a_{11}\begin{vmatrix} a_{22} & a_{23} \\ a_{32} & a_{33} \end{vmatrix} - a_{12}\begin{vmatrix} a_{21} & a_{23} \\ a_{31} & a_{33} \end{vmatrix} + a_{13}\begin{vmatrix} a_{21} & a_{22} \\ a_{31} & a_{32} \end{vmatrix} \tag{5.37}$$

$$= a_{11}(a_{22}a_{33} - a_{23}a_{32}) - a_{21}(a_{12}a_{33} - a_{13}a_{32}) + a_{31}(a_{12}a_{23} - a_{13}a_{22})$$

$$= a_{11}\begin{vmatrix} a_{22} & a_{23} \\ a_{32} & a_{33} \end{vmatrix} - a_{21}\begin{vmatrix} a_{12} & a_{13} \\ a_{32} & a_{33} \end{vmatrix} + a_{31}\begin{vmatrix} a_{12} & a_{13} \\ a_{22} & a_{23} \end{vmatrix} \tag{5.38}$$

最初の (5.36) のたすきがけがわかりにくい場合には，以下のようにもとの行列の配列を，横に 2 つ並べてみればよいだろう．左上から右下への要素の積は正符号，右上から左下への要素の積は負符号をつけて和をとる．

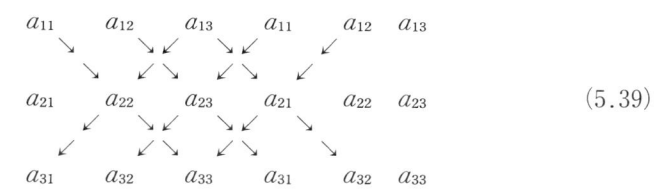

$$\begin{array}{cccccc} a_{11} & a_{12} & a_{13} & a_{11} & a_{12} & a_{13} \\ a_{21} & a_{22} & a_{23} & a_{21} & a_{22} & a_{23} \\ a_{31} & a_{32} & a_{33} & a_{31} & a_{32} & a_{33} \end{array} \tag{5.39}$$

(5.36) は第 1 章の (1.50) ですでに定義されているものとおなじであるが，さらに (5.37) および (5.38) のように変形ができることが，より次数の高い行列式を考える場合には重要である．

(5.37) は，3 次の行列式 $|\mathbf{A}|$ がもとの行列 $\mathbf{A}$ の第 1 行の要素である a_{11}, a_{12}, a_{13} と 2 次の行列式の積からなる 3 個の項の和であらわされることを示している．

この 2 次の行列式にはあきらかに法則性がある．(5.37) の第 1 項，$a_{11} \times \begin{vmatrix} a_{22} & a_{23} \\ a_{32} & a_{33} \end{vmatrix}$ は，行列 $\mathbf{A}$ の第 $(1,1)$ 要素と，この要素のある行と列を除去して作成した，すなわち第 1 行と第 1 列を除去して作成した部分行列 $\begin{pmatrix} a_{22} & a_{23} \\ a_{32} & a_{33} \end{pmatrix}$ からつくられる行列式 $\begin{vmatrix} a_{22} & a_{23} \\ a_{32} & a_{33} \end{vmatrix}$ との積である．(5.37) の他の 2 項にある 2 次の行列式も，掛けられている a_{12}, a_{13} に対応して行列 $\mathbf{A}$ からこれらの要素のある行と列を除去して作成された部分行列の行列式になっている．

また (5.38) も同様に，行列式 $|\mathbf{A}|$ が，もとの行列 $\mathbf{A}$ の第 1 列の要素である a_{11}, a_{21}, a_{31} と 2 次の行列式の積からなる 3 個の項の和であらわされ，これらの 2 次の行列式も，また同様に掛けられている a_{11}, a_{21}, a_{31} に対応して行列 $\mathbf{A}$ からこれらの要素のある行と列を除去して作成された部分行列の行列式に

なっている．(5.37) では a_{12}, また (5.38) では a_{21} が掛けられている項のみ符号がマイナスになっていることに注意しておこう．

このように，もとの行列 $\mathbf{A}$ の第 1 行，または第 1 列の要素をもちいて，3 次の行列式 $|\mathbf{A}|$ がこれらの要素と対応する 2 次の行列式からなる 3 項の和で表現できることを示したが，実は任意の行，または列のひとつに着目して同様に表現できる．このような行列式の表現をラプラス展開という．

(1) 小行列式，余因子，ラプラス展開

たとえば (5.37) の第 1 項の $\begin{vmatrix} a_{22} & a_{23} \\ a_{32} & a_{33} \end{vmatrix}$ のように a_{11} に対応して行列 $\mathbf{A}$ からこれらの要素のある行と列を除去して作成された部分行列の行列式を，要素 a_{11} の小行列式という．これはより一般的に定義できる．

定義5.8（小行列式）

n 次の正方行列 $\mathbf{A} = [a_{ij}]_n$ の第 (i, j) 要素 a_{ij} に対応して第 i 行および第 j 行を除去した部分行列（$(n-1)$ 次の正方行列になる）の行列式を，要素 a_{ij} の小行列式といい，$\mathbf{A}\begin{pmatrix} 1, \cdots, i-1, i+1, \cdots, n \\ 1, \cdots, j-1, j+1, \cdots, n \end{pmatrix}$ と表記する．

小行列式もそれ自体は行列式なのでスカラーである．

表記法は行列式であることを強調して $|\mathbf{A}|\begin{smallmatrix} 1, \cdots, i-1, i+1, \cdots, n \\ 1, \cdots, j-1, j+1, \cdots, n \end{smallmatrix}$ などとすることもある．テキストにより異なるので注意すること．さらに一般に小行列式といった場合には正方行列に限らず，任意の次元の行列式から抜き出した部分正方行列の行列式を意味する．正方行列の行列式はそれ自体が最大の小行列式である．

小行列式はラプラス展開，(5.37) や (5.38) のように符号をつけて考えることが多い．この符号に関するルールは要素 a_{ij} の小行列式ならば，$(i+j)$ が偶数ならば正，奇数ならば負である．このルールによって符号をつけた要素 a_{ij} の小行列式を要素 a_{ij} の余因子という．

定義5.9（余因子）

n 次正方行列 $\mathbf{A} = [a_{ij}]_n$ の，要素 a_{ij} の余因子 Δ_{ij} を以下のように定義する．余因子それ自体は符号を加えた行列式なのでスカラーである．

$$\Delta_{ij} \equiv (-1)^{i+j} \mathbf{A}\begin{pmatrix} 1, \cdots, i-1, i+1, \cdots, n \\ 1, \cdots, j-1, j+1, \cdots, n \end{pmatrix} \tag{5.40}$$

要素 a_{ij} の余因子の表記法はこの他にも $\tilde{a}_{ij}$ や A_{ij} などがあり，これもテキストにより異なるので注意が必要である．A_{ij} などは小行列式の表記にももちいられることが多いので注意すること．

余因子の概念の導入により，(5.37) のラプラス展開をかきなおせば，

$$\begin{aligned}
|\mathbf{A}| &= a_{11}(-1)^{1+1}\begin{vmatrix} a_{22} & a_{23} \\ a_{32} & a_{33} \end{vmatrix} + a_{12}(-1)^{1+2}\begin{vmatrix} a_{21} & a_{23} \\ a_{31} & a_{33} \end{vmatrix} + a_{13}(-1)^{1+3}\begin{vmatrix} a_{21} & a_{22} \\ a_{31} & a_{32} \end{vmatrix} \\
&= a_{11}(-1)^{1+1}\mathbf{A}\begin{pmatrix} 2, 3 \\ 2, 3 \end{pmatrix} + a_{12}(-1)^{1+2}\mathbf{A}\begin{pmatrix} 2, 3 \\ 1, 3 \end{pmatrix} + a_{13}(-1)^{1+3}\mathbf{A}\begin{pmatrix} 2, 3 \\ 1, 2 \end{pmatrix} \\
&= a_{11}\Delta_{11} + a_{12}\Delta_{12} + a_{13}\Delta_{13} = \sum_{j=1}^{3} a_{1j}\Delta_{1j} = \sum_{i=1}^{3} a_{i1}\Delta_{i1}
\end{aligned} \tag{5.41}$$

(2) n 次の行列式

さらに一般的に n 次の行列式も任意の行または列についてのラプラス展開が可能になる．

定義5.10（n 次の行列式のラプラス展開）

n 次の正方行列 $\mathbf{A} = [a_{ij}]_n$ の行列式 $|\mathbf{A}|$ の任意の第 i 行または第 j 列のラプラス展開は以下のようになる．

$$|\mathbf{A}| = \sum_{j=1}^{n} a_{ij}\Delta_{ij} = \sum_{i=1}^{n} a_{ij}\Delta_{ij} \tag{5.42}$$

ラプラス展開は n 次の行列式を $(n-1)$ 次の行列式を計算する問題にする．これを繰り返すことにより最後は2次の行列式をもとめることに帰着させることができ，原理的にはどのような次数の行列式も計算可能ということになる．

問5.9 定義5.7の行列式 $|\mathbf{A}|$ について，第2，3行および第2，3列の要素に着目し，それぞれラプラス展開しなさい．

問5.10 定義5.7の行列式 $|\mathbf{A}|$ について，行列式の性質①〜⑤が成立することを確認しなさい．

5.3 行列の代数

5.3.1 行列の基本的な演算

(1) 数の代数と行列の代数

高等学校までに学習した，未知数 x についての方程式 $ax+b=c$ の定式化，演算法則を用いた $x=\dfrac{c-b}{a}$ （ただし $a\neq 0$）といった方程式の解法を知るまでの準備を思い出してみよう．

たとえば a なる文字で数を代表させること，$a=b$ のような文字式での等号・等式の表現を覚え，さらに加減乗除のあらわし方 $a+b, a-b=a+(-b), ab, b\neq 0$ ならば $\dfrac{a}{b}=ab^{-1}$ や，加法では数 0 （$0+a=a+0=a$），乗法では数 1 （$1a=a1=a$）という特殊な数の存在を改めて認識したうえで，以下に示す加法・乗法に関する数の演算法則を学び，数式変形に習熟したうえで方程式の解法にまでいたったはずである．

$$\begin{cases} \text{交換法則} \quad a+b=b+a, \quad ab=ba \\ \text{結合法則} \quad (a+b)+c=a+(b+c), \quad (ab)c=a(bc) \\ \text{分配法則} \quad a(b+c)=ab+ac \end{cases}$$

方程式の定式化と解法に，これらの代数的知識が有用であったが，行列も連立方程式の記号表現（文字式のようなもの）に深く関係する．したがって，同様に演算や演算法則を定義できれば行列の代数や連立方程式の解法を一般化できるだろう．

行列もその要素は数であり規則性をもつ配列なので，ある程度は数の代数を拡張できると予想できる．しかしこれは「数の組」の演算であり，単純な拡張は難しく，また多くの制限が生ずることも予想できる．以下，数の代数との類似性，相違性に注意して，行列の代数についてみていくことにしよう．

(2) 零行列・単位行列

定義5.11（零行列）

すべての要素が 0 である行列（正方行列に限らない）を零行列といい，記号 **O** であらわす．$m\times n$ 次元の零行列は，

$$\mathbf{O}_{n\times m} = \begin{pmatrix} 0 & 0 & \cdots & 0 \\ 0 & 0 & \cdots & 0 \\ \vdots & \vdots & \ddots & \vdots \\ 0 & 0 & \cdots & 0 \end{pmatrix}_{n\times m} = [0]_{n\times m} \tag{5.43}$$

　正方行列において行番号と列番号の等しい要素，すなわち左上隅から右下隅への対角線上に配置している第 (i,i) 要素を対角要素，それ以外の要素を非対角要素という．

定義5.12（対角行列）

　非対角要素がすべて 0 である正方行列を対角行列という．対角要素の添字は i のみで第 (i,i) 要素をさし示すことができる．

$$\mathrm{diag}[a_1, a_2, \cdots, a_n] = \begin{pmatrix} a_1 & 0 & \cdots & 0 \\ 0 & a_2 & \cdots & 0 \\ \vdots & \vdots & \ddots & 0 \\ 0 & 0 & \cdots & a_n \end{pmatrix} \tag{5.44}$$

定義5.13（単位行列）

　対角要素はすべて 1 である対角行列を単位行列といい，記号 $\mathbf{I}_n$ をもちいる（次数があきらかな場合は添字を省略）．

$$\mathbf{I}_n = \begin{pmatrix} 1 & 0 & \cdots & 0 \\ 0 & 1 & \cdots & 0 \\ \vdots & \vdots & \ddots & 0 \\ 0 & 0 & \cdots & 1 \end{pmatrix} = \mathrm{diag}[1, 1, \cdots, 1]_n \tag{5.45}$$

（3）　行列の加法と減法

定義5.14（行列の加法）

　同次元の 2 行列間に行列の加法が定義でき（加法の次元条件），加法は同一位置の要素どうしの加法で定義される（加法の規則）．すなわち $n\times m$ 次元行列，$\mathbf{A} = [a_{ij}]_{n\times m}$ と $\mathbf{B} = [b_{ij}]_{n\times m}$ に加法 $\mathbf{A} + \mathbf{B}$ が定義でき，

$$\mathbf{A}+\mathbf{B}=[a_{ij}]_{n\times m}+[b_{ij}]_{n\times m}=[a_{ij}+b_{ij}]_{n\times m} \tag{5.46}$$

行列の和，$\mathbf{S}=[s_{ij}]_{n\times m}=[a_{ij}+b_{ij}]_{n\times m}$ はもとの2行列の次元を保存する．

定義5.15（行列の減法）

行列の減法も加法と同様に同位置の要素間の演算により定義されるため，加法の次元条件と規則に準じる．すなわち，ともに $n\times m$ 次元行列，$\mathbf{A}=[a_{ij}]_{n\times m}$ と $\mathbf{B}=[b_{ij}]_{n\times m}$ に減法 $\mathbf{A}-\mathbf{B}$ が定義でき，

$$\mathbf{A}-\mathbf{B}=[a_{ij}]_{n\times m}-[b_{ij}]_{n\times m}=[a_{ij}-b_{ij}]_{n\times m} \tag{5.47}$$

行列の差，$\mathbf{D}=[d_{ij}]_{n\times m}=[a_{ij}-b_{ij}]_{n\times m}$ はもとの2行列の次元を保存する．

特殊な次元の行列であるベクトルの加法，減法も同様に定義できる．

(4) スカラーと行列の乗法

定義5.16（スカラーと行列の乗法）

スカラー（数）と行列の乗法は，その数を行列の全要素に掛けることで定義される．スカラーは任意の次元の行列に掛けることができ，行列の次元には何の制約も条件もない．スカラー，c, d と $n\times m$ 次元行列，$\mathbf{A}=[a_{ij}]_{n\times m}$ にたいし，

$$c\mathbf{A}=[ca_{ij}]_{n\times m} \tag{5.48}$$

$$\mathbf{A}d=[a_{ij}d]_{n\times m}=[da_{ij}]_{n\times m} \tag{5.49}$$

スカラーと行列の積（行列のスカラー倍），$\mathbf{R}=[r_{ij}]_{n\times m}=[ca_{ij}]_{n\times m}$ の次元は行列 $\mathbf{A}$ の次元と等しい．ベクトルのスカラー倍も同様に定義できる．

スカラーとはスケールと語源をおなじくし，拡大縮小の倍数を意味する．行列やベクトルと乗される数は，全要素を何倍かすることにかかわるのでスカラーといわれるのである．

公式5.1（スカラーと行列の積）

$\mathbf{A}=[a_{ij}]_{n\times m}, \mathbf{B}=[b_{ij}]_{n\times m}, c\in\mathbb{R}$ にたいし，

$$cA = Ac \tag{5.50}$$
$$(0)A = 0 \tag{5.51}$$
$$(1)A = A \tag{5.52}$$
$$(-1)A = -A \tag{5.53}$$
$$A - B = A + (-1)B \tag{5.54}$$

全要素の符号が逆転した行列を $-A$ と表記し，行列の減法を再定義できる．

証明

いずれも定義からしてあきらかである．

$$cA = c[a_{ij}]_{n \times m} = [ca_{ij}]_{n \times m} = [a_{ij}c]_{n \times m} = [a_{ij}]_{n \times m}c = Ac \tag{5.55}$$
$$(0)A = (0)[a_{ij}]_{n \times m} = [(0)a_{ij}]_{n \times m} = [0_{ij}]_{n \times m} = 0 \tag{5.56}$$
$$(1)A = (1)[a_{ij}]_{n \times m} = [(1)a_{ij}]_{n \times m} = [a_{ij}]_{n \times m} = A \tag{5.57}$$
$$(-1)A = (-1)[a_{ij}]_{n \times m} = [(-1)a_{ij}]_{n \times m} = [-a_{ij}]_{n \times m} = -A \tag{5.58}$$
$$A - B = [a_{ij} - b_{ij}]_{n \times m} = [a_{ij} + (-1)b_{ij}]_{n \times m} = A + (-1)B \tag{5.59}$$

(5) 行列の乗法

定義5.17（行列の乗法）

行列 A を行列 B の左から（行列 B を行列 A の右から）掛ける乗法 AB は，左側の A の総列数と右側の B の総行数が等しいときのみ（乗法の次元条件）定義でき，この条件をみたす $n \times q$ 行列，$A = [a_{ik}]_{n \times q}$ と $q \times m$ 行列，$B = [b_{kj}]_{q \times m}$ の乗法はつぎのように定義される．行列の積，$P = AB$ の次元は $n \times m$ である．

$$AB = [a_{ik}]_{n \times q}[b_{kj}]_{q \times m} = \left[\sum_{k=1}^{q} a_{ik}b_{kj}\right]_{n \times m} \quad \text{ただし}\begin{cases} i = 1, \cdots, n \\ j = 1, \cdots, m \end{cases} \tag{5.60}$$

乗法の次元条件と行列の積の次元は，乗する行列を並べれば理解しやすい．左側の行列の総列数 $\boxed{q}$ と右側の行列の総行数 $\boxed{q}$ が等しい（内側の数どうし），

$$A_{n \times \boxed{q}} \; B_{\boxed{q} \times m} \tag{5.61}$$

という次元条件を満足するとき，積 AB の次元は左側の行列の総行数 $\boxed{n}$ と右

側の行列の総列数 $\boxed{m}$ により $\boxed{n \times m}$（外側の数どうし）になる．

$$\mathbf{A}_{\boxed{n} \times q} \mathbf{B}_{q \times \boxed{m}} \tag{5.62}$$

定義5.18（ベクトルの乗法）

　特殊な次元の行列であるベクトル間の積も，乗法の次元条件をみたす限り定義できる．左から q 次元行ベクトル，$\mathbf{a} = [a_k]_{1 \times q}$ を q 次元列ベクトル，$\mathbf{b} = [b_k]_{q \times 1}$ に掛ける場合，積はスカラー（数）であり，また行列演算が続く場合は 1×1 行列として考える．これは 2 ベクトルの要素の積和であり，内積 $(\mathbf{a}^T, \mathbf{b}) = (\mathbf{a}, \mathbf{b}^T)$ に等しくスカラー積ともいう．

$$\mathbf{a}\mathbf{b} = [a_k]_{1 \times q} [b_k]_{q \times 1} = \left[\sum_{k=1}^{q} a_k b_k \right]_{1 \times 1} = \sum_{k=1}^{q} a_k b_k \tag{5.63}$$

　逆に，左から n 次元列ベクトル，$\mathbf{c} = [c_k]_{n \times 1}$ を m 次元行ベクトル，$\mathbf{d} = [d_k]_{1 \times m}$ に掛ける場合，積は $n \times m$ 行列になることに注意せよ．

$$\mathbf{c}\mathbf{d} = [c_k]_{n \times 1} [d_k]_{1 \times m} = [c_i d_j]_{n \times m} \qquad \text{ただし} \begin{cases} i = 1, \cdots, n \\ j = 1, \cdots, m \end{cases} \tag{5.64}$$

　定義5.17，(5.60) の第 (i, j) 要素，$p_{ij} = \sum_{k=1}^{q} a_{ik} b_{kj}$ は，左側の行列 $\mathbf{A}$ の第 i 行ベクトル，$\mathbf{a}_i = [a_{ik}]_{1 \times q}$ と右側の行列 $\mathbf{B}$ の第 j 列ベクトル，$\mathbf{b}_j = [b_{kj}]_{q \times 1}$ のスカラー積，$\mathbf{a}_i \mathbf{b}_j = \sum_{k=1}^{q} a_{ik} b_{kj}$ になっていることに注意すること．

例5.7（行列の乗法）

　計算の手順は規則的である．行列の積，$\mathbf{AB}$ の要素の行番・列番と，左側の行列 $\mathbf{A}$ の行ベクトルの行番と右側の行列 $\mathbf{B}$ の列ベクトルの列番がそれぞれ対応している．2×2 行列どうしの積である行列 $\mathbf{AB}$ では，

積 $\mathbf{AB}$ の要素	$\mathbf{A}$ の行ベクトル	$\mathbf{B}$ の列ベクトル
第1行　第1列	第1行	第1列
第1行　第2列	第1行	第2列
第2行　第1列	第2行	第1列
第2行　第2列	第2行	第2列

$$\mathbf{A} = \begin{pmatrix} a_{11} & a_{12} \\ a_{21} & a_{22} \end{pmatrix} = \begin{pmatrix} \mathbf{a}_1 \\ \mathbf{a}_2 \end{pmatrix}, \quad \mathbf{B} \begin{pmatrix} b_{11} & b_{12} \\ b_{21} & b_{22} \end{pmatrix} = (\mathbf{b}_1 \quad \mathbf{b}_2) \text{ にたいして示せば,}$$

$$\mathbf{AB} = \begin{pmatrix} \mathbf{a}_1\mathbf{b}_1 & \mathbf{a}_1\mathbf{b}_2 \\ \mathbf{a}_2\mathbf{b}_1 & \mathbf{a}_2\mathbf{b}_2 \end{pmatrix} = \begin{pmatrix} (a_{11} \quad a_{12})\begin{pmatrix} b_{11} \\ b_{21} \end{pmatrix} & (a_{11} \quad a_{12})\begin{pmatrix} b_{12} \\ b_{22} \end{pmatrix} \\ (a_{21} \quad a_{22})\begin{pmatrix} b_{11} \\ b_{21} \end{pmatrix} & (a_{21} \quad a_{22})\begin{pmatrix} b_{12} \\ b_{22} \end{pmatrix} \end{pmatrix}$$

$$= \begin{pmatrix} a_{11}b_{11} + a_{12}b_{21} & a_{11}b_{12} + a_{12}b_{22} \\ a_{21}b_{11} + a_{22}b_{21} & a_{21}b_{12} + a_{22}b_{22} \end{pmatrix}$$

$$= \begin{pmatrix} \sum_{k=1}^{2} a_{1k}b_{k1} & \sum_{k=1}^{2} a_{1k}b_{k2} \\ \sum_{k=1}^{2} a_{2k}b_{k1} & \sum_{k=1}^{2} a_{2k}b_{k2} \end{pmatrix} = \left[\sum_{k=1}^{2} a_{ik}b_{kj} \right]_{2 \times 2} \quad \text{ただし,} \begin{cases} i = 1, 2 \\ j = 1, 2 \end{cases}$$

問5.11 $\mathbf{X} = \begin{pmatrix} 1 & 2 & 3 \\ 4 & 5 & 6 \end{pmatrix}, \mathbf{Y} = \begin{pmatrix} 7 & 8 & 9 \\ 10 & 11 & 12 \end{pmatrix}, \mathbf{I} = \begin{pmatrix} 1 & 0 & 0 \\ 0 & 1 & 0 \\ 0 & 0 & 1 \end{pmatrix}, \mathbf{O} = \begin{pmatrix} 0 & 0 \\ 0 & 0 \end{pmatrix}$ について,$\mathbf{X} + \mathbf{Y}$,$\mathbf{Y} + \mathbf{X}$,$\mathbf{X} - \mathbf{Y}$,$\mathbf{Y} - \mathbf{X}$,$5\mathbf{X}$,$(-3)\mathbf{Y}$,$\mathbf{XI}$,$\mathbf{OY}$ をそれぞれ計算しなさい.

問5.12 例5.7の行列 $\mathbf{A}, \mathbf{B}$ について,積 $\mathbf{BA}$ は定義可能であるかどうか確認しなさい.定義できれば積 $\mathbf{BA}$ を計算し,例5.7の積 $\mathbf{AB}$ と比較しなさい.

5.3.2 行列の演算法則

(1) 行列の加法・乗法と演算法則

すでに定義された行列の加法・乗法から導かれる,主要な行列の演算法則は以下のようになる.数の演算法則との類似性と,行列演算に特有なものについての注意が必要である.

公式5.2(行列の演算法則)

加法,乗法とも次元条件がみたされているとする.

$$A+B=B+A \qquad \text{(加法の交換法則)} \tag{5.65}$$

$$(A+B)+C=A+(B+C)$$
$$=A+B+C \qquad \text{(加法の結合法則)} \tag{5.66}$$

$$(AB)C=A(BC)=ABC \qquad \text{(乗法の結合法則)} \tag{5.67}$$

$$A(B+C)=AB+AC \qquad \text{(分配法則,\ A\ を左から)} \tag{5.68}$$

$$(B+C)A=BA+CA \qquad \text{(分配法則,\ A\ を右から)} \tag{5.69}$$

$$A+0=0+A=A \qquad \text{(零行列との加法)} \tag{5.70}$$

$$A_{n\times p}0_{p\times m}=0_{n\times m} \qquad \text{(零行列との乗法, 零行列を右から)} \tag{5.71}$$

$$0_{q\times n}A_{n\times p}=0_{q\times p} \qquad \text{(零行列との乗法, 零行列を左から)} \tag{5.72}$$

$$A_{n\times m}I_m=I_nA_{n\times m}=A_{n\times m} \qquad \text{(単位行列との乗法)} \tag{5.73}$$

乗法の交換法則は一般的には成立しない,すなわち例外を除いて,$AB \neq BA$.

証明

いずれも行列の加法および乗法の演算規則からあきらかである.

行列の加法は数の加法の交換法則,$a+b=b+a$ と類似する.行列の加法規則は同位置の要素(数)間の加法であり自然にこの性質が移行している.

$$A+B=[a_{ij}+b_{ij}]_{n\times m}=[b_{ij}+a_{ij}]_{n\times m}=B+A \tag{5.74}$$

行列の加法も乗法も結合法則が成立し,どの部分の隣接する2行列からさきに演算を開始してもよい. 3個以上の行列演算は括弧をつけずに表記できる.

$$\begin{aligned}(A+B)+C &= [a_{ij}+b_{ij}]_{n\times m}+[c_{ij}]_{n\times m}=[a_{ij}+b_{ij}+c_{ij}]_{n\times m} \\ &= [a_{ij}]_{n\times m}+[b_{ij}+c_{ij}]_{n\times m}=A+(B+C)\end{aligned} \tag{5.75}$$

$$\begin{aligned}(AB)C &= ([a_{ik}]_{n\times q}[b_{kl}]_{q\times p})[c_{lj}]_{p\times m}=\left[\sum_{k=1}^{q}a_{ik}b_{kl}\right]_{n\times p}[c_{lj}]_{p\times m} \\ &= \left[\sum_{l=1}^{p}\left(\sum_{k=1}^{q}a_{ik}b_{kl}\right)c_{lj}\right]_{n\times m}=\left[\sum_{l=1}^{p}\sum_{k=1}^{q}a_{jk}b_{kl}c_{lj}\right]_{n\times m} \\ &= \left[\sum_{l=1}^{p}a_{il}\sum_{k=1}^{q}b_{kl}c_{lj}\right]_{n\times m}=[a_{il}]_{n\times q}\left[\sum_{k=1}^{q}b_{kl}c_{lj}\right]_{q\times m} \\ &= [a_{ik}]_{n\times q}([b_{kl}]_{q\times p}[c_{lj}]_{p\times m})=A(BC)\end{aligned} \tag{5.76}$$

行列の積は分配法則にしたがうが,数の分配法則,$a(b+c)=ab+ac=(b+c)a$ とおなじではない.次元条件のため行列の和 $(B+C)$ にたいし,左から

掛ける行列 $\mathbf{A}$ と，右から掛ける行列 $\mathbf{A}$ は一般には次元が異なることに注意．演算結果も異なる．

$$\begin{aligned}
\mathbf{A}(\mathbf{B}+\mathbf{C}) &= [a_{ik}]_{n\times q}[b_{kj}+c_{kj}]_{q\times m} \\
&= \left[\sum_{k=1}^{q} a_{ik}(b_{kj}+c_{kj})\right]_{n\times m} = \left[\sum_{k=1}^{q} a_{ik}b_{kj}+\sum_{k=1}^{q} a_{ik}c_{kj}\right] \\
&= \left[\sum_{k=1}^{q} a_{ik}b_{kj}\right]_{n\times m}+\left[\sum_{k=1}^{q} a_{ik}c_{kj}\right]_{n\times m} = \mathbf{AB}+\mathbf{AC}
\end{aligned} \quad (5.77)$$

$$\begin{aligned}
(\mathbf{B}+\mathbf{C})\mathbf{A} &= [b_{kj}+c_{kj}]_{q\times m}[a_{jl}]_{m\times p} \\
&= \left[\sum_{j=1}^{m}(b_{kj}+c_{kj})a_{jl}\right]_{q\times p} = \left[\sum_{j=1}^{m} b_{kj}a_{jl}+\sum_{j=1}^{m} c_{kj}a_{jl}\right]_{q\times p} \\
&= \left[\sum_{j=1}^{m} b_{kj}a_{jl}\right]_{q\times p}+\left[\sum_{j=1}^{m} c_{kj}a_{jl}\right]_{q\times p} = \mathbf{BA}+\mathbf{CA}
\end{aligned} \quad (5.78)$$

零行列との加法は数の $a+0=0+a=a$ に類似する．

$$\mathbf{A}+\mathbf{0}=[a_{ij}+0]_{n\times m}=[0+a_{ij}]_{n\times m}=[a_{ij}]_{n\times m}=\mathbf{0}+\mathbf{A}=\mathbf{A} \quad (5.79)$$

零行列と単位行列は数の 0 と 1 と類似するが，行列 $\mathbf{A}$ の左から掛ける場合と右から掛ける場合では零行列または単位行列の次元が異なり，数の演算法則 $a\cdot 0=0\cdot a=0$ や $a\cdot 1=1\cdot a=a$ を安易に拡張できない．

$$\mathbf{A}_{n\times p}\mathbf{0}_{p\times m}=[a_{il}]_{n\times p}[0_{lj}]_{p\times m}=\left[\sum_{l=1}^{p} a_{il}\cdot 0\right]_{n\times m}=\mathbf{0}_{n\times m} \quad (5.80)$$

$$\mathbf{0}_{q\times n}\mathbf{A}_{n\times p}=[0_{ki}]_{q\times n}[a_{il}]_{n\times p}=\left[\sum_{i=1}^{n} 0\cdot a_{il}\right]_{q\times p}=\mathbf{0}_{q\times p} \quad (5.81)$$

$$\begin{aligned}
\mathbf{A}_{n\times m}\mathbf{I}_m &= [a_{ij}]_{n\times m}\mathrm{diag}[1,1,\cdots,1]_m \\
&= \left[a_{ij}\cdot 1+\sum_{j=1,j\neq i}^{m} a_{ij}\cdot 0\right]_{n\times m}=[a_{ij}]_{n\times m}=\mathbf{A}_{n\times m}
\end{aligned} \quad (5.82)$$

$$\begin{aligned}
\mathbf{I}_n\mathbf{A}_{n\times m} &= \mathrm{diag}[1,1,\cdots,1]_n[a_{ij}]_{n\times m} \\
&= \left[1\cdot a_{ij}+\sum_{i=1,i\neq j}^{n} 0\cdot a_{ij}\right]_{n\times m}=[a_{ij}]_{n\times m}=\mathbf{A}_{n\times m}
\end{aligned} \quad (5.83)$$

行列の演算においては特に次元条件に注意する必要がある．ここで最後の零行列および単位行列との乗法に着目すれば，

(1) 零行列と行列 $\mathbf{A}$ がともにおなじ次数の正方行列の場合
(2) 単位行列と行列 $\mathbf{A}$ がおなじ次数の正方行列数の場合

に限れば，それぞれ交換法則が成立することがわかる．一般的に乗法の交換法

則は成立しないが，これらの2ケースは重要な例外になっている．

なお，正方行列 A_n それ自体の積は，$A_n A_n = A_n^2$ のように，数と同様に指数で表現できる．$A_n^p A_n^q = A_n^{p+q}$ は乗法の結合法則から説明できる．

(2) $AB \neq BA$，行列の乗法は交換できない

交換したときの次元条件　行列の乗法 $A_{n \times q} B_{q \times m}$ が次元条件のもとに定義されても，数の $ab = ba$ のような交換法則は一般には成立せず積 BA が定義可能かどうかは不明である．これはまず第1には，一般に交換後の次元条件 $n = m$ が不明だからである．

交換後の次元条件も満足する場合　乗法の順序を交換しても次元条件をみたす $n \times q$ 行列，$A = [a_{ik}]_{n \times q}$ と $q \times n$ 行列，$B = [b_{ki}]_{q \times n}$ （ただし $n \neq q$）でも，

$$AB = \left[\sum_{k=1}^{q} a_{ik} b_{ki}\right]_{n \times n}, \quad BA = \left[\sum_{i=1}^{n} b_{ki} a_{ik}\right]_{q \times q} \tag{5.84}$$

この2つの積の次元は AB が $n \times n$，BA が $q \times q$ で異なる．

正方行列間の乗法　正方行列どうしの乗法 AB ならば次元条件をみたして BA が定義可能であり，さらに積 AB と BA の次数は等しい．しかしたとえば，

$$\begin{aligned}
AB &= \begin{pmatrix} 2 & 5 \\ 3 & 7 \end{pmatrix} \begin{pmatrix} 4 & 1 \\ 2 & 3 \end{pmatrix} = \begin{pmatrix} 2 \cdot 4 + 5 \cdot 2 & 2 \cdot 1 + 5 \cdot 3 \\ 3 \cdot 4 + 7 \cdot 2 & 3 \cdot 1 + 7 \cdot 3 \end{pmatrix} = \begin{pmatrix} 18 & 17 \\ 26 & 24 \end{pmatrix} \\
BA &= \begin{pmatrix} 4 & 1 \\ 2 & 3 \end{pmatrix} \begin{pmatrix} 2 & 5 \\ 3 & 7 \end{pmatrix} = \begin{pmatrix} 4 \cdot 2 + 1 \cdot 3 & 4 \cdot 5 + 1 \cdot 7 \\ 2 \cdot 2 + 3 \cdot 3 & 2 \cdot 5 + 3 \cdot 7 \end{pmatrix} = \begin{pmatrix} 11 & 27 \\ 13 & 31 \end{pmatrix}
\end{aligned} \tag{5.85}$$

のように，たとえ正方行列間であっても乗法の順序を交換した結果は一般的には異なる．

すなわち交換後も次元条件をみたす行列の組み合わせでも一般的には $AB \neq BA$ と考えなければならない．行列の加法の交換可能性は加法の定義自体がたんに対応する要素（数）の加算にすぎないので数の加法の性質が移行したが，行列の乗法は配列全体に関係するために数の乗法の性質は単純には移行できない．

(3)　乗法の交換不可能性 $\mathbf{AB} \neq \mathbf{BA}$ の例外

一般に $\mathbf{AB} \neq \mathbf{BA}$ であるが，いくつかの例外がある．まず両辺の積の次元が一致するためには正方行列であることが必要である．このため例外が生じるのは特殊な正方行列の場合である．以下の最初の2ケースはすでに言及している．

正方零行列と正方行列の乗法　　正方零行列 $\mathbf{0}_n$ と，おなじ次数の正方行列 $\mathbf{A}_n$ のあいだに乗法での交換が成立し，積はもとの正方零行列 $\mathbf{0}_n$ に等しい．

$$\mathbf{0}_n \mathbf{A}_n = \mathbf{A}_n \mathbf{0}_n = \mathbf{0}_n \tag{5.86}$$

これが数の場合の $0 \cdot a = 0 = a \cdot 0$ に相当する．たとえば，

$$\mathbf{0A} = \begin{pmatrix} 0 & 0 \\ 0 & 0 \end{pmatrix} \begin{pmatrix} 2 & 5 \\ 3 & 7 \end{pmatrix} = \begin{pmatrix} 0 \cdot 2 + 0 \cdot 3 & 0 \cdot 5 + 0 \cdot 7 \\ 0 \cdot 2 + 0 \cdot 3 & 0 \cdot 5 + 0 \cdot 7 \end{pmatrix} = \begin{pmatrix} 0 & 0 \\ 0 & 0 \end{pmatrix} = \mathbf{0}$$

$$\mathbf{A0} = \begin{pmatrix} 2 & 5 \\ 3 & 7 \end{pmatrix} \begin{pmatrix} 0 & 0 \\ 0 & 0 \end{pmatrix} = \begin{pmatrix} 2 \cdot 0 + 5 \cdot 0 & 2 \cdot 0 + 5 \cdot 0 \\ 3 \cdot 0 + 7 \cdot 0 & 3 \cdot 0 + 7 \cdot 0 \end{pmatrix} = \begin{pmatrix} 0 & 0 \\ 0 & 0 \end{pmatrix} = \mathbf{0}$$

$$\tag{5.87}$$

単位行列と正方行列の乗法　　単位行列 $\mathbf{I}_n$ と，おなじ次数の正方行列 $\mathbf{A}_n$ のあいだに乗法での交換が成立し，積はもとの正方行列 $\mathbf{A}_n$ に等しい．

$$\mathbf{I}_n \mathbf{A}_n = \mathbf{A}_n \mathbf{I}_n = \mathbf{A}_n \tag{5.88}$$

これが数の場合の $1 \cdot a = a \cdot 1 = a$ に相当する．たとえば，

$$\mathbf{IA} = \begin{pmatrix} 1 & 0 \\ 0 & 1 \end{pmatrix} \begin{pmatrix} 2 & 5 \\ 3 & 7 \end{pmatrix} = \begin{pmatrix} 1 \cdot 2 + 0 \cdot 3 & 1 \cdot 5 + 0 \cdot 7 \\ 0 \cdot 2 + 1 \cdot 3 & 0 \cdot 5 + 1 \cdot 7 \end{pmatrix} = \begin{pmatrix} 2 & 5 \\ 3 & 7 \end{pmatrix} = \mathbf{A}$$

$$\mathbf{AI} = \begin{pmatrix} 2 & 5 \\ 3 & 7 \end{pmatrix} \begin{pmatrix} 1 & 0 \\ 0 & 1 \end{pmatrix} = \begin{pmatrix} 2 \cdot 1 + 5 \cdot 0 & 2 \cdot 0 + 5 \cdot 1 \\ 3 \cdot 0 + 7 \cdot 1 & 3 \cdot 0 + 7 \cdot 1 \end{pmatrix} = \begin{pmatrix} 2 & 5 \\ 3 & 7 \end{pmatrix} = \mathbf{A}$$

$$\tag{5.89}$$

例外の作成　　行列を巧妙に選べば，乗法での交換を示す例外を作成することができる．たとえば以下のような正方行列を選べば，$\mathbf{AB} = \mathbf{BA}$ が成立する．

$$\mathbf{A} = \begin{pmatrix} -2 & 5 \\ 2 & -2 \end{pmatrix}, \quad \mathbf{B} = \begin{pmatrix} 3 & 5 \\ 2 & 3 \end{pmatrix} \tag{5.90}$$

$$\mathbf{AB} = \begin{pmatrix} -2 & 5 \\ 2 & -2 \end{pmatrix} \begin{pmatrix} 3 & 5 \\ 2 & 3 \end{pmatrix} = \begin{pmatrix} -6+10 & -10+15 \\ 6-4 & 10-6 \end{pmatrix} = \begin{pmatrix} 4 & 5 \\ 2 & 4 \end{pmatrix}$$
$$\mathbf{BA} = \begin{pmatrix} 3 & 5 \\ 2 & 3 \end{pmatrix} \begin{pmatrix} -2 & 5 \\ 2 & -2 \end{pmatrix} = \begin{pmatrix} -6+10 & 15-10 \\ -4+6 & 10-6 \end{pmatrix} = \begin{pmatrix} 4 & 5 \\ 2 & 4 \end{pmatrix} \tag{5.91}$$

積が単位行列になる特別な例外　さらにある適当な正方行列 $\mathbf{A} \neq \mathbf{0}$ にたいし，積 $\mathbf{AB}$ および $\mathbf{BA}$ がともに単位行列 $\mathbf{I}$ になるような特別な正方行列 $\mathbf{B}$ を巧妙に作成することにより乗法での交換を成立させることもできる．たとえば以下の場合，乗法での交換 $\mathbf{AB} = \mathbf{BA} = \mathbf{I}$ が成立している．

$$\mathbf{A} = \begin{pmatrix} 2 & 3 \\ 5 & 7 \end{pmatrix}, \quad \mathbf{B} = \begin{pmatrix} -7 & 3 \\ 5 & -2 \end{pmatrix} \tag{5.92}$$

$$\mathbf{AB} = \begin{pmatrix} 2 & 3 \\ 5 & 7 \end{pmatrix} \begin{pmatrix} -7 & 3 \\ 5 & -2 \end{pmatrix} = \begin{pmatrix} -14+15 & 6-6 \\ -35+35 & 15-14 \end{pmatrix} = \begin{pmatrix} 1 & 0 \\ 0 & 1 \end{pmatrix} = \mathbf{I}$$
$$\mathbf{BA} = \begin{pmatrix} -7 & 3 \\ 5 & -2 \end{pmatrix} \begin{pmatrix} 2 & 3 \\ 5 & 7 \end{pmatrix} = \begin{pmatrix} -14+15 & -21+21 \\ 10-10 & 15-14 \end{pmatrix} = \begin{pmatrix} 1 & 0 \\ 0 & 1 \end{pmatrix} = \mathbf{I} \tag{5.93}$$

これは数の場合の $a \cdot b = b \cdot a = 1$ ならば $b = a^{-1} = \dfrac{1}{a}$（ただし $a \neq 0$）に類似するが，どのような正方行列 $\mathbf{A} \neq \mathbf{0}$ ならば，このような行列 $\mathbf{B}$ を作成できるのかについてはさらに議論が必要である（第6章，6.1.2項で議論する）．

(4)　乗法に関するその他の注意
$\mathbf{AB} = \mathbf{AC}$ であっても $\mathbf{B} = \mathbf{C}$ とは限らない　数の場合には $a \neq 0$ のとき，$ab = ac$ ならば $b = c$ が成立する．しかし行列の場合では，たとえば以下のように，$\mathbf{A} \neq \mathbf{0}$ かつ $\mathbf{AB} = \mathbf{AC}$ であっても $\mathbf{B} \neq \mathbf{C}$ である場合があるので注意する必要がある．

第5章 線型代数入門　　　　　　　　　　　　　　　　　　　161

$$\mathbf{A}=\begin{pmatrix} 6 & 9 \\ 4 & 6 \\ 2 & 3 \end{pmatrix}, \quad \mathbf{B}=\begin{pmatrix} 4 & 5 \\ 1 & 2 \end{pmatrix}, \quad \mathbf{C}=\begin{pmatrix} 10 & -7 \\ -3 & 10 \end{pmatrix} \quad (5.94)$$

$$\mathbf{AB}=\begin{pmatrix} 6 & 9 \\ 4 & 6 \\ 2 & 3 \end{pmatrix}\begin{pmatrix} 4 & 5 \\ 1 & 2 \end{pmatrix}=\begin{pmatrix} 24+9 & 30+18 \\ 16+6 & 20+12 \\ 8+3 & 10+6 \end{pmatrix}=\begin{pmatrix} 33 & 48 \\ 22 & 32 \\ 11 & 16 \end{pmatrix}$$

$$\mathbf{AC}=\begin{pmatrix} 6 & 9 \\ 4 & 6 \\ 2 & 3 \end{pmatrix}\begin{pmatrix} 10 & -7 \\ -3 & 10 \end{pmatrix}=\begin{pmatrix} 60-27 & -42+90 \\ 40-18 & -28+60 \\ 20-9 & -14+30 \end{pmatrix}=\begin{pmatrix} 33 & 48 \\ 22 & 32 \\ 11 & 16 \end{pmatrix} \quad (5.95)$$

$\mathbf{AD}=\mathbf{0}$ であっても $\mathbf{A}=\mathbf{0}$ あるいは $\mathbf{D}=\mathbf{0}$ を必ずしも意味しない　　数の場合には $ad=0$ のとき，$a=d=0$ でなければ $a=0$ または $d=0$ である．ところが行列の積の場合には $\mathbf{AD}=\mathbf{0}$ で，かつ両行列が同時に零行列ではないとしても，必ずしも $\mathbf{A}=\mathbf{0}$ または $\mathbf{D}=\mathbf{0}$ でないことがある．たとえば以下のように零行列ではない行列どうしの積であっても $\mathbf{AD}=\mathbf{0}$ になる場合がある．

$$\mathbf{A}=\begin{pmatrix} 6 & 9 \\ 4 & 6 \\ 2 & 3 \end{pmatrix}, \quad \mathbf{D}=\begin{pmatrix} -6 & 9 \\ 4 & -6 \end{pmatrix} \quad (5.96)$$

$$\mathbf{AD}=\begin{pmatrix} 6 & 9 \\ 4 & 6 \\ 2 & 3 \end{pmatrix}\begin{pmatrix} -6 & 9 \\ 4 & -6 \end{pmatrix}=\begin{pmatrix} -36+36 & 54-54 \\ -24+24 & 36-36 \\ -12+12 & 18-18 \end{pmatrix}=\begin{pmatrix} 0 & 0 \\ 0 & 0 \\ 0 & 0 \end{pmatrix} \quad (5.97)$$

特異性のある行列の乗法　　これらの問題が生起するのは行列の要素配列に原因がある．上記の例において正方行列 $\mathbf{D}$ の2つの列ベクトルはスカラー倍の関係，$\begin{pmatrix} 9 \\ -6 \end{pmatrix}=-1.5\times\begin{pmatrix} -6 \\ 4 \end{pmatrix}$ であり（行ベクトルも同様にスカラー倍の関係），その行列式は，$|\mathbf{D}|=36-36=0$ であり $\mathbf{D}$ は特異行列であることに注意しよう．

また，行列のある行（または列）が他の行（または列）の倍数であることに注目すれば，長方形型の行列についてもある種の特異性を考えることが可能で

ある．両方の例にもちいた行列 $\mathbf{A}=\begin{pmatrix} 6 & 9 \\ 4 & 6 \\ 2 & 3 \end{pmatrix}$ も 2 本の列ベクトルがスカラー倍の関係，$\begin{pmatrix} 9 \\ 6 \\ 3 \end{pmatrix} = 1.5 \times \begin{pmatrix} 6 \\ 4 \\ 2 \end{pmatrix}$（3 本の行ベクトルについても同様にある行ベクトルが他の行ベクトルのスカラー倍の関係）であることに注意しよう．

ここで長方形型をふくむ一般の行列について，このような意味での特異性（最大の部分正方行列が特異行列であること）について整理しておく．

(5)　行列の階数

定義5.19（行列の階数）

$n \times m$ 行列 $\mathbf{A}$ の 0 でない小行列式の最大次数を，行列 $\mathbf{A}$ の階数（ランク）といい，$rank\mathbf{A}$ と表記する．ただし，階数がゼロとは以下のように定義される．

$$rank\mathbf{A} = 0 \iff \mathbf{A} = \mathbf{0} \tag{5.98}$$

定義より，

$$0 \leq rank\mathbf{A}_{n \times m} \leq \min(n, m) \tag{5.99}$$

また n 次正方行列 $\mathbf{A}_n$ では最大の小行列式，すなわち $|\mathbf{A}_n|$ 自体が非零であれば，$rank\mathbf{A}_n = n$ であり，これは非特異行列であることと同値である．特異行列ならば $rank\mathbf{A}_n < n$ である．

$$|\mathbf{A}_n| \neq 0 \iff \mathbf{A}_n \text{ は非特異} \iff rank\mathbf{A}_n = n$$

ここで前出の長方形型の行列 $\mathbf{A}=\begin{pmatrix} 6 & 9 \\ 4 & 6 \\ 2 & 3 \end{pmatrix}$ については，2 次小行列は $\begin{vmatrix} 6 & 9 \\ 4 & 6 \end{vmatrix}$ $= 36 - 36 = 0$，$\begin{vmatrix} 4 & 6 \\ 2 & 3 \end{vmatrix} = 12 - 12 = 0$，$\begin{vmatrix} 6 & 9 \\ 2 & 3 \end{vmatrix} = 18 - 18 = 0$ よりすべて 0，したがって非零の小行列式は各要素 1 個からなる 1 次の小行列式のみである．よって $rank\mathbf{A} = 1 < \min(3, 2) = 2$．$\mathbf{D} = \begin{pmatrix} -6 & 9 \\ 4 & -6 \end{pmatrix}$ についても $rank\mathbf{D} = 1 < 2$ である．行列の次元が 2 列（または 2 行）の場合，一方の列（または行）が他の列（または行）のスカラー倍であることと，階数が 1 に落ちることが対応している．

すなわち前出の安易に数の演算を拡張できないような例では，一般的な行列では $rank\mathbf{A}_{n \times m} < \min(n, m)$（正方行列では特異行列であり $rank\mathbf{A}_n < n$）であることが影響している．行列の階数が列数あるいは行数のうち小さい方にもみたなければ，注意をはらう必要がある．

(6) 行または列の1次独立性

階数とは行（または列）を構成するベクトルが，他のベクトルから合成されたものではないという，1次独立性を直接示す数である．行列において1次独立な行（または列）の数が階数にほかならない．

定義5.20（ベクトルの1次結合）

m 個の n 次元列ベクトル，$\mathbf{a}_j \in \mathbb{R}^n$ $(j=1, \cdots, m)$，および m 個のスカラー（実数）$c_j \in \mathbb{R}$ にたいし，

$$\sum_{j=1}^{m} c_j \mathbf{a}_j = c_1 \mathbf{a}_1 + c_2 \mathbf{a}_2 + \cdots + c_m \mathbf{a}_m \tag{5.100}$$

をベクトル，$\mathbf{a}_j$ の1次結合（線型結合）という．

定義5.21（ベクトルの1次従属と1次独立）

列ベクトル，$\mathbf{a}_j \in \mathbb{R}^n$ $(j=1, \cdots, m)$，および少なくとも1個は0でないスカラー（実数）$c_j \in \mathbb{R}$ にたいし，

$$\sum_{j=1}^{m} c_j \mathbf{a}_j = c_1 \mathbf{a}_1 + c_2 \mathbf{a}_2 + \cdots + c_m \mathbf{a}_m = 0 \tag{5.101}$$

ならば，ベクトル $\mathbf{a}_j$ の全体からなる集合は1次従属であるといい，少なくとも1つのベクトル $\mathbf{a}_j$ は他のベクトルの1次結合になる．また，1次従属ではないとは，(5.101)が成立するならば，すべての $j=1, \cdots, m$ にたいし $c_j=0$，すなわち

$$c_1 = c_2 = \cdots = c_m = 0 \tag{5.102}$$

このとき，これらのベクトルの全体からなる集合は1次独立であるという．

いま，n 次正方行列，$\mathbf{A}$ の列ベクトル $\mathbf{a}_k$ $(k=1, \cdots, n)$ の全体からなる集合が1次従属，すなわち少なくとも1つの $\mathbf{a}_k$ が他の列ベクトルの1次結合で表

現できるとすれば，それは特異行列である．

$$\mathbf{A}_n = (\mathbf{a}_1, \cdots, \mathbf{a}_k, \cdots, \mathbf{a}_n) = \left(\mathbf{a}_1, \cdots, \sum_{j=1, j \neq k}^{n} c_j \mathbf{a}_j, \cdots, \mathbf{a}_n\right) \tag{5.103}$$

行列式の性質より，行列の列を何倍かして他の列に加えても行列式の値は変わらないことに注意しよう．他の列ベクトル $\mathbf{a}_l$ ($1 \leq l \leq n$, $l \neq k$) に注目し，

$$\mathbf{a}_k - \sum_{\substack{j=1 \\ j \neq k, j \neq l}}^{n} c_j \mathbf{a}_j = \sum_{j=1, j \neq k}^{n} c_j \mathbf{a}_j - \sum_{\substack{j \neq k, j \neq l}}^{n} c_j \mathbf{a}_j = c_l \mathbf{a}_l \tag{5.104}$$

よって，行列式 $|\mathbf{A}|$ は第 k 列を第 l 列のスカラー倍であらわした行列式に等しく，その値は 0 になる．すなわち 1 次従属な列ベクトルからなる正方行列は特異行列である．

$$\begin{aligned}
|\mathbf{A}| &= |\mathbf{a}_1, \cdots, \mathbf{a}_k, \cdots, \mathbf{a}_l, \cdots, \mathbf{a}_n| \\
&= |\mathbf{a}_1, \cdots, (\mathbf{a}_k - \sum_{\substack{j=1 \\ j \neq k, j \neq l}}^{n} c_j \mathbf{a}_j), \cdots, \mathbf{a}_l, \cdots, \mathbf{a}_n| \\
&= |\mathbf{a}_1, \cdots, c_l \mathbf{a}_l, \cdots, \mathbf{a}_l, \cdots, \mathbf{a}_n| = 0
\end{aligned} \tag{5.105}$$

長方形型の行列の場合は，階数すなわち 1 次独立なベクトルの本数は最大で $\min(n, m)$ である．ここで列数の方が小さい ($n > m$) 場合，すなわち $rank\mathbf{A} = m = \min(n, m)$ の場合は，行列 $\mathbf{A}$ の列ベクトルが他の列ベクトルの 1 次結合にはならず，列ベクトルは 1 次独立である．

逆にここで $rank\mathbf{A} < m = \min(n, m)$ の場合は，行列 $\mathbf{A}$ の列ベクトルは，他の列ベクトルの 1 次結合であり，列ベクトルは 1 次従属である．

以上は列ベクトルに関して定義したが，行ベクトルでも同様に定義できる．

前出の数の演算をそのまま拡張できないケースにおいては，行ベクトル（または列ベクトル）が 1 次従属である行列が原因であった．

定義より n 次正方行列，$\mathbf{A}_n$ においては行ベクトル（または列ベクトル）が 1 次独立であること，$rank\mathbf{A} = n$ であること，非特異行列であることは同値である．すなわち，これまでの議論からは，

$$\begin{aligned}
|\mathbf{A}_n| \neq 0 &\iff \mathbf{A}_n \text{ は非特異} \iff rank\mathbf{A}_n = n \\
&\iff \mathbf{A}_n \text{ の列ベクトルは 1 次独立} \\
&\iff \mathbf{A}_n \text{ の行ベクトルは 1 次独立}
\end{aligned}$$

(7) 除法は定義されない

実数の除算では，商は逆数との積，$a \neq 0$ ならば $b \div a = ba^{-1} = a^{-1}b$ で定義される．逆数 a^{-1} とは数 $a (\neq 0)$ にたいして右から掛けても左から掛けても 1 になる数，すなわち $aa^{-1} = a^{-1}a = 1$ をみたす数を意味し，これは分数 $\dfrac{1}{a}$ である．

行列でも逆数の類似で $\mathbf{A}^{-1}$ と表記される逆写像概念を導入可能である．これは行列が多次元の数の空間上の写像（1次変換）と同一視できるためである．しかし数ならば商は ba^{-1}, $a^{-1}b$ いずれでも問題はないが，行列では一般に乗法の交換法則は成立しないから $\mathbf{B}\mathbf{A}^{-1}$ と $\mathbf{A}^{-1}\mathbf{B}$ は異なり，また次元条件からいずれかが定義できないこともある．したがって除算および商は定義できない．

数との類似からは，逆写像 $\mathbf{A}^{-1}$ は元の行列 $\mathbf{A}$ にたいして右から掛けても左から掛けてもおなじ行列になり，しかもそれが数の場合の1に相当するような単位行列 $\mathbf{I}$ になるもの，たとえばさきの「乗法の交換不可能性の例外」でとりあげた $\mathbf{AB} = \mathbf{BA} = \mathbf{I}$ が成立するような正方行列 $\mathbf{A}$ にたいする正方行列 $\mathbf{B}$ は当然この議論に深く関係する．ただし一意な逆写像 $\mathbf{A}^{-1}$ が存在する $\mathbf{A}$ の条件が問題になる．これは次章で論じられることになる．

問5.13 $\mathbf{A}$ は $n \times q$ 行列，$\mathbf{x}$ は m 次元列ベクトル，a, b, c, d はスカラーである．以下の式を演算法則にしたがい展開しなさい．なお行列 $\mathbf{B}, \mathbf{C}, \mathbf{D}$ の次元条件も示すこと．

問5.14 行列，$\begin{pmatrix} 3 & 9 & 1 & 7 \\ 2 & 7 & 0 & 5 \\ 1 & -1 & 3 & 1 \end{pmatrix}$ のすべての小行列式から階数をもとめなさい．

練習問題

問題5.1

$\mathbf{A} = \begin{pmatrix} 1 & 4 & 3 \\ 2 & 5 & 5 \end{pmatrix}$, $\mathbf{B} = \begin{pmatrix} 2 & 6 \\ 2 & 5 \end{pmatrix}$, $\mathbf{C} = \begin{pmatrix} 5 & 2 \\ 4 & 1 \\ 3 & 5 \end{pmatrix}$ にたいして，

AB, BC, CA, $BA+A$, B^2+B, $AC-B$, C^TA^T+B のうち定義されるものはどれか．また定義されるものについて計算しなさい．

問題 5.2 $\mathbf{u}=(3\ 1\ 4)^T$, $\mathbf{v}=(5\ 2\ 2)^T$ としたときに

(1) $\mathbf{u}^T\mathbf{u}$, $\mathbf{u}\mathbf{u}^T$, $\mathbf{v}^T\mathbf{u}$, $\mathbf{v}\mathbf{u}^T$ をそれぞれ計算しなさい．またこれらの行列式を計算しなさい．

(2) $(\mathbf{v}^T\mathbf{v}+\mathbf{u}^T\mathbf{v})(\mathbf{v}\mathbf{v}^T+\mathbf{u}\mathbf{v}^T)$ を計算しなさい．

(3) $(\mathbf{u}\mathbf{u}^T+\mathbf{v}\mathbf{u}^T)(\mathbf{v}\mathbf{v}^T+\mathbf{u}\mathbf{v}^T)$ を計算しなさい．

問題 5.3 以下の行列の行列式をラプラス展開をもちいて計算しなさい．

(1) $\begin{pmatrix} 1 & 1 & 1 \\ x_1 & x_2 & x_3 \\ x_1^2 & x_2^2 & x_3^2 \end{pmatrix}$
(2) $\begin{pmatrix} x_1 & 1 & 1 \\ 1 & x_2 & 1 \\ 1 & 1 & x_3 \end{pmatrix}$
(3) $\begin{pmatrix} 1 & 2 & 2 & 3 \\ 3 & 3 & 4 & 4 \\ 4 & 4 & 5 & 5 \\ 5 & 5 & 5 & 6 \end{pmatrix}$

問題 5.4 以下の行列 $\mathbf{X}$ について，行列，$\mathbf{X}^T\mathbf{X}$ および，$\mathbf{X}\mathbf{X}^T$ が非特異であるかどうか，それぞれ調べなさい．また特異であれば，階数を調べなさい．

$$\mathbf{X}=\begin{pmatrix} 1 & 0 & 0 & 1 \\ 0 & 1 & 0 & 1 \\ 0 & 0 & 1 & 1 \end{pmatrix} \tag{5.106}$$

問題 5.5

$\mathbf{P}=\begin{pmatrix} p_{11} & p_{12} \\ p_{21} & p_{22} \end{pmatrix}$, $\mathbf{Q}=\begin{pmatrix} q_{11} & q_{12} \\ q_{21} & q_{22} \end{pmatrix}$ にたいして，

(1) $|\mathbf{PQ}|$ は，$|\mathbf{P}|\cdot|\mathbf{Q}|$ に等しいか．

(2) $|\mathbf{P}+\mathbf{Q}|$ は，$|\mathbf{P}|+|\mathbf{Q}|$ に等しいか．

を，それぞれ調べなさい．

第6章 経済学における行列と行列式

本章では経済学を学習するにあたって，避けて通ることができない線型代数の理論について詳しく説明をおこなう．まず最初に，前章からの直接的な続編として，逆行列の一般的な定義から線型連立方程式系の解の存在条件と一般的な解法をとりあげる．ここでは行列式の性質や役割を深く学ぶことになるだろう．

つぎに，すでに第4章で記述されている2変数以上の多変数関数の極値問題において，行列および行列式を導入することによりきわめて簡潔で統一的な記述が可能になることを示し，その強力な一面を学ぶことにする．

6.1 逆行列と線型連立方程式の解法

6.1.1 連立方程式および解の行列表示

連立方程式は多変数の関係をモデル化したり，均衡を議論する経済学においては日常的に登場するものである．すでに解き方を熟知している2元線型連立方程式を手はじめに，一般的な連立方程式の解法を考えることにする．

(1) 2元線型連立方程式の行列表示

(5.22)の連立方程式にもどってみよう．

$$\begin{cases} a_{11}x_1 + a_{12}x_2 = d_1 \\ a_{21}x_1 + a_{22}x_2 = d_2 \end{cases} \quad \text{係数行列は，} \quad \mathbf{A} = \begin{pmatrix} a_{11} & a_{12} \\ a_{21} & a_{22} \end{pmatrix} \quad (6.1)$$

係数行列 $\mathbf{A}$ と未知数 x_1, x_2 を要素にする列ベクトル $\mathbf{x}$ の積 $\mathbf{Ax}$ は，列ベクトルになる．

$$\mathbf{A}\mathbf{x} = \begin{pmatrix} a_{11} & a_{12} \\ a_{21} & a_{22} \end{pmatrix} \begin{pmatrix} x_1 \\ x_2 \end{pmatrix} = \begin{pmatrix} a_{11}x_1 + a_{12}x_2 \\ a_{21}x_1 + a_{22}x_2 \end{pmatrix}$$

この列ベクトル $\mathbf{A}\mathbf{x}$ の要素は連立方程式 (5.22)（または (6.1)）の左辺であるから，定数項，d_1, d_2 を要素とする列ベクトル $\mathbf{d}$ とのあいだには行列の等式が成立して，$\mathbf{A}\mathbf{x} = \mathbf{d}$ が成立する．要素で表示すれば，

$$\mathbf{A}\mathbf{x} = \mathbf{d} \iff \begin{pmatrix} a_{11}x_1 + a_{12}x_2 \\ a_{21}x_1 + a_{22}x_2 \end{pmatrix} = \begin{pmatrix} d_1 \\ d_2 \end{pmatrix} \tag{6.2}$$

このように線型の連立方程式体系は行列表示できる．ここで，もし $\mathbf{B}\mathbf{A} = \mathbf{I}$ をみたすような行列 $\mathbf{B}$ が存在すれば，$\mathbf{A}\mathbf{x} = \mathbf{d}$ の両辺に左側から $\mathbf{B}$ を掛けることによって，以下のように連立方程式を解くことができるのであろうか．

$$\mathbf{B}\mathbf{A}\mathbf{x} = \mathbf{B}\mathbf{d} \implies \mathbf{I}\mathbf{x} = \mathbf{B}\mathbf{d} \implies \mathbf{x} = \mathbf{B}\mathbf{d}$$

もちろん，この解ベクトル $\mathbf{x} = \mathbf{B}\mathbf{d}$ の両辺に左側から $\mathbf{A}$ を掛けて，もとの連立方程式にもどせる必要があるから，同時に $\mathbf{A}\mathbf{B} = \mathbf{I}$ でなければならない．

$$\mathbf{A}\mathbf{x} = \mathbf{A}\mathbf{B}\mathbf{d} \implies \mathbf{A}\mathbf{x} = \mathbf{I}\mathbf{d} \implies \mathbf{A}\mathbf{x} = \mathbf{d}$$

ここでは係数行列 $\mathbf{A}$ は正方行列であるから，行列 $\mathbf{B}$ もおなじ次数の正方行列であり，すなわち行列の乗法の交換が例外的に成立する，$\mathbf{B}\mathbf{A} = \mathbf{A}\mathbf{B} = \mathbf{I}$ のケースになっている．もし行列 $\mathbf{B}$ が一意に存在するならば，これは係数行列 $\mathbf{A}$ の逆写像 $\mathbf{A}^{-1}$ と考えることができる．

ではどのような場合に逆写像 $\mathbf{B} = \mathbf{A}^{-1}$ が存在するのか，またこれは一意に存在するのかが問題になろう．この段階で直観的に判断できるのは係数行列 $\mathbf{A}$ が正方行列であるかどうかのみである．

(2) 2元連立方程式の解の行列表示

そこで (5.23)（または (5.25)）をもちいて，行列 $\mathbf{B}$ をもとめてみよう．一意な解が存在するための必要十分条件は，未知数と方程式の数がおなじで，かつ方程式が独立な（一方が他方の両辺を何倍かしたものではない）こと，すなわち正方行列である係数行列 $\mathbf{A}$ の行列式 $|\mathbf{A}|$ が非零（$\mathbf{A}$ が非特異）の場合

のみであり，

$$|\mathbf{A}| = \begin{vmatrix} a_{11} & a_{12} \\ a_{21} & a_{22} \end{vmatrix} = (a_{11}a_{22} - a_{12}a_{21}) \neq 0 \tag{6.3}$$

このとき以下の解が得られることがわかっている．

$$\begin{cases} x_1 = \dfrac{a_{22}d_1 - a_{12}d_2}{a_{11}a_{22} - a_{12}a_{21}} = \dfrac{a_{22}d_1 - a_{12}d_2}{|\mathbf{A}|} \\ x_2 = \dfrac{-a_{21}d_1 + a_{11}d_2}{a_{11}a_{22} - a_{12}a_{21}} = \dfrac{-a_{21}d_1 + a_{11}d_2}{|\mathbf{A}|} \end{cases} \tag{6.4}$$

行列表示すれば，

$$\mathbf{x} = \begin{pmatrix} x_1 \\ x_2 \end{pmatrix} = \frac{1}{|\mathbf{A}|} \begin{pmatrix} a_{22}d_1 - a_{12}d_2 \\ -a_{21}d_1 + a_{11}d_2 \end{pmatrix} = \frac{1}{|\mathbf{A}|} \begin{pmatrix} a_{22} & -a_{12} \\ -a_{21} & a_{11} \end{pmatrix} \begin{pmatrix} d_1 \\ d_2 \end{pmatrix} \tag{6.5}$$

よって行列 $\mathbf{B}$ は係数行列とおなじ次数の正方行列であり，

$$\mathbf{B} = \frac{1}{|\mathbf{A}|} \begin{pmatrix} a_{22} & -a_{12} \\ -a_{21} & a_{11} \end{pmatrix} = \frac{1}{a_{11}a_{22} - a_{12}a_{21}} \begin{pmatrix} a_{22} & -a_{12} \\ -a_{21} & a_{11} \end{pmatrix} \tag{6.6}$$

また，$\mathbf{BA} = \mathbf{AB} = \mathbf{I}$ は，以下のように確認できる．

$$\begin{aligned}
\mathbf{BA} &= \frac{1}{|\mathbf{A}|} \begin{pmatrix} a_{22} & -a_{12} \\ -a_{21} & a_{11} \end{pmatrix} \begin{pmatrix} a_{11} & a_{12} \\ a_{21} & a_{22} \end{pmatrix} \\
&= \frac{1}{|\mathbf{A}|} \begin{pmatrix} a_{22}a_{11} - a_{12}a_{21} & a_{22}a_{12} - a_{12}a_{22} \\ -a_{21}a_{11} - a_{11}a_{21} & -a_{21}a_{12} + a_{11}a_{22} \end{pmatrix} \\
&= \frac{1}{a_{11}a_{22} - a_{12}a_{21}} \begin{pmatrix} a_{11}a_{22} - a_{12}a_{21} & 0 \\ 0 & a_{11}a_{22} - a_{12}a_{21} \end{pmatrix} = \begin{pmatrix} 1 & 0 \\ 0 & 1 \end{pmatrix} \\
\mathbf{AB} &= \begin{pmatrix} a_{11} & a_{12} \\ a_{21} & a_{22} \end{pmatrix} \frac{1}{|\mathbf{A}|} \begin{pmatrix} a_{22} & -a_{12} \\ -a_{21} & a_{11} \end{pmatrix} \\
&= \frac{1}{|\mathbf{A}|} \begin{pmatrix} a_{11}a_{22} - a_{12}a_{21} & -a_{11}a_{12} + a_{12}a_{11} \\ a_{21}a_{22} - a_{22}a_{21} & -a_{21}a_{12} + a_{22}a_{11} \end{pmatrix} \\
&= \frac{1}{a_{11}a_{22} - a_{12}a_{21}} \begin{pmatrix} a_{11}a_{22} - a_{12}a_{21} & 0 \\ 0 & a_{11}a_{22} - a_{12}a_{21} \end{pmatrix} = \begin{pmatrix} 1 & 0 \\ 0 & 1 \end{pmatrix}
\end{aligned}$$

行列 $\mathbf{B}$ はもとの 2 元線型連立方程式の解をもちいて作成したため，解 $\mathbf{Bd}$（すなわち行列 $\mathbf{B}$）の一意性はみたされていると考えられ，$\mathbf{B}=\mathbf{A}^{-1}$ である．

さらに，一般的な n 元線型連立方程式，$\mathbf{Ax}=\mathbf{d}$ においても，係数行列 $\mathbf{A}$ が正方行列であり非特異であることが，一意な解 $\mathbf{Bd}$（および行列 $\mathbf{B}=\mathbf{A}^{-1}$）の存在の必要十分条件であることを示し，また行列 $\mathbf{B}$ の一般的なもとめ方について考えていこう．

問6.1 以下の連立方程式を $\mathbf{Ax}=\mathbf{d}$ の形に行列表示し，係数行列 $\mathbf{A}$ にたいする $\mathbf{B}=\mathbf{A}^{-1}$ をもとめなさい．さらに解 $\mathbf{x}=\mathbf{Bd}$ をもとめなさい．

(1) $\begin{cases} 5x_1+x_2=30 \\ 3x_1-7x_2=13 \end{cases}$ (2) $\begin{cases} 2x_1+2x_2=11 \\ x_1-4x_2=15 \end{cases}$ (3) $\begin{cases} x_1+x_2=2 \\ x_1-x_2=8 \end{cases}$

6.1.2 逆行列

(1) 余因子行列

まず 2 次の正方行列 $\mathbf{A}=\begin{pmatrix} a_{11} & a_{12} \\ a_{21} & a_{22} \end{pmatrix}$ が非特異である，すなわち $|\mathbf{A}|=a_{11}a_{22}-a_{12}a_{21}\neq 0$ を仮定する．このとき，行列 $\mathbf{B}=\dfrac{1}{|\mathbf{A}|}\begin{pmatrix} a_{22} & -a_{12} \\ -a_{21} & a_{11} \end{pmatrix}$ の行列部分，$\mathbf{C}=\begin{pmatrix} a_{22} & -a_{12} \\ -a_{21} & a_{11} \end{pmatrix}$ の各要素の意味を調べよう．要素の添字の規則性に着目すれば，

$\mathbf{C}$ の第 $(1,1)$ 要素　　$a_{22}\Longrightarrow\mathbf{A}$ の第 1 行，第 1 列を除去した 1 次小行列式$\times(-1)^{1+1}$
$\mathbf{C}$ の第 $(1,2)$ 要素 $(-a_{12})\Longrightarrow\mathbf{A}$ の第 2 行，第 1 列を除去した 1 次小行列式$\times(-1)^{2+1}$
$\mathbf{C}$ の第 $(2,1)$ 要素 $(-a_{21})\Longrightarrow\mathbf{A}$ の第 1 行，第 2 列を除去した 1 次小行列式$\times(-1)^{1+2}$
$\mathbf{C}$ の第 $(2,2)$ 要素　　$a_{11}\Longrightarrow\mathbf{A}$ の第 2 行，第 2 列を除去した 1 次小行列式$\times(-1)^{2+1}$

であり，これらは 1 次の小行列式であるためスカラーであるが，符号のルールから余因子 Δ_{ij}（定義5.9参照）にほかならない．

行列 $\mathbf{B}=\dfrac{1}{|\mathbf{A}|}\mathbf{C}$ を余因子をもちいてかきなおせば，

$$\mathbf{B}=\frac{1}{|\mathbf{A}|}\begin{pmatrix} a_{22} & -a_{12} \\ -a_{21} & a_{11} \end{pmatrix}=\frac{1}{|\mathbf{A}|}\begin{pmatrix} \Delta_{11} & \Delta_{21} \\ \Delta_{12} & \Delta_{22} \end{pmatrix}=\frac{1}{|\mathbf{A}|}\begin{pmatrix} \Delta_{11} & \Delta_{12} \\ \Delta_{21} & \Delta_{22} \end{pmatrix}^T \tag{6.7}$$

行列 $\mathbf{C}=\begin{pmatrix} a_{22} & -a_{12} \\ -a_{21} & a_{11} \end{pmatrix}$ は，行列 $\mathbf{A}=\begin{pmatrix} a_{11} & a_{12} \\ a_{21} & a_{22} \end{pmatrix}$ の各要素 a_{ij} をその余因子 Δ_{ij}

第6章 経済学における行列と行列式　　　　　　　　　171

でおきかえ，さらに転置したものである．このような行列 $\mathbf{C}$ をもとの行列 $\mathbf{A}$ の余因子行列，または随伴行列という．

これは3次以上の一般的な n 次の正方行列にたいしても定義可能である．

定義6.1（余因子行列）

$$adj\mathbf{A} = [\Delta_{ij}]^T = [\Delta_{ji}] \tag{6.8}$$

ただし，Δ_{ij} は n 次の正方行列 $\mathbf{A} = [a_{ij}]_n$ の，要素 a_{ij} の余因子 Δ_{ij} である．

したがって前記の2次の正方行列 $\mathbf{B}$ を，この余因子行列をもちいて表記しなおすことが可能である．一般的な n 次の正方行列にたいしての拡張は順次説明しよう．

$$\mathbf{B}_2 = \frac{1}{|\mathbf{A}_2|} adj\mathbf{A}_2 = \frac{1}{|\mathbf{A}_2|}[\Delta_{ij}]_2{}^T = \frac{1}{|\mathbf{A}_2|}[\Delta_{ji}]_2 \tag{6.9}$$

(2) 逆行列の定義

(6.9) の行列 $\mathbf{B}_2$ は，2元線型連立方程式 (5.22)（または，(6.1)）の伝統的な解法による解の行列表現，$\mathbf{x}_{2\times 1} = \mathbf{B}_2 \mathbf{d}_{2\times 1}$ から得られたものであり，これは係数行列 $\mathbf{A}_2$ の一意な逆写像 $\mathbf{A}_2^{-1}$ であることは既知である．しかし，代入法，消去法で解くのもわずらわしい一般的な n 元の線型連立方程式体系の n 次の正方係数行列 $\mathbf{A}_n$ にたいしても議論が可能なように，(6.9) から逆写像の議論を拡張していこう．

定義6.2（逆行列）

$|\mathbf{A}| \neq 0$ である正方行列 $\mathbf{A}$ にたいして，

$$\mathbf{A}^{-1} = \frac{1}{|\mathbf{A}|} adj\mathbf{A} \quad \text{とすれば，} \tag{6.10}$$

$$\mathbf{A}\mathbf{A}^{-1} = \mathbf{A}^{-1}\mathbf{A} = \mathbf{I} \tag{6.11}$$

が成立し，$\mathbf{A}^{-1}$ は $\mathbf{A}$ の逆行列という．

これは n 次正方係数行列でも成立することを示す．

まず 2 次正方行列では，$\mathbf{A}\mathbf{A}^{-1}=\mathbf{A}\dfrac{1}{|\mathbf{A}|}adj\mathbf{A}=\mathbf{I}$ より，$|\mathbf{A}|\mathbf{A}\mathbf{A}^{-1}=\mathbf{A}(adj\mathbf{A})$
$=|\mathbf{A}|\mathbf{I}$ を要素表示すれば，

$$\mathbf{A}(adj\mathbf{A})=\begin{pmatrix}a_{11}&a_{12}\\a_{21}&a_{22}\end{pmatrix}\begin{pmatrix}\Delta_{11}&\Delta_{12}\\\Delta_{21}&\Delta_{22}\end{pmatrix}^{T}=\begin{pmatrix}a_{11}&a_{12}\\a_{21}&a_{22}\end{pmatrix}\begin{pmatrix}\Delta_{11}&\Delta_{21}\\\Delta_{12}&\Delta_{22}\end{pmatrix}$$

$$=\begin{pmatrix}a_{11}\Delta_{11}+a_{12}\Delta_{12}&a_{11}\Delta_{21}+a_{12}\Delta_{22}\\a_{21}\Delta_{11}+a_{22}\Delta_{12}&a_{21}\Delta_{21}+a_{22}\Delta_{22}\end{pmatrix} \quad (6.12)$$

$$=\begin{pmatrix}\sum_{j=1}^{2}a_{1j}\Delta_{1j}&\sum_{j=1}^{2}a_{1j}\Delta_{2j}\\\sum_{j=1}^{2}a_{2j}\Delta_{1j}&\sum_{j=1}^{2}a_{2j}\Delta_{2j}\end{pmatrix}=\begin{pmatrix}|\mathbf{A}|&0\\0&|\mathbf{A}|\end{pmatrix}$$

同様に，$\mathbf{A}^{-1}\mathbf{A}=\dfrac{1}{|\mathbf{A}|}adj\mathbf{A}\mathbf{A}=\mathbf{I}$ より，$|\mathbf{A}|\mathbf{A}^{-1}\mathbf{A}=(adj\mathbf{A})\mathbf{A}=|\mathbf{A}|\mathbf{I}$ では，

$$(adj\mathbf{A})\mathbf{A}=\begin{pmatrix}\Delta_{11}&\Delta_{12}\\\Delta_{21}&\Delta_{22}\end{pmatrix}^{T}\begin{pmatrix}a_{11}&a_{12}\\a_{21}&a_{22}\end{pmatrix}=\begin{pmatrix}\Delta_{11}&\Delta_{21}\\\Delta_{12}&\Delta_{22}\end{pmatrix}\begin{pmatrix}a_{11}&a_{12}\\a_{12}&a_{22}\end{pmatrix}$$

$$=\begin{pmatrix}a_{11}\Delta_{11}+a_{21}\Delta_{21}&a_{12}\Delta_{11}+a_{22}\Delta_{21}\\a_{11}\Delta_{12}+a_{21}\Delta_{22}&a_{12}\Delta_{12}+a_{22}\Delta_{22}\end{pmatrix} \quad (6.13)$$

$$=\begin{pmatrix}\sum_{i=1}^{2}a_{i1}\Delta_{i1}&\sum_{i=1}^{2}a_{i2}\Delta_{i1}\\\sum_{i=1}^{2}a_{i1}\Delta_{i2}&\sum_{i=1}^{2}a_{i2}\Delta_{i2}\end{pmatrix}=\begin{pmatrix}|\mathbf{A}|&0\\0&|\mathbf{A}|\end{pmatrix}$$

(3)　他要素の余因子による行列式展開

ここで，(6.12), (6.13) それぞれの最後の等式の行列の要素を比較してみよう．いずれの場合も対角要素は行列 $\mathbf{A}$ のラプラス展開（定義5.10）になっていることに着目しよう．

$\sum_{j=1}^{2}a_{1j}\Delta_{1j}=|\mathbf{A}|$　第 1 行による展開，　$\sum_{j=1}^{2}a_{2j}\Delta_{2j}=|\mathbf{A}|$　第 2 行による展開

$\sum_{i=1}^{2}a_{i1}\Delta_{i1}=|\mathbf{A}|$　第 1 列による展開，　$\sum_{i=1}^{2}a_{i2}\Delta_{i2}=|\mathbf{A}|$　第 2 列による展開

これにたいして，非対角要素は形はラプラス展開に類似しているが，要素 a_{ij} と余因子 Δ_{kl} の添え字が異なっている（他の要素の余因子になっている）ことに注意しよう．たとえば (6.12) における第 (1, 2) 要素では，第 1 行目の

要素 a_{1j} と第2行目の余因子 Δ_{2j} の展開であり添字が異なり，以下のようになる．

$$\sum_{j=1}^{2} a_{1j}\Delta_{2j} = a_{11}\Delta_{21} + a_{12}\Delta_{22} = a_{11}(-1)^{2+1}a_{12} + a_{12}(-1)^{2+2}a_{11}$$
$$= -a_{11}a_{12} + a_{12}a_{11} = 0$$

公式6.1（他要素の余因子による行列式展開）

行列式を任意の行（または列）で展開する際に，他の行（または列）の余因子，すなわち他の要素の余因子で展開すれば，その値は0になる．これは3次以上の任意次数の行列式でも同様である．

$$\sum_{j=1}^{n} a_{ij}\Delta_{kj} = 0 \quad (i \neq k) \qquad \text{第 } i \text{ 行と，第 } k \text{ 行の余因子による展開} \qquad (6.14)$$

$$\sum_{i=1}^{n} a_{ij}\Delta_{il} = 0 \quad (j \neq l) \qquad \text{第 } j \text{ 列と，第 } l \text{ 列の余因子による展開} \qquad (6.15)$$

たとえば3次の行列式，$|\mathbf{A}| = \begin{vmatrix} a_{11} & a_{12} & a_{13} \\ a_{21} & a_{22} & a_{23} \\ a_{31} & a_{32} & a_{33} \end{vmatrix}$ を他要素の余因子で展開すれば，

$$\sum_{j=1}^{3} a_{1j}\Delta_{2j}$$

$$= a_{11}(-1)^{2+1}\begin{vmatrix} a_{12} & a_{13} \\ a_{32} & a_{33} \end{vmatrix} + a_{12}(-1)^{2+2}\begin{vmatrix} a_{11} & a_{13} \\ a_{31} & a_{33} \end{vmatrix} + a_{13}(-1)^{2+3}\begin{vmatrix} a_{11} & a_{12} \\ a_{31} & a_{32} \end{vmatrix}$$
$$= -a_{11}(a_{12}a_{33} - a_{13}a_{32}) + a_{12}(a_{11}a_{33} - a_{13}a_{31}) - a_{13}(a_{11}a_{32} - a_{12}a_{31})$$
$$= -a_{11}a_{12}a_{33} + a_{11}a_{13}a_{32} + a_{11}a_{12}a_{33} - a_{12}a_{13}a_{31} - a_{11}a_{13}a_{32} + a_{12}a_{13}a_{31}$$
$$= 0$$

(4) 任意の次数の逆行列

他要素の余因子による行列式展開の公式6.1をもちいれば，逆行列の定義6.2が任意の次数の正方行列 $\mathbf{A}$ （$|\mathbf{A}| \neq 0$）において成立していることを示すことができる．

n 次正方行列，$\mathbf{A} = [a_{ij}]_n = \begin{pmatrix} a_{11} & a_{12} & \cdots & a_{1n} \\ a_{21} & a_{22} & \cdots & a_{2n} \\ \vdots & \vdots & \ddots & \vdots \\ a_{n1} & a_{n2} & \cdots & a_{nn} \end{pmatrix}$ の余因子行列は，

$$adj\mathbf{A} = \begin{pmatrix} \Delta_{11} & \Delta_{12} & \ldots & \Delta_{1n} \\ \Delta_{21} & \Delta_{22} & \ldots & \Delta_{2n} \\ \vdots & \vdots & \ddots & \vdots \\ \Delta_{n1} & \Delta_{n2} & \ldots & \Delta_{nn} \end{pmatrix}^T = \begin{pmatrix} \Delta_{11} & \Delta_{21} & \ldots & \Delta_{n1} \\ \Delta_{12} & \Delta_{22} & \ldots & \Delta_{n2} \\ \vdots & \vdots & \ddots & \vdots \\ \Delta_{1n} & \Delta_{2n} & \ldots & \Delta_{nn} \end{pmatrix} \quad (6.16)$$

$\mathbf{A}(adj\mathbf{A})$ を要素表示で計算すれば，

$$\begin{aligned}\mathbf{A}(adj\mathbf{A}) &= \begin{pmatrix} a_{11} & a_{12} & \ldots & a_{1n} \\ a_{21} & a_{22} & \ldots & a_{2n} \\ \vdots & \vdots & \ddots & \vdots \\ a_{n1} & a_{n2} & \ldots & a_{nn} \end{pmatrix} \begin{pmatrix} \Delta_{11} & \Delta_{21} & \ldots & \Delta_{n1} \\ \Delta_{12} & \Delta_{22} & \ldots & \Delta_{n2} \\ \vdots & \vdots & \ddots & \vdots \\ \Delta_{1n} & \Delta_{2n} & \ldots & \Delta_{nn} \end{pmatrix} \\ &= \begin{pmatrix} \sum_{j=1}^n a_{1j}\Delta_{1j} & \sum_{j=1}^n a_{1j}\Delta_{2j} & \ldots & \sum_{j=1}^n a_{1j}\Delta_{nj} \\ \sum_{j=1}^n a_{2j}\Delta_{1j} & \sum_{j=1}^n a_{2j}\Delta_{2j} & \ldots & \sum_{j=1}^n a_{2j}\Delta_{nj} \\ \vdots & \vdots & \ddots & \vdots \\ \sum_{j=1}^n a_{nj}\Delta_{1j} & \sum_{j=1}^n a_{nj}\Delta_{2j} & \ldots & \sum_{j=1}^n a_{nj}\Delta_{nj} \end{pmatrix} \quad (6.17) \\ &= \begin{pmatrix} |\mathbf{A}| & 0 & \ldots & 0 \\ 0 & |\mathbf{A}| & \ldots & 0 \\ \vdots & \vdots & \ddots & \vdots \\ 0 & 0 & \ldots & |\mathbf{A}| \end{pmatrix} = |\mathbf{A}| \begin{pmatrix} 1 & 0 & \ldots & 0 \\ 0 & 1 & \ldots & 0 \\ \vdots & \vdots & \ddots & \vdots \\ 0 & 0 & \ldots & 1 \end{pmatrix} \\ &= |\mathbf{A}|\mathbf{I}_n \end{aligned}$$

同様に，$(adj\mathbf{A})\mathbf{A} = |\mathbf{A}|\mathbf{I}_n$ も示すことができるので，任意次数で定義6.2の $\mathbf{A}^{-1} = \dfrac{1}{|\mathbf{A}|} adj\mathbf{A}$ が成立している．

(5) 逆行列の存在条件と一意性

以上の議論から任意次数の正方行列 $\mathbf{A}_n$ の逆行列 $\mathbf{A}_n^{-1}$ が存在するのは，$|\mathbf{A}_n| \neq 0$ のとき，そしてその場合のみ（必要十分条件）である．

また逆行列が存在すればそれはただひとつだけである．もし $\mathbf{A}^{-1}$ 以外に $\mathbf{AB} = \mathbf{I}$ をみたす $\mathbf{B}$ を考えても，$\mathbf{B}$ は $\mathbf{A}^{-1}$ と同一の逆行列になる（一意性）．

$$\mathbf{A}^{-1} = \mathbf{A}^{-1}\mathbf{I} = \mathbf{A}^{-1}(\mathbf{AB}) = (\mathbf{A}^{-1}\mathbf{A})\mathbf{B} = \mathbf{B} \quad (6.18)$$

両辺の右から $\mathbf{A}$ を掛ければ，これは同時に $\mathbf{BA} = \mathbf{I}$ をみたすことに注意．この

ことは一方が他方の逆行列ならば，その逆も成り立つことを意味する．

$$\mathbf{B}=\mathbf{A}^{-1} \iff \mathbf{A}=\mathbf{B}^{-1} \tag{6.19}$$

以上より，逆行列を導出する一般的な方法を整理しておこう．

①行列 $\mathbf{A}$ が正方行列でなければ逆行列は定義されないので中止．
②行列式 $|\mathbf{A}|$ をもとめる（行列式のラプラス展開，定義5.10を参照）．
③$|\mathbf{A}|\neq 0$ のときのみ続行．$|\mathbf{A}|=0$ ならば逆行列は存在しないので中止．
④行列 $\mathbf{A}$ のすべての要素 a_{ij} に対する小行列を抜き出して小行列式，さらに符号 $(-1)^{(i+j)}$ をつけ余因子 Δ_{ij} を求める（小行列式が高次の場合はラプラス展開をもちいる）．さきに行列式 $|\mathbf{A}|$ をもとめたとき，ラプラス展開にもちいた行または列要素の余因子はすでにもとめられているので利用できる．
⑤行列 $\mathbf{A}$ の各要素 a_{ij} をその余因子 Δ_{ij} でおきかえ，さらに転置して余因子行列 $adj\mathbf{A}=[\Delta_{ij}]^T=[\Delta_{ji}]$ をもとめる．
⑥余因子行列を行列式で割って，逆行列 $\mathbf{A}^{-1}=\dfrac{1}{|\mathbf{A}|}adj\mathbf{A}$ をもとめる．

例6.1（逆行列の計算）

$\mathbf{A}=\begin{pmatrix} 1 & 2 & 3 \\ 8 & 9 & 4 \\ 7 & 6 & 5 \end{pmatrix}$ の逆行列をもとめる．まず行列式 $|\mathbf{A}|$ をもとめる．第1行について着目し，$|\mathbf{A}|=\sum\limits_{j=1}^{3}a_{1j}\Delta_{1j}$ を計算しよう．各要素の余因子は，

$$\Delta_{11}=(-1)^{(1+1)}\begin{vmatrix} 9 & 4 \\ 6 & 5 \end{vmatrix}=9\cdot 5-4\cdot 6=45-24=21$$

$$\Delta_{12}=(-1)^{(1+2)}\begin{vmatrix} 8 & 4 \\ 7 & 5 \end{vmatrix}=-(8\cdot 5-4\cdot 7)=-40+28=-12$$

$$\Delta_{13}=(-1)^{(1+3)}\begin{vmatrix} 8 & 9 \\ 7 & 6 \end{vmatrix}=8\cdot 6-9\cdot 7=48-63=-15$$

$|\mathbf{A}|=1\cdot 21+2\cdot(-12)+3\cdot(-15)=21-24-45=-48\neq 0$ より逆行列 $\mathbf{A}^{-1}$ が存在する．余因子行列 $adj\mathbf{A}$ は，残りの要素の余因子を計算し，

$$\Delta_{21}=(-1)^{(2+1)}\begin{vmatrix}2&3\\6&5\end{vmatrix}=-(2\cdot5-3\cdot6)=-10+18=8$$

$$\Delta_{22}=(-1)^{(2+2)}\begin{vmatrix}1&3\\7&5\end{vmatrix}=1\cdot5-3\cdot7=5-21=-16$$

$$\Delta_{23}=(-1)^{(2+3)}\begin{vmatrix}1&2\\7&6\end{vmatrix}=-(1\cdot6-2\cdot7)=-6+14=8$$

$$\Delta_{31}=(-1)^{(3+1)}\begin{vmatrix}2&3\\9&4\end{vmatrix}=2\cdot4-3\cdot9=8-27=-19$$

$$\Delta_{32}=(-1)^{(3+2)}\begin{vmatrix}1&3\\8&4\end{vmatrix}=-(1\cdot4-3\cdot8)=-4+24=20$$

$$\Delta_{33}=(-1)^{(3+3)}\begin{vmatrix}1&2\\8&9\end{vmatrix}=1\cdot9-2\cdot8=9-16=-7$$

$$adj\mathbf{A}=\begin{pmatrix}\Delta_{11}&\Delta_{12}&\Delta_{13}\\\Delta_{21}&\Delta_{22}&\Delta_{23}\\\Delta_{31}&\Delta_{32}&\Delta_{33}\end{pmatrix}^T=\begin{pmatrix}21&-12&-15\\8&-16&8\\-19&20&-7\end{pmatrix}^T=\begin{pmatrix}21&8&-19\\-12&-16&20\\-15&8&-7\end{pmatrix}$$

よって逆行列 $\mathbf{A}^{-1}$ はこの余因子行列 $adj\mathbf{A}$ を行列式 $|\mathbf{A}|$ で割ってもとめられる.

$$\mathbf{A}^{-1}=\frac{1}{|\mathbf{A}|}adj\mathbf{A}=-\frac{1}{48}\begin{pmatrix}21&8&-19\\-12&-16&20\\-15&8&-7\end{pmatrix}$$

これが正しく逆行列であるかどうかは，もとの行列と掛けて，$\mathbf{A}\mathbf{A}^{-1}=\mathbf{A}^{-1}\mathbf{A}=\mathbf{I}$ が成立することを検算すればよい.

問6.2 以下の行列の行列式および余因子行列，さらに逆行列をもとめなさい.

(1) $\begin{pmatrix}x_{11}&x_{12}&x_{13}\\x_{21}&x_{22}&x_{23}\\x_{31}&x_{32}&x_{33}\end{pmatrix}$
(2) $\begin{pmatrix}a&b&c&d\\e&f&g&h\\i&j&k&l\\m&n&o&p\end{pmatrix}$
(3) $\begin{pmatrix}1&2&3&4\\2&3&4&5\\1&6&5&6\\0&9&8&7\end{pmatrix}$

6.1.3 特別な行列の性質と演算

逆行列について知識を深めたところで,逆行列をふくめた,いくつかの特別な行列の性質と演算規則について説明する.転置行列はすでに第5章でとりあげられているが,あえて理解のため逆行列の性質と並べて示している.

公式6.2(転置行列の性質)

転置行列について以下のような演算法則が成立する.加法・乗法に関する次元条件はみたされているとする.

$$(\mathbf{A}^T)^T = \mathbf{A} \tag{6.20}$$

$$(a\mathbf{A})^T = a\mathbf{A}^T \quad (a \text{ はスカラー}) \tag{6.21}$$

$$(\mathbf{A} + \mathbf{B})^T = \mathbf{A}^T + \mathbf{B}^T \tag{6.22}$$

$$(\mathbf{A}\mathbf{B})^T = \mathbf{B}^T \mathbf{A}^T \tag{6.23}$$

公式6.3(逆行列の性質)

逆行列について以下のような演算法則が成立する.行列 $\mathbf{A}$ および $\mathbf{B}$ は逆行列をもつおなじ次数の正方行列.

$$(\mathbf{A}^{-1})^{-1} = \mathbf{A} \tag{6.24}$$

$$(a\mathbf{A})^{-1} = a^{-1}\mathbf{A}^{-1} \quad (a \neq 0 \text{ はスカラー}) \tag{6.25}$$

$$(\mathbf{A}\mathbf{B})^{-1} = \mathbf{B}^{-1}\mathbf{A}^{-1} \tag{6.26}$$

$$(\mathbf{A}^T)^{-1} = (\mathbf{A}^{-1})^T \tag{6.27}$$

さらに,乗法について特徴のある正方行列を列挙しておこう.

定義6.3(その他の特別な正方行列)

行列 $\mathbf{A}$ は次数 n の正方行列とする.

$$\mathbf{A}^T \mathbf{A} = \mathbf{I}_n \quad \text{(直交行列)} \tag{6.28}$$

$$\mathbf{A}^T = \mathbf{A} \quad \text{(対称行列)} \tag{6.29}$$

$$\mathbf{A}^2 = \mathbf{A} \quad \text{(べき等行列)} \tag{6.30}$$

問6.3 公式6.2，および公式6.3の各公式を証明しなさい．

問6.4 単位行列は，定義6.3をすべてみたすことを示しなさい．また，単位行列以外で直行行列，対称行列，べき等行列の例をそれぞれ探しなさい．

6.1.4 一般的な線型連立方程式の解法
(1) 逆行列と連立方程式の解

n元の線型連立方程式体系を考え，行列表記をおこなう．

$$\begin{cases} a_{11}x_1 + a_{12}x_2 + \cdots + a_{1n}x_n = d_1 \\ a_{21}x_1 + a_{22}x_2 + \cdots + a_{2n}x_n = d_2 \\ \cdots\cdots \quad \cdots\cdots \\ a_{n1}x_1 + a_{n2}x_2 + \cdots + a_{nn}x_n = d_n \end{cases} \iff \mathbf{Ax} = \mathbf{d} \tag{6.31}$$

$$\mathbf{A} = \begin{pmatrix} a_{11} & a_{12} & \cdots & a_{1n} \\ a_{21} & a_{22} & \cdots & a_{2n} \\ \vdots & \vdots & \ddots & \vdots \\ a_{n1} & a_{n2} & \cdots & a_{nn} \end{pmatrix}, \quad \mathbf{x} = \begin{pmatrix} x_1 \\ x_2 \\ \vdots \\ x_n \end{pmatrix}, \quad \mathbf{d} = \begin{pmatrix} d_1 \\ d_2 \\ \vdots \\ d_n \end{pmatrix} \tag{6.32}$$

これまでの議論からこの連立方程式が一意解を有する必要十分条件は，$|\mathbf{A}| \neq 0$，またこのとき解，$\bar{\mathbf{x}}$は，

$$\bar{\mathbf{x}} = \mathbf{A}^{-1}\mathbf{d} = \frac{1}{|\mathbf{A}|}(adj\mathbf{A})\mathbf{d} \tag{6.33}$$

したがって，ここまでの議論で以下の関係を得る．

$|\mathbf{A}_n| \neq 0 \iff \mathbf{A}_n$ は非特異 $\iff rank\mathbf{A}_n = n$
$\qquad \iff$ 正方行列 $\mathbf{A}_n$ の列（および行）ベクトルは1次独立
$\qquad \iff$ 逆行列 $\mathbf{A}_n^{-1} = \frac{1}{|\mathbf{A}_n|}adj\mathbf{A}_n$ が存在
$\qquad \iff$ 連立方程式 $\mathbf{Ax} = \mathbf{d}$ の一意解，(6.33) が存在する

また，このことは非特異な係数行列の逆行列をもとめておけば，どのような定数項ベクトル $\mathbf{d}$ にたいしても解を計算できることを示している．

(2) クラメールの公式

ここで，(6.33)における，$(adj\mathbf{A})\mathbf{d}$ の部分に注目してみよう．

$$(adj\mathbf{A})\mathbf{d} = \begin{pmatrix} \Delta_{11} & \Delta_{21} & \cdots & \Delta_{n1} \\ \Delta_{12} & \Delta_{22} & \cdots & \Delta_{n2} \\ \vdots & \vdots & \ddots & \vdots \\ \Delta_{1n} & \Delta_{2n} & \cdots & \Delta_{nn} \end{pmatrix} \begin{pmatrix} d_1 \\ d_2 \\ \vdots \\ d_n \end{pmatrix}$$

$$= \begin{pmatrix} d_1\Delta_{11} + d_2\Delta_{21} + \cdots + d_n\Delta_{n1} \\ d_1\Delta_{12} + d_2\Delta_{22} + \cdots + d_n\Delta_{n2} \\ \cdots\cdots\cdots\cdots \\ d_1\Delta_{1n} + d_2\Delta_{2n} + \cdots + d_n\Delta_{nn} \end{pmatrix} = \begin{pmatrix} \sum_{i=1}^{n} d_i\Delta_{i1} \\ \sum_{i=1}^{n} d_i\Delta_{i2} \\ \cdots\cdots \\ \sum_{i=1}^{n} d_i\Delta_{in} \end{pmatrix} \quad (6.34)$$

この第 j 要素 $\sum_{i=1}^{n} d_i\Delta_{ij}$ は，行列式 $|\mathbf{A}|$ の第 j 列要素によるラプラス展開 $\sum_{i=1}^{n} a_{ij}\Delta_{ij}$ と比較すれば，第 j 列要素 a_{ij} を定数項 d_i でおきかえたものになっている．

$$|\mathbf{A}| = \sum_{i=1}^{n} a_{ij}\Delta_{ij} = \begin{vmatrix} a_{11} & a_{12} & \cdots & a_{1j} & \cdots & a_{1n} \\ a_{21} & a_{22} & \cdots & a_{2j} & \cdots & a_{2n} \\ \vdots & \vdots & \ddots & \vdots & \ddots & \vdots \\ a_{n1} & a_{n2} & \cdots & a_{nj} & \cdots & a_{nn} \end{vmatrix} \quad (6.35)$$

$\downarrow$ 第 j 列

$$\sum_{i=1}^{n} d_i\Delta_{ij} = \begin{vmatrix} a_{11} & a_{12} & \cdots & d_1 & \cdots & a_{1n} \\ a_{21} & a_{22} & \cdots & d_2 & \cdots & a_{2n} \\ \vdots & \vdots & \ddots & \vdots & \ddots & \vdots \\ a_{n1} & a_{n2} & \cdots & d_n & \cdots & a_{nn} \end{vmatrix} \quad (6.36)$$

したがって，第 j 番目の解は，

$$\bar{x}_j = \frac{1}{|\mathbf{A}|} \sum_{i=1}^{n} d_i\Delta_{ij} = \frac{1}{|\mathbf{A}|} \begin{vmatrix} a_{11} & a_{12} & \cdots & d_1 & \cdots & a_{1n} \\ a_{21} & a_{22} & \cdots & d_2 & \cdots & a_{2n} \\ \vdots & \vdots & \ddots & \vdots & \ddots & \vdots \\ a_{n1} & a_{n2} & \cdots & d_n & \cdots & a_{nn} \end{vmatrix} \quad (6.37)$$

$\uparrow$ 第 j 列

公式6.4（クラメールの公式）

n 次行列式 $|\mathbf{A}|$ の第 j 列要素を定数項 d_i でおきかえた新しい行列式を $|\mathbf{A}_j|$ と表記する．n 元線型連立方程式系 $\mathbf{Ax}=\mathbf{d}$ の第 j 番目の未知数の解 $\bar{x}_j$ は，$|\mathbf{A}_j|$ を $|\mathbf{A}|$ で割ることによってもとめられる．

$$\bar{x}_j = \frac{|\mathbf{A}_j|}{|\mathbf{A}|} \qquad j=1,2,\cdots,n \tag{6.38}$$

クラメールの公式により，逆行列を求める作業をおこなわずに，行列式の計算のみで線型連立方程式体系を解くことが可能になる．すべての余因子を計算しなくてもよいため比較的実際的な解法として知られている．

例6.2（クラメールの公式による連立方程式の解法）

以下の連立方程式，

$$\begin{cases} 8x_1+9x_2+4x_3=2 \\ x_1+2x_2+3x_3=3 \\ 7x_1+6x_2+5x_3=1 \end{cases} \tag{6.39}$$

にたいし，$\mathbf{A}=\begin{pmatrix}8&9&4\\1&2&3\\7&6&5\end{pmatrix}$, $\mathbf{d}=\begin{pmatrix}2\\3\\1\end{pmatrix}$, $\mathbf{x}=\begin{pmatrix}x_1\\x_2\\x_3\end{pmatrix}$ として $\mathbf{Ax}=\mathbf{d}$ と記述する．

$$|\mathbf{A}| = \begin{vmatrix}8&9&4\\1&2&3\\7&6&5\end{vmatrix} = (-1)^{(1+1)}8\begin{vmatrix}2&3\\6&5\end{vmatrix} + (-1)^{(2+1)}1\begin{vmatrix}9&4\\6&5\end{vmatrix} + (-1)^{(3+1)}7\begin{vmatrix}9&4\\2&3\end{vmatrix}$$

$$= 8(10-18) - (45-24) + 7(27-8) = -64 - 21 + 133 = 48$$

$$|\mathbf{A}_1| = \begin{vmatrix}2&9&4\\3&2&3\\1&6&5\end{vmatrix} = (-1)^{(1+1)}2\begin{vmatrix}2&3\\6&5\end{vmatrix} + (-1)^{(2+1)}3\begin{vmatrix}9&4\\6&5\end{vmatrix} + (-1)^{(3+1)}1\begin{vmatrix}9&4\\2&3\end{vmatrix}$$

$$= 2(10-18) - 3(45-24) + 1(27-8) = -16 - 63 + 19 = -60$$

$$|\mathbf{A}_2| = \begin{vmatrix}8&2&4\\1&3&3\\7&1&5\end{vmatrix} = (-1)^{(1+1)}8\begin{vmatrix}3&3\\1&5\end{vmatrix} + (-1)^{(2+1)}1\begin{vmatrix}2&4\\1&5\end{vmatrix} + (-1)^{(3+1)}7\begin{vmatrix}2&4\\3&3\end{vmatrix}$$

$$= 8(15-3) - 1(10-4) + 7(6-12) = 96 - 6 - 42 = 48$$

$$|\mathbf{A}_3| = \begin{vmatrix} 8 & 9 & 2 \\ 1 & 2 & 3 \\ 7 & 6 & 1 \end{vmatrix} = (-1)^{(1+1)}8\begin{vmatrix} 2 & 3 \\ 6 & 1 \end{vmatrix} + (-1)^{(2+1)}1\begin{vmatrix} 9 & 2 \\ 6 & 1 \end{vmatrix} + (-1)^{(3+1)}7\begin{vmatrix} 9 & 2 \\ 2 & 3 \end{vmatrix}$$

$$= 8(2-18) - (9-12) + 7(27-4) = -128 + 3 + 161 = 36$$

よってクラメールの公式をもちいて,

$$\begin{cases} \bar{x}_1 = \dfrac{|\mathbf{A}_1|}{|\mathbf{A}|} = -\dfrac{60}{48} = -\dfrac{5}{4} \\ \bar{x}_2 = \dfrac{|\mathbf{A}_2|}{|\mathbf{A}|} = \dfrac{48}{48} = 1 \\ \bar{x}_3 = \dfrac{|\mathbf{A}_3|}{|\mathbf{A}|} = \dfrac{36}{48} = \dfrac{3}{4} \end{cases} \tag{6.40}$$

(3) ガウスの消去法

他に手計算の解法としては,係数と定数項をブロックとしてつくられる拡大係数行列,$(\mathbf{A}\ \mathbf{d})$ にたいし基本変形(ここでは,(1) 行の順番を変える,(2) ある行を何倍かして他の行に加える,(3) ある行に 0 でない数を掛ける,からなる基本行変形をもちいる)を施していくガウスの消去法が知られている.

$$(\mathbf{A}\mathbf{d}) = \begin{pmatrix} 8 & 9 & 4 & 2 \\ 1 & 2 & 3 & 3 \\ 7 & 6 & 5 & 1 \end{pmatrix} \xrightarrow{R_2 \longleftrightarrow R_1} \begin{pmatrix} 1 & 2 & 3 & 3 \\ 8 & 9 & 4 & 2 \\ 7 & 6 & 5 & 1 \end{pmatrix} \xrightarrow{\substack{R_2 - 8 \times R_1 \\ R_3 - 7 \times R_1}} \begin{pmatrix} 1 & 2 & 3 & 3 \\ 0 & -7 & -20 & -22 \\ 0 & -8 & -16 & -20 \end{pmatrix}$$

$$\xrightarrow{R_2 - R_3} \begin{pmatrix} 1 & 2 & 3 & 3 \\ 0 & 1 & -4 & -2 \\ 0 & -8 & -16 & -20 \end{pmatrix} \xrightarrow{\substack{R_1 - 2 \times R_2 \\ R_3 + 8 \times R_2}} \begin{pmatrix} 1 & 0 & 11 & 7 \\ 0 & 1 & -4 & -2 \\ 0 & 0 & -48 & -36 \end{pmatrix}$$

$$\xrightarrow{R_3 \div (-48)} \begin{pmatrix} 1 & 0 & 11 & 7 \\ 0 & 1 & -4 & -2 \\ 0 & 0 & 1 & \frac{3}{4} \end{pmatrix} \xrightarrow{\substack{R_1 - 11 \times R_3 \\ R_2 + 4 \times R_3}} \begin{pmatrix} 1 & 0 & 0 & -\frac{5}{4} \\ 0 & 1 & 0 & 1 \\ 0 & 0 & 1 & \frac{3}{4} \end{pmatrix} \implies \bar{\mathbf{x}} = \begin{pmatrix} -\frac{5}{4} \\ 1 \\ \frac{3}{4} \end{pmatrix}$$

上式中の R_i はその時点の拡大行列の第 i 行を示す.拡大行列にたいし,基本変形を繰り返して左上から単位行列のブロックをつくったとき,最右列の要素が解 $\bar{\mathbf{x}}$ に等しくなる.

これはさきに解説した行列式の性質と連立方程式の同値変形に相当している（行列式の性質②，④，⑤に対応）．基本変形により行列式の符号や倍数が変化するが，クラメールの公式からわかるように分母・分子でその効果が相殺され，解は変わらないことがわかる．

さらにガウスの消去法は方程式と変数の数が一致しない連立方程式系にももちいることができ，またその過程で同時に係数行列の階数を知ることができる（単位行列ブロックの次数が階数になる）．詳しい解法については省略する．

問6.5 以下の連立方程式をクラメールの公式をもちいて解きなさい．

(1) $\begin{cases} x_1 - x_2 + x_3 = 1 \\ -x_1 + x_2 + x_3 = 1 \\ x_1 + x_2 - x_3 = -1 \end{cases}$ (2) $\begin{cases} 4x_1 + 9x_2 + 2x_3 = 15 \\ 3x_1 + 5x_2 + 7x_3 = 15 \\ 8x_1 + 1x_2 + 6x_3 = 15 \end{cases}$

(4) 均衡分析の例

経済学において，連立方程式をもちいる代表的な分野として均衡分析がある．

例6.3（複数財市場の均衡）

第1財の需要は，第2財と第3財にたいして補完的な関係にあり，第2財と第3財は競合的な関係にあるとする．各財の需要関数 $D_i = D_i(P_1, P_2, P_3)$，$i = 1, 2, 3$，および供給関数 $S_i = S_i(P_1, P_2, P_3)$，$i = 1, 2, 3$ が以下のようにあたえられる場合の均衡解をもとめる．ここで，P_1, P_2, P_3 は各財の価格である．

$$D_1 = 15 - 2P_1 - 2P_2 - P_3, \quad S_1 = -3 + 3P_1$$
$$D_2 = 10 - 3P_2 + 2P_3, \quad S_2 = -5 + 5P_2$$
$$D_3 = 7 + P_2 - P_3, \quad S_3 = -1 + 2P_3$$

均衡条件，$D_i = S_i$，$i = 1, 2, 3$ より，

$$\begin{cases} 5P_1 + 2P_2 + P_3 = 18 \\ 8P_2 - 2P_3 = 15 \\ -P_2 + 3P_3 = 8 \end{cases}$$

均衡価格はこの連立方程式の解，$\bar{P}_1, \bar{P}_2, \bar{P}_3$ をもとめることにより得られる．
また，

$$\mathbf{A}=\begin{pmatrix} 5 & 2 & 1 \\ 0 & 8 & -2 \\ 0 & -1 & 3 \end{pmatrix}, \quad \mathbf{p}=\begin{pmatrix} P_1 \\ P_2 \\ P_3 \end{pmatrix}, \quad \mathbf{d}=\begin{pmatrix} 18 \\ 15 \\ 8 \end{pmatrix} \tag{6.41}$$

と表記すれば，均衡解は行列表記されたモデル，$\mathbf{Ap}=\mathbf{d}$ の解である．これをクラメールの公式によって解く．計算に必要な各行列式は，

$$|\mathbf{A}|=\begin{vmatrix} 5 & 2 & 1 \\ 0 & 8 & -2 \\ 0 & -1 & 3 \end{vmatrix}=5\begin{vmatrix} 8 & -2 \\ -1 & 3 \end{vmatrix}=5(24-2)=110$$

$$|\mathbf{A}_1|=\begin{vmatrix} 18 & 2 & 1 \\ 15 & 8 & -2 \\ 8 & -1 & 3 \end{vmatrix}=18\begin{vmatrix} 8 & -2 \\ -1 & 3 \end{vmatrix}-15\begin{vmatrix} 2 & 1 \\ -1 & 3 \end{vmatrix}+8\begin{vmatrix} 2 & 1 \\ 8 & -2 \end{vmatrix}$$

$$=18(24-2)-15(6+1)+8(-4-8)=396-105-96=195$$

$$|\mathbf{A}_2|=\begin{vmatrix} 5 & 18 & 1 \\ 0 & 15 & -2 \\ 0 & 8 & 3 \end{vmatrix}=5\begin{vmatrix} 15 & -2 \\ 8 & 3 \end{vmatrix}=5(45+16)=305$$

$$|\mathbf{A}_3|=\begin{vmatrix} 5 & 2 & 18 \\ 0 & 8 & 15 \\ 0 & -1 & 8 \end{vmatrix}=5\begin{vmatrix} 8 & 15 \\ -1 & 8 \end{vmatrix}=5(64+15)=395$$

よって均衡価格は，

$$\bar{P}_1=\frac{|\mathbf{A}_1|}{|\mathbf{A}|}=\frac{195}{110}\approx 1.77, \quad \bar{P}_2=\frac{|\mathbf{A}_2|}{|\mathbf{A}|}=\frac{305}{110}\approx 2.77, \quad \bar{P}_3=\frac{|\mathbf{A}_3|}{|\mathbf{A}|}=\frac{395}{110}\approx 3.59$$

さらに均衡需給量も解としてもとめる場合は，さきの需要関数あるいは供給関数の式にこの均衡価格を代入すればよい．

例6.4（国民所得モデル）

国民所得 Y，消費 C，投資 I_0，政府支出 G_0 として，以下のような簡単な国

民所得モデルを例に，均衡解をもとめてみる．

$$\begin{cases} Y = C + I_0 + G_0 \\ C = c_0 + cY \end{cases}$$

ここで c_0, c は定数であり，それぞれ基礎消費，限界消費性向とよばれる．

Y, C を内生変数として左辺に，I_0, G_0 を外生変数として右辺に整理すれば，

$$\begin{cases} Y - C = I_0 + G_0 \\ -cY + C = c_0 \end{cases}$$

この連立方程式を解けば，所得および消費の均衡水準，$\bar{Y}$ および，$\bar{C}$ をもとめることができる．また，

$$\mathbf{A} = \begin{pmatrix} 1 & -1 \\ -c & 1 \end{pmatrix}, \quad \mathbf{x} = \begin{pmatrix} Y \\ C \end{pmatrix}, \quad \mathbf{d} = \begin{pmatrix} I_0 + G_0 \\ c_0 \end{pmatrix}$$

とすれば，均衡解は行列表記されたモデル $\mathbf{Ax} = \mathbf{d}$ の解 $\bar{\mathbf{x}} = \begin{pmatrix} \bar{Y} \\ \bar{C} \end{pmatrix}$ である．

クラメールの公式をもちいるために必要な行列式は，

$$|\mathbf{A}| = \begin{vmatrix} 1 & -1 \\ -c & 1 \end{vmatrix} = 1 - c, \quad |\mathbf{A}_1| = \begin{vmatrix} I_0 + G_0 & -1 \\ c_0 & 1 \end{vmatrix} = I_0 + G_0 + c_0$$

$$|\mathbf{A}_2| = \begin{vmatrix} 1 & I_0 + G_0 \\ -c & c_0 \end{vmatrix} = c_0 + c(I_0 + G_0)$$

よって所得および消費の均衡水準は，

$$\bar{Y} = \frac{|\mathbf{A}_1|}{|\mathbf{A}|} = \frac{I_0 + G_0 + c_0}{1 - c}, \quad \bar{C} = \frac{|\mathbf{A}_2|}{|\mathbf{A}|} = \frac{c_0 + c(I_0 + G_0)}{1 - c}$$

もちろん，この程度の問題ならば，$\mathbf{A}^{-1} = \frac{1}{|\mathbf{A}|} adj \mathbf{A} = \frac{1}{1-c} \begin{pmatrix} 1 & c \\ 1 & 1 \end{pmatrix}^T = \frac{1}{1-c} \begin{pmatrix} 1 & 1 \\ c & 1 \end{pmatrix}$ から，直接 $\bar{\mathbf{x}} = \mathbf{A}^{-1} \mathbf{d}$ を計算することも可能である．

今日において経済分析にもちいられる連立方程式系は巨大なものであり，行列演算はコンピュータに依存することが多い．クラメールの公式もガウスの消去法も，むしろ理論の理解のための役割が強まっている．

6.2 最適化問題への行列と行列式の応用

6.2.1 制約なしの最適化問題（2変数）

本節では，行列と行列式の表現をもちいた最適化問題の解の条件について議論する．すでに第4章でとりあげた多変数関数の最適化問題の議論とまったく同様であるが，その条件を記述する上で行列および行列式をもちいることがきわめて有用であることを示す．

まず2変数関数 $f(\mathbf{x})$ の最適化問題を，行列と行列式によって記述しなおす．第4章の定理4.1を再度述べておこう．ただし変数名などの表記法はこれからの行列をもちいた説明にそうように若干変更してある．

定理4.1　2変数関数の極値の判定（再出）

2変数関数 $f(x_1, x_2)$ において，$f_1(a, b) = \dfrac{\partial f}{\partial x_1}(a, b) = 0$ かつ $f_2(a, b) = \dfrac{\partial f}{\partial x_2}(a, b) = 0$ を成り立たせる点 $A(a, b)$ で，

$$D(a, b) = f_{11}(a, b) f_{22}(a, b) - \{f_{12}(a, b)\}^2$$

とおいたとき（ただし $f_{12} = f_{21}$），

(1)　$f_{11}(a, b) > 0,\ \ D(a, b) > 0 \implies$ 点 $A(a, b)$ で極小
(2)　$f_{11}(a, b) < 0,\ \ D(a, b) > 0 \implies$ 点 $A(a, b)$ で極大
(3)　$D(a, b) < 0 \implies$ 点 $\mathbf{A}(a, b)$ で極値をとらない
(4)　$D(a, b) = 0 \implies f_{11}$ と $D(a, b)$ だけでは判定できない

ヘッセ行列式　　すでに第4章で述べたように，

$$D(a, b) = f_{11}(a, b) f_{22}(a, b) - f_{12}(a, b)^2 = \begin{vmatrix} f_{11}(a, b) & f_{12}(a, b) \\ f_{21}(a, b) & f_{22}(a, b) \end{vmatrix} \quad (6.42)$$

をヘッセ行列式という．また，ヘッセ行列式のもとになる2階の偏導関数を要素とする行列

$$\mathbf{H}(a,b) = \begin{pmatrix} f_{11}(a,b) & f_{12}(a,b) \\ f_{21}(a,b) & f_{22}(a,b) \end{pmatrix} \tag{6.43}$$

はヘッセ行列という．したがって，ヘッセ行列式は $D(a,b) = |\mathbf{H}(a,b)|$ と表記することができる（ヘッセ行列式自体は数であるので，$H(a,b)$ のように表記する場合もあるが，本節では行列および行列式の記法にしたがっておく）．

行列式の最初の k 行 k 列からなる行列式 $|\mathbf{H}_k(a,b)|$ は，主座小行列式といい，2変数関数の場合はヘッセ行列式は2次であるので，ヘッセ行列式の主座小行列式は以下に示すように，ヘッセ行列式の第 $(1,1)$ 要素（第1主座行列式）と，それ自体（第2主座行列式）の2つである．

$$|\mathbf{H}_1(a,b)| = f_{11}(a,b), \quad |\mathbf{H}_2(a,b)| = \begin{vmatrix} f_{11}(a,b) & f_{12}(a,b) \\ f_{21}(a,b) & f_{22}(a,b) \end{vmatrix} \quad (=|\mathbf{H}(a,b)|) \tag{6.44}$$

この定義から，最初の2つの条件は，主座小行列式をもちいれば

(1) $f_{11}(a,b) > 0, \quad D(a,b) > 0 \iff |\mathbf{H}_1(a,b)| > 0, \quad |\mathbf{H}_2(a,b)| > 0$
  $\implies$ 点 $A(a,b)$ で極小
(2) $f_{11}(a,b) < 0, \quad D(a,b) > 0 \iff |\mathbf{H}_1(a,b)| < 0, \quad |\mathbf{H}_2(a,b)| > 0$
  $\implies$ 点 $A(a,b)$ で極大

実はこの条件は，それぞれ点 $A(a,b)$ でのヘッセ行列 $\mathbf{H}(a,b)$ が，(1) 正値（定符号），(2) 負値（定符号）であることと同値である．

2次形式　ここで，2次の正方行列 $\mathbf{A} = \begin{pmatrix} a_{11} & a_{12} \\ a_{21} & a_{22} \end{pmatrix} = [a_{ij}]_2$ が負値あるいは正値であるとは，任意のともにゼロでない x_1 と x_2 を要素とするベクトル $\mathbf{x} = (x_1 \ x_2)^T$（すなわち，$\mathbf{x} \neq 0$）にたいして，2次形式

$$\begin{aligned}
\sum_{i=1}^{2}\sum_{j=1}^{2} a_{ij} x_i x_j &= a_{11} x_1^2 + (a_{12} + a_{21}) x_1 x_2 + a_{22} x_2^2 \\
&= a_{11} x_1^2 + a_{12} x_1 x_2 + a_{21} x_2 x_1 + a_{22} x_2^2 \\
&= x_1 (a_{11} x_1 + a_{12} x_2) + x_2 (a_{21} x_1 + a_{22} x_2) \\
&= (x_1 \ x_2)^T \begin{pmatrix} a_{11} x_1 + a_{12} x_2 \\ a_{21} x_1 + a_{22} x_2 \end{pmatrix}
\end{aligned}$$

$$= (x_1 \ x_2)^T \begin{pmatrix} a_{11} & a_{12} \\ a_{21} & a_{22} \end{pmatrix} \begin{pmatrix} x_1 \\ x_2 \end{pmatrix}$$
$$= \mathbf{x}^T \mathbf{A} \mathbf{x}$$

が正（$\mathbf{x}^T\mathbf{A}\mathbf{x}>0$）あるいは負（$\mathbf{x}^T\mathbf{A}\mathbf{x}<0$）であることである．これは行列 $\mathbf{A}$ の要素の符号には関係がなく，その行列が関係する2次形式 $\mathbf{x}^T\mathbf{A}\mathbf{x}$ の符号をさしていることに注意しよう．すなわち，いかなる $\mathbf{x}\neq 0$ と2次形式をつくっても，その符号がつねに正あるいは負のいずれかであることを示しているのである．したがって，たとえば正値の行列ならば，正確には正値定符号2次形式行列とでもよぶべきものである．

もし2次形式の符号が非負（$\mathbf{x}^T\mathbf{A}\mathbf{x}\geq 0$）あるいは非正（$\mathbf{x}^T\mathbf{A}\mathbf{x}\leq 0$）である場合は，それぞれ半正値（定符号），半負値（定符号）とよばれる．

2次形式といわれるのは，上式のように多項式の各項の指数の和が，x_1^2, x_1x_2, x_2x_1, x_2^2 のようにみなおなじく2次になっているためであり，またこのような各項がおなじ次数をもつ n 次同次多項式は，n 次形式ともよばれるからである．

また，ここで行列 $\mathbf{A}$ は一般性を失わずに対称行列という仮定をおくことができることに注意しよう．なぜならば，$(a_{12}+a_{21})x_1x_2=d\cdot x_1x_2$ ならば，$a_{12}=a_{21}=\dfrac{d}{2}$ のように非対称要素をおきかえても，2次形式自体は変わらないからである．

いま，行列 $\mathbf{A}$ を対称行列と仮定して，2次形式を以下のように変形すれば，

$$\begin{aligned}
\mathbf{x}^T\mathbf{A}\mathbf{x} &= \sum_{i=1}^{2}\sum_{j=1}^{2} a_{ij}x_ix_j \\
&= a_{11}x_1^2 + 2a_{12}x_1x_2 + a_{22}x_2^2 \\
&= a_{11}\left(x_1+\frac{a_{12}}{a_{11}}x_2\right)^2 + \frac{a_{11}a_{22}-a_{12}^2}{a_{11}}x_2^2 \\
&= |\mathbf{A}_1|\left(x_1+\frac{a_{12}}{a_{11}}x_2\right)^2 + \frac{|\mathbf{A}_2|}{a_{11}}x_2^2
\end{aligned} \quad (6.45)$$

ここで，$|\mathbf{A}_1|=a_{11}$, $|\mathbf{A}_2|=a_{11}a_{22}-a_{12}^2(=|\mathbf{A}|)$ はそれぞれ行列式 $|\mathbf{A}|$ の第1，第2主座小行列式である．したがって，まず以下のように主座小行列式の符号条件が，行列の正値または負値の十分条件になっていることがわかる．

$$|\mathbf{A}_1|>0, \quad |\mathbf{A}_2|>0 \implies \mathbf{x}^T\mathbf{A}\mathbf{x}>0$$
$$|\mathbf{A}_1|<0, \quad |\mathbf{A}_2|>0 \implies \mathbf{x}^T\mathbf{A}\mathbf{x}<0$$

また必要条件については，(6.45) の第 2 項をゼロにするような $\mathbf{x}$ の値，$\mathbf{x}=(x_1 \quad 0)^T$，および第 1 項をゼロにするような $\mathbf{x}=(-a_{12} \quad a_{11})^T$ を代入すれば，それぞれ $a_{11}x_{11}^2$，$a_{11}(a_{11}a_{22}-a_{12}^2)$ を得るので証明できる．

$$\mathbf{x}^T\mathbf{A}\mathbf{x}>0 \implies |\mathbf{A}_1|>0, \quad |\mathbf{A}_2|>0$$
$$\mathbf{x}^T\mathbf{A}\mathbf{x}<0 \implies |\mathbf{A}_1|<0, \quad |\mathbf{A}_2|>0$$

すなわち，以上を整理すれば，

$$|\mathbf{A}_k|>0 \quad k=1,2 \iff \mathbf{x}^T\mathbf{A}\mathbf{x}>0 \tag{6.46}$$
$$(-1)^k|\mathbf{A}_k|>0 \quad k=1,2 \iff \mathbf{x}^T\mathbf{A}\mathbf{x}<0 \tag{6.47}$$

のように主座小行列式の符号条件は，対称行列 $\mathbf{A}$ の正値，負値の必要十分条件である．

2 次形式としての全微分 ここでもとにもどって，行列 $\mathbf{A}$ のかわりに 2 階の偏導関数を要素とするヘッセ行列式 $|\mathbf{H}(a,b)|$ について考えれば，関数 $f(x_1, x_2)$ が点 $A(a, b)$ で極値をもつための条件は，$\mathbf{x}^T\mathbf{H}(a,b)\mathbf{x}>0$ のとき極小値，$\mathbf{x}^T\mathbf{H}(a,b)\mathbf{x}<0$ のとき極大値であることがわかる．

いま，$\mathbf{x}\neq 0$ なる任意の $\mathbf{x}$ を $\mathbf{x}=(dx_1 \quad dx_2)^T$ とおこう．するとヘッセ行列式 $|\mathbf{H}(a,b)|$ との 2 次形式は，

$$\mathbf{x}^T\mathbf{H}(a,b)\mathbf{x}=\sum_{i=1}^{2}\sum_{j=1}^{2}f_{ij}(a,b)dx_idx_j \tag{6.48}$$

この 2 次形式の式は点 $A(a, b)$ での 2 階の全微分，

$$dy^2(a,b)=\sum_{i=1}^{2}\sum_{j=1}^{2}f_{ij}(a,b)dx_idx_j$$

そのものである．すなわち 1 変数と同様に点 $A(a, b)$ において 2 階の全微分が正であれば極小値，負であれば極大値である．

ここで注意しなければならないこととして，2 次形式においては 2 階の偏導関数 $f_{ij}(a,b)$ は定数として，dx_1, dx_2 は変数としてあつかわれているが，これ

にたいして全微分をもとめる場合は逆に偏導関数が変数，dx_1, dx_2 が定数としてあつかわれることがあげられる．ただし後者も極値を議論する特定の点においては偏導関数も特定の値をとるので定数とみなすことができる．

以上のことは3変数以上の関数においても成り立つ．つぎの項で，3変数以上の最適化問題について，定理4.1を拡張した定理をあたえる．

6.2.2 一般的な行列の正値，負値

n 変数の関数 $y=f(x_1, x_2, \cdots, x_n)$ をベクトル $\mathbf{x}=(x_1 \ x_2 \ \cdots \ x_n)^T$ をもちいて $y=f(\mathbf{x})$ と表記する．このとき，関数 $f(\mathbf{x})$ の2階偏導関数 $f_{ij}=\dfrac{\partial^2 f}{\partial x_i \partial x_j}(\mathbf{x})$ からなるヘッセ行列は，

$$\mathbf{H}(\mathbf{x})=\begin{pmatrix} f_{11} & f_{12} & \cdots & f_{1n} \\ f_{21} & f_{22} & \cdots & f_{2n} \\ \vdots & \vdots & \ddots & \vdots \\ f_{n1} & f_{n2} & \cdots & f_{nn} \end{pmatrix} \tag{6.49}$$

ただし，$f_{ij}=f_{ji}$ $(i, j=1, 2, \cdots, n)$

であり，行列式 $|\mathbf{H}(\mathbf{x})|$ がヘッセ行列式になる．このヘッセ行列式の最初の k 行 k 列からなる行列式が（k 次の）主座小行列式 $|\mathbf{H}_k(\mathbf{x})|$ であり，

$$|\mathbf{H}_k(\mathbf{x})|=\begin{vmatrix} f_{11} & f_{12} & \cdots & f_{1k} \\ f_{21} & f_{22} & \cdots & f_{2k} \\ \vdots & \vdots & \ddots & \vdots \\ f_{k1} & f_{k2} & \cdots & f_{kk} \end{vmatrix} \quad k=1, 2, \cdots, n \tag{6.50}$$

と定義する．つぎの定理を証明なしで述べておこう．

定理6.1（行列の正値）

つぎの2つの命題は同値である．
1. 対称行列 $\mathbf{A}$ は正値である．
2. 対称行列 $\mathbf{A}$ の任意の k 次の主座小行列式の符号が正である．すなわち，$|\mathbf{A}_k|>0$, $k=1, 2, \cdots, n$ である．

定理6.2（行列の負値）

つぎの2つの命題は同値である．
1. 対称行列 $\mathbf{A}$ は負値である．
2. 対称行列 $\mathbf{A}$ の各主座小行列式の符号が

$$|\mathbf{A}_1|=a_{11}<0, \quad |\mathbf{A}_2|=\begin{vmatrix} a_{11} & a_{12} \\ a_{21} & a_{22} \end{vmatrix}>0, \quad |\mathbf{A}_3|=\begin{vmatrix} a_{11} & a_{12} & a_{13} \\ a_{21} & a_{22} & a_{23} \\ a_{31} & a_{32} & a_{33} \end{vmatrix}<0, \quad \cdots$$

$$\cdots, \quad |\mathbf{A}_n|=(-1)^n\begin{vmatrix} a_{11} & a_{12} & \cdots & a_{1n} \\ a_{21} & a_{22} & \cdots & a_{2n} \\ \vdots & \vdots & \ddots & \vdots \\ a_{n1} & a_{n2} & \cdots & a_{nn} \end{vmatrix}>0$$

のような規則性をもつ，すなわち，任意の k 次の主座小行列式の符号が $(-1)^k|\mathbf{A}_k|>0, k=1,2,\cdots,n$ である．

ヘッセ行列は対称行列であるから，n 変数の関数について，定理4.1はつぎのようにあらためて表現できる．

定理6.3（多変数関数の極値の判定）

多変数関数 $y=f(\mathbf{x})$ において，

$$f_1(\mathbf{x}^0)=0, \quad f_2(\mathbf{x}^0)=0, \cdots, f_n(\mathbf{x}^0)=0$$

を成り立たせる点 $\mathbf{x}^0$ において，

(1) $|\mathbf{H}_k(\mathbf{x}^0)|>0, k=1,2,\cdots,n \implies$ 点 $\mathbf{x}^0$ で極小（$d^2y(\mathbf{x}^0)$ は正値）．
(2) $(-1)^k|\mathbf{H}_k(\mathbf{x}^0)|>0, k=1,2,\cdots,n \implies$ 点 $\mathbf{x}^0$ で極大（$d^2y(\mathbf{x}^0)$ は負値）．
(3) 2次形式の符号が不定 $\implies$ 点 $\mathbf{x}^0$ で極値をとらない．
(4) 2次形式の値がゼロ $\implies$ 極値については判定できない．

6.2.3 制約付き最適化問題

3変数以上の制約付き最適化問題の極値の判定の議論は，制約なしの最適値

第6章 経済学における行列と行列式　　　191

問題と基本的には同様である．そのことを，第4章の定理4.2と定理4.3を前提として拡張しよう．ここでも，変数名などの表記法はこれからの行列をもちいた説明にそうように若干変更してある．

定理4.3（極値をとるための2階の条件，再出）

$(x_1, x_2)=(a, b)$ をラグランジュ関数 (4.23)

$$L(x_1, x_2, \lambda)=f(x_1, x_2)+\lambda g(x_1, x_2)$$

の停留点とし，行列式

$$|\hat{\mathbf{H}}(a, b)|=\begin{vmatrix} 0 & g_1(a, b) & g_2(a, b) \\ g_1(a, b) & L_{11}(a, b) & L_{12}(a, b) \\ g_2(a, b) & L_{21}(a, b) & L_{22}(a, b) \end{vmatrix}$$

をつくる（ただし，$L_{12}=L_{21}$）．このとき，

(1) $|\hat{\mathbf{H}}(a, b)|>0$ ならば関数 $f(x_1, x_2)$ は点 (a, b) で極大値をとる
(2) $|\hat{\mathbf{H}}(a, b)|<0$ ならば関数 $f(x_1, x_2)$ は点 (a, b) で極小値をとる．
(3) $|\hat{\mathbf{H}}(a, b)|=0$ のときには，判定できない．

すでにのべたように，この行列式 $|\hat{\mathbf{H}}(a, b)|$ は縁付きヘッセ行列式とよばれる．この行列式をより一般的な関数記号，$y=f(x_1, x_2)$ をもちいてかきなおしてみれば，

$$|\hat{\mathbf{H}}(a, b)|=\begin{vmatrix} 0 & g_1(a, b) & g_2(a, b) \\ g_1(a, b) & f_{11}(a, b) & f_{12}(a, b) \\ g_2(a, b) & f_{21}(a, b) & f_{22}(a, b) \end{vmatrix} \tag{6.51}$$

$$=-\{f_{11}(a, b)g_2^2(a, b)-2f_{12}(a, b)g_1(a, b)g_2(a, b)+f_{22}(a, b)g_1^2(a, b)\}$$

である（ただし，$f_{12}=f_{21}$）．

この定理4.3の極値をとるための2階の条件は，

$$g_1(a, b)dx_1+g_2(a, b)dx_2=0$$

を満たす $\mathbf{x}=(dx_1, dx_2)\neq 0$ にたいして，制約なしの問題と同様に，2次形式

$$dy^2(a,b) = \sum_{i=1}^{2}\sum_{j=1}^{2} f_{ij}(a,b)dx_i dx_j = \mathbf{x}^T \mathbf{H}(a,b)\mathbf{x}$$

が正値であれば極小であり，負値であれば極大であることである．この 2 次形式はつぎのようにかきかえられる．いま，$g_2(a,b) \neq 0$ として，

$$dx_2 = -\frac{g_1(a,b)}{g_2(a,b)}dx_1$$

を得る．これを 2 次形式に代入すると，

$$dy^2(a,b) = f_{11}(a,b)dx_1 dx_1 + 2f_{12}(a,b)dx_1 dx_2 + f_{22}(a,b)dx_2 dx_2$$
$$= \frac{dx_1^2}{g_2^2(a,b)}\{f_{11}(a,b)g_2^2(a,b) - 2f_{12}(a,b)g_1(a,b)g_2(a,b) + f_{22}(a,b)g_1^2(a,b)\}$$

である．すなわち (6.51) と比較すれば，縁付きヘッセ行列式の符号は 2 変数の場合には 2 次形式の符号を逆にしたものであることがわかる．したがって，縁付きヘッセ行列式 $|\hat{\mathbf{H}}(a,b)|$ が正値であれば極大であり，負値であれば極小になる．

n 変数の場合も同様に議論することができる．制約条件 $g(x_1, x_2, \cdots, x_n) = g(\mathbf{x}) = c$ のもとでの目的関数 $f(x_1, x_2, \cdots, x_n) = f(\mathbf{x})$ を考える．すなわち，n 次元の点 $\mathbf{x}^0 = (x^0_1 \quad x^0_2 \quad \cdots \quad x^0_n)^T$ において (注意：右肩の 0 は特別な点であることを意味する記号であり指数ではない)，

$$g_1(\mathbf{x}^0)dx_1 + g_2(\mathbf{x}^0)dx_2 + \cdots + g_n(\mathbf{x}^0)dx_n = 0$$

を満足する任意の $\mathbf{x} = (dx_1 \quad dx_2 \quad \cdots \quad dx_n)^T \neq 0$ について，2 階の全微分

$$dy^2(\mathbf{x}^0) = \sum_{i=1,j=n}^{n} f_{ij}(\mathbf{x}^0)dx_{ij} = \mathbf{x}^T \mathbf{H}(\mathbf{x}^0)\mathbf{x}$$

が正ならば極小値，負ならば極大値である．したがって，2 変数の場合と同様に，$g_1(\mathbf{x}^0) \neq 0$ とし，

$$dx_1 = -\frac{g_2(\mathbf{x}^0)dx_2 + g_3(\mathbf{x}^0)dx_3 + \cdots + g_n(\mathbf{x}^0)dx_n}{g_1(\mathbf{x}^0)}$$

を 2 階の全微分に代入すれば，

$$dy^2(\mathbf{x}^0) = \sum_{i,j=2}^{n} D_{ij} dx_i dx_j$$

となる．ここで，

$$D_{ij} = g_1^{-2}(\mathbf{x}^0) g_i(\mathbf{x}^0) g_j(\mathbf{x}^0) - g_1^{-1}(\mathbf{x}^0) g_j(\mathbf{x}^0) f_{i1}(\mathbf{x}^0)$$
$$- g_1^{-1}(\mathbf{x}^0) g_i(\mathbf{x}^0) f_{1j}(\mathbf{x}^0) + f_{ij}(\mathbf{x}^0)$$

である．したがって，全微分の符号は，行列

$$\begin{pmatrix} D_{22} & D_{23} & \cdots & D_{2n} \\ D_{32} & D_{33} & \cdots & D_{3n} \\ \vdots & \vdots & \ddots & \vdots \\ D_{n2} & D_{n3} & \cdots & D_{nn} \end{pmatrix}$$

の2次形式の符号で決まる．このとき，この行列式について

$$\begin{vmatrix} D_{22} & \cdots & D_{2n} \\ \vdots & \ddots & \vdots \\ D_{n2} & \cdots & D_{nn} \end{vmatrix} = -\frac{1}{g_1^2(\mathbf{x}^0)} \begin{vmatrix} 0 & g_1(\mathbf{x}^0) & \cdots & g_n(\mathbf{x}^0) \\ g_1(\mathbf{x}^0) & f_{11}(\mathbf{x}^0) & \cdots & f_{1n}(\mathbf{x}^0) \\ \vdots & \vdots & \ddots & \vdots \\ g_n(\mathbf{x}^0) & f_{n1}(\mathbf{x}^0) & \cdots & f_{nn}(\mathbf{x}^0) \end{vmatrix} \quad (6.52)$$

であることを示すことができる（これを練習問題として証明せよ）．この関係はそれぞれの主座小行列式についても成立する．

上式の右辺の| |にかこまれた行列式の部分は，n次のヘッセ行列式にたいし，第1列と第1行にそれぞれ制約式の1階導関数を要素にするベクトル

$$\begin{pmatrix} 0 & g_1(\mathbf{x}^0) & \cdots & g_n(\mathbf{x}^0) \end{pmatrix}^T$$

とその転置によって縁をつけた，縁付きヘッセ行列になっている．

$$|\hat{\mathbf{H}}(\mathbf{x}^0)| = \begin{vmatrix} 0 & g_1(\mathbf{x}^0) & \cdots & g_n(\mathbf{x}^0) \\ g_1(\mathbf{x}^0) & f_{11}(\mathbf{x}^0) & \cdots & f_{1n}(\mathbf{x}^0) \\ \vdots & \vdots & \ddots & \vdots \\ g_n(\mathbf{x}^0) & f_{n1}(\mathbf{x}^0) & \cdots & f_{nn}(\mathbf{x}^0) \end{vmatrix}$$

よって，2変数の場合と同様に，縁付きヘッセ行列式$|\hat{\mathbf{H}}(\mathbf{x}^0)|$の符号は2次形式の符号を逆にしたものであることに注意しよう．すなわち，

$$|\hat{\mathbf{H}}_k(\mathbf{x}^0)|<0 \iff dy^2(\mathbf{x}^0) \text{ は正値}.$$
$$(-1)^k|\hat{\mathbf{H}}_k(\mathbf{x}^0)|>0 \iff dy^2(\mathbf{x}^0) \text{ は負値}.$$
$$\text{ただし, } k=2,3,\cdots,n$$

ここで，縁付きヘッセ行列式の主座小行列式 $|\hat{\mathbf{H}}_k(\mathbf{x}^0)|$ の添字 k は，単純なヘッセ行列式の k 次主座小行列式 $|\mathbf{H}_k(\mathbf{x}^0)|$ と対応するようにしてある．すなわち $|\hat{\mathbf{H}}_k(\mathbf{x}^0)|$ とは $|\mathbf{H}_k(\mathbf{x}^0)|$ に g の偏導関数による縁をつけたものであり，その行列式としての次数は $k+1$ である．

以上のことからつぎの定理が得られる．

定理6.4i（n 変数の2階の条件）

$\mathbf{x}^0=(x^0{}_1 \quad x^0{}_2 \quad \cdots \quad x^0{}_n)^T$ を停留点とし，縁付きヘッセ行列の主座小行列式

$$|\hat{\mathbf{H}}_k(\mathbf{x}^0)|=\begin{vmatrix} 0 & g_1(\mathbf{x}^0) & \cdots & g_n(\mathbf{x}^0) \\ g_1(\mathbf{x}^0) & f_{11}(\mathbf{x}^0) & \cdots & f_{1k}(\mathbf{x}^0) \\ \vdots & \vdots & \ddots & \vdots \\ g_k(\mathbf{x}^0) & f_{k1}(\mathbf{x}^0) & \cdots & f_{kk}(\mathbf{x}^0) \end{vmatrix} \quad k=2,3,\cdots,n$$

をつくる．このとき，

(1) $|\hat{\mathbf{H}}_k(\mathbf{x}^0)|<0$, $k=2,3,\cdots,n$ ならば，$f(\mathbf{x}^0)$ は極小値．
(2) $(-1)^k|\hat{\mathbf{H}}_k(\mathbf{x}^0)|>0$, $k=2,3,\cdots,n$ ならば，$f(\mathbf{x}^0)$ は極大値．

例6.5

制約条件 $x_1+x_2+x_3=1$ のもとで，関数 $f(x_1,x_2,x_3)=x_1{}^2+x_2{}^2+x_3{}^2$ の停留点 $\left(\dfrac{1}{3},\dfrac{1}{3},\dfrac{1}{3}\right)$ の極大，極小を判定しよう．$g(x_1,x_2,x_3)=x_1+x_2+x_3-1=0$ として，ラグランジュ関数をつくれば，

$$\begin{aligned}L(x_1,x_2,x_3,\lambda)&=f(x_1,x_2,x_3)+\lambda g(x_1,x_2,x_3)\\&=x_1{}^2+x_2{}^2+x_3{}^2+\lambda(x_1+x_2+x_3-1)\end{aligned}$$

であるから，1階の条件

$$L_1 = 2x_1 + \lambda = 0, \quad L_2 = 2x_2 + \lambda = 0, \quad L_3 = 2x_3 + \lambda = 0$$
$$L_\lambda = x_1 + x_2 + x_3 - 1 = 0$$

より，$x_1 = x_2 = x_3 = -\dfrac{\lambda}{2}$ および $x_1 + x_2 + x_3 = 1$ を解けば，$\left(\dfrac{1}{3}, \dfrac{1}{3}, \dfrac{1}{3}\right)$ が停留点であることは容易に確認できるだろう．

さらに極大，極小の判定のために縁付きヘッセ行列をつくってみよう．まず必要な偏導関数をもとめると，

$$\begin{array}{lll} g_1 = 1 & g_2 = 1 & g_3 = 1 \\ f_1 = 2x_1 & f_2 = 2x_2 & f_3 = 2x_3 \\ f_{11} = 2 & f_{12} = 0 & f_{13} = 0 \\ f_{21} = 0 & f_{22} = 2 & f_{23} = 0 \\ f_{31} = 0 & f_{32} = 0 & f_{33} = 2 \end{array}$$

上記の g の 1 階の各偏導関数 g_i，f の 2 階の各偏導関数 f_{ij} は定数になっているので，停留点での値 $g_i\left(\dfrac{1}{3}, \dfrac{1}{3}, \dfrac{1}{3}\right)$ および，$f_{ij}\left(\dfrac{1}{3}, \dfrac{1}{3}, \dfrac{1}{3}\right)$ の値もおなじである．よって，縁付きヘッセ行列は

$$\left|\hat{\mathbf{H}}\left(\frac{1}{3}, \frac{1}{3}, \frac{1}{3}\right)\right| = \begin{vmatrix} 0 & 1 & 1 & 1 \\ 1 & 2 & 0 & 0 \\ 1 & 0 & 2 & 0 \\ 1 & 0 & 0 & 2 \end{vmatrix}$$

になり，極大か極小の判定は，$k=2$ および $k=3$ の次数の主座小行列式の符号を調べればよい．

$$\left|\hat{\mathbf{H}}_2\left(\frac{1}{3}, \frac{1}{3}, \frac{1}{3}\right)\right| = \begin{vmatrix} 0 & 1 & 1 \\ 1 & 2 & 0 \\ 1 & 0 & 2 \end{vmatrix} = -4 < 0$$

$$\left|\hat{\mathbf{H}}_3\left(\frac{1}{3}, \frac{1}{3}, \frac{1}{3}\right)\right| = \begin{vmatrix} 0 & 1 & 1 & 1 \\ 1 & 2 & 0 & 0 \\ 1 & 0 & 2 & 0 \\ 1 & 0 & 0 & 2 \end{vmatrix} = -12 < 0$$

であるから，すべての主小行列は負である．したがってこの停留点 $\left(\frac{1}{3}, \frac{1}{3}, \frac{1}{3}\right)$ において極小値をとり，その値は $f\left(\frac{1}{3}, \frac{1}{3}, \frac{1}{3}\right) = \frac{1}{9} + \frac{1}{9} + \frac{1}{9} = \frac{1}{3}$ である．

6.2.4 行列の符号と固有値（特性根）

2次形式 $\mathbf{x}^T \mathbf{A} \mathbf{x}$ の符号の判定方法については，これまで議論してきた行列式をもちいる方法のほかにも，行列の特性根と2次形式の関係をもちいる方法がある．本項ではまず行列の固有値という概念を導入し，さらに対称行列の対角化により2次形式の符号の判定が明瞭になるありさまを説明する．

(1) 固有値と固有ベクトル

n 次正方行列 $\mathbf{A}$ について、以下のような1次変換の関係をみたすような数 λ とベクトル $\mathbf{p} \neq \mathbf{0}$ をみつけることができれば，この数 λ を固有値（特性根）という．またベクトル $\mathbf{p}$ を固有ベクトル（特性ベクトル）という．

$$\mathbf{A}\mathbf{p} = \lambda \mathbf{p} \tag{6.53}$$

λ が $\mathbf{A}$ の固有値ならば (6.53) をかきかえて，

$$\mathbf{A}\mathbf{p} - \lambda \mathbf{p} = (\mathbf{A} - \lambda \mathbf{I})\mathbf{p} = 0$$

この行列方程式は一種の連立方程式体系を示しているが，自明解 $\mathbf{p} = \mathbf{0}$ 以外の解をもつためには行列 $(\mathbf{A} - \lambda \mathbf{I})$ が特異であること，すなわちその行列式はゼロでなければならない．したがって，

$$\lambda \text{ が } \mathbf{A} \text{ の固有値である} \iff |\mathbf{A} - \lambda \mathbf{I}| = 0 \tag{6.54}$$

ここで行列式をふくむ λ についての方程式 $|\mathbf{A} - \lambda \mathbf{I}| = 0$ は固有方程式（特性方程式）とよばれる．この固有方程式の解について，正方行列 $\mathbf{A}$ が2次の場合をみてみよう．

$$\mathbf{A} = \begin{pmatrix} a_{11} & a_{12} \\ a_{21} & a_{22} \end{pmatrix}$$

$$|\mathbf{A}-\lambda\mathbf{I}|=\begin{vmatrix} a_{11}-\lambda & a_{12} \\ a_{21} & a_{22}-\lambda \end{vmatrix}$$

$$=(a_{11}-\lambda)(a_{22}-\lambda)-a_{12}a_{21}$$

$$=\lambda^2-(a_{11}+a_{22})\lambda^2+a_{11}a_{22}-a_{12}a_{21}$$

$$=\lambda^2-(a_{11}+a_{22})\lambda^2+|\mathbf{A}|=0$$

この λ についての 2 次方程式の解の判別式を調べれば，

$$D=(a_{11}+a_{22})^2-4|\mathbf{A}|$$
$$=a_{11}^2+2a_{11}a_{22}+a_{22}^2-4a_{11}a_{22}+4a_{12}a_{21}$$
$$=a_{11}^2-2a_{11}a_{22}+a_{22}^2+4a_{12}a_{21}$$
$$=(a_{11}-a_{22})^2+4a_{12}a_{21}$$

ここで正方行列 $\mathbf{A}$ の要素が実数であり，かつ対称行列であれば，

$$D=(a_{11}-a_{22})^2+4a_{12}^2\geqq 0$$

であり，固有方程式の解である固有値 λ は実数である．

これは一般の n 次正方行列の場合も同様であり，$\mathbf{A}$ の要素が実数であり，かつ対称行列であれば，$\mathbf{A}$ のすべての固有値（n 個）は実数である．

ひとつの固有値 λ_i に対応して固有ベクトル $\mathbf{p}$ が，$\mathbf{A}\mathbf{p}=\lambda_i\mathbf{p},(i\leqq n)$ により無数に決まるが，$\|\mathbf{p}\|=1$ なる条件を課して正規化された固有ベクトルを考えれば，特定の固有ベクトル $\mathbf{p}_i$ を対応させることができる．

例6.6
行列 $\mathbf{A}=\begin{pmatrix} 1 & 1 \\ 1 & -1 \end{pmatrix}$ の固有値をもとめる．まず固有方程式

$$|\mathbf{A}-\lambda\mathbf{I}|=\begin{vmatrix} 1-\lambda & 1 \\ 1 & -1-\lambda \end{vmatrix}=(1-\lambda)(-1-\lambda)-1=\lambda^2-2=0$$

より固有値 $\lambda_1=\sqrt{2}$，$\lambda_2=-\sqrt{2}$ が得られる．

対応する固有ベクトルをそれぞれ $\mathbf{p}_i=(p_{1i} \quad p_{2i})^T$, $i=1,2$ としよう．この固有ベクトルは以下のようにもとめる．ひとつめの固有値 $\lambda_1=\sqrt{2}$ に対応する固有ベクトル $\mathbf{p}_1=(p_{11} \quad p_{21})^T$ をもとの行列方程式 $\mathbf{A}\mathbf{p}-\lambda\mathbf{p}=(\mathbf{A}-\lambda\mathbf{I})\mathbf{p}=0$ に代入

すれば，

$$\begin{pmatrix} 1-\sqrt{2} & 1 \\ 1 & -1-\sqrt{2} \end{pmatrix} \begin{pmatrix} p_{11} \\ p_{21} \end{pmatrix} = \begin{pmatrix} (1-\sqrt{2})p_{11}+p_{21} \\ p_{11}-(1+\sqrt{2})p_{21} \end{pmatrix} = \begin{pmatrix} 0 \\ 0 \end{pmatrix}$$

この連立方程式からは不定解 $p_{21}=(\sqrt{2}-1)p_{11}$ しか得られないが，正規化条件 $\|\mathbf{p}\|=1$ すなわち $p_{11}{}^2+p_{21}{}^2=1$ より解を特定できる．

$$p_{11}{}^2+p_{21}{}^2=p_{11}{}^2+(\sqrt{2}-1)^2 p_{11}{}^2 = 2(2-\sqrt{2})p_{11}{}^2 = 1$$

よって，$p_{11}=\sqrt{\dfrac{1}{2(2-\sqrt{2})}}=\dfrac{\sqrt{2+\sqrt{2}}}{2}$，また $p_{21}=(\sqrt{2}-1)p_{11}$ より，

$$\mathbf{p}_1 = \begin{pmatrix} \dfrac{\sqrt{2+\sqrt{2}}}{2} \\ \dfrac{\sqrt{2-\sqrt{2}}}{2} \end{pmatrix} = \dfrac{1}{2} \begin{pmatrix} \sqrt{2+\sqrt{2}} \\ \sqrt{2-\sqrt{2}} \end{pmatrix}$$

つぎに 2 番目の固有値 $\lambda_2=-\sqrt{2}$ に対応する固有ベクトル $\mathbf{p}_2=(p_{12}\ \ p_{22})^T$ をもとの行列方程式に代入すれば，

$$\begin{pmatrix} 1+\sqrt{2} & 1 \\ 1 & -1+\sqrt{2} \end{pmatrix} \begin{pmatrix} p_{12} \\ p_{22} \end{pmatrix} = \begin{pmatrix} (1+\sqrt{2})p_{12}+p_{22} \\ p_{12}-(1-\sqrt{2})p_{22} \end{pmatrix} = \begin{pmatrix} 0 \\ 0 \end{pmatrix}$$

この連立方程式からも不定解 $p_{22}=-(\sqrt{2}+1)p_{12}$ しか得られないが，正規化条件をもちいれば，

$$p_{12}{}^2+p_{22}{}^2=p_{12}{}^2+(\sqrt{2}+1)^2 p_{12}{}^2 = 2(2+\sqrt{2})p_{12}{}^2 = 1$$

よって，$p_{12}=\sqrt{\dfrac{1}{2(2+\sqrt{2})}}=\dfrac{\sqrt{2-\sqrt{2}}}{2}$，また $p_{22}=-(\sqrt{2}+1)p_{11}$ より，

$$\mathbf{p}_2 = \begin{pmatrix} \dfrac{\sqrt{2-\sqrt{2}}}{2} \\ -\dfrac{\sqrt{2+\sqrt{2}}}{2} \end{pmatrix} = \dfrac{1}{2} \begin{pmatrix} \sqrt{2-\sqrt{2}} \\ -\sqrt{2+\sqrt{2}} \end{pmatrix}$$

さらに，$\mathbf{p}_1{}^T\mathbf{p}_2=0$ であることは容易に確かめることができる．したがって異なる固有値に対応する固有ベクトルは 1 次独立の関係にある（直交している）ので，このような正規化された固有ベクトルは正規直交系の基底ベクトルといわれる．これは一般に n 次の場合においても，相違なる固有ベクトルは

たがいに直交している（$\mathbf{p}_i^T \mathbf{p}_j = 0, i \neq j$）．

(2) 対角化

n 次正方行列 $\mathbf{A}$ の固有方程式が重根をもたない（n 個の異なる固有値をもつ）場合，$\mathbf{A}$ は適切な行列 $\mathbf{T}$ を選んで作用させることにより $\mathbf{T}^{-1}\mathbf{A}\mathbf{T}$ を対角行列にすることができる，すなわち対角化可能である（十分条件）．

さらに，固有値に重複がある場合もふくめて，n 次正方行列 $\mathbf{A}$ が対称行列ならば，固有値 $\lambda_1, \lambda_2, \cdots, \lambda_n$ に対応する固有ベクトル $\mathbf{p}_1, \mathbf{p}_2, \cdots, \mathbf{p}_n$ を列ベクトルとする行列

$$\mathbf{F} = (\mathbf{p}_1 \quad \mathbf{p}_2 \quad \cdots \quad \mathbf{p}_n) \tag{6.55}$$

また，固有値を対角要素にもつ対角行列（固有値は重複度と同数ならぶ）

$$\mathbf{D} = \begin{pmatrix} \lambda_1 & 0 & \cdots & 0 \\ 0 & \lambda_2 & \cdots & 0 \\ \vdots & \vdots & \ddots & \vdots \\ 0 & 0 & \cdots & \lambda_n \end{pmatrix} \tag{6.56}$$

にたいして，

$$\mathbf{F}^{-1}\mathbf{A}\mathbf{F} = \mathbf{D} \tag{6.57}$$

が成立する．すなわち $\mathbf{A}$ はこの $\mathbf{F}$ により対角化可能である．

例6.7

さきの例6.6でもとめた行列 $\mathbf{A} = \begin{pmatrix} 1 & 1 \\ 1 & -1 \end{pmatrix}$ について，固有値を対角要素にする行列を $\mathbf{D}$，固有ベクトルを列ベクトルにもつ行列を $\mathbf{F}$ とする．

$$\mathbf{D} = \begin{pmatrix} \sqrt{2} & 0 \\ 0 & -\sqrt{2} \end{pmatrix}, \quad \mathbf{F} = (\mathbf{p}_1 \quad \mathbf{p}_2) = \frac{1}{2}\begin{pmatrix} \sqrt{2+\sqrt{2}} & \sqrt{2-\sqrt{2}} \\ \sqrt{2-\sqrt{2}} & -\sqrt{2+\sqrt{2}} \end{pmatrix}$$

$\mathbf{F}$ による $\mathbf{A}$ の $\mathbf{D}$ への対角化を確認しよう．

$$\mathbf{F}^{-1}\mathbf{AF} = \mathbf{F}^T\mathbf{AF}$$

$$= \frac{1}{4}\begin{pmatrix} \sqrt{2+\sqrt{2}} & \sqrt{2-\sqrt{2}} \\ \sqrt{2-\sqrt{2}} & -\sqrt{2+\sqrt{2}} \end{pmatrix}\begin{pmatrix} 1 & 1 \\ 1 & -1 \end{pmatrix}\begin{pmatrix} \sqrt{2+\sqrt{2}} & \sqrt{2-\sqrt{2}} \\ \sqrt{2-\sqrt{2}} & -\sqrt{2+\sqrt{2}} \end{pmatrix}$$

$$= \frac{1}{4}\begin{pmatrix} \sqrt{2+\sqrt{2}}+\sqrt{2-\sqrt{2}} & \sqrt{2+\sqrt{2}}-\sqrt{2-\sqrt{2}} \\ \sqrt{2-\sqrt{2}}-\sqrt{2+\sqrt{2}} & \sqrt{2-\sqrt{2}}+\sqrt{2+\sqrt{2}} \end{pmatrix}\begin{pmatrix} \sqrt{2+\sqrt{2}} & \sqrt{2-\sqrt{2}} \\ \sqrt{2-\sqrt{2}} & -\sqrt{2+\sqrt{2}} \end{pmatrix}$$

$$= \frac{1}{4}\begin{pmatrix} 4\sqrt{2} & 0 \\ 0 & -4\sqrt{2} \end{pmatrix} = \begin{pmatrix} \sqrt{2} & 0 \\ 0 & -\sqrt{2} \end{pmatrix} = \mathbf{D}$$

よって，$\mathbf{A}$ は $\mathbf{F}$ によって対角化可能である．

(3) 対称行列のスペクトル分解

n 次正方行列 $\mathbf{A}$ が対称行列ならば，上記の $\mathbf{F} = (\mathbf{p}_1 \ \mathbf{p}_2 \ \cdots \ \mathbf{p}_n)$ は直交行列である．これは相違なる固有ベクトルが直交（$\mathbf{p}_i^T\mathbf{p}_j = 0, i \neq j$）しているので非対角要素はゼロになること，また対角要素は $\mathbf{p}_i^T\mathbf{p}_i = \|\mathbf{p}_i\|^2 = 1$ であることから，$\mathbf{F}^{-1}\mathbf{F} = \mathbf{F}^T\mathbf{F} = \mathbf{I}\ (=\mathbf{F}\mathbf{F}^{-1} = \mathbf{F}\mathbf{F}^T)$ であることはあきらかである．

この $\mathbf{F}$ をもちいて，もとの行列に対応する固有値を対角要素にして対角化可能である（6.57）をもちいれば，

$$\mathbf{A} = (\mathbf{F}\mathbf{F}^{-1})\mathbf{A}(\mathbf{F}\mathbf{F}^{-1}) = (\mathbf{F}\mathbf{F}^{-1})\mathbf{A}(\mathbf{F}\mathbf{F}^T) = \mathbf{F}(\mathbf{F}^{-1}\mathbf{A}\mathbf{F})\mathbf{F}^T = \mathbf{F}\mathbf{D}\mathbf{F}^T$$

よって，

$$\begin{aligned}
\mathbf{A} &= \mathbf{F}\mathbf{D}\mathbf{F}^{-1} = \mathbf{F}\mathbf{D}\mathbf{F}^T \\
&= (\mathbf{p}_1 \ \mathbf{p}_2 \ \cdots \ \mathbf{p}_n)\begin{pmatrix} \lambda_1 & 0 & \cdots & 0 \\ 0 & \lambda_2 & \cdots & 0 \\ \vdots & \vdots & \ddots & \vdots \\ 0 & 0 & \cdots & \lambda_n \end{pmatrix}\begin{pmatrix} \mathbf{p}_1^T \\ \mathbf{p}_2^T \\ \vdots \\ \mathbf{p}_n^T \end{pmatrix} \\
&= \sum_{i=1}^{N} \lambda_i \mathbf{p}_i \mathbf{p}_i^T \\
&= \lambda_1 \mathbf{p}_1\mathbf{p}_1^T + \lambda_2 \mathbf{p}_2\mathbf{p}_2^T + \cdots + \lambda_n \mathbf{p}_n\mathbf{p}_n^T
\end{aligned} \quad (6.58)$$

が得られる．これを対称行列のスペクトル分解という．

6.2.5 2次形式との関係

n 次対称行列 $\mathbf{A}=[a_{ij}]_n$ と n 次元列ベクトル $\mathbf{x}=[x_i]_{n\times 1}$ にたいし，2次形式

$$q=\mathbf{x}^T\mathbf{A}\mathbf{x}=\sum_{i=1}^n\sum_{j=1}^n a_{ij}x_ix_j \tag{6.59}$$

にもどろう．$\mathbf{A}$ の固有値に対応する固有ベクトルを列ベクトルとする行列 $\mathbf{F}=(\mathbf{p}_1\ \ \mathbf{p}_2\ \ \cdots\ \ \mathbf{p}_n)$ による1次変換 $\mathbf{y}=\mathbf{F}^T\mathbf{x}$ を考えて $\mathbf{F}\mathbf{y}=\mathbf{F}\mathbf{F}^T\mathbf{x}=\mathbf{x}$ をもちいれば，

$$\begin{aligned}q&=\mathbf{x}^T\mathbf{A}\mathbf{x}=(\mathbf{F}\mathbf{y})^T\mathbf{A}(\mathbf{F}\mathbf{y})=(\mathbf{y}^T\mathbf{F}^T)\mathbf{A}(\mathbf{F}\mathbf{y})=\mathbf{y}^T\mathbf{F}^T(\mathbf{F}\mathbf{D}\mathbf{F}^T)\mathbf{F}\mathbf{y}\\&=\mathbf{y}^T(\mathbf{F}^T\mathbf{F})\mathbf{D}(\mathbf{F}^T\mathbf{F})\mathbf{y}=\mathbf{y}^T\mathbf{D}\mathbf{y}=\sum_{i=1}^n\lambda_iy_i^2\end{aligned}$$

になる．これによって2次形式 $\mathbf{x}^T\mathbf{A}\mathbf{x}$ の符号は，$y_i^2\geqq 0$ であることから，固有値 $\lambda_i,\ i=1,2,\cdots,n$ の符号に着目することのみで判定することができる．

これまで，定理6.1，6.2では議論を避けてきた一般的な n 次対称行列の半正値，半負値の判定もふくめて，固有値によって2次形式 $\mathbf{x}^T\mathbf{A}\mathbf{x}$ の符号を特徴づけてみよう．

定義6.4

n 次対称行列 $\mathbf{A}$ のすべての固有値 $\lambda_i,\ i=1,2,\cdots,n$ について，

(1) 対称行列 $\mathbf{A}$ のすべての固有値 >0 $\iff$ $\mathbf{A}$ は正値（定符号）．
(2) 対称行列 $\mathbf{A}$ のすべての固有値 $\geqq 0$ $\iff$ $\mathbf{A}$ は半正値（定符号）．
(3) 対称行列 $\mathbf{A}$ のすべての固有値 <0 $\iff$ $\mathbf{A}$ は負値（定符号）．
(4) 対称行列 $\mathbf{A}$ のすべての固有値 $\leqq 0$ $\iff$ $\mathbf{A}$ は半負値（定符号）．
(5) 上記以外 $\iff$ $\mathbf{A}$ の（2次形式の）符号は不定．

定理6.1，6.2における行列式をもちいた2次形式の符号判定においては，強い不等号（$>$，$<$）をイコールのついた弱い不等号（$\geqq$，$\leqq$）におきかえても，対称行列 $\mathbf{A}$ の次数が2次のとき以外では半正値または半負値の基準にはならないことに注意する必要がある．

練習問題

問題 6.1 第5章,練習問題5.3の行列について,余因子行列,および逆行列をそれぞれもとめなさい.

問題 6.2 行列 $\mathbf{A}_{n \times m}$, $\mathbf{B}_{m \times n}$, について,$|\mathbf{I}_m + \mathbf{AB}| \neq 0$ であるとき,
$(\mathbf{I}_m + \mathbf{AB})^{-1} = \mathbf{I}_m - \mathbf{A}(\mathbf{I}_n + \mathbf{BA})^{-1}\mathbf{B}$ を証明しなさい.

問題 6.3 行列 $\mathbf{X}_{n \times m}$, および単位行列,$\mathbf{I}_n$,について,$|\mathbf{X}^T\mathbf{X}| \neq 0$ のとき,行列 $\mathbf{I}_n - \mathbf{X}(\mathbf{X}^T\mathbf{X})^{-1}\mathbf{X}^T$ はべき等行列であることを証明しなさい.

問題 6.4 以下のような国民所得決定モデルを考える.

$$\begin{cases} Y = C + I_0 + G_0 \\ C = c_0 + cY_d \\ Y_d = Y - T \\ T = t_0 + tY \end{cases}$$

Y:国民所得,C:消費
I_0:投資,G_0:政府支出
Y_d:可処分所得,T:純租税収入
I_0, G_0, c_0, c, t_0, t は定数

(1) 内生変数を左辺に,外生変数を右辺に移項してかきなおしなさい.
(2) モデルを行列表示し,係数行列,定数項ベクトルをかきだしなさい.
(3) 係数行列の逆行列をもとめ,このモデルを解きなさい.
(4) クラメールの公式をもちいてこのモデルを解きなさい.

問題 6.5
(1) 第4章,問題4.2 (1) (2) (3) について,それぞれ行列式をもちいた2階の条件の判定をしなさい.
(2) 第4章,問題4.3 (1) (2) について,それぞれ行列式をもちいた2階の条件の判定をしなさい.

問題 6.6 行列 $\mathbf{A} = \begin{pmatrix} 0 & 0 \\ 0 & -1 \end{pmatrix}$ の符号を,(1)直接に2次形式の符号を調べる方法,(2) 行列式をもちいる方法,(3) 固有値をもちいる方法,それぞれで判定して比較しなさい.

第7章　経済分析と線型代数

　経済学や経営学が対象とする世界は，独立に変化したり影響を受けて変化する数多くの要素が複雑にからみあい，組織化した全体，すなわちシステム（系，体系）を形成している．このシステムの数学的なモデル化や，数理的な解の探索（シミュレーションや目的にたいする最適化）は，経済学や経営学に限らず，ほとんどすべての学術研究領域において重要なテーマになっている．

　このなかでももっとも初歩的かつ基礎的なシステムの記述法は線型連立方程式（あるいは不等式）である．またこれは線型代数の適用により記述も解法もきわめて簡潔なものになる．

　本章ではこのような経済分析に深く関連する線型代数の適用分野として，意思決定などにもちいられる線型計画法と，経済政策のツールとされる産業連関分析を紹介する．これらは線型代数の初歩を学んだばかりの者でも理解可能なほど基礎的なものではあるが，その簡明さには似合わないほどの強力さがゆえに，今日でも重要な役割を果たしている．

7.1　線型計画法

7.1.1　最大化問題
例7.1（利潤を最大にする生産の組み合わせ）

　ある醸造会社が米，麦，トウモロコシをそれぞれ150t，250t，100tずつ保有しているとする．ビール1tを醸造するには米，麦をそれぞれ1tずつを，またウィスキー1tを醸造するには麦2t，およびトウモロコシ1tを原材料として必要とする．販売すればビール1tにつき5万円，ウィスキー1tにつき3万円の利潤が得られるとすれば，利潤を最大にするにはビールとウィスキーをそれ

それ何 t ずつ醸造すればよいか（この利潤とは，「収入－可変費用」であり固定費用は 0 としている）．

まずこの問題を表に整理してみよう．

			ビール (1t 当たり)	ウィスキー (1t 当たり)	手持ち保有量
利潤		（千円）	50	30	
必要な原材料	米	（単位：t）	1	0	150
	麦	（単位：t）	1	1	250
	トウモロコシ	（単位：t）	0	1	100

(1) 問題を数式モデルにする

利潤を最大にするビールとウィスキーの醸造量をそれぞれ変数 x_1, x_2 としよう（単位：t）．この場合に利潤総額は，$50x_1+30x_2$（単位：千円）であらわせる．また，この醸造量のために使用される原材料の量（単位：t）は，米 $1x_1+0x_2$，麦 $1x_1+2x_2$，トウモロコシ $0x_1+1x_2$，であり，またそれぞれの使用量は初期の手持ち保有量を超えることはないとする．するとこの問題は以下のような制約条件付き最大化問題として記述することができる．最大化しようとする利潤をあらわす式を目的関数として，

$$\max\ 50x_1+30x_2 \qquad (7.1)$$

$$\text{s.t.} \begin{cases} 1x_1+0x_2 \leqq 150 \\ 1x_1+2x_2 \leqq 250 \\ 0x_1+1x_2 \leqq 100 \\ x_1,\ x_2 \geqq 0 \quad \text{（非負制約）} \end{cases} \qquad (7.2)$$

この最大化問題は，微分をもちいた極大化（あるいは極小化）問題と比較すると，1組の制約条件である (7.2) において不等号がもちいられているという特徴がある．またおなじく制約条件において，販売量は負ではないという非負条件が明示されている．さらに制約条件の不等式各式においては，左辺が $x_1,\ x_2$ の線型結合（どの変数も x_1^3 のようにべき乗されたり，x_1x_2 のような変数どうしの積にされたりしない）であり，目的関数も線型関数になっている．

このことからこのような問題を線型計画問題という．さらに問題の定式化，解法，理論をすべて包含した概念を線型計画法（LP）という．線型計画法においては，目的関数を構成する x_1, x_2 のような変数を構造変数（または決定変数）という．

(2) 最大化問題の行列表現

制約条件は連立不等式と考えることもできる．連立方程式の場合の行列表現を援用してこの最大化問題を行列表現することが可能である．

$$\max \ \mathbf{c}^T\mathbf{x} \tag{7.3}$$

$$\text{s.t.} \begin{cases} \mathbf{Ax} \leqq \mathbf{b} \\ \mathbf{x} \geqq \mathbf{0} \end{cases} \tag{7.4}$$

ただしここで，

$$\mathbf{x} = \begin{pmatrix} x_1 \\ x_2 \end{pmatrix}, \quad \mathbf{c} = \begin{pmatrix} 50 \\ 30 \end{pmatrix}, \quad \mathbf{A} = \begin{pmatrix} 1 & 0 \\ 1 & 2 \\ 0 & 1 \end{pmatrix}, \quad \mathbf{b} = \begin{pmatrix} 150 \\ 250 \\ 100 \end{pmatrix} \tag{7.5}$$

なお行列，ベクトルの不等式は以下のように定義しておく．

定義7.1（行列不等式）

$\mathbf{X} = [x_{ij}]_{n \times m}$, $\mathbf{Y} = [y_{ij}]_{n \times m}$ について，$\mathbf{X} > \mathbf{Y}$ とは，すべての i, j にたいして，$x_{ij} > y_{ij}$ が成立していることである．同様に不等号が $<, \geqq, \leqq$ の場合も，行列不等式の符号が，対応する要素すべてのあいだで成立していることをあらわす．ベクトルの場合も同様である．

制約条件の中に，不等号が逆向きの式がふくまれていた場合は，両辺に -1 を掛けることにより不等号の向きをそろえることができる．

(3) グラフによる解法

最大化問題 (7.1) および (7.2)，または (7.3) および (7.4) を直接解く前に，この問題では決定対象である構造変数は x_1, x_2 の2個だけであることを

利用して，グラフをもちいて解法を検討してみよう．まず制約条件はグラフ上でどのような意味をもつのであろうか．問題を考えやすくするためにまず連立不等式を連立方程式（不等号のかわりに等式とする）になおしてグラフを描いてみよう（図7.1）．

図7.1　等式に変更した制約（直線）

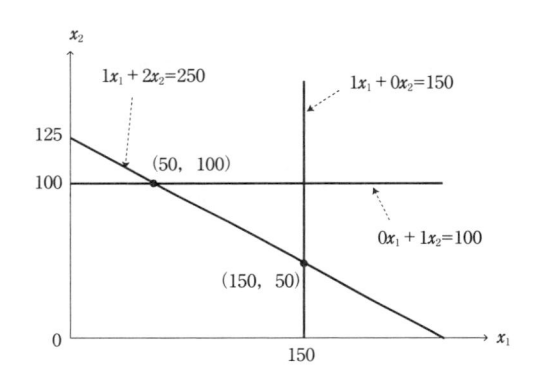

$1x_1 + 2x_2 = 250$
$1x_1 + 0x_2 = 150$
$0x_1 + 1x_2 = 100$

(50, 100)
(150, 50)

もとの制約条件のうち，非負条件はグラフの第1象限のみを対象にしていることを示す．残りの3本の不等式条件は，不等号の向きから図7.1においてえがかれた各直線にたいし，それぞれ原点の側の領域を示している．

したがって制約条件をすべてみたす共通の領域は，図7.2に示す陰の領域である．これは線型計画を実行できる領域であるので実現可能領域，あるいは許容領域といい，また図7.2において太線で示した境界上の点をふくむこの実現可能領域の内の点を実現可能解，あるいは許容解という．

図7.2においては，境界を構成する制約条件の等式部分を抜き出した直線どうしの各交点を小さな黒丸であらわし強調してある．実現可能領域はこれら制約条件をもとにした部分直線によってつくられる折れ線上の境界に囲まれており，直線の各交点，すなわち境界の屈折部であるこれら黒丸で強調された点のことを端点という．この端点は線型計画法においてきわめて重要な役割を果たす．

この問題においては，実現可能領域の境界のうち，グラフ軸上を除く第1象限内部の折れ線の部分は，経済学でいう生産可能性曲線（PPF）になっている

図7.2 実現可能領域

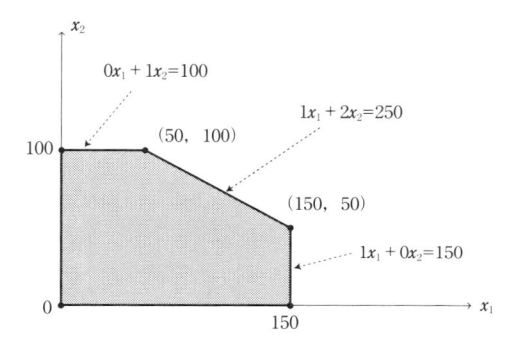

ことに注意しよう．

(4) 微分をもちいた極大化問題との比較

生産制約のもとで利潤を極大化する問題は，微分をもちいた極大化問題にも数多く登場する．制約条件下で1階および2階の条件を微分によってもとめて解くほかに，変数が2個までならば生産可能性曲線をもちいてグラフによっても解くことが可能である．この解法と線型計画問題の解法を比較してみよう．

生産要素を所与の労働量 $\bar{L}=10000$ 単位のみとし，財 x_1, x_2 による利潤がそれぞれ $p_1=50$，$p_2=30$ 単位の場合の利潤極大化問題を考えてみよう．この問題は x_1, x_2 の生産関数および生産要素の上限を制約条件とし，(7.1) とおなじ目的関数をもつ．

$$\max \ 50x_1+30x_2 \tag{7.6}$$

$$\text{s.t.} \begin{cases} x_1=\dfrac{3}{2}\sqrt{L_1} \\ x_2=\sqrt{L_2} \\ L_1+L_2=\bar{L}=10000 \implies L_2=10000-L_1 \end{cases} \tag{7.7}$$

$x_1^2=\dfrac{9}{4}L_1$，$x_2^2=\bar{L}-L_1=1000-L_1$ より L_1 を消去して生産可能性曲線，

$$\dfrac{4}{9}x_1^2+x_2^2=10000 \tag{7.8}$$

を導出できる．生産可能性曲線から原点側の領域が実現可能領域であり，非負制約 x_1, $x_2 \geqq 0$ は暗黙に仮定されているだけである．

目的関数 $\Pi = 50x_1 + 30x_2$ について，微分により極大化の1階の条件をもとめれば，

$$\frac{d}{dx_1}\Pi = 50 + 30\frac{dx_2}{dx_1} = 0 \implies \left|\frac{dx_2}{dx_1}\right| = \frac{5}{3} = \frac{p_1}{p_2} \tag{7.9}$$

(7.8)，(7.9) を解けば極大（最大）利潤の生産の組み合わせが解ける．

ここで利潤最大化をもたらす生産は (7.8) による滑らかな生産可能性曲線上にあり，幾何学的にはこの生産可能性曲線が原点に対して凸であることから，グラフにおいて直線 $\Pi = 50x_1 + 30x_2$ との接点の生産 (x_1^*, x_2^*) で利潤最大になる．

図7.3の左図は，この微分を用いることのできる利潤最大化問題をグラフで解く概念図であり，右は同様に (7.1)，(7.2)（または (7.3)，(7.4)）の線型計画問題も，幾何学的には実現可能領域の境界である生産可能性曲線上に利潤最大化をもたらす生産があることから，おなじく直線 $\Pi = 50x_1 + 30x_2$ との接点がもとめる解であることを示している．

技術的および資源的な生産制約下における利潤最大化計画として両者は類似した問題であり，グラフをもちいた解法もほぼ同様である．

しかしながら，顕著な相違点もある．以下それをみてみよう．

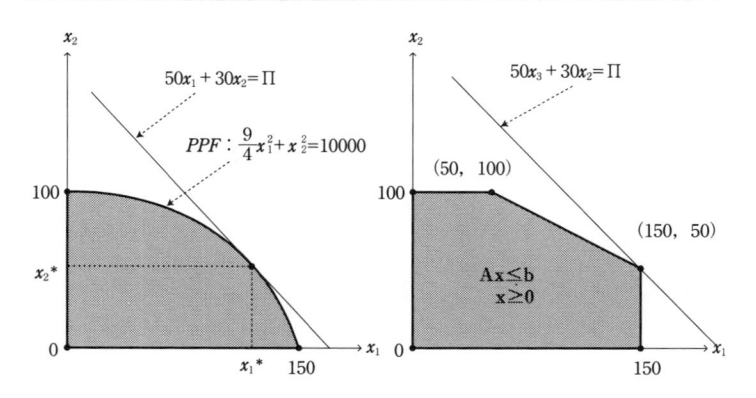

図7.3 微分をもちいた最大化問題との比較

- 線型計画問題においては最大値が得られる生産の組み合わせは端点に限られる（もし境界と一致してもそれは端点を通っている）．上記のような2次元のグラフでは制約不等式の本数が m 本ならば原点を除く端点の数は最大でも $m+1$ 個である．制約条件より実現可能領域が決定した時点で，事前に解の候補は有限個に限定されている．

　他方，微分をもちいる問題では，最大値が得られる生産の組み合わせは，生産可能性曲線の接線の傾きと，その時点での財の相対価格（価格比）で事後に決定する．生産可能性曲線上の点はその意味では平等であり，状況によって解の候補点は無限にある．

- 最大値が得られるのはともに実現可能領域（または生産可能領域）が閉じた凸集合であるためである．線型計画問題では，それぞれの制約不等式をみたす領域が凸集合（制約式 (7.2) では三角形または四角形になっている）であり，その共通部分である実現可能領域もつねに凸集合になる．他方，この微分をもちいる問題では生産関数の形状（限界生産力逓減）から凸性が生じている．

- 線型計画問題では，資源制約条件があっても一部使用されていない資源が残る（余裕があることになる）．これにたいして (7.6)，(7.7) に示された微分をもちいる問題では，最大値が得られる生産の組み合わせイコール労働量の配分になり，生産可能性曲線上では残る資源はない．この意味では線型計画問題では最大値が得られる生産量と同時に最適な余裕をも決定していることになる．

- もし財の相対価格がわずかに変化した場合，線型計画問題では端点から解が移動することは少ない．目的関数による直線の傾き（上記の問題では2財の利潤の比）がかなり大きく変動しない限り，隣接する端点に解が移動することはない．これにたいして微分をもちいる問題では，相対価格の変化に応じて，生産可能性曲線上の接点を少しずつ移動することになる．線型計画問題の方が，目的関数の係数の微小な変化にたいして感度が低い．

表 7.1 端点と目的関数の値

端点 (t)		原材料の使用量 (t)						目的関数
x_1	x_2	米		麦		トウモロコシ		(千円)
0	0	0	(150)	0	(150)	0	(150)	0
0	100	0	(150)	200	(50)	100	(0)	3000
50	100	50	(100)	250	(0)	100	(0)	5500
150	50	150	(0)	250	(0)	50	(50)	9000
150	0	150	(0)	150	(150)	0	(100)	7500

(5) 問題の解

以上から利潤最大化問題, (7.1), (7.2)(または (7.3), (7.4))のグラフによる解は, 列挙された端点における目的関数の値を比較することでも得られることがわかる. 各端点における目的関数と原材料の使用量を表7.1に示す. 表中の括弧内は「未使用量＝余裕量」である.

この利潤最大化問題の解は, グラフでも示したようにビール150t, ウィスキー50tの生産がおこなわれたときで, その利潤は900万円である. また原材料は米, 麦, トウモロコシをそれぞれ150t, 250t, 50tを使用し, トウモロコシ50tを残した.

7.1.2 端点の導出法

(1) 方程式による端点の導出

線型計画問題においては, 最適な実現可能解は実現可能領域の端点（これは境界の屈折点と考えることができる）の中から探すことができる. しかしながら実行可能領域をグラフで図示できるような, 構造変数が2個までの問題ならば簡単であるが, 構造変数が n 個あるような一般的な問題ではグラフによる解法に頼ることはできない. 制約条件の本数はたんに端点の数を増やすだけであるが, 変数の個数は実現可能領域の次元の問題になるからである（前出の例7.1では構造変数が $n=2$ 個なので2次元平面のグラフですんだ）. したがって $n>2$ 変数問題においても端点を探索可能な, より一般的な解法が必要になる.

構造変数が $n=2$ 個の場合の解法は, $n>2$ 変数問題にも拡張可能であるのでまずさきの例7.1をもとに検討してみよう.

前出の例7.1の問題ではグラフであきらかなように，すべての制約条件の等式部分（個別の制約条件の境界部分）を意味する直線同士の交点が端点になっていた．このため連立不等式を連立方程式になおして方程式2本ずつの組み合わせで解をもとめていけば実現可能領域のすべての端点をつくすことができた．例においては2個の構造変数にたいし非負条件の境界であるグラフの軸をふくめて5本の直線をあらわす方程式があり，このうち2本を選んで端点を解いていたわけである．

このことからは，ある端点を選んだ場合，2つの制約条件については等式ぎりぎりの厳しい場所にあるが，他の3本の制約条件については緩くしかみたされていないことがわかる．

理解のためにもう一度表7.1，図7.2をみてみよう．一部の原材料の余裕量のない端点 (50, 100) と (150, 50) においては非負条件以外の3本の不等式のうち2本の条件を等式ぎりぎりでみたし，残りの非負条件をふくむ3本の条件は緩くみたしている．

特殊な点である原点を除く他の端点 (0, 100) と (150, 0) においては1本の非負条件との交点（グラフ軸との交点）であり，非負条件以外の3本の不等式のうち1本のみの条件と1本の非負条件，あわせて2本を等式ぎりぎりでみたし，残りの非負条件を含む3本の条件は緩くみたしている．

非負条件以外の3本の不等式のうち2本の条件を等式ぎりぎりでみたすということは，未使用の原材料を残さないということであり，米，麦，トウモロコシのうち2つの原材料の余裕は0であることに注意しよう．またグラフ軸との交点においては当然ビールまたはウィスキーのいずれかの生産量は0であるとともに，原材料のどれかひとつの余裕が0であることにも注意しよう．すると表7.1においては，ビール，ウィスキーの生産量と米，麦，トウモロコシの「未使用量」の5個の変量を各端点別に並べた場合，どれか2つは必ず0になっている．逆にいえば，5個の変量の内，3個はゼロではないということになる．

以下に原点を除いた端点において，5変量のうち2個は必ず0，また必ず3個はゼロではないという事実を整理して示してみよう．未使用量には s_i なる変数名をつけておくことにする．

端点（生産量）		原材料の未使用量		
ビール x_1	ウィスキー x_2	米 s_1	麦 s_2	トウモロコシ s_3
0	100	150	50	0
50	100	100	0	0
150	50	0	0	50
150	0	0	100	100

　線型計画問題では不等式制約のために，構造変数のみを決定するのではなく同時に未使用量＝余裕量も決定されていることはすでにのべた．構造変数 x_i と余裕量変数とよぶことにする s_j をひとまとめに変数セット $(x_1, \cdots, x_i, s_1, \cdots, s_j)$ と考えた場合に，この例の線型計画問題では，ひとつの端点について，2個の変数を0とおいて残りの3個の変数を決定していたことになる．この決定される3個という変数の数は非負条件以外の3本の制約条件式の本数に対応している．なぜならば制約条件を，端点をもとめるために等式の方程式で記述しなおした場合，方程式の本数と未知変数の数は一致しなければならないからである．
　すなわち方程式は3本であるから，5個の変数のうちあらかじめ $5-3=2$ 個を0とおいて，残り3個の未知変数について方程式を解いたことに等しい．
　余裕量変数 s_j は一般にスラック変数といわれる（スラックとは元来，緩みとか弛みを意味している）．これは余裕量であるから非負であることに注意しよう．
　もとの線型計画問題は，同時に決定すべきスラック変数 s_j をふくめれば，不等式の制約条件は等式制約条件に変換できる．

$$\max \quad 50x_1 + 30x_2 \tag{7.10}$$

$$\text{s.t.} \begin{cases} 1x_1 + 0x_2 + s_1 = 150 \\ 1x_1 + 2x_2 + s_2 = 250 \\ 0x_1 + 1x_2 + s_3 = 100 \\ x_1, x_2, s_1, s_2, s_3 \geq 0 \quad \text{（非負制約）} \end{cases} \tag{7.11}$$

スラック変数は未使用量であるので販売されない．したがってスラック変数は目的関数には入らないことに注意せよ．
　これを行列表現すれば，$\mathbf{s}=(s_1 \ s_2 \ s_3)^T$ として，

$$\max \ \mathbf{c}^T \mathbf{x} \tag{7.12}$$

$$\text{s.t.} \begin{cases} \mathbf{Ax}+\mathbf{s}=\mathbf{b} \\ \mathbf{x} \geqq \mathbf{0} \end{cases} \tag{7.13}$$

のようにも記述できるが，$\mathbf{c}$, $\mathbf{x}$, $\mathbf{A}$ を拡張して，以下のように表記可能である．

$$\max \ \overline{\mathbf{c}}^T \overline{\mathbf{x}} \tag{7.14}$$

$$\text{s.t.} \begin{cases} \overline{\mathbf{A}}\,\overline{\mathbf{x}}=\mathbf{b} \\ \overline{\mathbf{x}} \geqq \mathbf{0} \end{cases} \tag{7.15}$$

ただしここで，

$$\overline{\mathbf{x}}=\begin{pmatrix} x_1 \\ x_2 \\ s_1 \\ s_2 \\ s_3 \end{pmatrix}, \quad \overline{\mathbf{c}}=\begin{pmatrix} 50 \\ 30 \\ 0 \\ 0 \\ 0 \end{pmatrix}, \quad \overline{\mathbf{A}}=\begin{pmatrix} 1 & 0 & 1 & 0 & 0 \\ 1 & 2 & 0 & 1 & 0 \\ 0 & 1 & 0 & 0 & 1 \end{pmatrix}, \quad \mathbf{b}=\begin{pmatrix} 150 \\ 250 \\ 100 \end{pmatrix} \tag{7.16}$$

解をもとめるためには連立方程式 $\overline{\mathbf{A}}\overline{\mathbf{x}}=\mathbf{b}$ においてあらかじめ方程式の本数（ここでは3）に等しい変数を残して他を0として方程式を解き，その解が非負条件をみたしていなければ実現可能解ではないのですてることにする．そしてさらに実現可能解のうち，目的関数を最大にするものを最適な実行可能解とする．

スラック変数もふくめた未知変数の数が $n=5$，制約方程式の数が $m=3$ であるので，そのままでは方程式の解は不定であるが，端点の数は有限であり $n-m=5-3=2$ 個の変数を0とすれば残りの $m=3$ 個の変数を $m=3$ 本の方程式により解けば端点を求めることができる．端点の数は n 個の変数からどの m 個を選ぶか，または どの0にする $n-m$ 個の変数を選ぶかという組み合わせの数である．その最大値は以下で与えられる．

$$_nC_m = {_nC_{(n-m)}} = \frac{n!}{m!(n-m)!} \tag{7.17}$$

この例題では $_5C_3 = \dfrac{5!}{3!(5-3)!} = \dfrac{5 \cdot 4}{2 \cdot 1} = 10$ であるが，この中には実現可能領域

境界以外の端点もふくまれることに注意．図7.1より，軸と平行なため失われた交点が2個，実現可能領域外の交点が3個あり，これと実現可能領域境界の端点（境界の屈折点になっている）5個の合計が10である．

　大規模な問題においては実現可能領域外の端点も数多く生じるほかにも，実現可能領域境界上の屈折点も多数存在する．効率よく最適な実現可能領域境界上の端点に到達できる計算方法（最適解の探索方法）が必要になる．

　上記のグラフをもちいない代数的な端点の導出法についてはつぎの最小化問題の項でためしてみよう．

7.1.3　最小化問題

つぎに構造変数が2個以上でグラフが使えない例として，以下のような費用最小化問題を考えてみよう．

例7.2（機会費用を最小にする生産の組み合わせ）

　例7.1の生産者において，米，麦，トウモロコシを他の用途に振り向けた場合の原材料1tあたりの利潤をそれぞれ，z_1, z_2, z_3（単位：千円）とする．これは原材料の機会費用と考えられる．原材料全体の機会費用を最小にするような各原料の機会費用をもとめよ．

(1)　問題の数式による定式化

　この問題は以下のように定式化できる．

$$\min \ 150z_1 + 250z_2 + 100z_3 \tag{7.18}$$

$$\text{s.t.} \begin{cases} 1z_1 + 1z_2 + 0z_3 \geq 50 \\ 0z_1 + 2z_2 + 1z_3 \geq 30 \\ z_1, z_2, z_3 \geq 0 \ （非負制約） \end{cases} \tag{7.19}$$

　この問題における制約条件（7.19）のもつ意味は，原材料を他の用途に転用した方がビールおよびウィスキーを製造販売した場合の利潤を下回ることはない，ということである（左辺＝原材料の機会費用，右辺＝製品の利潤）．もし等号ぎりぎりのところに解があるならばビールおよびウィスキーを製造する意味があるが，強い不等号（＞）の位置に解があるならば製造をやめて原材料を

転用すべきであるということになる．目的関数を最小化しても解がなければ
（非負制約をみたさないならば）製造を止めるべきという意思決定を迫られる．
　行列表現は以下のようになる．

$$\min \ \mathbf{h}^T \mathbf{z} \tag{7.20}$$

$$\text{s.t.} \begin{cases} \mathbf{Bz} \geq \mathbf{g} \\ \mathbf{z} \geq \mathbf{0} \end{cases} \tag{7.21}$$

ただしここで，

$$\mathbf{z}=\begin{pmatrix} z_1 \\ z_2 \\ z_3 \end{pmatrix}, \ \mathbf{h}=\begin{pmatrix} 150 \\ 250 \\ 100 \end{pmatrix}, \ \mathbf{B}=\begin{pmatrix} 1 & 1 & 0 \\ 0 & 2 & 1 \end{pmatrix}, \ \mathbf{g}=\begin{pmatrix} 50 \\ 30 \end{pmatrix} \tag{7.22}$$

(2) スラック（サープラス）変数の導入

　この問題は構造変数が3個であり，平面のグラフによる解法はできないことに注意しよう．3次元の立体グラフを用いれば実現可能領域は閉じた凸の多面体になり，制約条件は平面になる．また端点は3個の制約平面の交点になる．しかしここではさきに解説したようにスラック変数をもちいて等式条件による連立方程式を作成し，端点を解いてみよう．

　最大化問題では不等式条件は余裕量を許し，生産量と同時に決定された．最小化問題では不等号の向きが逆であるため余裕量ではなく過剰量になる．すなわち上記の例では製造に必要な原材料の機会費用が利潤をはるかに超えることを許すために，等式条件になおすためには過剰な機会費用を差し引かなければならない．この過剰量は原材料の単位機会費用 z_i と同時に決定される．スラック変数は非負制約下にあるので，等式中ではマイナスをつける必要がある．過剰量は余裕量（スラック）ではないので，区別する場合には過剰の意味でサープラス変数ということがある．実務面では符号に注意しても名称は区別せずにスラック変数とよぶことが多い．端点導出の連立方程式は以下のようになる．

$$\begin{aligned} 1z_1+1z_2+0z_3-s_1 &= 50 \\ 0z_1+2z_2+1z_3-s_2 &= 30 \\ z_1, \ z_2, \ z_3, \ s_1, \ s_2 &\geq 0 \ \text{（非負制約）} \end{aligned} \tag{7.23}$$

行列表現すれば，$\mathbf{s}=(s_1\ s_2)^T$ として，

$$\min\ \mathbf{h}^T\mathbf{z} \tag{7.24}$$

$$\text{s.t.}\ \begin{cases} \mathbf{Bz}-\mathbf{s}=\mathbf{g} \\ \mathbf{z}\geqq 0 \end{cases} \tag{7.25}$$

であるが，これも $\mathbf{h}$, $\mathbf{z}$, $\mathbf{B}$ を拡張して行列表現すれば，

$$\min\ \overline{\mathbf{h}}^T\overline{\mathbf{z}} \tag{7.26}$$

$$\text{s.t.}\ \begin{cases} \overline{\mathbf{B}}\,\overline{\mathbf{z}}=\mathbf{g} \\ \overline{\mathbf{z}}\geqq 0 \end{cases} \tag{7.27}$$

ただしここで，

$$\overline{\mathbf{z}}=\begin{pmatrix} z_1 \\ z_2 \\ z_3 \\ s_1 \\ s_2 \end{pmatrix},\ \overline{\mathbf{h}}=\begin{pmatrix} 150 \\ 250 \\ 100 \\ 0 \\ 0 \end{pmatrix},\ \overline{\mathbf{B}}=\begin{pmatrix} 1 & 1 & 0 & -1 & 0 \\ 0 & 2 & 1 & 0 & -1 \end{pmatrix},\ \mathbf{g}=\begin{pmatrix} 50 \\ 30 \end{pmatrix} \tag{7.27}$$

変数の数は $n=5$，制約式の本数は $m=2$ であるので，$n-m=3$ 個の変数を 0 とおいて $m=2$ 個の未知変数について方程式を解く．解が非負制約をみたしていなければ棄却して，目的関数が最小になるまで端点を探索する．この問題では実現可能領域境界以外もふくめて端点（境界の屈折点および境界外の交点）の最大数は10個になる．

$$_nC_m={}_5C_2=\frac{5!}{2!(5-2)!}=\frac{5\cdot 4}{2\cdot 1}=10 \tag{7.29}$$

(3) スラック変数のある制約方程式の解法

行列方程式 (7.27) にはスラック変数もあわせて n 個の未知変数があるが，これを 0 としていない m 個の未知変数のみの行列方程式に変形するには，つぎのような $n\times n$ 対角行列 $\mathbf{U}=\mathrm{diag}[u_i]_n$ を変換行列としてもちいればよい．

対角行列 $\mathbf{U}$ の対角要素はつぎのように定める．ここでスラック変数もあわせて n 個の未知変数にあらためて通し番号をつけなおして

$$[z_1,\ z_2,\ \cdots,\ z_n]_n = [z_1,\ z_2,\ \cdots,\ z_{(n-m)},\ s_1,\ \cdots,\ s_m]_n$$

としたとき，選ばれた m 個の未知変数 $\{z_k\}$ の添え字 k に着目して，

$$\begin{aligned} u_i = 1 \quad (i=k) \\ u_i = 0 \quad (i \neq k) \end{aligned} \tag{7.30}$$

とする．すなわち対角行列 $\mathbf{U}$ の対角要素のうち，選択された m 個の未知変数の位置に相当する要素のみ 1 あとは 0 という，単位行列の対角要素からさらに一部が 0 におきかわったような行列である．

いま，例として上記のスラック変数を入れた最小化問題の制約方程式において，未知変数のうち最初の 3 個（z_1, z_2, z_3）を 0 とおいた場合を考えよう．すると当然この制約方程式は未知変数と方程式の数が合致するようになる．

$$\begin{cases} 1\cdot 0 + 1\cdot 0 + 0\cdot 0 - 1s_1 - 0s_2 = 50 \\ 0\cdot 0 + 2\cdot 0 + 1\cdot 0 - 0s_1 - 1s_2 = 30 \end{cases} \Longrightarrow \begin{cases} -1s_1 - 0s_2 = 50 \\ -0s_1 - 1s_2 = 30 \end{cases} \tag{7.31}$$

これとおなじ形に（7.27）のような行列方程式のまま変形するには，選んだ $m=2$ 個の変数の位置の要素は 1，残りの $n-m=3$ 個の位置に対応する要素は 0 とする対角行列 $\mathbf{U}$ をもちいる．未知変数ベクトルの非零要素の位置と対角行列 $\mathbf{U}$ の非零対角要素の位置が対応していることに注意．

$$(0\ 0\ 0\ s_1\ s_2) \Longleftrightarrow \mathrm{diag}[0, 0, 0, 1, 1] = \mathbf{U} \tag{7.32}$$

このとき対角行列 $\mathbf{U}$ はつぎのように $n \times m$ 行列 $\mathbf{V}$ に分解できる．

$$\mathbf{V} = \begin{pmatrix} 0 & 0 \\ 0 & 0 \\ 0 & 0 \\ 1 & 0 \\ 0 & 1 \end{pmatrix},\quad \mathbf{U} = \begin{pmatrix} 0 & 0 & 0 & 0 & 0 \\ 0 & 0 & 0 & 0 & 0 \\ 0 & 0 & 0 & 0 & 0 \\ 0 & 0 & 0 & 1 & 0 \\ 0 & 0 & 0 & 0 & 1 \end{pmatrix} = \begin{pmatrix} 0 & 0 \\ 0 & 0 \\ 0 & 0 \\ 1 & 0 \\ 0 & 1 \end{pmatrix} \begin{pmatrix} 0 & 0 & 0 & 1 & 0 \\ 0 & 0 & 0 & 0 & 1 \end{pmatrix} = \mathbf{V}\mathbf{V}^T \tag{7.33}$$

この $\mathbf{V}$ をもちいればもとの方程式は以下のようにかきなおせる．

$$\overline{\mathbf{B}}\mathbf{V} = \begin{pmatrix} 1 & 1 & 0 & -1 & 0 \\ 0 & 2 & 1 & 0 & -1 \end{pmatrix} \begin{pmatrix} 0 & 0 \\ 0 & 0 \\ 0 & 0 \\ 1 & 0 \\ 0 & 1 \end{pmatrix} = \begin{pmatrix} -1 & 0 \\ 0 & -1 \end{pmatrix}$$

$$\overline{\mathbf{V}}^T \overline{\mathbf{z}} = \begin{pmatrix} 0 & 0 & 0 & 1 & 0 \\ 0 & 0 & 0 & 0 & 1 \end{pmatrix} \begin{pmatrix} z_1 \\ z_2 \\ z_3 \\ s_1 \\ s_2 \end{pmatrix} = \begin{pmatrix} s_1 \\ s_2 \end{pmatrix}$$

よって,

$$\overline{\mathbf{B}}\mathbf{U}\,\overline{\mathbf{z}} = \overline{\mathbf{B}}(\mathbf{V}\mathbf{V}^T)\overline{\mathbf{z}} = (\overline{\mathbf{B}}\mathbf{V})(\mathbf{V}^T\overline{\mathbf{z}}) = \mathbf{g} \tag{7.34}$$

これは (7.31) の行列表示である. $\overline{\mathbf{B}}_{m \times n} \mathbf{V}_{n \times m}$ は $m \times m$ の正方行列であり, もし交点が存在しないような矛盾する方程式でなければ正則であり逆行列が存在する（2次元ならば方程式のえがく直線どうし，3次元ならば平面どうし，それ以上の次元ならば超平面どうしが平行ならば解が存在せず，正方行列 $\overline{\mathbf{B}}\mathbf{V}$ には逆行列が定義できない）.

よって解が存在すれば, 行列方程式 $(\overline{\mathbf{B}}\mathbf{V})(\mathbf{V}^T\overline{\mathbf{z}}) = \mathbf{g}$ より,

$$\mathbf{V}^T\overline{\mathbf{z}} = (\overline{\mathbf{B}}\mathbf{V})^{-1}\mathbf{g} \tag{7.35}$$

が解になる. $\overline{\mathbf{z}}$ のうち最初に 0 とした解はわかっているので, $\mathbf{V}^T\overline{\mathbf{z}}$ から $\mathbf{z}$ の導出は容易である. 以上, ${}_nC_m$ 個の $\mathbf{U}$ を選んでそれぞれ解 $\overline{\mathbf{z}}$ をもとめ, 全要素の非負条件と目的関数 $\mathbf{h}^T\mathbf{z}$（または, $\overline{\mathbf{h}}^T\overline{\mathbf{z}}$）の大きさを比較すれば計画法を解くことができる. このグラフをもちいない代数的な方法は, 最大値問題でも最小値問題でも同様にもちいることができる.

この例7.2においては (7.29) より $n=5$, $m=2$ であるから ${}_5C_2=10$ 個の $\mathbf{U}$ が考えられる. 以下, 各 $\mathbf{U}$ ごとに最適な端点を探索してみよう.

No.	Uの対角要素					解：$\bar{z}$					目的関数
	u_1	u_2	u_3	u_4	u_5	z_1	z_2	z_3	s_1	s_2	$h^T z$（千円）
1	0	0	0	1	1	0	0	0	-50	-30	*
2	0	0	1	0	1	（解なし）					
3	0	1	0	0	1	0	50	0	0	70	12500
4	1	0	0	0	1	50	0	0	0	-30	*
5	0	0	1	1	0	0	0	30	-50	0	*
6	0	1	0	1	0	0	15	0	-35	0	*
7	1	0	0	1	0	（解なし）					
8	0	1	1	0	0	0	50	-70	0	0	*
9	1	0	1	0	0	50	0	30	0	0	10500
10	1	1	0	0	0	35	15	0	0	0	9000

＊：非負条件違反

非負条件をみたし，実現可能解境界の端点として意味のあるものは

$$(z_1, z_2, z_3)=(0, 50, 0), (50, 0, 30), (35, 15, 0)$$

の3点のみであり，このなかで目的関数を最小にするのは $(z_1, z_2, z_3)=(35, 15, 0)$ のとき，900万円になる．

また，米，麦，トウモロコシを他の用途に転用して得られる利潤がそれぞれ t あたり，35, 15, 0 (千円) を超えない限り，ビールとウィスキーを生産した方がよいという意思決定支援情報が得られたことになる．

(4) 基底解と現実の計算法

ここで U の対角要素の組み合わせの意味を考えよう．これはスラック変数までふくめた未知数が n 個，制約方程式が m 本のときに $n-m$ 個の未知数を0として m 個の未知数を解くためであった．例題での制約方程式の係数行列 $\overline{B}$ は 2×5 行列であり，5本の列ベクトルのうち独立なものは方程式の本数から最大で2本にすぎないということに注意しよう．2本の列ベクトルが独立の場合，他の3本の列ベクトルは2本の独立な列ベクトルの線型結合である1次従属なベクトルになる．

よって m 本の列ベクトルで係数行列 $\overline{B}$ の他の $n-m$ 本の列ベクトルは記述可能であり，このようなベクトルのことを m 次元空間の基底ベクトルという．さきの U の対角要素の組み合わせによる探索は，この基底ベクトル別に解を

探索していることになる．よって得られた解を基底解という．したがって探索によって得られた (z_1, z_2, z_3) はすべて基底解であるが，非負条件までみたした基底解は実現可能領域境界上の端点になるため，実現可能基底解という．この実現可能基底解の中で最小化問題ならば，目的関数を最小にする実現可能基底解が問題の解（最適解）になるわけである．

これまでの議論は基底解（端点）をグラフでもとめるだけではなく，スラック変数（サープラス変数）を導入し，代数的に解くことが可能であることを示してきた．しかし代数的に解く場合でもその連立方程式は ${}_nC_m$ 種類あるわけであり，問題が大規模化すればしらみつぶしに基底解をもとめることは大変な作業になることは理解できるであろう．このためにより能率的な基底解の探索方法が研究されてきた．

代表的なものはシンプレックス法，または改訂シンプレックス法が知られている．これらは表（タブロー）をもちいて手順にそって計算するものであるが，今日においてはそういう手計算の手法が存在していることを知るだけで十分かもしれない（線型計画法に関する多くのテキストに計算手順が詳述されているので興味があれば参照すること）．なぜならばパーソナル・コンピュータの性能の劇的な向上，および線型計画法をアドインした表計算ソフトの広範囲な普及などにより，とうていシンプレックス法による手計算では不可能な大規模な線型計画法の実行でも電卓程度の容易さに近づいてしまったためである．

逆にそれだけ線型計画法が身近になったことにより，まず問題を適切に定式化し，また提示された解を評価できることの重要性が高まったともいえる．線型計画法であつかえる問題であるかどうかの識別，また行列表現で定式化してからそのデータをコンピュータに配列として入力できること，さらに要求された目的をみたす解であるかを判別できるだけの理論的知識が，今日では一般のビジネスマンにさえも要求されているのである．

7.1.4 双対問題

(1) 双対問題とそのつくり方

例7.1でもちいた最大化問題（(7.1)，(7.2) または行列表現による (7.3)，(7.4)）と例7.2の最小化問題（(7.18)，(7.19) または行列表現による (7.20)，(7.21)）の解はともに900万円でおなじであった．これは偶然ではない．2つ

の問題を並べることにより比較してみよう．目的関数および制約条件式の係数を整理してみれば以下のようになっていることがわかるだろう．

最大化問題

$\mathbf{c}^T$	50	30		$\mathbf{b}$
$\mathbf{A}$	1	0	≦	150
	1	2	≦	250
	0	1	≦	100

最小化問題

$\mathbf{h}^T$	150	250	100		$\mathbf{g}$
$\mathbf{B}$	1	1	0	≧	50
	0	2	1	≧	30

ちょうど，一方の問題の係数および定数項からなる配列を転置して，他方の問題ができていることがわかるだろう．

① $\mathbf{B}=\mathbf{A}^T$（または，$\mathbf{A}=\mathbf{B}^T$）
② $\mathbf{g}=\mathbf{c}$
③ $\mathbf{h}=\mathbf{b}$

ただし，以下のような対応がある．

(1) 制約条件式の不等式符号の向きが逆になっている（非負制約はそのまま）．
(2) 最大化問題が最小化問題になっている（最適化の方向が逆）．
(3) 構造変数は異なるものをもちいている．
(4) 目的関数の最適値はおなじ．

このような，配列において縦を横にしたような関係を双対性（双対関係）といい，双対関係にある2つの問題のうち，最初に提起した問題を主問題，他方を双対問題という．双対問題の双対問題は主問題である．線型計画法では，どのような最大化（最小化）問題にたいしても必ずそれに対応して双対問題としての最小化（最大化）問題が存在し，おなじ最適値をもつ．

「主問題（双対問題）」
$$\max \Pi = \mathbf{c}^T \mathbf{x}$$
$$\text{s.t.} \begin{cases} \mathbf{A}\mathbf{x} \leqq \mathbf{b} \\ \mathbf{x} \geqq \mathbf{0} \end{cases}$$

$\Longleftrightarrow$

「双対問題（主問題）」
$$\min \pi = \mathbf{b}^T \mathbf{z}$$
$$\text{s.t.} \begin{cases} \mathbf{A}^T \mathbf{z} \geqq \mathbf{c} \\ \mathbf{z} \geqq \mathbf{0} \end{cases}$$

このことからは，解きやすい方で問題を解けばよい（たとえば制約条件式の少ない方で解く，など）ということになり，最大化，最小化という区別はさほ

ど重要ではないことになる．

双対問題を作成するには前記の対応関係から，$B=A^T$, $g=c$, $h=b$ で係数を作成し，不等式符号の向きを逆にして最適化の方向を逆にすればよい．

(2) 双対問題から主問題を解く

例7.2にもちいた最小化問題（(7.18)，(7.19) または行列表現による (7.20)，(7.21)）は構造変数が3個あり，平面上のグラフで解くことはできない．これを双対関係にある最大化問題（(7.1)，(7.2) または行列表現による (7.3)，(7.4)）から解く方法を考えよう．

スラック変数を導入した等式条件 (7.13)，(7.25) を考える（区別のために2つの問題のスラック変数は s_i と t_i に区別しておく）．

$$Ax+s=b \tag{7.36}$$
$$A^Tz-t=c \tag{7.37}$$

主問題（ここでは最大化問題）の制約条件，(7.36) の両辺に双対問題の構造変数ベクトルの転置ベクトル z^T を左から掛ける．

$$z^T Ax + z^T s = z^T b = b^T z \tag{7.38}$$

右辺は内積でありスカラーになることに注意．転置してもスカラーなので値は変わらないことをもちいている．

また，双対問題の制約条件 (7.37) の両辺に主問題の構造変数ベクトルの転置ベクトル x^T を左から掛け，さらに両辺を転置する．

$$\begin{aligned} & x^T A^T z - x^T t = x^T c \\ & (x^T A^T z - x^T t)^T = (x^T A^T z)^T - (x^T t)^T = (x^T c)^T \\ & \therefore \quad z^T A x - t^T x = c^T x \end{aligned} \tag{7.39}$$

(7.38) の右辺は双対問題の目的関数 $\pi = b^T z$，(7.39) の右辺は主問題の目的関数 $\Pi = c^T x$ になっていることに注意．(7.38) と (7.39) の差をとれば，

$$\begin{aligned} \pi - \Pi &= b^T z - c^T x = (z^T A x + z^T s) - (z^T A x - t^T x) \\ &= z^T s + t^T x \geq 0 \end{aligned} \tag{7.40}$$

この結果と構造変数およびスラック変数の非負条件から

$$\pi = \mathbf{b}^T \mathbf{z} \geq \mathbf{c}^T \mathbf{x} = \prod \tag{7.41}$$

なる符号条件はあきらかである．

ここでさきの例の双対問題において最小化された目的関数の経済学的意味は，他用途に原材料を振り向けた場合の利潤であり，経営が成立するならばこれは主問題の最大化された目的関数の意味する本業の利潤を下回る．したがって最適解が存在すれば，

$$\pi = \mathbf{b}^T \mathbf{z} \leq \mathbf{c}^T \mathbf{x} = \prod \tag{7.42}$$

なる逆の符号関係が成立する．したがって以下の定理が成立する．

定理7.1（双対定理）

最適解が存在すれば主問題と双対問題の目的関数の最適解は一致する．すなわち，

$$\prod = \mathbf{c}^T \mathbf{x} = \mathbf{b}^T \mathbf{z} = \pi \tag{7.43}$$

このとき (7.40) より，

$$\mathbf{z}^T \mathbf{s} + \mathbf{t}^T \mathbf{x} = \sum_{j=1}^{m} z_j s_j + \sum_{i=1}^{n} x_i t_i = 0 \tag{7.44}$$

であるから，構造変数とスラック変数の非負条件からはすべての項がゼロにならなければならない．すなわち両問題の構造変数からなるベクトルと，両問題のスラック変数からなるベクトルをそれぞれ

$$\mathbf{y} = [y_k]_{(m+n) \times 1} = \begin{pmatrix} z_1 & z_2 & \cdots & z_m & x_1 & x_2 & \cdots & x_n \end{pmatrix}^T$$

$$\mathbf{d} = [d_k]_{(m+n) \times 1} = \begin{pmatrix} s_1 & s_2 & \cdots & s_m & t_1 & t_2 & \cdots & t_n \end{pmatrix}^T$$

とすれば，すべての $k=1, 2, \cdots, m+n$ にたいして $d_k y_k = 0$ でなければならない（$\mathbf{y}^T \mathbf{d} = \mathbf{y} \mathbf{d}^T = \mathbf{z}^T \mathbf{s} + \mathbf{t}^T \mathbf{x} = 0$，かつ $\mathbf{y} \geq \mathbf{0}, \mathbf{d} \geq \mathbf{0}$）．

定理7.2（相補性定理）

　最適解において一方の問題の構造変数が非零ならば，双対関係にある他方の問題のスラック変数はゼロになる．また最適解において一方の問題のスラック変数が非零ならば，双対関係にある他方の問題の構造変数はゼロになる．すなわち，

$$y_k > 0 \iff d_k = 0 \quad \text{または，} \quad y_k = 0 \iff d_k > 0 \tag{7.45}$$

以上の2つの定理により，一方の問題の解を利用して双対関係にある他方の問題を解くことが保証される．

　最大化問題，(7.1)，(7.2)におけるグラフ分析からは，以下の解を得ている．

$$(x_1^*, x_2^*) = (150, 50)$$
$$\Pi^* = 50 x_1^* + 30 x_2^* = 50 \cdot 150 + 30 \cdot 50 \tag{7.46}$$
$$= 7500 + 1500 = 9000 \tag{7.47}$$

また制約条件式に (x_1^*, x_2^*) を代入すれば，

$$\begin{cases} 1 \cdot 150 + 0 \cdot 50 = 150 \\ 1 \cdot 150 + 2 \cdot 50 = 250 \\ 0 \cdot 150 + 1 \cdot 50 = 50 < 100 \end{cases} \tag{7.48}$$

より第1式，第2式については等号条件が成立する．したがって余裕をあらわすスラック変数の最適値については，$s_1^* = s_2^* = 0$ かつ $s_3^* > 0$ が成立する．

　これらの情報からまず相補性定理7.2によって，

$$\begin{cases} x_1^* = 150 > 0 \iff t_1^* = 0 \\ x_2^* = 50 > 0 \iff t_2^* = 0 \\ s_1^* = 0 \iff z_1^* > 0 \\ s_2^* = 0 \iff z_2^* > 0 \\ s_3^* > 0 \iff z_3^* = 0 \end{cases} \tag{7.49}$$

これより，双対問題である最小化問題においてスラック変数を導入した等式条

件 (7.27) は以下のようにならなければならない.

$$\overline{\mathbf{B}}\,\overline{\mathbf{z}} = \begin{pmatrix} 1 & 1 & 0 & -1 & 0 \\ 0 & 2 & 1 & 0 & -1 \end{pmatrix} \begin{pmatrix} z_1 \\ z_2 \\ 0 \\ 0 \\ 0 \end{pmatrix} = \begin{pmatrix} 50 \\ 30 \end{pmatrix} \quad \text{すなわち} \quad \begin{pmatrix} 1 & 1 \\ 0 & 2 \end{pmatrix} \begin{pmatrix} z_1 \\ z_2 \end{pmatrix} = \begin{pmatrix} 50 \\ 30 \end{pmatrix} \tag{7.50}$$

これを解けば,

$$\begin{pmatrix} z_1 \\ z_2 \end{pmatrix} = \begin{pmatrix} 1 & 1 \\ 0 & 2 \end{pmatrix}^{-1} \begin{pmatrix} 50 \\ 30 \end{pmatrix} = \begin{pmatrix} 1 & -0.5 \\ 0 & 0.5 \end{pmatrix} \begin{pmatrix} 50 \\ 30 \end{pmatrix} = \begin{pmatrix} 35 \\ 15 \end{pmatrix} \tag{7.51}$$

よって双対問題である最小化問題の最適解は,

$$(z_1^*, z_2^*, z_3^*) = (35, 15, 0) \tag{7.52}$$

また目的関数は,

$$\pi^* = 150 \cdot 35 + 250 \cdot 15 + 100 \cdot 0 = 5250 + 3750 = 9000 \tag{7.53}$$

となり双対定理7.1を確認することができる.

　この例では主問題の構造変数 x_i が現実の市場価格をもった物量であるのにたいして，双対問題の構造変数 z_i は価格の次元（単位）をもつものの市場価格ではなかった．このためシャドウプライス（影の価格）といわれる．これから拡大して主問題にたいして双対問題の構造変数を一般にシャドウプライスということがある．

7.2 産業連関分析

7.2.1 投入産出の基本モデル

(1) 投入産出表

　ある国の国内産業が農業と工業の2つの部門からなるとする．ある一定期間（たとえば1年間）の各部門間に発生した財・サービスの流れを集計して表にした．

農業からの生産は原材料としておなじ農業部門内での生産過程に供給されることもあるし，また工業原料として工業部門に供給されるものもある．また家計などで最終的に消費されるものも多い．工業部門の生産に関しても同様である．輸出入がない自給自足の国ならば，その表は以下のように記述できるであろう．

		中間需要		最終需要	総生産額
(単位：10億円)		(1) 農業	(2) 工業		
供給	(1) 農業	30	32	58	120
	(2) 工業	60	192	68	320

ここで最終需要とは，家計による消費や政府の使用，企業による投資，輸出など，国内生産過程での需要以外をさす．また国内生産過程での原材料や企業サービス需要を中間需要という．表を横方向にたどっていけば，各部門の需要への供給額と最終需要への供給額を読み取ることができ，その合計として国内総生産額が記載されている．すなわち表の横方向は販路の構成，または産出の配分を記述している．なお表を作成するにあたっては統一した単位を必要とするため生産額で記述されていることに注意．

いま，表に記された部門番号にしたがい，農業部門 (1) から農業部門 (1) 自身，工業部門 (2) への中間需要，および最終需要への産出配分額をそれぞれ x_{11}, x_{12}, F_1 とし，総生産額を X_1 としよう．工業部門からの産出配分額も同様に x_{21}, x_{22}, F_2 とし，総生産額を X_2 とする．すなわち第 i 部門の最終需要と総生産額の変数には添字 i をつけ，第 j 部門による第 i 部門の産出物にたいする中間需要には添字 ij がつけられる．するとこの表は，以下の関係をあらわしていることになる．

$$\begin{cases} 30+32+58=120 \\ 60+192+68=320 \end{cases} \text{すなわち} \begin{cases} x_{11}+x_{12}+F_1=X_1 \\ x_{21}+x_{22}+F_2=X_2 \end{cases} \tag{7.54}$$

等式関係を保ち，中間需要の部分をつぎのようにかきかえてみよう．

第7章 経済分析と線型代数

$$\begin{cases} \left(\dfrac{x_{11}}{X_1}\right) \cdot X_1 + \left(\dfrac{x_{12}}{X_2}\right) \cdot X_2 + F_1 = X_1 \\ \left(\dfrac{x_{21}}{X_1}\right) \cdot X_1 + \left(\dfrac{x_{22}}{X_2}\right) \cdot X_2 + F_1 = X_2 \end{cases} \tag{7.55}$$

これは容易に行列表現になおすことができる．

$$\begin{pmatrix} \dfrac{x_{11}}{X_1} & \dfrac{x_{12}}{X_2} \\ \dfrac{x_{21}}{X_1} & \dfrac{x_{22}}{X_2} \end{pmatrix} \begin{pmatrix} X_1 \\ X_2 \end{pmatrix} + \begin{pmatrix} F_1 \\ F_2 \end{pmatrix} = \begin{pmatrix} X_1 \\ X_2 \end{pmatrix} \tag{7.56}$$

もとの表の値にしたがえば，

$$\begin{pmatrix} 0.25 & 0.10 \\ 0.50 & 0.60 \end{pmatrix} \begin{pmatrix} 120 \\ 320 \end{pmatrix} + \begin{pmatrix} 58 \\ 68 \end{pmatrix} = \begin{pmatrix} 120 \\ 320 \end{pmatrix} \tag{7.57}$$

左辺にあらわれた行列の意味を考えてみよう．たとえば第1列ベクトルに注目すれば，これは1単位の農業部門の生産に必要な各部門からの原材料としての財・企業サービスの購入量の単位数，すなわち総生産額に占める比率を示している．

		農業部門の生産	（比率）
原材料の購入額	農業部門から	$x_{11}=30$	$\dfrac{x_{11}}{X_1}=0.25$
	工業部門から	$x_{12}=60$	$\dfrac{x_{21}}{X_1}=0.50$
総生産額		$X_1=120$	$\dfrac{X_1}{X_1}=1.00$

もとの表を縦方向にたどれば，各部門の生産に要した費用構成，すなわち中間投入の構成を読み取ることができるようになっていることに注意．ここで中間投入額の合計と総生産額に差が生じているが，これは雇用者所得や営業余剰などの付加価値を意味する．したがって第 j 部門の付加価値を V_j と表記すれば，もとの表の縦方向において，陰に以下の関係が同時に成立していることになる．

$$
\begin{array}{ccccc}
30 & 32 & & x_{11} & x_{12} \\
+ & + & & + & + \\
60 & 192 & & x_{21} & x_{22} \\
+ & + & \text{すなわち} & + & + \\
30 & 96 & & V_1 & V_2 \\
\| & \| & & \| & \| \\
120 & 320 & & X_1 & X_2
\end{array}
\quad (7.58)
$$

したがってもとの表は横方向に販路構成を記述し，生産された産出の配分構成に着目したものであったが，これに付加価値も加えた縦方向の費用構成についても完結させ，生産要素の投入構成も追えるように表を作成しなおすことができる．これが産業連関表または投入産出表（略して IO 表）である．実際の産業連関表は多数の部門にわたり作成され，また縦の合計と横の合計がバランスするように注意がはらわれる．表7.2では変数も併記してある．

表7.2 2部門の産業連関表（投入産出表）

		中間需要		最終需要	総生産額
		(1) 農業	(2) 工業		
中間投入	(1) 農業	x_{11} (30)	x_{12} (32)	F_1 (58)	X_1 (120)
	(2) 工業	x_{21} (60)	x_{22} (192)	F_2 (68)	X_2 (320)
付加価値		V_1 (30)	V_2 (96)		
総生産額		X_1 (120)	X_2 (320)		

また，このように最終需要を外生的にあつかう場合は開放体系の産業連関表という．

(2) 投入係数行列

(7.55)，または (7.56) にもどろう．式の左辺にある行列は，その列ベクトルが各部門の1単位の生産に要した費用構成，すなわち生産1単位あたりの各産業部門からの中間投入の構成比率（これを原単位という）になっていることはすでにのべた．いま，この行列の要素について，

$$a_{ij} = \frac{x_{ij}}{X_j} \qquad i=1,2; j=1,2 \tag{7.59}$$

として，行列 $\mathbf{A}=[a_{ij}]_{2\times 2}$ を考えよう．すなわち，

$$\mathbf{A} = \begin{pmatrix} 0.25 & 0.10 \\ 0.50 & 0.60 \end{pmatrix} \quad \text{変数表記では} \quad \mathbf{A} = \begin{pmatrix} a_{11} & a_{12} \\ a_{21} & a_{22} \end{pmatrix} = \begin{pmatrix} \dfrac{x_{11}}{X_1} & \dfrac{x_{12}}{X_2} \\ \dfrac{x_{21}}{X_1} & \dfrac{x_{22}}{X_2} \end{pmatrix} \tag{7.60}$$

この a_{ij} は第 j 産業が1単位の生産をおこなうのに必要な第 i 産業の産出物の投入単位であり，投入係数といわれる．また行列 $\mathbf{A}$ は投入係数行列（配列を表にすれば投入係数表）という．

ここで同時に最終需要ベクトル $\mathbf{F}$ および生産額ベクトル $\mathbf{X}$ も定義しておこう．慣用的にこれらのベクトルは大文字で表記されることが多いので，それにしたがおう（要素も大文字で表記している）．

$$\mathbf{F} = \begin{pmatrix} F_1 \\ F_2 \end{pmatrix}, \quad \mathbf{X} = \begin{pmatrix} X_1 \\ X_2 \end{pmatrix} \tag{7.61}$$

すると需給バランス式である (7.55)，または (7.56) は以下のような行列方程式として記述できる．

$$\mathbf{AX} + \mathbf{F} = \mathbf{X} \tag{7.62}$$

これをベクトル $\mathbf{X}$ について整理すれば，$\mathbf{I}$ を $\mathbf{A}$ と同サイズの単位行列として，

$$(\mathbf{I} - \mathbf{A})\mathbf{X} = \mathbf{F} \tag{7.63}$$

(7.62) またはこの行列方程式（要素にもどれば連立方程式）(7.63) を産業連関分析の創始者であり完成者である W. W. Leontief（レオンチェフ）にちなんでレオンチェフの基本方程式（産業連関分析の基本モデル）ともいう．また行列 $(\mathbf{I}-\mathbf{A})$ をレオンチェフ行列とよぶ．

(3) 均衡産出高モデル

(7.63) は需給バランス式であるが，もし行列 $(\mathbf{I}-\mathbf{A})$ に経済学的に意味のある逆行列 $(\mathbf{I}-\mathbf{A})^{-1}$ が存在すれば，

$$\mathbf{X} = (\mathbf{I}-\mathbf{A})^{-1}\mathbf{F} \tag{7.64}$$

なるレオンチェフの基本方程式の一般解をもとめることができる．これは既知の最終需要ベクトル $\mathbf{F}$ にたいして未知の生産額ベクトル $\mathbf{X}$ を解いている形式であり，ある独立な最終需要に見合う直接および中間需要による間接の必要生産量がすべて計算可能であることに注目しよう．このことから，(7.64)は均衡産出高モデルといわれる．

このモデルをもちいれば，たとえば政府による公共投資により誘発される直接・間接の生産量や雇用などを計算することができ，事前にその経済効果を評価可能といった重大な意味を有しているのである．

(4) 部門産業連関表と投入係数行列

例7.2においては2部門の産業連関表をあつかったが，これはより多くの部門分類による場合も同様である．一般的な n 部門にたいしても，需給バランス式が成立する．

$$\begin{cases} x_{11}+x_{12}+\cdots+x_{1n}+F_1=X_1 \\ x_{21}+x_{22}+\cdots+x_{2n}+F_2=X_2 \\ \quad\cdots\cdots\cdots \\ x_{n1}+x_{n2}+\cdots+x_{nn}+F_n=X_n \end{cases} \tag{7.65}$$

これにたいしても

$$a_{ij} = \frac{x_{ij}}{X_j} \qquad i=1,\cdots,n_j; j=1,\cdots,n \tag{7.66}$$

として投入係数を作成すれば，需給バランス式の行列表記は，$n \times n$ 単位行列 $\mathbf{I}$ をもちいて，

$$(\mathbf{I}-\mathbf{A})\mathbf{X}=\mathbf{F} \tag{7.67}$$

になる．ただし，投入係数行列 $\mathbf{A}$，最終需要ベクトル $\mathbf{F}$，生産額ベクトル $\mathbf{X}$ は以下のようになる．これらの行列，ベクトルの要素はこれまで定義された意味からすべて非負であることに注意．

$$\mathbf{A} = \begin{pmatrix} a_{11} & a_{12} & \cdots & a_{1n} \\ a_{21} & a_{22} & \cdots & a_{2n} \\ \vdots & \vdots & \ddots & \vdots \\ a_{n1} & a_{n2} & \cdots & a_{nn} \end{pmatrix} \quad \mathbf{F} = \begin{pmatrix} F_1 \\ F_2 \\ \vdots \\ F_n \end{pmatrix} \quad \mathbf{X} = \begin{pmatrix} X_1 \\ X_2 \\ \vdots \\ X_n \end{pmatrix} \quad (7.68)$$

7.2.2 レオンチェフの逆行列

(1) 産業連関分析の前提

現実の経済の観測から得られた需給バランス式である (7.55) や，(7.56) から導出された (7.62)，またはレオンチェフの基本方程式 (7.63) における投入係数行列 $\mathbf{A}$ は，たんにその期間における各産業部門の投入原単位の計算結果にすぎない．またその期間特有，その生産水準特有，さらにその生産の組み合わせ特有の現象であったかもしれない．したがって，それを (7.64) のような形で独立な最終需要に見合う直接・間接の生産量誘発の分析にもちいるとすれば，逆行列 $(\mathbf{I} - \mathbf{A})^{-1}$ の存在という数学的な問題以外にも，いくつかの前提が必要になる．

(1) あるひとつの生産物が複数の産業部門から供給されることはなく（代替技術を認めない），また複数の生産物がひとつの産業部門から供給されることもない（結合生産は存在しない）ように，各生産物と産業部門は1対1に対応する．またそのように生産技術を単位とする細分化されたアクティビティ・ベース（生産活動＝アクティビティのちがいによって財・サービスを区別して分類する独特な産業分類の方法）の分類をもちいて，産業連関表は慎重に作成されていること．
(2) 各産業の生産は規模に関して収穫量一定であること．すなわち生産水準と生産要素の投入は比例関係を仮定し，投入係数は固定的である．つまり特定の経済観測データから作成されたはずの投入係数行列 $\mathbf{A}$ を以下のように拡大解釈してもちいることが許される．

$$\mathbf{A}(k\mathbf{X}) = k\mathbf{A}\mathbf{X} \qquad k \in \mathbb{R} \quad (7.69)$$

(3) 各部門が別々に生産をおこなった効果には加法性があり，同時に生産をお

こなった効果に等しい．これも，特定の経済観測データから作成されたはずの投入係数行列 $\mathbf{A}$ を以下のように拡大解釈してもちいることが許される．

$$\mathbf{A}\mathbf{X}_a + \mathbf{A}\mathbf{X}_b = \mathbf{A}(\mathbf{X}_a + \mathbf{X}_b) \tag{7.70}$$

前提の (2), (3) より投入係数行列 $\mathbf{A}$ について線形性

$$\mathbf{A}(\alpha\mathbf{X}_a + \beta\mathbf{X}_b) = \alpha\mathbf{A}\mathbf{X}_a + \beta\mathbf{A}\mathbf{X}_b \qquad \alpha, \beta \in \mathbb{R} \tag{7.71}$$

が満足されるため，これまで学んだ線型代数などの線型理論の中で産業連関分析をおこなうことが許される．さきの前提は現実の経済現象から考えれば非現実的であるかもしれない．しかしあつかいやすい線型理論の中で分析が可能であり，また注意を払いさえすればきわめて有用な情報を得られるということのメリットがその前提をおくことを許しているのである．

(2) 逆行列 $(\mathbf{I} - \mathbf{A})^{-1}$ の存在

開放体系の投入係数行列 $\mathbf{A}$ の第 j 列和，$\sum_{i=1}^{n} a_{ij}$ は，第 j 部門における 1 単位の生産額にたいする原材料投入額の合計である．これに付加価値の比率を加えて 1 単位の生産額になることから，この列和が 1 を超えることは経済学的解釈からありえない．

$$\sum_{i=1}^{n} a_{ij} = \sum_{i=1}^{n} \frac{x_{ij}}{X_j} < 1 \qquad j = 1, \cdots, n \tag{7.72}$$

この投入係数行列 $\mathbf{A}$ の列和条件はとくにソローの（列和）条件とよばれる．あきらかに産業連関表7.2の投入係数行列，(7.60) においてはこの列和条件が成立している．

$$\mathbf{A} = \begin{pmatrix} 0.25 & 0.10 \\ 0.50 & 0.60 \end{pmatrix} \Longrightarrow \begin{cases} \sum_{i=1}^{2} a_{i1} = 0.25 + 0.50 = 0.75 < 1 \\ \sum_{i=1}^{2} a_{i2} = 0.10 + 0.60 = 0.70 < 1 \end{cases}$$

また産業連関表7.2の投入係数行列 $\mathbf{A}$ に関しては，逆行列 $(\mathbf{I}-\mathbf{A})^{-1}$ が存在することを容易に示すことができる．

$$\mathbf{I}-\mathbf{A}=\begin{pmatrix}1 & 0\\ 0 & 1\end{pmatrix}-\begin{pmatrix}0.25 & 0.10\\ 0.50 & 0.60\end{pmatrix}=\begin{pmatrix}1-0.25 & -0.10\\ -0.50 & 1-0.60\end{pmatrix}=\begin{pmatrix}0.75 & -0.10\\ -0.50 & 0.40\end{pmatrix}$$

したがって，

$$\det(\mathbf{I}-\mathbf{A})=\begin{vmatrix}0.75 & -0.10\\ -0.50 & 0.40\end{vmatrix}=0.75\cdot 0.40-(-0.10)\cdot(-0.50)$$
$$=0.30-0.05=0.25>0$$

よって $(\mathbf{I}-\mathbf{A})$ は非特異（正則）であり逆行列が存在する．逆行列はレオンチェフの逆行列とよばれ，

$$(\mathbf{I}-\mathbf{A})^{-1}=\begin{pmatrix}1.6 & 0.4\\ 2.0 & 3.0\end{pmatrix}$$

また，(7.64) はこれにより，

$$\begin{pmatrix}X_1\\ X_2\end{pmatrix}=\begin{pmatrix}1.6 & 0.4\\ 2.0 & 3.0\end{pmatrix}\begin{pmatrix}F_1\\ F_2\end{pmatrix}=\begin{pmatrix}1.6F_1+0.4F_2\\ 2.0F_1+3.0F_2\end{pmatrix} \tag{7.73}$$

となり，任意の既知最終需要ベクトル $\mathbf{F}=\begin{pmatrix}F_1 & F_2\end{pmatrix}^T>\mathbf{0}$ にたいして直接・間接的な生産額ベクトル $\mathbf{X}=\begin{pmatrix}X_1 & X_2\end{pmatrix}^T$ をもとめることができる．ここで，

$$X_1=1.6F_1+0.4F_2>0$$
$$X_2=2.0F_1+3.0F_2>0$$

から解は非負値であり経済学的にも意味をもっていることに注意．

　レオンチェフ行列 $(\mathbf{I}-\mathbf{A})$ が非特異（正則）であり，また均衡産出高モデル $\mathbf{X}=(\mathbf{I}-\mathbf{A})^{-1}\mathbf{F}$ が経済学的に意味のある非負解をもつことはこの例のみの偶然ではない．これを2部門モデルで簡略に解説する．

　投入係数行列 $\mathbf{A}$ の要素を一般的に変数表記して以上の議論を記述しなおしてみる．まずレオンチェフ行列 $(\mathbf{I}-\mathbf{A})$ は，

$$\mathbf{I}-\mathbf{A}=\begin{pmatrix}1 & 0\\ 0 & 1\end{pmatrix}-\begin{pmatrix}a_{11} & a_{12}\\ a_{21} & a_{22}\end{pmatrix}=\begin{pmatrix}(1-a_{11}) & -a_{12}\\ -a_{21} & (1-a_{22})\end{pmatrix} \tag{7.74}$$

すると需給バランス式 $(\mathbf{I}-\mathbf{A})\mathbf{X}=\mathbf{F}$ は,

$$\begin{pmatrix} (1-a_{11}) & -a_{12} \\ -a_{21} & (1-a_{22}) \end{pmatrix} \begin{pmatrix} X_1 \\ X_2 \end{pmatrix} = \begin{pmatrix} F_1 \\ F_2 \end{pmatrix} \tag{7.75}$$

まずレオンチェフ行列 $(\mathbf{I}-\mathbf{A})$ の行列式について以下の条件をみたさなければならない.

$$\begin{aligned} \det(\mathbf{I}-\mathbf{A}) &= \begin{vmatrix} (1-a_{11}) & -a_{21} \\ -a_{12} & (1-a_{22}) \end{vmatrix} \\ &= (1-a_{11})(1-a_{22}) - a_{12}a_{21} \neq 0 \end{aligned} \tag{7.76}$$

正則条件がみたされればレオンチェフの逆行列は,

$$(\mathbf{I}-\mathbf{A})^{-1} = \frac{1}{\det(\mathbf{I}-\mathbf{A})} \begin{pmatrix} (1-a_{22}) & -a_{12} \\ -a_{21} & (1-a_{11}) \end{pmatrix} \tag{7.77}$$

となり均衡産出高モデルは以下のように解ける.

$$\begin{aligned} \begin{pmatrix} X_1 \\ X_2 \end{pmatrix} &= \frac{1}{\det(\mathbf{I}-\mathbf{A})} \begin{pmatrix} (1-a_{22}) & -a_{12} \\ -a_{21} & (1-a_{11}) \end{pmatrix} \begin{pmatrix} F_1 \\ F_2 \end{pmatrix} \\ &= \frac{1}{\det(\mathbf{I}-\mathbf{A})} \begin{pmatrix} (1-a_{22})F_1 - a_{12}F_2 \\ -a_{21}F_1 + (1-a_{11})F_2 \end{pmatrix} \end{aligned} \tag{7.78}$$

最終需要 F_i, 投入係数 a_{ij} はともに非負である. またソローの条件 (7.72) より投入係数行列の各列和は1を超えることはないので, 個々の投入係数も1を超えることはない. よって (7.78) 中にあらわれる $(1-a_{ii})$ も正値である.

したがって, (7.78) における右辺のベクトルは非負であるので, 生産額の解が非負であるための必要十分条件は,

$$\det(\mathbf{I}-\mathbf{A}) > 0 \tag{7.79}$$

であり, これはレオンチェフ行列が非特異 (正則) であるための条件 (7.76) の $(\mathbf{I}-\mathbf{A}) \neq 0$ をふくんだうえで, より強い条件である. これをホーキンス=サイモンの条件とよぶ. また上記の解説からあきらかなように, ソローの条件 (7.72) が成立する限りホーキンス=サイモンの条件 (7.79) は成立しているこ

とになる．

$a_{11}+a_{21}<1$, $a_{12}+a_{22}<1$ より

$$1-a_{11}>a_{21},\ 1-a_{22}>a_{12}$$

よって，$(1-a_{11})(1-a_{22})>a_{12}a_{21}$

したがって，現実のデータから作成される産業連関表ではソローの条件はみたされているので，レオンチェフ逆行列 $(\mathbf{I}-\mathbf{A})^{-1}$ は存在する．これはより一般的な n 部門の産業連関表の場合も同様である（証明省略）．

いったん，レオンチェフ逆行列 $(\mathbf{I}-\mathbf{A})^{-1}$ を導出しておけば，産業連関分析のいろいろな局面で再計算することなく利用可能である．このため実際の産業連関表においては投入産出表（IO 表）だけでなく，投入係数表および逆行列表が用意されている．

(3) レオンチェフ逆行列 $(\mathbf{I}-\mathbf{A})^{-1}$ の意味

2 部門の均衡産出高モデル（7.78）にもどろう．あつかいやすくするためレオンチェフの逆行列の各要素をつぎのようにおきかえておく．

$$\begin{pmatrix} b_{11} & b_{11} \\ b_{21} & b_{22} \end{pmatrix} = \frac{1}{\det(\mathbf{I}-\mathbf{A})}\begin{pmatrix} (1-a_{22}) & -a_{12} \\ -a_{21} & (1-a_{11}) \end{pmatrix} \quad (7.80)$$

均衡産出高モデル（7.78）は，

$$\begin{pmatrix} X_1 \\ X_2 \end{pmatrix} = \begin{pmatrix} b_{11} & b_{11} \\ b_{21} & b_{22} \end{pmatrix}\begin{pmatrix} F_1 \\ F_2 \end{pmatrix} = \begin{pmatrix} b_{11}F_1+b_{12}F_2 \\ b_{21}F_1+b_{22}F_2 \end{pmatrix} \quad (7.81)$$

のようにあらわせ，これは連立方程式でもあるが，

$$\begin{cases} X_1=X_1(F_1,\ F_2) \\ X_2=X_2(F_1,\ F_2) \end{cases} \quad (7.82)$$

なる 2 つの関数と考えることもでき，さらに以下の関係が成り立っている．

$$\frac{\partial X_1}{\partial F_1}=\frac{\partial}{\partial F_1}(b_{11}F_1+b_{12}F_2)=b_{11} \qquad \frac{\partial X_1}{\partial F_2}=\frac{\partial}{\partial F_2}(b_{11}F_1+b_{12}F_2)=b_{12}$$

$$\frac{\partial X_2}{\partial F_1}=\frac{\partial}{\partial F_1}(b_{21}F_1+b_{22}F_2)=b_{21} \qquad \frac{\partial X_2}{\partial F_2}=\frac{\partial}{\partial F_2}(b_{21}F_1+b_{22}F_2)=b_{22}$$

したがってレオンチェフの逆行列は，以下のように偏導関数からなる行列と考えることもできる．

$$(\mathbf{I}-\mathbf{A})^{-1}=\begin{pmatrix} b_{11} & b_{12} \\ b_{21} & b_{22} \end{pmatrix}=\begin{pmatrix} \dfrac{\partial X_1}{\partial F_1} & \dfrac{\partial X_1}{\partial F_2} \\ \dfrac{\partial X_2}{\partial F_1} & \dfrac{\partial X_2}{\partial F_2} \end{pmatrix} \tag{7.83}$$

実はこの (7.83) の右辺にあらわれるような形の偏導関数からなる行列はヤコビ行列（記号 $\mathbf{J}$ をもちいることが多い）といわれるものであり，一般的には微分可能な n 個の多変数関数からなるベクトル $\mathbf{f}(\mathbf{x})=\begin{pmatrix} f_1(\mathbf{x}) & f_2(\mathbf{x}) & \cdots & f_n(\mathbf{x}) \end{pmatrix}^T$ についての n 次元変数ベクトル $\mathbf{x}=\begin{pmatrix} x_1 & x_2 & \cdots & x_n \end{pmatrix}^T$ による微分として定義されるものである．

$$\mathbf{J}=\frac{\partial(f_1, f_2, \cdots, f_n)}{\partial(x_1, x_2, \cdots, x_n)}=\frac{\partial \mathbf{f}(\mathbf{x})}{\partial \mathbf{x}}=\begin{pmatrix} \dfrac{\partial f_1}{\partial x_1} & \cdots & \dfrac{\partial f_1}{\partial x_n} \\ \vdots & \ddots & \vdots \\ \dfrac{\partial f_1}{\partial x_1} & \cdots & \dfrac{\partial f_1}{\partial x_n} \end{pmatrix} \tag{7.84}$$

ヤコビ行列の行列式 $|\mathbf{J}|$（これをヤコビ行列式という）は，関数 $f_i(\mathbf{x})$, $(i=1, \cdots, n)$ が，関数的に依存関係にあるかどうか（独立であるかどうか）を調べるためにもちいることができ，もし $|\mathbf{J}|=0$ ならば n 個の多変数関数は従属の関係にあり，$|\mathbf{J}|\neq 0$ ならば独立である．

レオンチェフの逆行列自体の非特異性からヤコビ行列式についても $\det(\mathbf{I}-\mathbf{A})^{-1}=|\mathbf{J}|\neq 0$ が成立する．ここではさらに一般的な n 部門の均衡産出高モデルについて，生産額ベクトルが最終需要ベクトル $\mathbf{F}=\begin{pmatrix} F_1 & F_2 & \cdots & F_n \end{pmatrix}^T$ を変数とする多変数関数からなるベクトル $\mathbf{X}(\mathbf{F})=\begin{pmatrix} X_1(\mathbf{F}) & X_2(\mathbf{F}) & \cdots & X_n(\mathbf{F}) \end{pmatrix}^T$ であると考えた場合，レオンチェフの逆行列はこの関数のヤコビ行列になっていることのもつ意味に注目しよう．

$$(\mathbf{I}_n-\mathbf{A}_n)^{-1}=\left[\frac{\partial X_i}{\partial F_j}\right]_n$$

レオンチェフ逆行列 $(\mathbf{I}-\mathbf{A})^{-1}$ の第 (i, j) 要素は，第 j 部門の最終需要が 1 単位変化した場合，第 i 部門の生産額はどの程度変化するかという，限界的な

生産額の変化量 $\dfrac{\partial X_i}{\partial F_j}$ になっている．

したがって (7.73) の例で確認すれば，列和 $\sum_{i=1}^{2} b_{ij}$, $(j=1, 2)$ は，第 j 部門の最終需要が1単位変化した場合にすべての部門に及ぼす影響の総和になる．たとえば (7.73) の例においては，

$$\begin{pmatrix} 1.6 & 0.4 \\ 2.0 & 3.0 \end{pmatrix} \tag{7.85}$$

列和： 3.6　3.4

列和より，第1部門（農業）における1単位の需要が全産業に及ぼす効果は3.6単位，おなじく第2部門（工業）の1単位の需要は全産業に3.4単位の生産額増加を及ぼす．

行和については，各部門1単位ずつの需要にたいし第 i 部門が受ける影響と解釈できる．また各部門1単位ずつではなく，実際の最終需要ベクトルの部門別構成比率をもちいた場合の影響の総和は，生産誘発係数とよばれる．

以上は，より一般的な n 部門の産業連関表の場合も同様である．

7.2.3　価格モデル

(1)　価格単位モデルと数量単位モデル

以上は産業連関表（投入産出表）を横方向にみる需給バランスからの議論であったが，(7.58) にもどり，表を縦方向にみてみよう．(7.58) を横にかきなおせば，

$$\begin{cases} 30+60+30=120 \\ 32+192+96=320 \end{cases} \quad \text{すなわち} \quad \begin{cases} x_{11}+x_{21}+V_1=X_1 \\ x_{12}+x_{22}+V_2=X_2 \end{cases} \tag{7.86}$$

ここで，$v_i = \dfrac{V_i}{X_i}$, $(i=1, 2)$ とし，第1式の両辺を X_1 で，第2式の両辺を X_2 でそれぞれ割れば，

$$\begin{cases} \left(\dfrac{x_{11}}{X_1}\right)+\left(\dfrac{x_{21}}{X_1}\right)+\left(\dfrac{V_1}{X_1}\right)=1 \\ \left(\dfrac{x_{12}}{X_2}\right)+\left(\dfrac{x_{22}}{X_2}\right)+\left(\dfrac{V_2}{X_2}\right)=1 \end{cases} \quad \text{すなわち} \quad \begin{cases} a_{11}+a_{21}+v_1=1 \\ a_{12}+a_{22}+v_2=1 \end{cases} \tag{7.87}$$

このバランス式の左辺は，これら2部門から産出される財1単位あたりの原

価構成を意味する．しかしこの1単位とは数量単位ではないことに注意．これは両辺を生産額 X_i で割ったことであきらかなように財1円あたりの原価構成を意味する．

もし産業連関表（投入産出表）を数量単位で記述することができるならば，第 i 部門から各 j 部門への数量ベースでの産出配分を z_{ij}，最終需要を D_i，生産量を Z_i，単価を p_i として以下のようにかきなおしできるはずである．

需給バランスは，

$$\begin{cases} z_{11}+z_{12}+D_1=Z_1 \\ z_{21}+z_{22}+D_2=Z_2 \end{cases} \text{または} \begin{cases} p_1z_{11}+p_1z_{12}+p_1D_1=p_1Z_1 \\ p_2z_{21}+p_2z_{22}+p_2D_2=p_2Z_2 \end{cases} \quad (7.88)$$

また費用・生産額バランスは，

$$\begin{cases} p_1z_{11}+p_2z_{21}+V_1=p_1Z_1 \\ p_1z_{12}+p_2z_{22}+V_2=p_2Z_2 \end{cases} \quad (7.89)$$

$p_iz_{ij}=x_{ij}$，$p_iD_i=F_i$，また $p_iZ_i=X_i$，$(i=1, 2; j=1, 2)$ であり，(7.88) は (7.54) とおなじ，また (7.89) は，(7.86) とおなじものである．

(2) 価格均衡モデル

(7.89) の両式をそれぞれ生産額，p_1Z_1，p_2Z_1 で割ることにより，同値な (7.87) と比較してみよう．

$$\begin{cases} \dfrac{z_{11}}{Z_1}+\dfrac{p_2z_{21}}{p_1Z_1}+\dfrac{V_1}{p_1Z_1}=1 \\ \dfrac{p_1z_{12}}{p_2Z_2}+\dfrac{z_{22}}{Z_2}+\dfrac{V_2}{p_2Z_2}=1 \end{cases} \quad (7.90)$$

数量ベースの投入係数 $\dfrac{z_{ij}}{Z_j}$ と価格ベースの投入係数 a_{ij} の比較から，

$$\dfrac{z_{11}}{Z_1}=a_{11}, \quad \dfrac{p_2z_{21}}{p_1Z_1}=a_{21} \quad \text{または} \quad \dfrac{z_{21}}{Z_1}=\dfrac{p_1}{p_2}a_{21}$$

$$\dfrac{z_{22}}{Z_2}=a_{22}, \quad \dfrac{p_1z_{12}}{p_2Z_2}=a_{12} \quad \text{または} \quad \dfrac{z_{12}}{Z_2}=\dfrac{p_2}{p_1}a_{12}$$

いま，数量ベースの投入係数を $\bar{a}_{ij}=\dfrac{z_{ij}}{Z_j}$ とおく．また $\bar{v}_i=\dfrac{\bar{v}_i}{Z_i}$ とおこう．これを付加価値比率という．(7.89) より，

$$\begin{cases} p_1\dfrac{z_{11}}{Z_1}+p_2\dfrac{z_{21}}{Z_1}+\dfrac{\overline{v}_1}{Z_1}=p_1 \\ p_1\dfrac{z_{12}}{Z_2}+p_2\dfrac{z_{22}}{Z_2}+\dfrac{\overline{v}_2}{Z_2}=p_2 \end{cases} \quad \text{すなわち} \quad \begin{cases} p_1\overline{a}_{11}+p_2\overline{a}_{21}+\overline{v}_1=p_1 \\ p_1\overline{a}_{12}+p_2\overline{a}_{22}+\overline{v}_2=p_2 \end{cases}$$

行列表示すれば,

$$\overline{\mathbf{A}}^T\mathbf{P}+\overline{\mathbf{V}}=\mathbf{P} \quad \text{すなわち} \quad (\mathbf{I}-\overline{\mathbf{A}}^T)\mathbf{P}=\overline{\mathbf{V}} \tag{7.91}$$

ここで,

$$\overline{\mathbf{A}}=\begin{pmatrix}\overline{a}_{11} & \overline{a}_{12}\\ \overline{a}_{21} & \overline{a}_{22}\end{pmatrix},\quad \mathbf{P}=\begin{pmatrix}p_1\\ p_2\end{pmatrix},\quad \overline{\mathbf{V}}=\begin{pmatrix}\overline{v}_1\\ \overline{v}_2\end{pmatrix}$$

数量ベースの投入係数行列, $\overline{\mathbf{A}}$ についてもソローの条件,

$$\sum_{i=1}^{n}\overline{a}_{ij}=\sum_{i=1}^{n}\dfrac{z_{ij}}{Z_j}<1 \quad j=1,\cdots,n \tag{7.92}$$

が成立しているためレオンチェフの逆行列, $(\mathbf{I}-\overline{\mathbf{A}})^{-1}$ が存在し,同時にその転置行列も存在する.

$$(\mathbf{I}-\overline{\mathbf{A}}^T)^{-1}=(\mathbf{I}^T-\overline{\mathbf{A}}^T)^{-1}=\left[(\mathbf{I}-\overline{\mathbf{A}})^T\right]^{-1}=\left[(\mathbf{I}-\overline{\mathbf{A}})^{-1}\right]^T \tag{7.93}$$

よって費用・生産額のバランス式 (7.91) からは以下の均衡価格モデルを導出できる.

$$\mathbf{P}=(\mathbf{I}-\overline{\mathbf{A}}^T)^{-1}\overline{\mathbf{V}} \quad \text{すなわち} \quad \mathbf{P}=\left[(\mathbf{I}-\overline{\mathbf{A}})^{-1}\right]^T\overline{\mathbf{V}} \tag{7.94}$$

均衡産出高モデル (7.64) が,ある独立な最終需要に見合う直接および中間需要による間接の必要生産量を計算するのに利用可能であったように,均衡価格モデル (7.94) は,付加価値の変動が各部門の費用構成を介して価格体系にどの程度の影響を及ぼすかといった分析に利用可能になる.

(3) 価格単位の産業連関表と均衡価格モデル

現実の産業連関表は数量ベースではなく金額表示(価格ベース)で集計・作成されているために,均衡価格モデルを利用するにあたって注意が必要である.

価格ベースでの費用構成のバランス式 (7.87) について考えよう.この式に

おける a_{ij} は本来，第 j 財を 1 価格単位生産するにあたっての第 i 部門から調達する原材料の費用シェアを意味する．これを 1 価格単位の原材料を a_{ij} 数量単位必要とする，というように読み替えることにより，投入係数 a_{ij} は固定的な技術パラメータとして考えることができる．すなわち価格体系が変化しても投入係数行列 $\mathbf{A}$ は技術的な構造を意味しているので変化しないと考えるのである．

このとき (7.87) は以下のように読み替えられる．価格体系 $(p_1, p_2)=(1, 1)$ のもとで，

$$\begin{cases} 1 \cdot a_{11} + 1 \cdot a_{21} + v_1 = 1 \cdot 1 \\ 1 \cdot a_{12} + 1 \cdot a_{22} + v_2 = 1 \cdot 1 \end{cases} \tag{7.95}$$

いま，付加価値がそれぞれ，$\Delta v_1, \Delta v_2$ だけ変動したとする．このとき価格体系にあたえた影響をそれぞれ $\Delta p_1, \Delta p_2$ とすればバランス式は，

$$\begin{cases} (1+\Delta p_1) \cdot a_{11} + (1+\Delta p_2) \cdot a_{21} + (v_1+\Delta v_1) = (1+\Delta p_1) \cdot 1 \\ (1+\Delta p_1) \cdot a_{12} + (1+\Delta p_2) \cdot a_{22} + (v_2+\Delta v_2) = (1+\Delta p_2) \cdot 1 \end{cases} \tag{7.96}$$

これを整理すれば，

$$\begin{cases} \Delta p_1 \cdot a_{11} + \Delta p_2 \cdot a_{21} + \Delta v_1 = \Delta p_1 \cdot 1 \\ \Delta p_1 \cdot a_{12} + \Delta p_2 \cdot a_{22} + \Delta v_2 = \Delta p_2 \cdot 1 \end{cases} \tag{7.97}$$

行列表示すれば，

$$\mathbf{A}^T \Delta \mathbf{P} + \Delta \mathbf{V} = \Delta \mathbf{P} \quad \text{すなわち} \quad (\mathbf{I}-\mathbf{A}^T)\Delta \mathbf{P} = \Delta \mathbf{V} \tag{7.98}$$

レオンチェフの逆行列をもちいて，

$$\Delta \mathbf{P} = (\mathbf{I}-\mathbf{A}^T)^{-1} \Delta \mathbf{V} \quad \text{すなわち} \quad \Delta \mathbf{P} = \left[(\mathbf{I}-\mathbf{A})^{-1}\right]^T \Delta \mathbf{V} \tag{7.99}$$

ただし，

$$\Delta \mathbf{V} = \begin{pmatrix} \Delta v_1 \\ \Delta v_2 \end{pmatrix}, \quad \Delta \mathbf{P} = \begin{pmatrix} \Delta p_1 \\ \Delta p_2 \end{pmatrix}$$

よって均衡産出高モデルで計算済みのレオンチェフ逆行列 $(\mathbf{I}-\mathbf{A})^{-1}$ があれ

ば，付加価値が $\Delta \mathbf{V}$ 変動した場合の，費用構成を介して価格体系にあたえる影響 $\Delta \mathbf{P}$ をもとめることができる．

7.2.4 輸入のあつかいと逆行列

これまでの議論では簡潔さを優先して，輸入を考えに入れていなかった．現実には国内需要をすべて国内生産でまかなうことはなく，一部は輸入にたよることはあきらかである．したがって輸入を無視した分析では，国内生産への波及効果を過大評価することになり，輸入を考慮に入れなければならない．これまであつかってきたレオンチェフ逆行列 $(\mathbf{I}-\mathbf{A})^{-1}$ は，産業部門間の相互依存関係などをくわしく分析する場合にもちいることができるが，国内需要をほとんど国内での生産でまかなえるような特殊な国の場合をのぞいて，波及効果の分析や予測などには適しているとはいえない．

輸入のあつかいについては，おなじ品目の国内需要であっても国産品と輸入品を区別すれば，$\mathbf{M}$：輸入ベクトル，$\mathbf{E}$：輸出ベクトル，$\mathbf{A}^d$：国産財の投入係数行列，$\mathbf{F}^d$：国産財の最終需要ベクトル，$\mathbf{A}^m$：輸入財の投入係数行列，$\mathbf{F}^m$：輸入財の最終需要ベクトルとして，以下のように非競争輸入型のバランス式が定義できる．

$$\begin{cases} \mathbf{X}=\mathbf{A}^d\mathbf{X}+\mathbf{F}^d+\mathbf{E} \iff (\mathbf{I}-\mathbf{A}^d)\mathbf{X}=\mathbf{F}^d+\mathbf{E} \\ \mathbf{M}=\mathbf{A}^m\mathbf{X}+\mathbf{F}^m \end{cases} \tag{7.100}$$

ただし，これまで定義した係数行列，最終需要ベクトルにたいして，

$$\begin{cases} \mathbf{A}=\mathbf{A}^d+\mathbf{A}^m \\ \mathbf{F}=\mathbf{F}^d+\mathbf{F}^m+\mathbf{E} \end{cases}$$

これにたいして輸入は国内の中間需要および輸出をのぞく国内最終需要に依存して内生的に決まるものと仮定すれば，その決まり方はいろいろ想定できるが，たとえば各品目について輸入依存度(国内需要合計にたいする輸入の比率)が一定の割合をもっていると想定すれば，ある期間のデータにより輸入係数

$$m_i = \frac{M_i}{\sum_{j=1}^{n} a_{ij}X_j + (F_i - E_i)} \tag{7.101}$$

（ただし，M_i：第 i 部門の輸入，(F_i-E_i)：第 i 部門の国内最終需要）を作成して，以下のような競争輸入型のバランス式が定義できる．

$$\begin{aligned}
\mathbf{X} &= \mathbf{AX} + \mathbf{D} + \mathbf{E} - \mathbf{M} \\
&= \mathbf{AX} + \mathbf{D} + \mathbf{E} - \overline{\mathbf{M}}(\mathbf{AX} + \mathbf{D}) \\
&\Longleftrightarrow [\mathbf{I} - (\mathbf{I} - \overline{\mathbf{M}})\mathbf{A}]\mathbf{X} = [(\mathbf{I} - \overline{\mathbf{M}})\mathbf{D} + \mathbf{E}]
\end{aligned} \tag{7.102}$$

ただし，$\mathbf{D} = \mathbf{F} - \mathbf{E}$ は国内最終需要ベクトル，および $\overline{\mathbf{M}}$ は輸入係数からなる対角行列，$\mathrm{diag}[m_1, m_2, \cdots, m_n]$ である．

ここで，それぞれにおいて，$(\mathbf{I} - \mathbf{A}^d)$ および $[(\mathbf{I} - (\mathbf{I} - \overline{\mathbf{M}})\mathbf{A}]$ は，ソローの条件をみたしているので逆行列が存在し，以下のように非競争輸入型モデル，および競争輸入型モデルが導出される．

$$\text{非競争輸入型モデル：} \mathbf{X} = (\mathbf{I} - \mathbf{A}^d)^{-1}(\mathbf{F}^d + \mathbf{E}) \tag{7.103}$$

$$\text{競争輸入型モデル：} \mathbf{X} = [\mathbf{I} - (\mathbf{I} - \overline{\mathbf{M}})\mathbf{A}]^{-1}[(\mathbf{I} - \overline{\mathbf{M}})\mathbf{D} + \mathbf{E}] \tag{7.104}$$

分析の目的に応じてこれらのモデルは使い分けられるべきである．しかし現実には十分なデータにより国内財と輸入財にわけて産業連関表が作成されていれば非競争輸入型モデルを利用できるが，産業連関表を分離して作成できない場合には競争輸入型モデルを近似的なモデルとして使用することになる．

練習問題

問題 7.1 以下の線型計画問題について，各設問に答えなさい．

$$\begin{aligned}
\max \quad & 3x_1 + 2x_2 \\
\text{s.t.} \quad & 3x_1 + 1x_2 \leq 15 \\
& 1x_1 + 2x_2 \leq 10 \\
& 2x_1 + 2x_2 \leq 20 \\
& x_1, x_2 \geq 0
\end{aligned}$$

(1) このような問題において，端点のとりえる最大個数をもとめなさい．
(2) すべての端点をもとめ，さらに実現可能領域の屈曲点であるものを選びなさい．
(3) すべての実現可能領域の屈曲点における目的関数の値を比較して，解をもとめなさい．

(4) スラック変数を導入して，代数的に解をもとめなさい．
(5) この問題を主問題として双対問題をつくりなさい．
(6) 相補性定理をもちいて双対問題を解きなさい．

問題 7.2 以下の線型計画問題を解きなさい．

(1) $\min 6x_1+5x_2+10x_3$
　　s.t. $x_1+x_2+3x_3 \geq 3$
　　　　$2x_1+2x_2+x_3 \geq 3$
　　　　$x_1, x_2, x_3 \geq 0$

(2) $\max x_1+2x_2+2x_3+x_4$
　　s.t. $x_1+x_2+3x_3-2x_4 \leq 4$
　　　　$2x_1-x_2-2x_3+3x_4 \leq 5$
　　　　$x_1, x_2, x_3, x_4 \geq 0$

問題 7.3 以下の産業連関表について，設問に答えなさい．

投入＼産出	中間需要 第I部門	中間需要 第II部門	最終需要	総生産額
第I部門	2	x_{12}	3	10
第II部門	x_{21}	4	5	X_2
粗付加価値	V_1	3		
総生産額	X_1	X_2		

(1) 表中の文字変数でかかれている部分の値をもとめなさい．
(2) 投入係数行列をもとめなさい．
(3) レオンチェフの逆行列をもとめなさい（各要素とも小数点第3位まで）．

第8章 関数方程式(I) 差分方程式の経済モデル

これまでの各章では微分や線形代数に関する基礎知識を学び，これらの数学をもちいていくつかの経済理論を考察してきたが，これらの分析では時間という概念がもちいられていなかった．しかし，さまざまな経済現象を理解するうえで，時間を導入したモデルの分析は不可欠となる．そこで，ここでは時間をふくむ方程式すなわち関数方程式で記述される経済モデルの基礎的な分析方法を紹介する．

8.1 簡単なマクロ経済モデルとその限界

まず，時間概念をもたない基礎的なマクロ経済モデルを紹介し，このモデルがもつ特徴とその限界について考察しよう．われわれがマクロ経済学の基礎を学ぶ際，つぎのようなモデルがその出発点となる．

$$\begin{cases} Y = C + I \\ C = c_0 + c_1 Y \\ I = \bar{I} \end{cases} \tag{8.1}$$

ここで，Y は総供給（すなわち国民所得），C は消費，I は投資をあらわす．また，c_0, c_1 は定数で，$c_0 > 0$, $0 < c_1 < 1$ とする．$\bar{I}$ も正の定数とする．方程式は3本，未知数は Y, C, I の3個である．

(8.1)の第1式は財市場における需給の均衡式である．左辺 Y は総供給であり，右辺は消費需要 C と投資需要 I の合計すなわち総需要をあらわしている．(8.1)の第2式は所得 Y と消費額 C の関係をあらわす関数で，われわれはこれを消費関数とよぶ．(8.1)の第3式は投資額 I が $\bar{I}$ であたえられてい

ることをあらわしている．

(8.1) は，投資水準が $\bar{I}$ であるとき，財市場の均衡を達成させるような国民所得と消費額を決定する方程式であると解釈できる．そして，この方程式は簡単に解くことができる．すなわち，解は，

$$\begin{cases} Y = \dfrac{1}{1-c_1}(c_0+\bar{I}) \\ C = c_0 + \dfrac{c_1}{1-c_1}(c_0+\bar{I}) \\ I = \bar{I} \end{cases} \tag{8.2}$$

となる．

このように，(8.1) はただちに解け，さらに (8.2) をもちいて，マクロ経済のさまざまな特徴を分析することができる．しかし，ここでたとえば (8.1) 第2式の消費関数に着目してみよう．いま，われわれは消費に関する考え方としてこの第2式をもっているが，この式の右辺に代入すべき所得はわれわれがいつ得る所得であろうか．それは，昨年の所得であろうか，それとも今年得られると予想される所得であろうか．ある消費者は，今年得られるであろう所得より，むしろ昨年の所得に大きく依存して消費額を決定するという考えをもっているかもしれない．現実的には人々はいまの所得だけではなく，過去に得た所得も考え合わせ，現在の消費額を決定しているといえる．そして，このように消費を考えたとき，問題となるのは，得られる所得がいつのものであれ，所得に「時間」が付与されるという点である．

つぎに，(8.1) の第1式をみてみよう．この第1式は財市場の均衡式であるが，この均衡が達成されるためにはつぎのような調整過程が前提されている．たとえば，$Y>C+I$ すなわち総供給が総需要を上回る場合，在庫の増加などに遭遇する企業家は生産活動を縮小する．その結果，総供給は減少し，超過供給が解消される．また，逆に $Y<C+I$ すなわち総需要が総供給を上回る場合，在庫などの減少を認識する企業家は，超過需要が解消されるまで生産活動を拡大させる．そして，このような調整過程を経て (8.1) の第1式が達成されると考える．ところが，このような調整を前提とした場合，この調整にかかわる時間が問題となる．たとえば，この調整過程により (8.1) の第1式が達成されるために，時間は必要ないのであろうか．あるいは，この調整は瞬時におこ

なわれるのであろうか．

消費の構造や財市場の調整過程などをめぐって（8.1）をこのように眺めると，（8.1）のようなたんなる連立方程式でモデルを構成することには自ずと限界が発生する．したがって，ここでは時間をともなう変数の導入が不可欠となる．そこで，まず，離散的な時間を導入し，モデル（8.1）を基礎とするモデルを紹介する．

8.2 消費にタイム・ラグをもつモデル（1階の差分方程式）

8.2.1 モデル

本節では，時間を考えるうえで，われわれは前期，今期，来期というような一定の時間的な長さをもった「期間」を採用する．たとえば，1年を4つの期間に分ければ，「1月-3月」期，「4月-6月」期，「7月-9月」期，「10月-12月」期となる．そして，区分された期間をここでは第1期，第2期，…，第t期などと記す．そして，期間をもつモデルとして，（8.1）にかわり，つぎのようなモデルを考察しよう[1]．

$$\begin{cases} Y_t = C_t + I_t \\ C_t = c_0 + c_1 Y_{t-1} \\ I_t = \bar{I} \end{cases} \tag{8.3}$$

Y_t, C_t, I_t はそれぞれ t 期の総供給（あるいは国民所得），t 期の消費，t 期の投資である．c_0, c_1 は定数で，$c_0 > 0$，$0 < c_1 < 1$ とする．また，$\bar{I}$ は正の定数である．ここで注意したいのは，（8.3）も方程式であるという点である．未知数は Y_t, C_t, I_t である．したがって，（8.3）を解くとは，これらの3個の未知数が各期にどのような値をとるかを示す関数をもとめることである．

（8.3）の第1式は，すべての期間 t において総需要と総供給が一致するという市場の均衡条件をあらわす．このとき，財市場は毎期均衡しているので，財市場の調整力は十分大きいと考えている．（8.3）の第2式は消費に関する式である．ただし，われわれは消費関数として，

---

[1] このモデルについてはパシネッティ［27］を参考とした．

$$C = c_0 + c_1 Y$$

を考えているので，第2式は，t 期の消費額 C_t は $t-1$ 期の所得 Y_{t-1} を消費関数に代入して決定されることを示している．すなわち，所得にたいする消費の決定に関し1期のタイム・ラグ（時の遅れ）が発生していることになる．

8.2.2 モデルの解法

(8.3) を解いてみよう．(8.3) の第2式と第3式を第1式に代入して整理すると，

$$Y_t = c_1 Y_{t-1} + (c_0 + \bar{I}) \tag{8.4}$$

となる．この (8.4) をもちいて未知数 Y_t が各期にとる値をもとめれば，(8.3) の第2式で各期における C_t の値を知ることができる．I_t の値は各期 $\bar{I}$ であたえられているので，結局，Y_t の各期の値をもとめることに焦点を当てればよい．(8.4) をもちいて Y_t について解いてみよう．

(8.4) は，t 期の所得 Y_t は $t-1$ 期の所得 Y_{t-1} をもちいて $c_1 Y_{t-1} + (c_0 + \bar{I})$ と計算できることを示している．このような方程式を1階の差分方程式という．このタイプの方程式は，Y_t のある期間における値を定めれば解くことができる．この値を Y_t の初期値という．たとえば，Y_t は第0期に初期値 Y_0 をとるものとしよう．このとき，(8.4) より，Y_1 は，

$$Y_1 = c_1 Y_0 + (c_0 + \bar{I}) \tag{8.5}$$

と定まるが，Y_1 が (8.5) のようにもとまれば，Y_2 も (8.4) より，

$$Y_2 = c_1 Y_1 + (c_0 + \bar{I}) = c_1^2 Y_0 + c_1(c_0 + \bar{I}) + (c_0 + \bar{I}) \tag{8.6}$$

となる．そして，Y_2 の値が (8.6) で定まれば，Y_3 も，

$$Y_3 = c_1 Y_2 + (c_0 + \bar{I}) = c_1^3 Y_0 + c_1^2(c_0 + \bar{I}) + c_1(c_0 + \bar{I}) + (c_0 + \bar{I}) \tag{8.7}$$

となる．以下，同様にして，定まった値を逐次 (8.4) に代入していけばよい．このとき，Y_t は，

$$Y_t = c_1{}^t Y_0 + c_1{}^{t-1}(c_0+\bar{I}) + \cdots + c_1(c_0+\bar{I}) + (c_0+\bar{I})$$
$$= c_1{}^t Y_0 + (c_0+\bar{I})\frac{1-c_1{}^t}{1-c_1} \qquad (8.8)$$
$$= \left(Y_0 - \frac{c_0+\bar{I}}{1-c_1}\right)c_1{}^t + (c_0+\bar{I})\frac{1}{1-c_1}$$

となる[2]．(8.8) を初期値 Y_0 にたいする (8.4) の特殊解であるという．ただし，Y_0 を特別に定めない場合すなわち Y_0 を任意の定数であると考えた場合，(8.8) は一般解とよばれる．

Y_t をあたえる関数が (8.8) でもとめられたので，(8.3) の第2式にこれを代入すれば，C_t をもとめることができる．

8.2.3　投資が増加するとき（期間が無限のケース）

ところで，期間数は有限であるとは限らない．ここで，期間 t が無限大になる場合を考えよう．(8.8) において，c_1 は限界消費性向であり，$0<c_1<1$ を満足する．したがって，$t\to\infty$ のとき，$c_1{}^t\to 0$ となる．よって，(8.8) において期間 t を無限大にすると，

$$Y_t \to (c_0+\bar{I})\frac{1}{1-c_1} \qquad (t\to\infty \text{ のとき}) \qquad (8.9)$$

となる．

そこで，十分期間が経過し，投資 $\bar{I}$ にたいし，Y_t が $(c_0+\bar{I})\dfrac{1}{1-c_1}$ に収束した状況を考えよう．そして，あらためて，この期間を期間 0 とし，期間 0 において総供給が $(c_0+\bar{I})\dfrac{1}{1-c_1}$ であるとする．すなわち，

$$Y_0 = (c_0+\bar{I})\frac{1}{1-c_1} \qquad (8.10)$$

とおく．

このような設定のもとで，期間 0 より，各期の投資が $\bar{I}$ から $\bar{I}+\Delta I$ に増加するものと仮定する．投資は以前の水準からくらべて ΔI ほど増加することになるが，この投資の増分 ΔI にたいし，モデル (8.3) のもとで乗数効果（すなわち投資の増加により国民所得が増加する効果）をどのようにあらわせるか

---

[2]　等比数列の和については第1章，21ページを参照せよ．

がここで問題となる．この点について考察してみよう．
　いま，モデルは，

$$\begin{cases} Y_t = C_t + I_t \\ C_t = c_0 + c_1 Y_{t-1} \\ I_t = \bar{I} + \Delta I \end{cases} \quad (8.11)$$

となるので，これを整理して，

$$Y_t = c_1 Y_{t-1} + (c_0 + \bar{I} + \Delta I) \quad (8.12)$$

を得る．そこで，初期値 (8.10) のもとで (8.12) を解こう．
　(8.10) より，初期値 Y_0 が，

$$Y_0 = c_1 Y_0 + c_0 + \bar{I} \quad (8.13)$$

をみたすことに注意すると，(8.12) より，

$$\begin{aligned} Y_1 &= c_1 Y_0 + (c_0 + \bar{I} + \Delta I) \\ &= Y_0 + \Delta I \end{aligned} \quad (8.14)$$

を得る．そして，得られた解を逐次代入する手順で $Y_2, Y_3, \cdots, Y_t$ をもとめると，

$$\begin{aligned} Y_2 &= c_1 Y_1 + (c_0 + \bar{I} + \Delta I) \\ &= Y_0 + c_1 \Delta I + \Delta I \end{aligned} \quad (8.15)$$

$$\begin{aligned} Y_3 &= c_1 Y_2 + (c_0 + \bar{I} + \Delta I) \\ &= Y_0 + c_1^2 \Delta I + c_1 \Delta I + \Delta I \end{aligned} \quad (8.16)$$

$$\cdots\cdots\cdots\cdots\cdots$$

$$\begin{aligned} Y_t &= Y_0 + c_1^{t-1} \Delta I + c_1^{t-2} \Delta I + \cdots + c_1 \Delta I + \Delta I \\ &= Y_0 + \frac{1 - c_1^t}{1 - c_1} \Delta I \end{aligned} \quad (8.17)$$

となる．
　ここで，(8.10) にたいし，投資の増分 ΔI により国民所得がいくら増加するのかを調べるために，(8.17) において期間を無限大にしてみよう．このとき，$c_1^t \to 0$ $(t \to \infty)$ であるので，(8.17) より，

$$Y_t \to Y_0 + \frac{1}{1-c_1}\Delta I \quad (t\to\infty) \tag{8.18}$$

を得る．したがって，期間が無限大のとき，投資の増分 ΔI にたいする総供給の増分 ΔY は，(8.10) および (8.18) より，

$$\Delta Y = \frac{1}{1-c_1}\Delta I \tag{8.19}$$

となる．すなわち，モデル (8.3) においても乗数効果が機能しているといえる．ただし，前節でのモデルと異なり，ここでは時間を導入した動学モデルの中で乗数効果が働いているので，$\frac{1}{1-c_1}$ は「遅れ」をともなう乗数（あるいは動学乗数）とよばれる．

投資の増分 ΔI にたいしこの動学乗数が作用する様子を分析するために，図 8.1 をみてみよう．まず，Y_1 は (8.14) でもとめられたが，図8.1では $A_1A_2=Y_0$, $A_2A_3=\Delta I$ であるので，$A_1A_3=Y_1$ となる．ただし，この長さを横軸に移すためには45°線を介して点 A_4 に Y_1 をプロットすればよい．つぎに，Y_2 は (8.15) で定まったが，$A_4A_5=Y_0$, $A_5A_6=\Delta I$, $A_6A_7=c_1\Delta I$ であるので，$A_4A_7=Y_2$ となる．そして，この長さを横軸にとるために，45°線を介して点

図8.1　動学乗数の達成過程

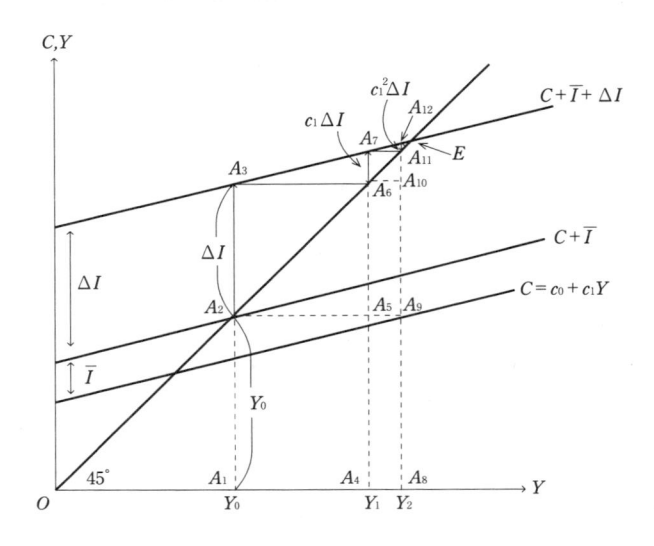

A_8 に Y_2 をプロットできる．このような手順を繰り返せば，Y_t の系列をかきこむことができ，結局，経済は点 A_2 から出発し，矢印にしたがって階段を登るように進行し，点 E に収束することがわかる．

8.3　景気循環モデル

　前節では消費にタイム・ラグが発生するモデルを考察した．そこでは，投資は一定とされたが，動学モデルの文脈のなかでは，投資自体も景気の動向すなわち過去の総供給の変動に影響されながら決定されると考えた方がより現実的であろう．そこで，(8.3) にかわり，われわれはつぎのようなモデルを構成することができる．

$$\begin{cases} Y_t = C_t + I_t \\ C_t = c_0 + c_1 Y_{t-1} \\ I_t = \nu(Y_{t-1} - Y_{t-2}) + \bar{I} \end{cases} \tag{8.20}$$

ただし，ν は正の定数で，2期前までの総供給の変動にたいする投資の反応係数をあらわす．すなわち，(8.20) の第3式は，$Y_{t-1} - Y_{t-2} > 0$ ならば，企業家は経済は成長していると判断して，総供給の増分 $Y_{t-1} - Y_{t-2}$ にたいし ν の割合で t 期の投資を増加させ，逆に $Y_{t-1} - Y_{t-2} < 0$ のときは，ν の割合で投資を減少させることを意味している．また，$Y_{t-1} - Y_{t-2} = 0$ ならば，t 期の投資は $\bar{I}$ とする．第3式右辺の第1項 $\nu(Y_{t-1} - Y_{t-2})$ は，総供給の動向により誘発される投資の増減をあらわしている．したがって，この項を誘発投資とよぶ．(8.20) において，未知数は Y_t, C_t, I_t であり，(8.20) を解くということは，これらの変数の各期の値を定める関数をもとめるということである．

　そこで，(8.20) を分析するために，第2式と第3式を第1式に代入すると，

$$Y_t - (c_1 + \nu)Y_{t-1} + \nu Y_{t-2} = \bar{I} + c_0 \tag{8.21}$$

を得る．(8.21) は2期間のタイム・ラグをふくんでいる．すなわち，Y_t の値を得るためには Y_{t-1} と Y_{t-2} の値を必要とする．このような方程式を2階の差分方程式という．(8.21) より Y_t をもとめれば（すなわち各期に Y_t がどのような値をとるかがわかれば），(8.20) の第2式と第3式により，各期の C_t お

よび I_t の値を定めることができる．したがって，分析の焦点は (8.20) から (8.21) に移される．

そこでわれわれは (8.21) に注目するが，(8.21) は各期おなじ値をとる特別な解 Y^* をもっている．このような解 Y^* は，すべての期間 t にたいして，$Y^*=Y_t$ となるので，

$$Y^* - (c_1+\nu)Y^* + \nu Y^* = \bar{I} + c_0 \tag{8.22}$$

を満足しなければならない．(8.22) より，Y^* をもとめると，

$$Y^* = \frac{1}{1-c_1}(\bar{I}+c_0) \tag{8.23}$$

となる．Y^* は均衡点とよばれる．均衡点は時間が経過してもその値が変化しない解であり，経済学的には重要な解である．したがって，(8.21) の解が (8.23) の周辺でどのように変動するのかが問題となろう．そこで，(8.21) から (8.22) を差し引くと，

$$(Y_t - Y^*) - (c_1+\nu)(Y_{t-1} - Y^*) + \nu(Y_{t-2} - Y^*) = 0 \tag{8.24}$$

を得るが，ここで，

$$y_t = Y_t - Y^* \tag{8.25}$$

とすると，(8.24) は，

$$y_t - (c_1+\nu)y_{t-1} + \nu y_{t-2} = 0 \tag{8.26}$$

となる．y_t は (8.21) の解 Y_t と均衡点 Y^* の乖離の差をあらわす変数である．したがって，ここでのわれわれの目的は (8.26) を解くということに集約される．そこで，(8.26) を解くために，数学的準備をしよう．

8.4　n 階の線型差分方程式の解法と解の構造

8.4.1　n 階の同次線型差分方程式の解法

つぎのような差分方程式を考えよう．

第8章 関数方程式(I) 差分方程式の経済モデル

$$a_0 y_{t+n} + a_1 y_{t+n-1} + \cdots + a_n y_t = 0 \qquad (8.27)$$

ただし，$a_0, a_1, \cdots, a_n$ は定数で $a_0 \neq 0$，$a_n \neq 0$ とする．このような方程式を n 階の同次線型差分方程式という．もちろん，$n=1$ のときは，8.2節で考察した1階の差分方程式となる．そこで，この $n=1$ の場合を考察し，これを手がかりに $n>1$ の場合を考えよう．

$n=1$ のとき，(8.27) は，

$$a_0 y_{t+1} + a_1 y_t = 0 \qquad (8.28)$$

となる．これを整理すると，

$$y_{t+1} = \lambda y_t \qquad \left(\text{ただし，} \lambda = -\frac{a_1}{a_0} \right) \qquad (8.29)$$

となるが，8.2節で説明した逐次代入法でこれを解くと，初期値 μ_0 に対し，

$$y_t = \lambda^t \mu_0 \qquad (8.30)$$

を得る．すなわち，1階の差分方程式において (8.30) の形の解を得たわけであるが，この解の形を手がかりとすると，(8.27) も $y_t = \lambda^t$ というタイプの解をもつことが期待される．そこで，$y_t = \lambda^t$ を (8.27) に代入して，(8.27) を満足するような λ が存在するかどうかを調べよう．

$y_t = \lambda^t$ を (8.27) に代入すると，

$$a_0 \lambda^{t+n} + a_1 \lambda^{t+n-1} + \cdots + a_n \lambda^t = 0 \qquad (8.31)$$

となる．これを整理すると，

$$\lambda^t (a_0 \lambda^n + a_1 \lambda^{n-1} + \cdots + a_n) = 0$$

となるが，$\lambda^t \neq 0$ であるので，(8.31) は結局，

$$a_0 \lambda^n + a_1 \lambda^{n-1} + \cdots + a_n = 0 \qquad (8.32)$$

であることがわかる．したがって，$y_t = \lambda^t$ が (8.27) のひとつの解であるためには λ は (8.32) を満足しなくてはならないが，逆に，(8.32) をひとつの方程式と考えてこれを満足する λ をもとめれば，それは (8.31) を満足し，

さらに，このλをもちいて$y_t=\lambda^t$で定まる関数が(8.27)をみたすこともあきらかであろう．この結果を定理にまとめよう．

定理8.1

差分方程式(8.27)にたいし，(8.32)を満足するλをもとめると，$y_t=\lambda^t$は(8.27)のひとつの解となる．

(8.32)を(8.27)にたいする特性方程式といい，(8.32)の解を特性根とよぶ．定理8.1を応用してつぎの例題を解こう．

例8.1

差分方程式
$$2y_{t+2}-5y_{t+1}+2y_t=0 \tag{8.33}$$

の特性方程式と特性根であらわせる解をもとめよ．

(解答) この方程式に対する特性方程式は，$2\lambda^2-5\lambda+2=0$ となる．これは$(\lambda-2)(2\lambda-1)$となるので，特性方程式の解は，$\lambda=2, \frac{1}{2}$ となる．したがって，$y_t=2^t$ と $y_t=\left(\frac{1}{2}\right)^t$ はあたえられた差分方程式の解の一部となる．（読者は $y_t=2^t$ と $y_t=\left(\frac{1}{2}\right)^t$ のそれぞれを差分方程式に代入して，これらが解であることを確認せよ．）

このように(8.33)にたいし $y_t=2^t$ と $y_t=\left(\frac{1}{2}\right)^t$ の2つの解を得た．ただし，ここで注意しなくてはならないのは，(8.33)を解くということは，(8.33)を満足するすべての解をもとめるということである．すなわち，$y_t=2^t$ と $y_t=\left(\frac{1}{2}\right)^t$ が(8.33)の解であることには間違いないのであるが，このほかにも(8.33)を満足する解が存在するかもしれない．そして，このような問題は，一般的に定理8.1をもちいて解かれる差分方程式(8.27)とその特性根にも発生する．この点を，例題8.1で示した例をもちいて考察しよう．

差分方程式(8.33)の特性根は $y_t=2^t$ と $y_t=\left(\frac{1}{2}\right)^t$ であったが，結論を先取りすれば，(8.33)の任意の解は，

$$y_t = \alpha_1 2^t + \alpha_2 \left(\frac{1}{2}\right)^t \tag{8.34}$$

で表現できる．ただし，α_1, α_2 は任意の定数で，のちにみるように，変数 y_t の初期値があたえられれば，その値を確定することができる．(8.34) を (8.33) の一般解という．そこで，実際に (8.34) を (8.33) の左辺に代入すると，

$$\begin{aligned}
2&\left\{\alpha_1 2^{t+2} + \alpha_2\left(\frac{1}{2}\right)^{t+2}\right\} - 5\left\{\alpha_1 2^{t+1} + \alpha_2\left(\frac{1}{2}\right)^{t+1}\right\} + 2\left\{\alpha_1 2^t + \alpha_2\left(\frac{1}{2}\right)^t\right\} \\
&= \alpha_1(2\cdot 2^{t+2} - 5\cdot 2^{t+1} + 2\cdot 2^t) + \alpha_2\left\{2\left(\frac{1}{2}\right)^{t+2} - 5\left(\frac{1}{2}\right)^{t+1} + 2\left(\frac{1}{2}\right)^t\right\} \\
&= 2^t \alpha_1(2\cdot 2^2 - 5\cdot 2 + 2) + \left(\frac{1}{2}\right)^t \alpha_2\left\{2\left(\frac{1}{2}\right)^2 - 5\left(\frac{1}{2}\right) + 2\right\} = 0
\end{aligned} \tag{8.35}$$

となり，(8.34) が (8.33) の解であることがわかる．そして，このような関係は一般的に (8.27) とその特性根についても成立する．

定理8.2

差分方程式 (8.27) の特性方程式 (8.32) が，重根でない n 個の解 $\lambda_1, \lambda_2, \cdots, \lambda_n$ をもつとき，(8.27) の n 個の解 $y_t = \lambda_1{}^t, \cdots, y_t = \lambda_n{}^t$ の1次結合

$$y_t = \alpha_1 \lambda_1{}^t + \alpha_2 \lambda_2{}^t + \cdots + \alpha_n \lambda_n{}^t \tag{8.36}$$

も (8.27) の解となる[3]．

証明

(8.36) を (8.27) に代入して (8.35) のように計算すれば，ただちに (8.36) が解であることが確認できる．

(8.36) を (8.27) の一般解というが，ここで重要なことは，(8.27) の任意の解が (8.36) の形で表現できるという点である．このことを確認するために，再び (8.33) をとりあげよう．

---

3) λ_i が m 重根であるときには，$\lambda_i{}^t, t\lambda_i{}^t, \cdots, t^{m-1}\lambda_i{}^t$ が解となる．この点については，たとえば岡本・蔵田・小山 [19] 第12章を参照せよ．

8.4.2 解の構造

つぎの例を考えよう．

例8.2

差分方程式 (8.33) において，初期値 $y_0=3$, $y_1=3$ をもつ解を求めよ．

(解答) 一般解 (8.34) に2つの初期条件をそれぞれ代入すると，

$$\begin{cases} \alpha_1 + \alpha_2 = 3 \\ 2\alpha_1 + \frac{1}{2}\alpha_2 = 3 \end{cases} \tag{8.37}$$

となる．これと解くと，

$$\begin{cases} \alpha_1 = 1 \\ \alpha_2 = 2 \end{cases} \tag{8.38}$$

となる．したがって，もとめる解は，

$$y_t = 2^t + 2\left(\frac{1}{2}\right)^t \tag{8.39}$$

であたえられる．

このように，初期値があたえられると，それに対応して定数 α_1, α_2 が定まり，それを一般解 (8.34) に代入すれば，あたえられた初期値をもつ解をもとめることができる．したがって，(8.34) で任意の解を表現することができるといえるが，ここで，この解の構造をより深く考察してみよう．

まず，$y_t = 2^t$, $y_t = \left(\frac{1}{2}\right)^t$ に注目しよう．これらはいずれも (8.33) の解である．そこで，$t=0, 1$ のときのそれぞれの解の値をもとめると，$y_t = 2^t$ は，

$$\begin{cases} y_0 = 1 \\ y_1 = 2 \end{cases} \tag{8.40}$$

という値をとり，$y_t = \left(\frac{1}{2}\right)^t$ は，

$$\begin{cases} y_0 = 1 \\ y_1 = \frac{1}{2} \end{cases} \tag{8.41}$$

という値をとる．

第8章 関数方程式(I) 差分方程式の経済モデル　　　257

一方，(8.34) に注目すると，(8.34) が初期値 $y_0=3$, $y_1=3$ をもつという条件は，

$$\alpha_1 \begin{pmatrix} 1 \\ 2 \end{pmatrix} + \alpha_2 \begin{pmatrix} 1 \\ \frac{1}{2} \end{pmatrix} = \begin{pmatrix} 3 \\ 3 \end{pmatrix} \tag{8.42}$$

と整理される．もちろん，これは (8.37) とおなじ方程式であり，解は (8.38) であたえられるのであるが，ここで注意したい点は，(8.42) が，(8.40) すなわち $y_t=2^t$ により $y_0=1$ と $y_1=2$ で定まるベクトル $\begin{pmatrix} 1 \\ 2 \end{pmatrix}$ と (8.41) すなわち $y_t=\left(\frac{1}{2}\right)^t$ により $y_0=1$, $y_1=\frac{1}{2}$ で定まるベクトル $\begin{pmatrix} 1 \\ \frac{1}{2} \end{pmatrix}$ をもちいて表現されているという点である．そして，(8.42) の関係を示したのが図8.2である．図8.2において，2つのベクトル $\begin{pmatrix} 1 \\ 2 \end{pmatrix}$, $\begin{pmatrix} 1 \\ \frac{1}{2} \end{pmatrix}$ をそれぞれ $\alpha_1 (=1)$ 倍および $\alpha_2 (=2)$ 倍して初期値 $\begin{pmatrix} 3 \\ 3 \end{pmatrix}$ をとることを達成している．

この関係はすべての t にたいして成立する．すなわち，(8.34) より，

図8.2　初期値 $y_0=3, y_1=1$ にたいする α_1 と α_2 の決定

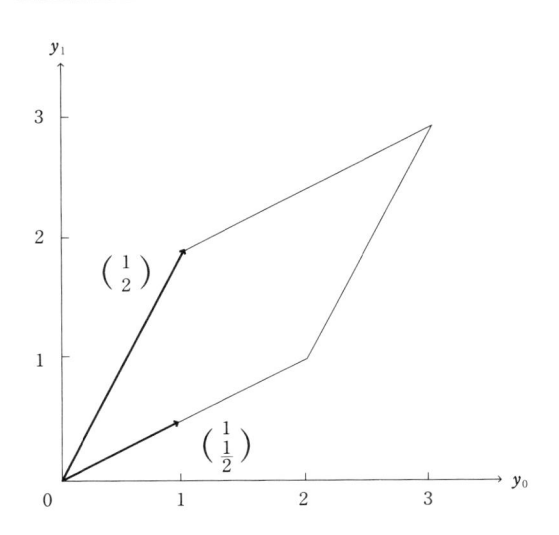

図 8.3 解の構造

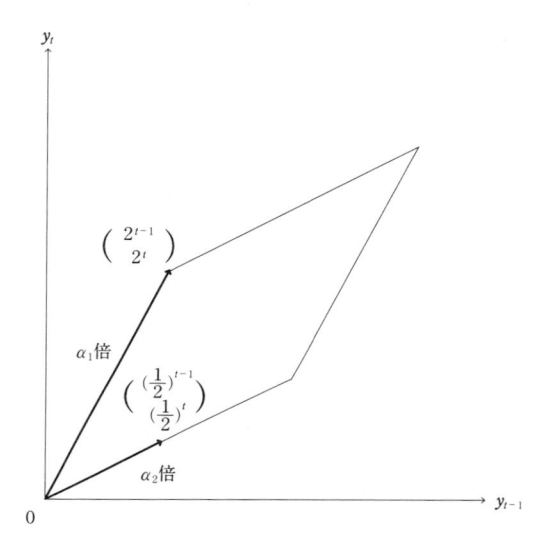

$$\begin{pmatrix} y_{t-1} \\ y_t \end{pmatrix} = \alpha_1 \begin{pmatrix} 2^{t-1} \\ 2^t \end{pmatrix} + \alpha_2 \begin{pmatrix} \left(\frac{1}{2}\right)^{t-1} \\ \left(\frac{1}{2}\right)^t \end{pmatrix} \tag{8.43}$$

が得られるが，図8.3に示すように，(8.42)で定まった（すなわち初期条件で定まった）$\alpha_1=1$, $\alpha_2=2$ にたいし，(8.43) を満足するようにすべての y_t 値が定まっていく．

ここで，(8.42) では初期値に対応するベクトル $\begin{pmatrix} 3 \\ 3 \end{pmatrix}$ にたいし α_1, α_2 を定めたが，任意の初期値 y_0, y_1 に対応する $\begin{pmatrix} y_0 \\ y_1 \end{pmatrix}$ ベクトルにたいしても，

$$\alpha_1 \begin{pmatrix} 1 \\ 2 \end{pmatrix} + \alpha_2 \begin{pmatrix} 1 \\ \frac{1}{2} \end{pmatrix} = \begin{pmatrix} y_0 \\ y_1 \end{pmatrix} \tag{8.44}$$

により α_1, α_2 が定まることに注意しよう．すなわち，図8.2に示すように，ベクトル $\begin{pmatrix} 1 \\ 2 \end{pmatrix}$ とベクトル $\begin{pmatrix} 1 \\ \frac{1}{2} \end{pmatrix}$ は1次独立であり，図8.2の y_0-y_1 平面の任意の

点はこれら2つのベクトルの1次結合であらわすことができる．これらのベクトルが1次独立であれば，(8.43) は，

$$\begin{pmatrix} y_{t-1} \\ y_t \end{pmatrix} = 2^{t-1} \alpha_1 \begin{pmatrix} 1 \\ 2 \end{pmatrix} + \left(\frac{1}{2}\right)^{t-1} \alpha_2 \begin{pmatrix} 1 \\ \frac{1}{2} \end{pmatrix} \tag{8.45}$$

となるので，図8.3に示した2つのベクトルの1次独立性はすべての t にたいして保たれる．この意味において，$y_t = 2^t$ と $y_t = \left(\frac{1}{2}\right)^t$ を1次独立な解とよぶ[4]．

このような構造は (8.27) とその解についても成立する．これを定理として提出する．

定理8.3

差分方程式 (8.27) の特性方程式 (8.32) が，重根でない n 個の解 $\lambda_1, \lambda_2, \cdots, \lambda_n$ をもつとき，

$$y_t = \lambda_1^t, \cdots, y_t = \lambda_n^t$$

は (8.27) の1次独立な解となる．そして，(8.27) の任意の解は1次独立な解の1次結合であらわされる．

8.5　景気循環モデルの分析

以上の準備のもとで，景気循環モデルについて分析しよう．考察の対象となる方程式は (8.26) であった．いま，これをあらためて示そう．

$$y_t - (c_1 + \nu) y_{t-1} + \nu y_{t-2} = 0 \tag{8.46}$$

ただし，定数 c_1 は消費関数のグラフの傾き（すなわち限界消費性向），定数 ν は誘発投資に関する係数で，$0 < c_1 < 1$，$\nu > 0$ である．(8.46) は2階の同次線

---

4) 解の1次独立性は，$y_t = 2^t$ と $y_t = \left(\frac{1}{2}\right)^t$ により (8.40) と (8.41) で定まるベクトルをもちいて，$\begin{vmatrix} 1 & 1 \\ 2 & \frac{1}{2} \end{vmatrix} \neq 0$ と表現できる．

型差分方程式であり，前節の準備を応用して分析することができる．

(8.46) にたいする特性方程式は，

$$\lambda^2 - (c_1 + \nu)\lambda + \nu = 0 \tag{8.47}$$

であたえられる．(8.47) の解の特徴がわかれば，(8.46) の解について分析することができる．そこで，(8.47) の解を示すと，

$$\lambda = \frac{c_1 + \nu \pm \sqrt{(c_1 + \nu)^2 - 4\nu}}{2} \tag{8.48}$$

となる．したがって，判別式 D を調べて，

$$D = (c_1 + \nu)^2 - 4\nu \geqq 0$$

すなわち，

$$c_1 + \nu \geqq 2\sqrt{\nu} \tag{8.49}$$

ならば，解は実根となり，

$$D = (c_1 + \nu)^2 - 4\nu < 0$$

すなわち，

$$c_1 + \nu < 2\sqrt{\nu} \tag{8.50}$$

ならば，解は虚根となる．したがって，これら2つのケースについてそれぞれ考察する[5]．

(i) $c_1 + \nu > 2\sqrt{\nu}$ のとき

(8.47) の2つの解を λ_1，λ_2 であらわすと，根と係数の関係より，

$$\lambda_1 + \lambda_2 = c_1 + \nu \quad (>0) \tag{8.51}$$

$$\lambda_1 \lambda_2 = \nu \quad (>0) \tag{8.52}$$

---

[5] $c_1 + \nu = 2\sqrt{\nu}$ のときは，(8.48) は重根となる．この場合，1次独立解についてはさらに数学的準備が必要となるので，ここではこのケースの分析は省略する．詳しくは，高橋 [28]，岡本・蔵田・小山 [19] などを参照せよ．

となる．したがって，

$$\lambda_1 > 0, \quad \lambda_2 > 0 \tag{8.53}$$

である．さらに，(8.47) の左辺を，

$$f(\lambda) = \lambda^2 - (c_1 + \nu)\lambda + \nu \tag{8.54}$$

とおくと，

$$f(0) = \nu > 0, \quad f(1) = 1 - c_1 > 0 \tag{8.55}$$

となる．そこで，(8.54) のグラフをえがくと，図8.4のようになる．図8.4(a)が成立するときは，

$$0 < \lambda_1 < 1, \quad 0 < \lambda_2 < 1 \tag{8.56}$$

であり，図8.4(b)が成立するときは，

$$\lambda_1 > 1, \quad \lambda_2 > 1 \tag{8.57}$$

となることがわかる．

図8.4 $f(\lambda)$ のグラフ

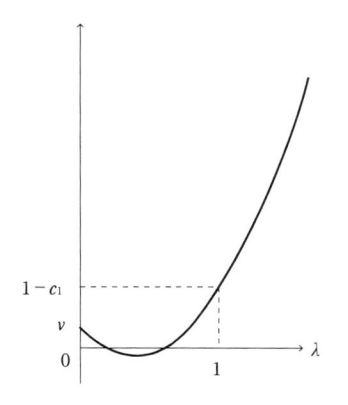

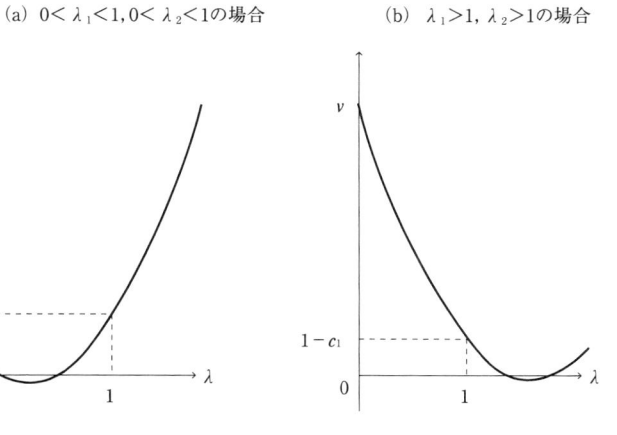

(a) $0 < \lambda_1 < 1, 0 < \lambda_2 < 1$ の場合　　(b) $\lambda_1 > 1, \lambda_2 > 1$ の場合

一方,(8.46)の一般解は,

$$y_t = \alpha_1 \lambda_1{}^t + \alpha_2 \lambda_2{}^t$$

とあらわされる.ただし,α_1, α_2 は任意定数である.そして,(8.56) が成立するときは,$\lambda_1{}^t \to 0$, $\lambda_2{}^t \to 0$ ($t \to \infty$ のとき) となるので,

$$y_t = \alpha_1 \lambda_1{}^t + \alpha_2 \lambda_2{}^t \to 0 \quad (t \to \infty \text{ のとき}) \tag{8.58}$$

となる.いま,$y_t = Y_t - Y^*$ であるので,結局,総供給 Y_t は均衡点 Y^* に収束することがわかる.この様子を図8.5(a)に示す.

図8.5 特性根が実数の場合

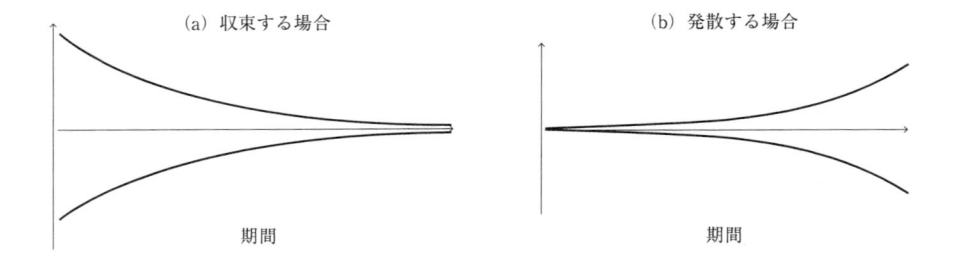

(a) 収束する場合　　　　　　(b) 発散する場合

期間　　　　　　　　　　　　期間

また,(8.57) が成立するときは,$\lambda_1{}^t \to \infty$, $\lambda_2{}^t \to \infty$ ($t \to \infty$ のとき) となる.そして,ある初期値にたいして定まる定数 α_1, α_2 が,$\alpha_1 \geq 0$, $\alpha_2 \geq 0$, $\alpha_1 + \alpha_2 \neq 0$ であるならば,

$$y_t = \alpha_1 \lambda_1{}^t + \alpha_2 \lambda_2{}^t \to +\infty \tag{8.59}$$

となり,$\alpha_1 \leq 0$, $\alpha_2 \leq 0$, $\alpha_1 + \alpha_2 \neq 0$ ならば,

$$y_t = \alpha_1 \lambda_1{}^t + \alpha_2 \lambda_2{}^t \to -\infty \tag{8.60}$$

となることがわかる.このときの様子を図8.5(b)に示す.

(ii) $c_1 + \nu < 2\sqrt{\nu}$ のとき

このケースでは,(8.48) で定まる解は複素数となる.したがって,解を

図8.6　複素平面

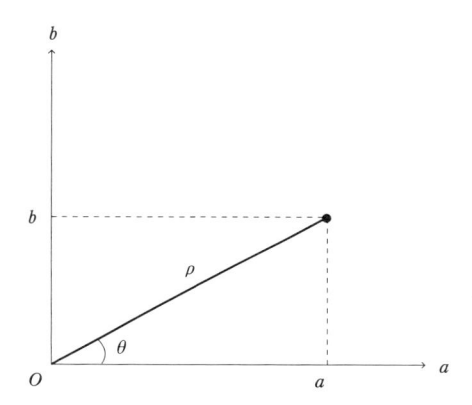

$$\lambda = a \pm ib \quad (i^2 = -1) \tag{8.61}$$

とおく．そして，(8.61)をあらわすために図8.6のような $a-b$ 平面を考えよう．

このとき，(8.61)は，

$$\lambda = \rho(\cos\theta \pm i\sin\theta) \tag{8.62}$$

となる．ただし，

$$\rho = \sqrt{a^2 + b^2}$$
$$\cos\theta = \frac{a}{\rho}, \quad \sin\theta = \frac{b}{\rho}$$

である．

特性方程式 (8.47) の解が (8.62) であたえられると，(8.46) の一般解はつぎのように整理される．すなわち，

$$\begin{aligned}
y_t &= \alpha_1 \lambda_1{}^t + \alpha_2 \lambda_2{}^t \\
&= \alpha_1 \rho^t (\cos\theta + i\sin\theta)^t + \alpha_2 \rho^t (\cos\theta - i\sin\theta)^t
\end{aligned}$$

図8.7 複素平面と y_t

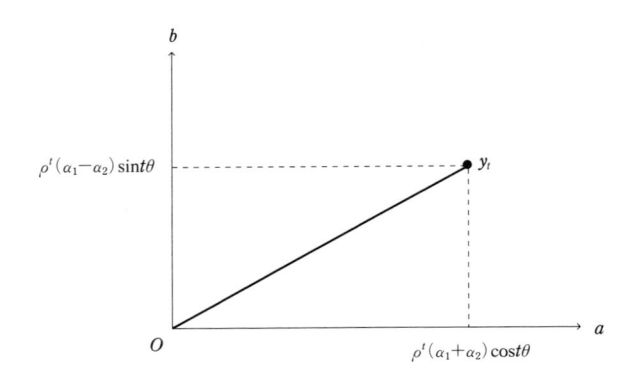

$$
\begin{aligned}
&= \alpha_1 \rho^t (\cos t\theta + i\sin t\theta) + \alpha_2 \rho^t (\cos t\theta - i\sin t\theta) \\
&= \rho^t \{(\alpha_1 + \alpha_2)\cos t\theta + i(\alpha_1 - \alpha_2)\sin t\theta\}
\end{aligned}
\tag{8.63}
$$

となる[6)7)]. そして,このときの y_t を複素平面上で描けば,図8.7のようになる.

図8.7にはある期間 t における y_t をプロットしているが,(8.63)の実部は $\cos t\theta$ を,虚部は $\sin t\theta$ をふくんでいるので,直観的に,期間 t がすすむのにともない,y_t は複素平面上で振動することがわかる.

さらに,(8.63)の右辺は ρ^t をふくんでいることに注意しよう.ρ^t については,$t \to \infty$ のとき,

$$0 < \rho < 1 \quad \text{ならば,} \quad \rho^t \to 0 \tag{8.64}$$

$$\rho > 1 \quad \text{ならば,} \quad \rho^t \to \infty \tag{8.65}$$

$$\rho = 1 \quad \text{ならば,} \quad \rho^t \to 1 \tag{8.66}$$

となる. したがって,(8.63)は振動するが,(8.64)の場合は y_t は 0 に収束し,(8.65)の場合は y_t は発散する. そして,(8.66)の場合は,おなじ振幅

---

6) $(\cos\theta \pm i\sin\theta)^t = \cos t\theta \pm i\sin t\theta$ が成立する.
7) (8.63)の正確な解析方法については,西村 [5] などを参照せよ.

図8.8　特性根が複素数の場合

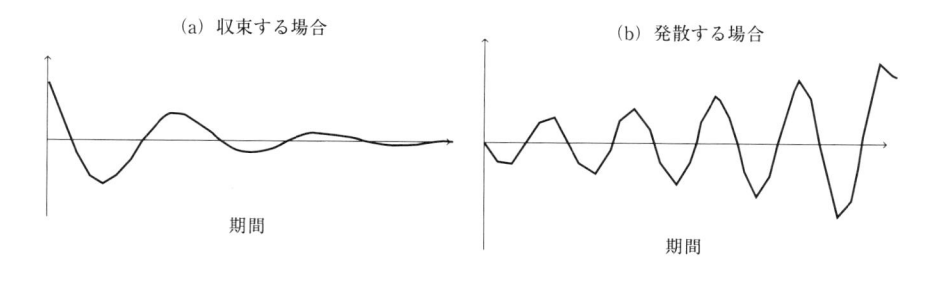

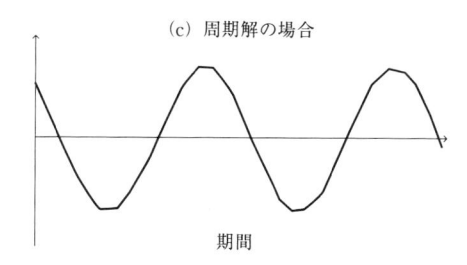

(a) 収束する場合

(b) 発散する場合

(c) 周期解の場合

で振動し続けることがわかる．それぞれの場合を，図8.8の(a)，(b)，(c)に示す．

(iii) パラメータと解の性質

以上，解の挙動について分析したが，ここでパラメータ c_1 および ν と解の挙動を支配する特性根の関係について考察しよう．

図8.9にこれらの関係を示す．まず，特性根が実数（単根）のときは $c_1+\nu>2\sqrt{\nu}$，虚数のときは $c_1+\nu<2\sqrt{\nu}$ がそれぞれ成立する．したがって，図8.9の ν-c_1 平面において，$c_1=2\sqrt{\nu}-\nu$ のグラフの上方は特性根が実数に，またこのグラフの下方は特性根が虚数になる領域である．ただし，$0<c_1<1$, $\nu>0$ であることに注意しよう．

特性根が実数である場合，(8.56) か (8.57) が成立する．そこで，(8.57) が成立する場合を調べると，根と係数の関係を示す (8.51) より，

$$c_1+\nu=\lambda_1+\lambda_2>2$$

図 8.9 パラメータと解の性質

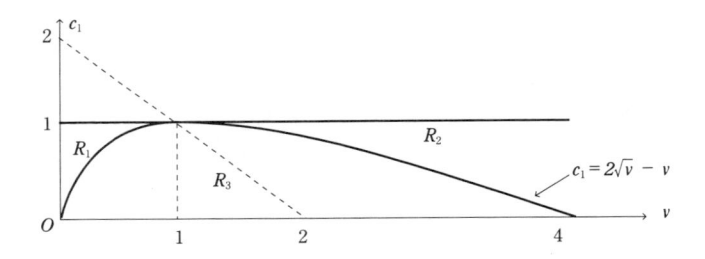

が成立する．したがって，直線 $c_1+v=2$ の上方では (8.57) が，下方では (8.56) が成立する．

以上の考察をまとめたのが図8.9である．領域 R_1 にパラメータの値がある場合は，(8.56) が成立して解は均衡点に収束し，領域 R_2 にそれらの値がある場合は，(8.57) が成立して解は発散する．そして，パラメータの値が領域 R_3 にある場合は解は均衡点の周辺で振動する．

練習問題

問題 8.1 つぎの差分方程式を考える．

$$y_{t+2}-2y_{t+1}-3y_t=0 \tag{8.67}$$

(1) (8.67) の一般解をもとめなさい．
(2) 初期値 $y_0=3$, $y_1=1$ をもつ (8.67) の解をもとめなさい．

問題 8.2 つぎのモデルを考える．

$$\begin{cases} Y_t = C_t + I_t, \\ C_t = 0.5\,Y_{t-1}+10, \\ I_t = 0.2(Y_{t-1}-Y_{t-2})+20 \end{cases} \tag{8.68}$$

(1) (8.68) の均衡点をもとめなさい．
(2) (1) でもとめた均衡点の安定性分析をおこないなさい．

第9章　関数方程式(II)　微分方程式の経済モデル

前章では，時間を期間に区分し，この期間をもちいてモデルを構成したが，時間は実際には連続的に経過している．本章では，時間を連続的にとらえ，連続的時間をふくんだモデルを考察する．このようなモデルは微分方程式で記述されるので，まず，微分方程式に関する数学的準備をしよう．

9.1　微分方程式(1)

われわれは第2章で微分について学んだ．そこで，微分のもっとも簡単な例からはじめよう．2次関数

$$y = t^2 \tag{9.1}$$

を考える．(9.1) を微分すれば，

$$y' = 2t \tag{9.2}$$

となる．(9.2) を (9.1) の導関数とよんだが，それは，(9.2) に実際にある値 $t=a$ を代入すれば，(9.1) のグラフの $t=a$ における接線の傾きが $2a$ でもとまることを意味していた．すなわち，(9.2) は (9.1) のグラフの接線の傾きを表示する関数であり，それは文字どおり (9.1) から導き出された関数（すなわち導関数）であった．

このようにある関数を微分すれば，そのグラフの傾きを表示する導関数を得ることができるが，ここで，逆につぎのような問題を考えよう．すなわち，「そのグラフの接線の傾きが (9.2) であらわせるような関数はどのような関数か？」．問題をこのように設定すると，(9.2) は，(9.2) を満足するような関

数を解にもつひとつの方程式と解釈できる．そこで (9.2) で表示されるような方程式を微分方程式とよぶ．

あきらかに，(9.1) は微分方程式 (9.2) の解のひとつであるが，ここで問題となるのは，(9.2) が方程式である以上，(9.2) を満足するような解（ここでは関数）をすべてもとめなくてはならないということである．結論を先取りすれば，このような関数は，

$$y = t^2 + C \tag{9.3}$$

とあらわせる．ただし，C は任意の定数である．実際，(9.3) を微分すると (9.2) となり，(9.3) が (9.2) を満足することがわかる．C は任意定数とよばれる．C は任意であるので，図9.1であらわすように，(9.3) は $y = t^2$ のグラフを y 軸に沿って上下に平行移動して得られるすべての関数をあらわしている．(9.3) を (9.2) の一般解という．

ここで，(9.1) を微分した結果が (9.2) であるということを考えれば，(9.2) の一般解をもとめることは，(9.2) の原始関数をもとめるという作業に帰着することがわかる．すなわち，(9.3) を得るためには，

$$y = \int 2t\,dt = t^2 + C \tag{9.4}$$

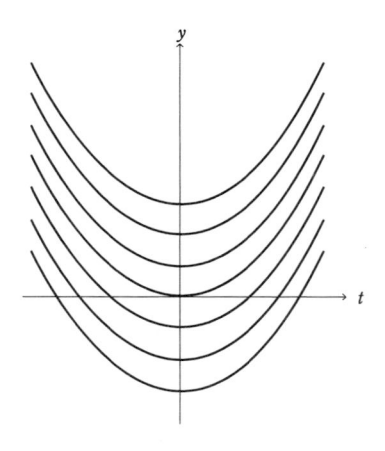

図9.1　$y' = 2t$ の解

と計算すればよい．

さらに，(9.4) において，たとえば，

$$t=0, \quad y=1 \tag{9.5}$$

を満足する関数を探すという問題を考えよう．その解は，

$$y=t^2+1 \tag{9.6}$$

となる．実際，(9.5) を (9.3) に代入すれば，$C=1$ となる．(9.5) のような条件を初期条件といい，その値を初期値という．

9.2　微分方程式(2)

9.2.1　自律系微分方程式

微分方程式 (9.2) を考察するうえで，関数のグラフの傾きという視点でこれをながめた．この「傾き」はグラフの変化率ということができるが，この変化率という概念は，「傾き」ではなく，別の角度からながめることができる．つぎのような例を考える．

図9.2をみてみよう．ある自動車が原点 O から出発し，時間 t にある一定の速度で点 A を通過している．いま，この自動車の時間 t における原点からの距離を $x(t)$ であらわす．この変数をもちいれば，時間 t からわずかな時間 h が経過したときの自動車の位置は $x(t+h)$ とあらわされる．そこで，点 A を通過するときの自動車の速度をもとめるという問題を考えよう．

時間 t における自動車の原点からの距離は $x(t)$ であり，時間 $t+h$ におけるそれは $x(t+h)$ であるので，時間 h のあいだに自動車が走る距離は，

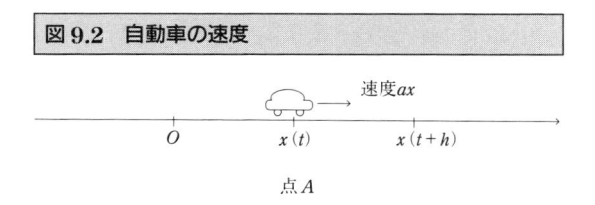

図 9.2　自動車の速度

速度 ax

O　　$x(t)$　　$x(t+h)$

点 A

$$x(t+h) - x(t)$$

となる．したがって，このあいだの自動車の平均速度は

$$\frac{x(t+h) - x(t)}{h}$$

となる．そして，われわれは点 A における速度を問題にしているのであるから，これをもとめるには時間の間隔 h を限りなく小さくすればよい．すなわち，点 A における速度は，

$$\frac{dx}{dt} = \lim_{h \to 0} \frac{x(t+h) - x(t)}{h} \tag{9.7}$$

であらわせる．いま，$\dot{x} = \dfrac{dx}{dt}$ とおく．(9.7) は第 2 章で考察した微分係数の定義そのものであるが，ここでは $\dot{x}$ を速度と解釈する．

そこで，この $\dot{x}$ をもちいてつぎのような微分方程式を考えよう．

$$\dot{x} = ax \tag{9.8}$$

ただし，$a(\neq 0)$ は定数である．問題は，「(9.8) を満足するような関数 $x(t)$ をもとめよ」ということである．前節で考察した微分方程式 (9.2) と (9.8) を比較すると，(9.2) が右辺に独立変数 t をふくんでいるのにたいし，(9.8) の右辺は独立変数 t をふくんでなく，右辺は x で構成されていることに気がつく．このような微分方程式を自律系微分方程式という．

微分方程式 (9.2) が関数の傾きを問題にしていたのにたいし，(9.8) は速度を問題にしている．したがって，(9.8) を満足する関数をもとめよということは，「速度が (9.8) で表示されるような自動車の走り方を指定する関数をもとめよ」ということになる．(9.2) は t におけるグラフの傾きが $2t$ であるような関数を問題にしていたが，これにたいし，図9.2に示すように，(9.8) は，原点からの距離が x の地点における速度が ax であるような自動車の走り方をあらわす関数を問題にしている．

9.2.2 解

いま，結論を先取りして，(9.8) を満足する関数すなわち (9.8) の解を示せば，

$$x = Ce^{at} \tag{9.9}$$

となる．ただし，C は任意定数である．実際，(9.9) が (9.8) の解であることを確かめるために (9.9) を時間 t で微分すると，

$$\dot{x} = \frac{d}{dt}Ce^{at} = C\frac{d}{dt}e^{at} = Cae^{at} = a(Ce^{at}) = ax \tag{9.10}$$

となる．したがって，(9.9) は (9.8) を満足することがわかる．また，直観的に，(9.9) は任意定数もふくんでいるので，一般解と考えてよい[1]．もちろん，初期値があたえられると，任意定数は具体的に定まる．たとえば，時間 $t=0$ において原点 O からの距離が 1 の地点を通過するとすると，初期条件は，

$$t = 0, \quad x = 1 \tag{9.11}$$

となるので，これを，(9.9) に代入すると，$C=1$ を得る．したがって，初期条件 (9.11) をもつ (9.8) の解は，

$$x = e^{at} \tag{9.12}$$

となる．

(9.9) が (9.8) の解であることがわかったが，(9.9) が自動車の走り方をどのように指定するのであろうか．この点を調べるために図9.3をみてみよう．図9.3(a)には (9.12) のグラフ（$a>0$ の場合）を示している．

そして，このグラフの t 軸と x 軸を入れかえたのが図9.3(b)である．(9.12) は (9.8) の解であるので，(9.8) で走行速度が指定されるように自動車を走らそうとすれば，図に示すように，時間の経過にしたがって (9.12) のグラフ上で自動車を走らせるとよい．しかし，縦軸は時間であるので，現実には (9.12) のグラフで示されるような山を走ることはできない．すなわち，われわれが自動車の走りを実際に観察できるのは道路である x 軸上である．そこで，図9.3(b)に示すように，グラフの上方から平行な光を当てる．この光

---

[1] (9.8)を実際に解くには，(9.8)を $\dfrac{dx}{x} = adt$ と変形し，両辺を積分すればよい．すなわち，$\int \dfrac{dx}{x} = \int a dt$ より，$\log|x| = at + C_1$（C_1 は任意定数）を得るが，これを変形すると，$x = Ce^{at}$ を得る．ここで，$C = \pm e^{C_1}$ とおく．

図 9.3　相空間と自動車の走り方

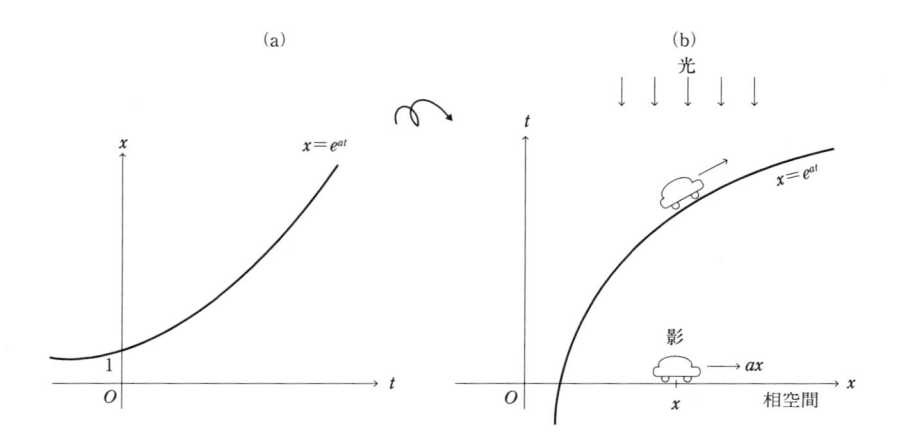

(a) グラフ：$x = e^{at}$、t軸とx軸、点1を通る曲線

(b) t-x平面上の曲線$x = e^{at}$に光が上から当たり、影がx軸（相空間）に映る。影は速度axで動く。

により，グラフ上を走る自動車の影が x 軸上に映し出されるが，この影であらわされる自動車を実際にわれわれはみていると理解すればよい．そして，注意したい点は，この自動車（影）の座標 x での速度は ax となっているという点である．時間軸をふくまない x 軸のような空間を相空間という．

9.2.3　相空間と平衡点

このように (9.8) の解は実際にもとめることができ，この解によって自動車の走りを定めることができる．しかし，再び (9.8) に注目すると，(9.8) の右辺 ax は座標 x での速度を指定しているのであるから，自動車の動き自体は解をもとめなくても分析できることがわかる．たとえば，$a>0$ の場合，初期値 x_0 が $x_0>0$ であたえられると，このときの初期速度は $ax_0>0$ であるので，自動車は正の方向に向かって走り続ける．また，初期値が $x_0<0$ のときは，初期速度は $ax_0<0$ であるので，自動車は負の方向に向かって走ることがわかる．

ところで，初期値 x_0 が $x_0=0$ であたえられた場合を考えると，ここでの速度 $\dot{x}$ は $ax_0=0$ となる．すなわち，自動車は止まったままである．このように $\dot{x}=0$ を満足する解に対応する点を平衡点という．(9.8) では，$x=0$ が平衡点である．初期値が平衡点であたえられると自動車は動かないが，上で分析したように，それ以外の点で初期値が指定されると，$a>0$ ならば，自動車は x_0

図9.4 平衡点の安定性

(a) 平衡点が不安定な場合（$a>0$のとき）

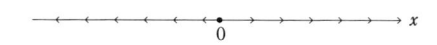

$$\longrightarrow \longrightarrow \longrightarrow \longrightarrow \bullet \longleftarrow \longleftarrow \longleftarrow \longleftarrow \quad x$$
$$0$$

(b) 平衡点が安定な場合（$a<0$のとき）

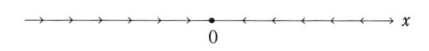

$$\longrightarrow \longrightarrow \longrightarrow \longrightarrow \bullet \longleftarrow \longleftarrow \longleftarrow \longleftarrow \quad x$$
$$0$$

>0 のときは正の方向へ，$x_0<0$ のときは負の方向へ走る．このときの様子を図9.4(a)に示す．

　自動車はあたえられた初期値にしたがって矢印の方向に走る．したがって，自動車が平衡点にあるとき，なんらかの事態で少しでも自動車が平衡点から外れると，自動車は平衡点から遠ざかるように走る．このような平衡点を不安定な平衡点という．

　一方，$a<0$ の場合，初期値が $x_0>0$ であたえられると，速度は $ax_0<0$ であるので自動車は負の方向に向かって走り，$x_0<0$ のときは $ax_0>0$ であるので，自動車は正の方向に向かって走る．もちろん，平衡点は，$\dot{x}=0$ より，$x=0$ となる．このときの自動車の動きを図9.4(b)に示すが，このケースでは初期値が $x_0\neq0$ であたえられても，自動車は平衡点に近づき続ける．このような平衡点を安定な平衡点という．

　このように，自律系微分方程式の場合，たとえその解がみつからなくても，方程式が定める相空間での解の動きを分析することができる．そこで，このような自律系微分方程式の性質を応用して経済モデルを分析しよう．

9.3　ソロー=スワン・モデル

9.3.1　モ　デ　ル

　第8章では，財市場の均衡式を柱としたモデルを考察したが，ここで供給サイドに焦点を合わせると，供給主体を形成する各企業の生産過程では資本財や労働を投入して生産活動がおこなわれていることに関心が集まる．そして，このような事実を重視し，これをモデルに組み込めば，供給サイドの生産および

これに投入される資本ストックや労働量の変化を記述する式が必要となる．そこで，モデルをつぎのように構成しよう．

$$\begin{cases} Y = F(K, L) \\ I = sY \\ \dot{K} = I - \delta K \\ \dot{L} = nL \end{cases} \quad (9.13)$$

ここで，$Y(=Y(t))$，$K(=K(t))$，$I(=I(t))$ および $L(=L(t))$ はそれぞれ時間 t における総供給，資本ストック，投資および利用可能な労働量をあらわしている．定数 s $(0<s<1)$ は限界貯蓄性向であり，定数 δ は資本減耗率（すなわち，1単位の生産をおこなった際の資本ストックの減少率）をあらわす．また，定数 n (>0) は労働量の増加率である．このモデルはソロー=スワン・モデルとよばれる．

(9.13) の第1式は生産関数とよばれる．資本ストック K と労働量 L の投入にたいし，関数 F を介して総供給 Y が決定される．この生産関数に関してつぎの2つの仮定をおく．

仮定9.1

$$F(\lambda K, \lambda L) = \lambda F(K, L) \quad (\lambda > 0) \quad (9.14)$$

仮定9.2

$$\frac{\partial F}{\partial K} > 0, \quad \frac{\partial F}{\partial L} > 0 \quad (9.15)$$

$$\frac{\partial^2 F}{\partial K^2} < 0, \quad \frac{\partial^2 F}{\partial L^2} < 0 \quad (9.16)$$

仮定9.1は資本ストック K と労働量 L の投入量をともに λ 倍すれば，総供給も λ 倍となることをあらわす．また，仮定9.2は，各生産要素（K と L）に関する限界生産力は正であり，さらにこれは逓減することを示す．

(9.13) の第2式は財市場の均衡式をあらわす．前章で示したように，財市場の均衡条件は

$$Y = C + I$$

とあらわせたが，貯蓄を S であらわせば $S = Y - C$ および $S = sY$ であるので第2式を得る．

(9.13) の第3式の左辺 $\dot{K}$ は資本ストックの時間あたりの変化をあらわす．すなわち，

$$\dot{K} = \frac{dK}{dt} \tag{9.17}$$

である．一方，第3式の右辺は投資 I と資本ストック K の使用にたいする資本減耗分 δK よりなる．投資 I はそのまま資本ストックの増加となるが，その一方で生産過程で生ずる資本減耗 δK は資本ストックの減少を引き起こす．第3式はこのような関係で資本ストックの変化 $\dot{K}$ が決定されることをあらわしてる．

(9.13) の第4式の左辺 $\dot{L}$ は時間あたりの労働量の変化をあらわしている．したがって，第4式は労働量 L が変化率 n で増加することをあらわしている．以上，未知関数は Y, K, I, L の4個，方程式は4本でモデルは完結している．

ところで，(9.13) はこのままでは分析が困難である．分析を容易にするために，つぎのような変数を導入しよう．

$$y = \frac{Y}{L} \tag{9.18}$$

$$k = \frac{K}{L} \tag{9.19}$$

y, k はそれぞれ労働1単位あたりの生産額および資本ストックをあらわす．以下，これらの変数をもちいて (9.13) を整理する．

まず，仮定9.1および (9.13) の第1式より，

$$y = \frac{Y}{L} = F\left(\frac{K}{L}, 1\right) = F(k, 1) \tag{9.20}$$

を得る．そこで，$f(k) = F(k, 1)$ とおくと，(9.13) の第1式は，

$$y = f(k) \tag{9.21}$$

となる．ただし，仮定9.2より，

$$\frac{df}{dk} > 0, \quad \frac{d^2 f}{dk^2} < 0 \tag{9.22}$$

である.

一方，(9.19) より，

$$\dot{k} = \frac{d}{dt}\left(\frac{K}{L}\right) = \frac{\dot{K}L - K\dot{L}}{L^2} = \frac{\dot{K}}{L} - \frac{K}{L}\frac{\dot{L}}{L} \tag{9.23}$$

となる．ここで，(9.13) の第2式と第3式より，

$$\dot{K} = sY - \delta K \tag{9.24}$$

を得るので，(9.18)，(9.19)，(9.21)，(9.24) および (9.13) の第4式をもちいて (9.23) を整理すると，

$$\dot{k} = sf(k) - (n + \delta)k \tag{9.25}$$

となることがわかる.

(9.25) は，(9.13) で示されたすべての条件をもちいて整理された方程式であり，(9.25) は (9.13) を凝縮して得られた体系である．したがって，われわれは，(9.25) を介して (9.13) がもつ経済学的含意を分析することができる.

9.3.2 分　　　析

(9.25) は自律系微分方程式である．すなわち，(9.25) の右辺は時間 t を陽にふくんでいない．したがって，関数 $f(k)$ が具体的にあたえられれば (9.25) は解くことが可能となるかもしれないが，前節で考察したように実際にはこれを解かなくても，(9.25) の右辺を分析することで相空間における解の挙動を知ることができる.

まず，(9.25) の右辺を分析するために図9.5に2つの関数

$$u = sf(k) \tag{9.26}$$
$$u = (n + \delta)k \tag{9.27}$$

のグラフを示す．ただし，図9.5(a)は，

図9.5　ソロー=スワン・モデル

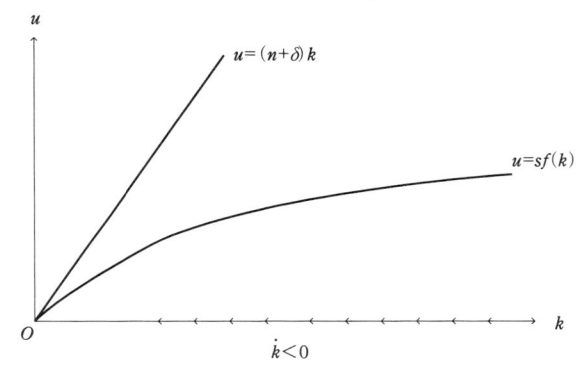

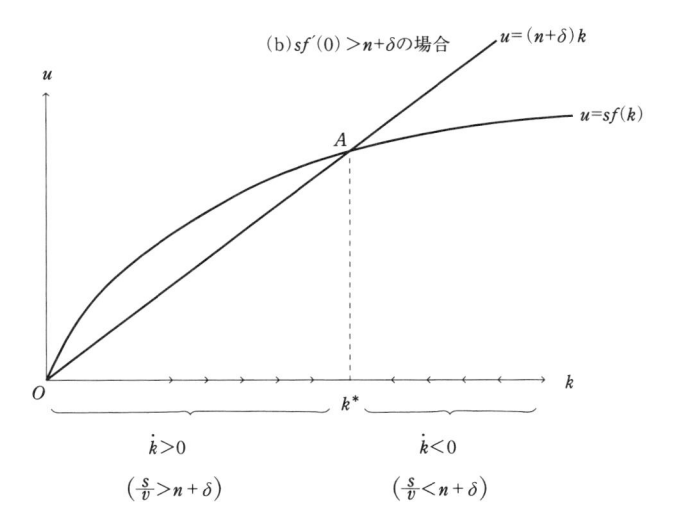

(a) $sf'(0) \leq n+\delta$ の場合

(b) $sf'(0) > n+\delta$ の場合

$$sf'(0) \leq n+\delta \tag{9.28}$$

が成立しているときのグラフであり，また図9.5(b)は，

$$sf'(0) > n+\delta \tag{9.29}$$

が成立しているときのグラフである．

(9.28) が成立するときは (9.26) と (9.27) のグラフは $k>0$ で交点をもたない. このとき, (9.25) の平衡点 k^* は, $\dot{k}=0$ (すなわち $sf(k)-(n+\delta)k=0$) より, $k^*=0$ となる. そして, 図9.5(a)に示すように, $k>0$ では, $\dot{k}<0$ (すなわち $sf(k)-(n+\delta)k<0$) となるので, $k>0$ の任意の初期値をもつ解は平衡点 $k^*=0$ に収束する. このときの様子を k 軸上の矢印で示す. ただし, 平衡点 $k^*=0$ では1人あたりの資本ストックがゼロとなるので, 平衡点 $k^*=0$ は経済学的な意味をもたない.

つぎに (9.29) が成立する場合を考えよう. 図9.5(b)に示すように, (9.26) と (9.27) のグラフは点 A で交差する. 点 A では $sf(k)-(n+\delta)k=0$ であるので, $\dot{k}=0$ となる. したがって, 点 A に対応する k 軸上の k^* は平衡点をあたえる. そして, 図よりただちに, $k<k^*$ では $sf(k)>(n+\delta)k$ で $\dot{k}>0$ となり, $k>k^*$ では $sf(k)<(n+\delta)k$ で $\dot{k}<0$ となることがわかる. したがって, 初期値 k_0 が $k_0<k^*$ であたえられると, k は時間の経過とともに増加し, $k_0>k^*$ のときは, k は減少する. このときの様子を図9.5(b)の k 軸上の矢印で示す. あきらかに, k^* は安定な平衡点となる. したがって, (9.25) が経済学的に意味のある安定な平衡点をもつためには, (9.29) が成立していなければならない.

(9.29) が成立する場合, 平衡点 $k^*(\neq 0)$ は安定な平衡点であり, さまざまな初期値をもつ軌道もやがて k^* に収束することがわかったので, k^* についてくわしく考察しよう. まず, k^* では $sf(k)-(n+\delta)k=0$ であるので,

$$\frac{sf(k)}{k}=n+\delta \tag{9.30}$$

となるが, (9.18) と (9.19) を (9.30) に代入して整理すると,

$$\frac{s}{v}=n+\delta \tag{9.31}$$

を得る. ただし,

$$v=\frac{K}{Y} \tag{9.32}$$

である. v は**資本産出係数**とよばれる.

このように, 平衡点 k^* では (9.31) が成立するが, $k<k^*$ では, $\dot{k}>0$ より,

$$\frac{s}{v} > n+\delta \tag{9.33}$$

となり，$k>k^*$ では，$\dot{k}<0$ より，

$$\frac{s}{v} < n+\delta \tag{9.34}$$

が成立する．

ここで，(9.13) において，s, n および δ は定数であることに注意しよう．経済は初期値にしたがって図9.5(b)の矢印で示された軌道をとる．このことは，(9.33) か (9.34) のいずれが成立していてもやがて (9.31) が成立することを意味するが，s, n および δ が定数である以上，このような過程は v の変化により達成されざるをえない．たとえば，$k<k^*$ では，k の値は増加する．そして，これにともない v の値が増加して，最終的に (9.31) が達成されるのである．$k>k^*$ ではこれとは逆の現象が発生している．いま，労働人口 L は (9.13) の第4式で規定されているので，平衡点 k^* に収束する過程において，生産要素 K と L の投入をめぐって各要素市場で調整がおこなわれているといえる．

9.4　微分方程式(3)

前節ではひとつの変数で構成される微分方程式の経済モデルを紹介したが，モデルがひとつの変数のみで記述されることはまれであり，微分方程式による経済モデルも通常は複数の変数をふくんでいる．そこで，ここでは2つの変数をもつ簡単な連立微分方程式の分析方法を紹介しよう[2]．

9.4.1　連立線形微分方程式

つぎの連立微分方程式を考える．

$$\begin{cases} \dot{X} = a_1 X + b_1 Y + c_1 \\ \dot{Y} = a_2 X + b_2 Y + c_2 \end{cases} \tag{9.35}$$

2）ここでの分析は稲田・宇沢 [29] およびポントリャーギン [30] による．

ただし，$a_1, b_1, c_1, a_2, b_2, c_2$ は定数であり，$\dot{X}=\dfrac{dX}{dt}$, $\dot{Y}=\dfrac{dY}{dt}$ で，t は時間をあらわす．(9.35) のような微分方程式を定係数連立微分方程式という．

(9.35) は実際に解くことができるが，(9.35) は自律系の微分方程式である（すなわち，右辺に時間 t を陽にふくんでいない）ので，解をもとめなくても右辺を分析することで (9.35) の解の挙動を分析することができる．

そこで，まず (9.35) の平衡点 X^*, Y^* をもとめよう．$\dot{X}=0$, $\dot{Y}=0$ すなわち，

$$\begin{cases} a_1 X + b_1 Y + c_1 = 0 \\ a_2 X + b_2 Y + c_2 = 0 \end{cases} \tag{9.36}$$

とおく．(9.36) が自明でない解をもつためには，

$$a_1 b_2 - a_2 b_1 \neq 0 \tag{9.37}$$

でなくてはならない．(9.37) のもとで (9.36) を解くと，平衡点

$$\begin{cases} X^* = \dfrac{b_1 c_2 - b_2 c_1}{a_1 b_2 - a_2 b_1} \\ Y^* = \dfrac{a_2 c_1 - a_1 c_2}{a_1 b_2 - a_2 b_1} \end{cases} \tag{9.38}$$

を得る．

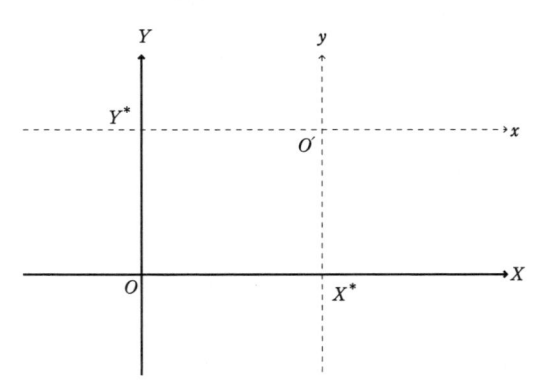

図9.6　座標変換

ここで，平衡点 (9.38) の周辺の解の動きに着目するため，(9.37) を前提としてつぎのような変数 x, y を導入する．

$$x = X - X^*, \quad y = Y - Y^* \tag{9.39}$$

図9.6に示すように，(x, y) は平衡点 (X^*, Y^*) を原点とした座標である．そして，X^* および Y^* が定数であることと (9.36) に注意して，(9.39) を (9.35) に代入しこれを整理すると，

$$\begin{cases} \dot{x} = a_1 x + b_1 y \\ \dot{y} = a_2 x + b_2 y \end{cases} \tag{9.40}$$

を得る．以下，われわれは (9.40) を分析する．

9.4.2 解

9.2節での分析より ((9.9) を参照せよ)，(9.40) の解が，

$$\begin{cases} x = \bar{x} e^{\lambda t} \\ y = \bar{y} e^{\lambda t} \end{cases} \tag{9.41}$$

の形で表現されると期待してよい．したがって，(9.41) を (9.40) に代入し，(9.40) を満足するような $\bar{x}, \bar{y}$ および λ を探せばよい．(9.41) を (9.40) に代入すると，

$$\begin{cases} \lambda \bar{x} e^{\lambda t} = a_1 \bar{x} e^{\lambda t} + b_1 \bar{y} e^{\lambda t} \\ \lambda \bar{y} e^{\lambda t} = a_2 \bar{x} e^{\lambda t} + b_2 \bar{y} e^{\lambda t} \end{cases} \tag{9.42}$$

となるが，$e^{\lambda t} \neq 0$ であることに注意してこれを整理すると，

$$\begin{cases} (a_1 - \lambda) \bar{x} + b_1 \bar{y} = 0 \\ a_2 \bar{x} + (b_2 - \lambda) \bar{y} = 0 \end{cases} \tag{9.43}$$

を得る．したがって，(9.43) を満足する $\bar{x}, \bar{y}$ および λ をみつけるとよい．

このように (9.40) と (9.41) より (9.43) を得たのであるが，ここで (9.43) に注目すると，(9.43) を満足する $\bar{x}, \bar{y}$ および λ をもとめるという問題は，結局，(9.40) の右辺の係数から得られる行列

$$\mathbf{A} = \begin{pmatrix} a_1 & b_1 \\ a_2 & b_2 \end{pmatrix} \tag{9.44}$$

の固有値と固有ベクトルをもとめるという問題に帰着することがわかる（固有値および固有ベクトルについては，第6章，6.2.4項参照）．

そこで，(9.43) において自明でない解（すなわち $\bar{x}=0$, $\bar{y}=0$ 以外の解）が存在するための条件

$$\begin{vmatrix} a_1-\lambda & b_1 \\ a_2 & b_2-\lambda \end{vmatrix} = 0 \tag{9.45}$$

を整理すると，

$$\lambda^2 - (a_1+b_2)\lambda + (a_1 b_2 - a_2 b_1) = 0 \tag{9.46}$$

を得る．(9.45)（あるいは (9.46)) を特性方程式という[3]．

(9.46) より2つの解 λ_1, λ_2 をもとめたら，それぞれを (9.43) に代入して，対応する固有ベクトル $\begin{pmatrix} \bar{x}_1 \\ \bar{y}_1 \end{pmatrix}$ および $\begin{pmatrix} \bar{x}_2 \\ \bar{y}_2 \end{pmatrix}$ をもとめるとよい．すなわち，固有値 λ_i に対応する固有ベクトル $\begin{pmatrix} \bar{x}_i \\ \bar{y}_i \end{pmatrix}$ は，

$$\frac{\bar{x}_i}{\bar{y}_i} = -\frac{b_1}{a_1-\lambda_i} \left(= -\frac{b_2-\lambda_i}{a_2} \right) \quad (i=1,2) \tag{9.47}$$

を満足するように決定すればよい．

このようにして $\bar{x}_i$, $\bar{y}_i$ および λ_i をもとめると，これらを (9.41) に代入して (9.40) の解を得ることができる．ただし，ここで方程式を解くという作業を考えた場合，もちろんわれわれは方程式を満足するすべての解をもとめなくてはならない．そこで，この点についてつぎの定理を提出する．

---

[3] 稲田・宇沢 [29] にしたがえば，行列に関する事項にくわしくない読者はつぎのように (9.43) を分析すればよい．すなわち，(9.43) において $\bar{x}=0$, $\bar{y}=0$（この解は経済学的に意味がない）以外の解が存在するためには，(9.43) の第1式であらわされる直線の方程式と第2式であらわされる直線の方程式が一致すればよい．そのためには，これら2本の直線の傾きが一致すればよいが，この条件は $\frac{a_1-\lambda}{b_1} = \frac{a_2}{b_2-\lambda}$ となる．これを整理すると (9.46) を得る．

定理9.1

(9.46) と (9.47) で定まる $\lambda_i, \bar{x}_i, \bar{y}_i$ について $\begin{pmatrix} \bar{x}_1 \\ \bar{y}_1 \end{pmatrix}$ と $\begin{pmatrix} \bar{x}_2 \\ \bar{y}_2 \end{pmatrix}$ が1次独立ならば，微分方程式 (9.40) の一般解は，

$$\begin{cases} x = \omega_1 \bar{x}_1 e^{\lambda_1 t} + \omega_2 \bar{x}_2 e^{\lambda_2 t} \\ y = \omega_1 \bar{y}_1 e^{\lambda_1 t} + \omega_2 \bar{y}_2 e^{\lambda_2 t} \end{cases} \tag{9.48}$$

とあらわされる．ただし，ω_1, ω_2 は任意定数である．

(9.48) が (9.40) の解であることは，(9.48) を (9.40) に代入して確かめるとよい．実際，(9.48) の第1式を微分すると，

$$\dot{x} = \omega_1 \lambda_1 \bar{x}_1 e^{\lambda_1 t} + \omega_2 \lambda_2 \bar{x}_2 e^{\lambda_2 t} \tag{9.49}$$

となる．一方，(9.40) 第1式の右辺に (9.48) を代入し，(9.42) に注意してこれを整理すると，

$$\begin{aligned} a_1 x + b_1 y &= \omega_1 (a_1 \bar{x}_1 + b_1 \bar{y}_1) e^{\lambda_1 t} + \omega_2 (a_1 \bar{x}_2 + b_1 \bar{y}_2) e^{\lambda_2 t} \\ &= \omega_1 \lambda_1 \bar{x}_1 e^{\lambda_1 t} + \omega_2 \lambda_2 \bar{x}_2 e^{\lambda_2 t} \end{aligned} \tag{9.50}$$

となる．(9.49) と (9.50) より，(9.48) が (9.40) の第1式を満足することがわかる．(9.48) が (9.40) の第2式を満足することも同様に証明される．

このように (9.48) が (9.40) の解であることが確かめられるが，問題は (9.48) ですべての解を表現しつくしているかどうかという点である．この点を直感的に理解するために位相図を導入しよう．

9.4.3 解の構造

まず，(9.48) をつぎのようにかきかえる．

$$\begin{pmatrix} x \\ y \end{pmatrix} = \omega_1 \mathbf{h}_1 e^{\lambda_1 t} + \omega_2 \mathbf{h}_2 e^{\lambda_2 t} \tag{9.51}$$

ただし，$\mathbf{h}_1 = \begin{pmatrix} \bar{x}_1 \\ \bar{y}_1 \end{pmatrix}$, $\mathbf{h}_2 = \begin{pmatrix} \bar{x}_2 \\ \bar{y}_2 \end{pmatrix}$ である．そして，図9.7に2つのベクトル $\mathbf{h}_1$ と $\mathbf{h}_2$ をかきこむ．ここで，定理9.1においてこれらのベクトルは1次独立であることに注意しよう．

図 9.7 $\lambda_1 > 0, \lambda_2 > 0$ の場合

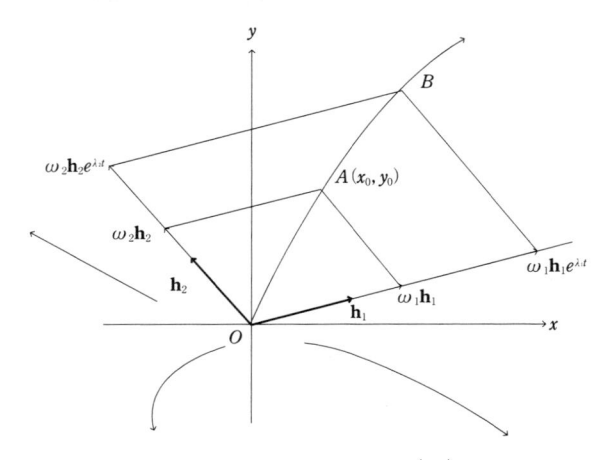

つぎに，$x-y$ 平面上の任意の点 A に初期値 $\begin{pmatrix} x_0 \\ y_0 \end{pmatrix}$ があたえられたとする．ベクトル $\mathbf{h}_1, \mathbf{h}_2$ は 1 次独立であり，さらに $t=0$ で $e^{\lambda_1 t} = e^{\lambda_2 t} = 1$ であるので，

$$\begin{pmatrix} x_0 \\ y_0 \end{pmatrix} = \omega_1 \mathbf{h}_1 + \omega_2 \mathbf{h}_2 \tag{9.52}$$

となるように ω_1 と ω_2 が決定される．すなわち，任意定数であった ω_1 と ω_1 の値が初期値 $\begin{pmatrix} x_0 \\ y_0 \end{pmatrix}$ があたえられると一意に定まる．図 9.7 では，$\omega_1 \mathbf{h}_1$ と $\omega_2 \mathbf{h}_2$ でつくられる平行四辺形の頂点が点 A に重なるように ω_1 と ω_2 の値を決定すればよい．ω_1 と ω_2 の値が定まると，初期値を基点として時間の経過とともに解が動き始める．

そこで，(9.46) より得られる解について，$\lambda_1 > 0, \lambda_2 > 0$ が成立しているとしよう．このとき，$t=0$ では $e^{\lambda_1 t} = e^{\lambda_2 t} = 1$ であったが，時間が進行し t が大きくなると，それにしたがって $e^{\lambda_1 t}$ と $e^{\lambda_2 t}$ の値も大きくなる．そして，時間 t における解の位置を $x-y$ 平面上に定めるにはつぎのようにすればよい．いま，ω_1 と ω_2 の値が定まっているので，(9.51) に注目しながら，$\mathbf{h}_1$ を $\omega_1 e^{\lambda_1 t}$ 倍，$\mathbf{h}_2$ を $\omega_2 e^{\lambda_2 t}$ 倍し，これにより定まる 2 つのベクトルをもちいて平行四辺形をつくる．このときの様子を図 9.7 に示す．あきらかに，時間 t における解の位置はこの平行四辺形で決定される点 B で定まる．このように時間 t における

解の位置が決定されるが,時間が経過するとともに2つのベクトル $\omega_1 \mathbf{h}_1 e^{\lambda_1 t}$ と $\omega_2 \mathbf{h}_2 e^{\lambda_2 t}$ の大きさも変化し,それとともに各時点で形成される平行四辺形も変化する.そしてこれにしたがって,各時間における解の位置を示す点 B の位置も動くことなる.

微分方程式 (9.40) の解はこのような構造をもつが,ここでは解 (9.51) を構成する2つのベクトル $\mathbf{h}_1$ と $\mathbf{h}_2$ が1次独立であるという事実が重要な意味をもつ.すなわち,$\mathbf{h}_1$ と $\mathbf{h}_2$ が1次独立であるので,初期値をあらわす点 A が $x-y$ 平面上のどの位置にあたえられても,その初期値は,$\mathbf{h}_1$ と $\mathbf{h}_2$ をもちいて,(9.52) のように表現することができるのである.したがって,$\mathbf{h}_1$ と $\mathbf{h}_2$ が1次独立であることが,(9.48) が (9.40) の一般解であることを保障しているといえる.

9.4.4 位 相 図

このような解の構造を利用して,$x-y$ 平面上で解のふるまいをあらわす図(位相図)を作成することができる.

図9.7には,$\lambda_1>0$,$\lambda_2>0$ の場合の解のふるまいを示す.このときは,$t\to\infty$ のとき $e^{\lambda_1 t}\to\infty$,$e^{\lambda_2 t}\to\infty$ であるので,2つのベクトル $\omega_1\mathbf{h}_1 e^{\lambda_1 t}$,$\omega_2\mathbf{h}_2 e^{\lambda_2 t}$ の長さも時間の経過とともに大きくなる.点 B は図に示すように平衡点から遠

図9.8 $\lambda_1<0, \lambda_2<0$ の場合

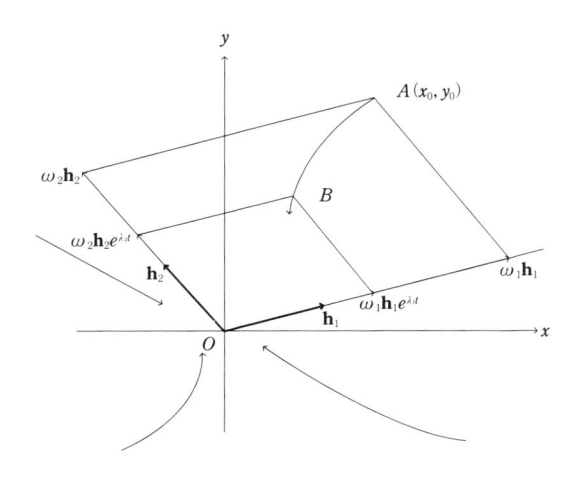

ざかる．このような平衡点を不安定結節点という．

図9.8には $\lambda_1<0$, $\lambda_2<0$ の場合を示す．このときは，$t\to\infty$ のとき $e^{\lambda_1 t}\to 0$, $e^{\lambda_2 t}\to 0$ であるので，2つのベクトル，$\omega_1\mathbf{h}_1 e^{\lambda_1 t}$, $\omega_2\mathbf{h}_2 e^{\lambda_2 t}$ の長さは時間の経過とともに0に収束する．したがって，点 B は平衡点に収束する．このような平衡点を安定結節点という．

図9.9には $\lambda_1>0$, $\lambda_2<0$ の場合を示す．このときは，$t\to\infty$ のとき $e^{\lambda_1 t}\to\infty$, $e^{\lambda_2 t}\to 0$ であるので，ベクトル $\omega_1\mathbf{h}_1 e^{\lambda_1 t}$ の長さは大きくなり，$\omega_2\mathbf{h}_2 e^{\lambda_2 t}$ の長さは時間の経過とともに0に収束する．したがって，点 B の軌跡は図のようになる．このような平衡点を鞍点（あるいはとうげ点）という．$\lambda_1<0$, $\lambda_2>0$ の場合も同様に分析でき，平衡点は鞍点となる．

$\lambda_i=0$ のときは，$e^{\lambda_i t}=1$ として分析すればよい．

つぎに，(9.46) が複素解をもつ場合を考察しよう[4]．いま，そのような例として，$a_1=b_2=0, b_1=1, a_2=-1$ のケースを考えよう．このとき，(9.40) は，

$$\begin{cases} \dot{x}=y \\ \dot{y}=-x \end{cases} \tag{9.53}$$

図9.9 $\lambda_1>0, \lambda_2<0$ の場合

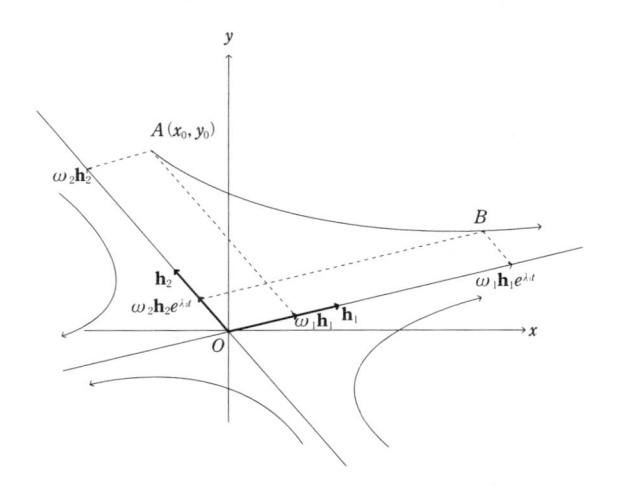

4) このケースの詳しい分析をこころみたい読者は補論を参照せよ．

となる．そして，特性方程式は $\lambda^2+1=0$ となり，複素解 $\lambda=\pm i$ を得る．

特性方程式の解が複素解であるときは図9.7，図9.8，図9.9のような分析をおこなえない．そこで，(9.53) が自律系微分方程式であることに着目し，右辺を調べて解のふるまいを分析しよう．図9.10(a)をみよう．たとえば，第1象限では，$x>0$，$y>0$ であるので，(9.53) より $\dot{x}>0$，$\dot{y}<0$ となる．したがって，第1象限における解のふるまいの方向性は矢印のようにあらわせる．そして，各象限において同様の分析をおこなうと，解は平衡点の周辺で回転運動をすることがわかる（この場合は解は円運動をおこなう）．

いま，一般的に複素解を $\lambda=\alpha\pm i\beta$ であらわそう．このとき解 (9.51) のふるまいを規定する $e^{\lambda t}$ は，

$$e^{\lambda_i t}=e^{\alpha t}e^{(i\beta)t} \tag{9.54}$$

となる．(9.54) において，$e^{\alpha t}$ は実数である．したがって，(9.54) において回転運動を発生させる要素は複素数をふくむ $e^{(i\beta)t}$ にあると考えてよい．したがって，われわれはつぎのように判断してよい．特性方程式 (9.46) が複素解 $\lambda(=\alpha\pm i\beta)$ をもつ場合，解は回転運動をする．

一方，$e^{\alpha t}$ は実数であり，$e^{\alpha t}$ についてはその値の大小についてのべることができる．したがって，$e^{\alpha t}$ は (9.51) で定まるベクトルの長さを支配してい

図9.10 $\lambda=\alpha\pm i\beta$ **のとき**

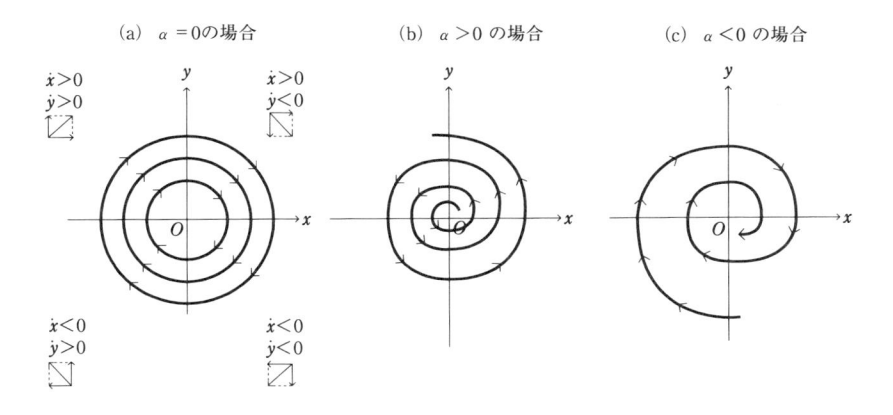

(a) $\alpha=0$ の場合　　(b) $\alpha>0$ の場合　　(c) $\alpha<0$ の場合

ると考えられる．そして，$a>0$ならば$e^{at}\to+\infty(t\to\infty)$なので，解は図9.10(b)に示すような渦（うず）を，$a<0$ならば$e^{at}\to 0(t\to\infty)$なので，解は図9.10(c)に示すような渦をそれぞれ形成する．$a>0$のとき，平衡点を不安定うず状点といい，$a<0$のとき，平衡点を安定うず状点という．また，$a=0$ならば$e^{at}=1$（=一定）で，解は図9.10(a)に示すような軌道（このような軌道を閉軌道という）をえがく[5]．

9.5 マクロ経済の動学モデル

9.5.1 モデル

本節では，連立微分方程式で構成される経済モデルを紹介する．ここで考察するモデルは$IS-LM$モデルすなわちマクロ・モデルの動学版である．まず，モデルを示す．

$$\begin{cases} \dot{Y}=\mu_1[I-S] \\ \dot{r}=\mu_2[L-M] \end{cases} \quad (9.55)$$

ここで，Yは総供給（国内総生産），rは利子率をあらわす．また，Iは投資，Sは貯蓄，Lは貨幣需要をあらわすが，これらの値はつぎのような線型関数で定まるものとする．

$$\begin{cases} I=I_Y Y+I_r r+\hat{I} \\ S=S_Y Y+S_r r+\hat{S} \\ L=L_Y Y+L_r r+\hat{L} \end{cases} \quad (9.56)$$

ただし，$I_Y(\geqq 0)$，$I_r(\leqq 0)$，$\hat{I}(>0)$，$S_Y(\geqq 0)$，$S_r(\geqq 0)$，$\hat{S}(>0)$，$L_Y(\geqq 0)$，$L_r(\leqq 0)$，$\hat{L}(>0)$は定数である[6]．Mは貨幣供給をあらわすが，ここではこれを定数とする．さらに，μ_1とμ_2は正の定数である．すぐ後に示すように，

---

5) 回転の方向が時計回りか反時計回りになるのかを直観的に判断するには図9.10(a)で示したように，$\dot{x}=0$と$\dot{y}=0$の2本の直線で相空間を分割し，それぞれの領域で$\dot{x}$と$\dot{y}$の符号を調べるとよい．
6) これらの係数のうちあるものが0であるか否かはモデルが含意する経済学的背景に大きな影響をあたえる．この点についてはたとえば吉川[31]などを参照するとよい．

(9.56) を (9.55) に代入すると，Y と r に関する連立微分方程式を得る．

(9.55) の第1式は財市場で不均衡が発生しているときの不均衡の調整過程を記述している．$Y=C+I$ は財市場の均衡をあらわしているが，たとえば，$Y<C+I$ すなわち $I>S(=Y-C)$ のときは，総需要が総供給を上回っている．そして，(9.55) の第1式は，この需給ギャップ $I-S$ を速度 $\mu_1[I-S]$ で解消するよう総供給 Y が増加することを示している（$\dot{Y}>0$ に注意）．逆に，総供給が総需要を上回り，$Y>C+I$ すなわち $I<S$ が成立しているときは，総供給額 Y は速度 $\mu_1[I-S]$ で減少するよう調整される（$\dot{Y}<0$ に注意せよ）．もちろん，$I=S$ のときは財市場は均衡しており，$\dot{Y}=0$ となる．定数 μ_1 は調整速度とよばれる．

(9.55) の第2式は貨幣市場で不均衡が発生しているときの不均衡の調整過程を記述している．$L>M$ $(L<M)$ のときは，貨幣需要が貨幣供給を上回って（下回って）おり，利子率 r が上昇（減少）することでこの需給ギャップ $L-M$ を速度 $\mu_2[L-M]$ で調整する．定数 μ_2 も調整速度である．

モデルはこのように構成されているが，ここで (9.56) を (9.55) に代入して，モデルを整理すると，

$$\begin{cases} \dot{Y}=\mu_1[(I_Y-S_Y)Y+(I_r-S_r)r+(\hat{I}-\hat{S})] \\ \dot{r}=\mu_2[L_Y Y+L_r r+(\hat{L}-M)] \end{cases} \quad (9.57)$$

を得る．そして，(9.39) にならって，(9.57) をつぎの変数でかきかえよう．

$$y=Y-Y^*, \quad i=r-r^* \quad (9.58)$$

ただし，Y^* および r^* はそれぞれ均衡総生産，均衡利子率をあらわす．すなわち，Y^* および r^* は (9.56) をもちいて，

$$Y=C+I, \quad M=L \quad (9.59)$$

により計算される．もちろん (9.59) は $\dot{Y}=0$，$\dot{r}=0$ とおなじであり，均衡点 (Y^*, r^*) は (9.55) すなわち (9.57) の平衡点でもある．そして，(9.35) を (9.40) に変換したように，(9.57) を (9.58) で変換すると，

を得る.

9.5.2 分析方法

(9.60) の分析方法を説明しよう. まず, (9.60) の右辺の係数に着目して, 行列 $\mathbf{A}$ を,

$$\mathbf{A} = \begin{pmatrix} \mu_1(I_Y - S_Y) & \mu_1(I_r - S_r) \\ \mu_2 L_Y & \mu_2 L_r \end{pmatrix} \quad (9.61)$$

と定義する. そして, $|\lambda I - \mathbf{A}| = 0$ より, 特性方程式

$$\lambda^2 - \{\mu_1(I_Y - S_Y) + \mu_2 L_r\}\lambda + |\mathbf{A}| = 0 \quad (9.62)$$

をつくり, 固有値 λ_1, λ_2 をもとめる.

つぎに, 固有値 λ_1, λ_2 が実数であれば, 行列 $\mathbf{A}$ の固有ベクトルをもとめ, λ_1, λ_2 の符号に注意しながら, 固有ベクトルをもちいて図9.7, 図9.8あるいは図9.9のような位相図を作成すればよい. 一方, 固有値が複素数 $\alpha \pm i\beta$ であるならば, 解は平衡点の近傍で回転運動をする. そして, $\alpha > 0$ ならば平衡点は不安定うず状点, $\alpha < 0$ ならば平衡点は安定うず状点となり, $\alpha = 0$ ならば閉軌道が存在すると判断すればよい.

9.5.3 例題

ここで, つぎの例題を考えよう.

例9.1

(9.55) を考える. ただし, $M = 20$, $\mu_1 = \mu_2 = 10$ とする. また, (9.56) は

$$\begin{cases} I = 0.6Y - 0.1r + 20 \\ S = 0.3Y + 0.2r + 10 \\ L = -0.1r + 50 \end{cases} \quad (9.63)$$

であたえられているものとする．
(1) 平衡点（あるいは均衡点）をもとめなさい．
(2) (9.55) を平衡点を原点とする系に変換し，その一般解をもとめなさい．
(3) 平衡点近傍での位相図を作成しなさい．

(解答) (1) $Y=C+I$, $M=L$ および (9.63) より，平衡点 (Y^*, r^*) は，

$$(Y^*, r^*) = \left(\frac{800}{3}, 300\right) \tag{9.64}$$

となる．

(2) 座標変換 (9.58) より，(9.60) は

$$\begin{cases} \dot{y} = 3y - 3i \\ \dot{i} = -i \end{cases} \tag{9.65}$$

となる．(9.61) で定義される行列 $\mathbf{A}$ は，

$$\mathbf{A} = \begin{pmatrix} 3 & -3 \\ 0 & -1 \end{pmatrix} \tag{9.66}$$

となる．したがって，特性方程式

$$\lambda^2 - 2\lambda - 3 = 0 \tag{9.67}$$

を得る．(9.67) は $(\lambda+1)(\lambda-3)=0$ となるので，(9.67) の解は，

$$\lambda = -1, 3 \tag{9.68}$$

となる．

つぎに，これらの固有値にたいする行列 $\mathbf{A}$ の固有ベクトル $\mathbf{h} = \begin{pmatrix} \bar{y} \\ \bar{i} \end{pmatrix}$ をもとめる．

($\lambda = -1$ のとき) $\mathbf{A}\mathbf{h} = \lambda\mathbf{h}$ より，

$$\begin{cases} 4\bar{y} - 3\bar{i} = 0, \\ \phantom{4\bar{y} -} 0\bar{i} = 0 \end{cases} \tag{9.69}$$

を得る．(9.69) より，$\lambda = -1$ にたいする固有ベクトル $\mathbf{h}_1$ をもとめると，

$$\mathbf{h}_1 = s \begin{pmatrix} 3 \\ 4 \end{pmatrix} \quad (s \neq 0) \tag{9.70}$$

となる．
($\lambda = 3$ のとき) $\mathbf{Ah} = \lambda \mathbf{h}$ より，

$$\begin{cases} 3y - 3\dot{i} = 3y \\ -\dot{i} = 3\dot{i} \end{cases} \tag{9.71}$$

となるが，これより，$\lambda = 3$ にたいする固有ベクトル $\mathbf{h}_2$ をもとめると，

$$\mathbf{h}_2 = s \begin{pmatrix} 1 \\ 0 \end{pmatrix} \quad (s \neq 0) \tag{9.72}$$

となる．

定理9.1，(9.70) および (9.72) より，(9.65) の一般解は，

$$\begin{pmatrix} y \\ \dot{i} \end{pmatrix} = \omega_1 e^{(-1)t} \begin{pmatrix} 3 \\ 4 \end{pmatrix} + \omega_2 e^{3t} \begin{pmatrix} 1 \\ 0 \end{pmatrix} \tag{9.73}$$

図9.11 (9.65) に関する位相図

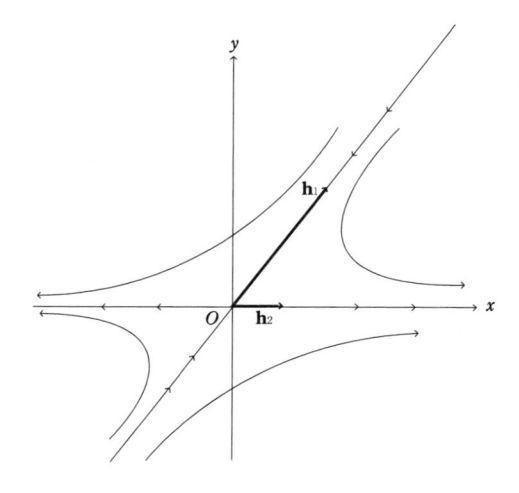

となる．

(3)　$\lambda=-1<0$, $\lambda=3>0$ および (9.70), (9.72) より位相図を作成すると図9.11のようになり，平衡点は鞍点となる．

練習問題

問題 9.1　つぎの系の平衡点をもとめ，その近傍における位相図を作成しなさい．

$$\begin{cases} \dot{x}=x+2y, \\ \dot{y}=3x+2y \end{cases}$$

問題 9.2　(9.55) を考える．ただし $M=20$, $\mu_1=\mu_2=1$ とする．(9.56) が

$$\begin{cases} I=0.3Y-0.8r+30, \\ S=0.2Y+0.1r+20, \\ L=0.5Y-0.1r+30 \end{cases}$$

であたえられるとき，平衡点の近傍における位相図を作成しなさい．

問題 9.3　(9.55) を考える．ただし，$M=20$, $\mu_1=\mu_2=10$ とする．(9.56) が

$$\begin{cases} I=0.3Y-0.06r+10, \\ S=0.3Y+0.04r+20, \\ L=0.2Y-0.3r+30 \end{cases}$$

であたえられるとき，平衡点の近傍における位相図を作成しなさい．

補　　論[7]

(9.40) の係数行列の固有値が複素数の場合，その解は相空間で回転運動をおこなうことは9.4.4項ですでにのべたが，ここでは，この点について若干の補助的考察をおこなう．

(9.40) を考える．そして，(9.44) の固有値が $\lambda=\alpha+i\beta$ および $\bar{\lambda}=\alpha-i\beta$ であたえられているものとする ($\beta\neq 0$)．λ にたいする固有ベクトルを $\mathbf{h}$ とす

---

[7]　ここでの考察はポントリャーギン [30] による．

ると、$\bar{\lambda}$にたいする固有ベクトルは$\mathbf{h}$に共役となるように選ぶことができるので、これを$\bar{\mathbf{h}}$であらわす。そして、$\mathbf{h}$と$\bar{\mathbf{h}}$は1次独立であるものとする。このとき、定理9.1より、一般解は、

$$\begin{pmatrix} x \\ y \end{pmatrix} = \omega_1 e^{\lambda t} \mathbf{h} + \omega_2 e^{\bar{\lambda} t} \bar{\mathbf{h}} \tag{9.74}$$

とあらわせる。ただし、経済モデルを対象にしているので、$\begin{pmatrix} x \\ y \end{pmatrix}$は実ベクトルでなくてはならない。そこで、解を実数に限定すると、実数の範囲での一般解は、

$$\begin{pmatrix} x \\ y \end{pmatrix} = \omega e^{\lambda t} \mathbf{h} + \bar{\omega} e^{\bar{\lambda} t} \bar{\mathbf{h}} \tag{9.75}$$

とあらわせる。ただしωは複素任意定数である。実際、(9.74)が実数解であるためには、$\begin{pmatrix} x \\ y \end{pmatrix} = \begin{pmatrix} \bar{x} \\ \bar{y} \end{pmatrix}$でなくてはならないが、これより、

$$\omega_1 e^{\lambda t} \mathbf{h} + \omega_2 e^{\bar{\lambda} t} \bar{\mathbf{h}} = \bar{\omega}_1 e^{\bar{\lambda} t} \bar{\mathbf{h}} + \bar{\omega}_2 e^{\lambda t} \mathbf{h}$$

すなわち、

$$(\omega_1 - \bar{\omega}_2) e^{\lambda t} \mathbf{h} + (\omega_2 - \bar{\omega}_1) e^{\bar{\lambda} t} \bar{\mathbf{h}} = 0 \tag{9.76}$$

を得る。いま、$\mathbf{h}$と$\bar{\mathbf{h}}$は1次独立なので、$\omega_1 = \bar{\omega}_2$, $\bar{\omega}_1 = \omega_2$となり、$\omega_1$と$\omega_2$は共役でなくてはならない。したがって、(9.75) を得る。

(9.75) に注目しよう。いま、固有ベクトル$\mathbf{h}$を、

$$\mathbf{h} = \frac{1}{2}(\mathbf{h}_1 - i\mathbf{h}_2) \tag{9.77}$$

とおく。$\mathbf{h}_1$, $\mathbf{h}_2$は実ベクトルである[8]。また、$\omega e^{\lambda t}$は複素数なので、

$$\omega e^{\lambda t} = \xi_1 + i\xi_2 \tag{9.78}$$

とおく。そして、(9.77) と (9.78) を (9.75) に代入して整理すると、

---

8) たとえば、$\mathbf{h} = \begin{pmatrix} 1 \\ i \end{pmatrix}$ならば、$\mathbf{h} = \begin{pmatrix} 1 \\ 0 \end{pmatrix} - i\begin{pmatrix} 0 \\ -1 \end{pmatrix}$となるので、$\mathbf{h}_1 = \begin{pmatrix} 2 \\ 0 \end{pmatrix}$, $\mathbf{h}_2 = \begin{pmatrix} 0 \\ -2 \end{pmatrix}$とすればよい。

$$\begin{pmatrix} x \\ y \end{pmatrix} = \xi_1 \mathbf{h}_1 + \xi_2 \mathbf{h}_2 \tag{9.79}$$

を得る．すなわち，(9.75) を実ベクトル $\mathbf{h}_1, \mathbf{h}_2$ をもちいてあらわすことができた．

したがって，(9.79) の解のふるまいを調べるためには，(9.78) で定まる ξ_1 と ξ_2 のふるまいを分析すればよい．そこで，あらためて，

$$\zeta = \omega e^{\lambda t} = \xi_1 + i\xi_2 \tag{9.80}$$

とおいて，ξ_1–ξ_2 複素平面を考える．いま，(9.80) において，$\lambda = \alpha + i\beta$ であるが，ω も複素数なので，極座標をもちいて，

$$\omega = R(\cos\phi + i\sin\phi) \tag{9.81}$$

とおく（図9.12をみよ）．ω は（任意）定数なので R および ϕ も定数である．

ここで，オイラーの公式

$$e^{i(\beta t)} = \cos\beta t + i\sin\beta t \tag{9.82}$$

に注意しながら，$\lambda = \alpha + i\beta$ と (9.81) を (9.80) に代入して整理すると，

$$\zeta = R(\cos\phi + i\sin\phi)e^{(\alpha+i\beta)t}$$
$$= Re^{\alpha t}(\cos\phi + i\sin\phi)(\cos\beta t + i\sin\beta t)$$

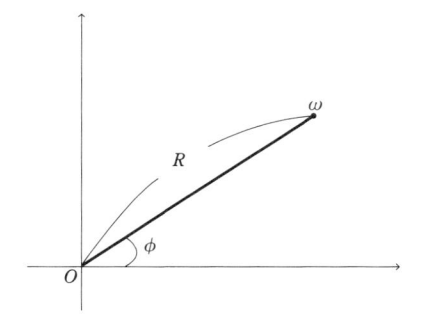

図9.12　ω の極座標

図9.13 ζ と極座標

$$\begin{aligned}
&= Re^{\alpha t}\{(\cos\phi\cos\beta t - \sin\phi\cos\beta t) + i(\sin\phi\cos\beta t + \cos\phi\sin\beta t)\} \\
&= Re^{\alpha t}\{\cos(\beta t + \phi) + i\sin(\beta t + \phi)\}
\end{aligned} \tag{9.83}$$

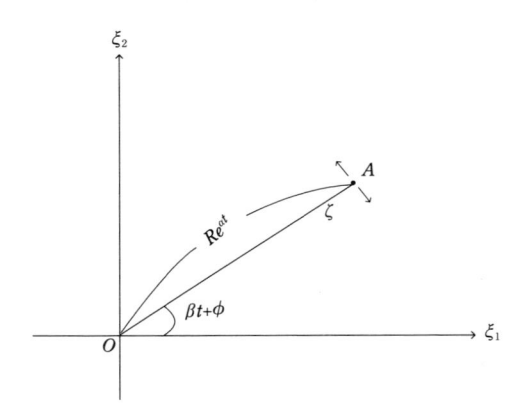

となる.(9.83)より,ζ を極座標をもちいてあらわせば,図9.13となる.ζ の絶対値は $Re^{\alpha t}$,偏角は $\beta t + \phi$ である.図9.13では ζ を点 A をもちいてあらわしている.そして,

(a) $\alpha = 0$ ならば,$Re^{\alpha t} = R$ $(t \to +\infty)$
(b) $\alpha > 0$ ならば,$Re^{\alpha t} \to +\infty$ $(t \to +\infty)$
(c) $\alpha < 0$ ならば,$Re^{\alpha t} \to 0$ $(t \to +\infty)$

であり,偏角 $\beta t + \phi$ も時間 t とともに変化するので,ξ_1-ξ_2 複素平面での点 A の動きは,それぞれの場合にしたがって,図9.10に示すような軌道をえがく.さらに,解は(9.79)で示されているので,x-y 平面に解のふるまいをえがくためには,$\mathbf{h}_1$ と $\mathbf{h}_2$ を基底にとって[9],図9.14で示された軌道を x-y 平面に写せばよい[10].ただし,$\mathbf{h}_1$ と $\mathbf{h}_2$ は必ずしも直交していないので,その

---

9) $\mathbf{h}$, $\overline{\mathbf{h}}$ が1次独立ならば $\mathbf{h}_1$, $\mathbf{h}_2$ も1次独立となる.実際,$c_1\mathbf{h}_1 + c_2\mathbf{h}_2 = 0$ とおく.(9.77)より,$\mathbf{h}_1 = \mathbf{h} + \overline{\mathbf{h}}$, $\mathbf{h}_2 = i(\mathbf{h} - \overline{\mathbf{h}})$ となるので,これを上式に代入して整理すると $(c_1 + ic_2)\mathbf{h} + (c_1 - ic_2)\overline{\mathbf{h}} = 0$ となる.$\mathbf{h}$, $\overline{\mathbf{h}}$ は1次独立なので,$c_1 = c_2 = 0$ を得る.
10) 具体的には,1を $\mathbf{h}_1$ に i を $\mathbf{h}_2$ に写す写像を考えるとよい.

図9.14　複素平面から h_1, h_2 を基底にもつ平面への変換

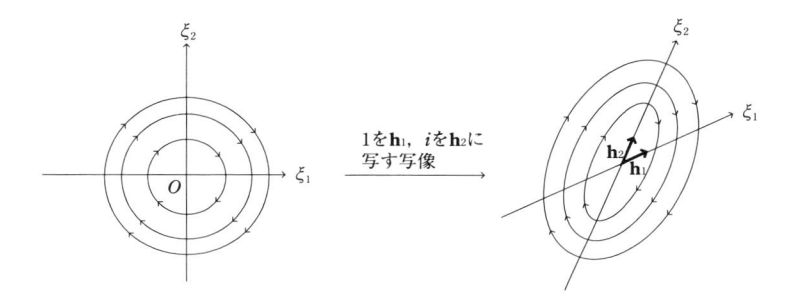

ときは軌道は図9.14に示すようにゆがむ．

第10章 確　　率

この章では確率の基本的な概念を説明する．経済学を学ぶ場合に，確率は経済理論では不確実な状況を理論の枠組みに導入したい場合に使われる．また実証分析を統計的手法をもちいておこないたいのならば，統計理論の基礎である確率の理解が必要である．確率分布，確率変数，期待値などの概念の数学的な表現と自分たちが直観的にもっている確率の考え方を結びつけられるように意味を探りつつ学んでもらいたい．

10.1 確率の概念

10.1.1 標本空間と事象

試行と標本空間　　観測や実験といった自分が考察の対象としようとするものを生じさせる行為を試行という．試行の結果として生じうることは必ずしもひとつとは限らないとする．個々の結果を標本点あるいは見本点という．標本点（見本点）のすべての集まりをふくむ集合を標本空間（見本空間）という．たとえば自分がもっている株の株価が明日いくらになるであろうかと観測していることが試行であり，実現しうる株価の全体が標本空間である．このとき株価が上がるのか下がるのかのみを注目しているならば，標本空間は，「株価は上がる」，「株価は下がる」という2つの標本点で構成される．このように標本点や標本空間は対象に即して決まるのではなくどのような考察をおこなおうとしているのかに依存して決まるものであり，標本点が必ずしも数値である必要はない．

事象　　標本空間を構成する標本点にたいしてなんらかの条件をもうけてつく

られる標本点の集合を事象とよぶ．標本空間自体である Ω を事象としてみるときには，Ω を全事象とよぶ．

ある標本点 ω が事象 A に属していることを，$\omega \in A$ とかき，標本点 ω が事象 A に属していないということは $\omega \notin A$ とかく．事象 A が起こるということは，A に属する標本点のいずれかが起こるということである．

標本空間 Ω の事象の A と B にたいして，和事象，積事象，余事象が以下のように定義される．

- 和事象　$A \cup B = \{\omega | \omega \in A \text{ または } \omega \in B\}$
- 積事象　$A \cap B = \{\omega | \omega \in A \text{ かつ } \omega \in B\}$
- 余事象　$A^c = \{\omega | \omega \notin A\}$

n 個の事象 $A_1, A_2, \cdots, A_n$ にたいして，それらの和事象や積事象をそれぞれ

$$\bigcup_{i=1}^{n} A_i, \quad \bigcap_{i=1}^{n} A_i$$

とかく．

またなにも起こらないという事象を考えて，空事象とよび記号 $\emptyset$ をもちいる．空事象は全事象の余事象であるといってもよい．

事象 A と B について，$A \cap B = \emptyset$ であるとき，つまり事象 A が起こりかつ同時に事象 B が起こるということはないとき，2つの事象 A と B は互いに排反であるという．

事象 A が事象 B にふくまれるということを，$A \subset B$ とかき，A は B の部分事象であるという．これは

$$\omega \in A \text{ ならば } \omega \in B \tag{10.1}$$

ということであり，A が起こるときは B が起こっているということである．

2つの事象 A と B が等しい $(A=B)$ とは，

$$A \subset B \quad \text{かつ} \quad B \subset A \tag{10.2}$$

ということである．

したがって，2つの事象 A と B が等しいことを示すには，(10.1) を考えれば

$$\text{任意の } \omega \in A \text{ にたいして } \omega \in B \tag{10.3}$$

かつ

$$\text{任意の } \omega \in B \text{ にたいして } \omega \in A \tag{10.4}$$

を示せばよいことがわかる．

例10.1（ド・モルガンの法則）

$(A \cup B)^c = A^c \cap B^c$ である．事象の意味を考えると，左辺は A または B のいずれでもないことをあらわしているから，右辺と等しい．(10.3) と (10.4) をつかって，等しいことを示すと

$$\begin{aligned}
& \omega \in (A \cup B)^c \\
\iff & \omega \notin A \cup B \\
\iff & \omega \notin A \text{ かつ } \omega \notin B \\
\iff & \omega \in A^c \text{ かつ } \omega \in B^c \\
\iff & \omega \in A^c \cap B^c
\end{aligned}$$

となる．

つぎの節で事象にたいして確率を約束するが，このとき確率を定義できる事象の集まりを決めておくことになっている．確率が定義される事象の集まりは，全事象をふくみ，上でのべた事象間の演算（和事象，積事象や余事象を考える）によって得られる事象も再びこの事象の集まりにふくまれなければならないと考えて，以下のような事象の集まりを定義する．

定義10.1（可算加法族）

事象の集まり（事象族）$\mathcal{F}$ は以下の性質をもつとき可算加法族とよばれる．

(1) $\emptyset \in \mathcal{F}$
(2) $A \in \mathcal{F}$ のとき $A^c \in \mathcal{F}$
(3) $A_1, A_2, \cdots \in \mathcal{F}$ ならば $\bigcup_{i=1}^{\infty} A_i \in \mathcal{F}$

定義10.1の性質 (3) では，有限個の場合をふくむ．
とくに，$A, B \in \mathcal{F}$ ならば $A \cup B \in \mathcal{F}$ である．

問10.1 A と B を事象とするとき以下の問いに答えなさい．
(1) $(A \cap B)^c = A^c \cup B^c$ となることを示しなさい．
(2) $A, B \in \mathcal{F}$ ならば，$A \cap B \in \mathcal{F}$ であることを説明しなさい．

10.1.2 確率の定義と性質

確率の定義 確率は事象が起こる可能性を度合いを 0 から 1 の数値で表現したものであり，事象にたいして定義される関数で以下のような性質をもつものである．

定義10.2（確率の定義）
標本空間のうえで，加算加法族に属する事象にたいして定義される関数 P が以下の性質をもつとき確率という．

(1) $P(\Omega) = 1$
(2) 任意の事象 A にたいして $0 \leq P(A) \leq 1$
(3) $i \neq j$ のとき，$A_i \cap A_j = \emptyset$ ならば $P(\bigcup_{i=1}^{\infty} A_i) = \sum_{i=1}^{\infty} P(A_i)$

一般に $A \cap B = \emptyset$ のとき，A と B は互いに排反という．確率の 3 番目の性質は互いに排反な事象のいずれかが起こる確率は，それぞれの起こる確率の和であることを要請している．

確率の定義から確率に関するつぎのようないくつかの公式が導かれる．

公式10.1（確率に関する公式）
確率は以下のような性質をもつ．

(a) $P(\emptyset) = 0$
(b) $P(A^c) = 1 - P(A)$
(c) $P(A \cup B) \leq P(A) + P(B)$
(d) $A_i \cap A_j = \phi \ (i \neq j)$ ならば，$P(\bigcup_{i=1}^{n} A_i) = \sum_{i=1}^{n} P(A_i)$

(e) $P(\bigcup_{i=1}^{n} A_i) \leq \sum_{i=1}^{n} P(A_i)$

(f) $A \subset B$ ならば $P(A) \leq P(B)$

このような諸公式は以下のように，確率の定義から比較的簡単に説明できる．定義10.2の性質（3）から

$$P(A) = P(A \cup \emptyset) = P(A) + P(\emptyset)$$

したがって

$$P(\emptyset) = 0$$

という公式（a）を得る．

任意の事象 A にたいして，$A \cup A^c = \Omega$ であり，$A \cap A^c = \emptyset$ であるから，定義10.2における性質（1）と（3）によって

$$P(A) + P(A^c) = P(A \cup A^c)$$
$$= P(\Omega) = 1$$

したがって

$$P(A^c) = 1 - P(A)$$

となり，公式（b）がわかる．

$A \subset B$ のときは，$B = A \cup (A^c \cap B)$ となっていることは簡単にわかる．$A \cap (A^c \cap B) = \emptyset$ はあきらかだから，定義10.2の性質（2）と（3）から

$$P(B) = P(A \cup (A^c \cap B))$$
$$= P(A) + P(A^c \cap B)$$
$$\geq P(A)$$

であるから，以下の性質（f）が示されたことになる．

$$A \subset B \Rightarrow P(A) \leq P(B)$$

(d) は定義10.2の性質（3）の特別な場合であり，$P(\emptyset) = 0$ であることを使えば容易にわかる．

事象の独立性　　2つの事象 A と B は，

$$P(A \cap B) = P(A)P(B) \tag{10.5}$$

をみたすとき互いに独立であるという．

n 個の事象 $\{A_1, A_2, \cdots, A_n\}$ の独立性については，任意の事象の組み合わせについて (10.5) とおなじような式が成り立つことが必要である．

つまり任意の k 個の添え数 $\{i_1, i_2, \cdots, i_k\}$ をとったとき

$$P(A_{i_1} \cap A_{i_2} \cap \cdots \cap A_{i_k}) = P(A_{i_1})P(A_{i_2})\cdots P(A_{i_k}) \tag{10.6}$$

が成り立つならば，$A_1, A_2, \cdots, A_n$ は互いに独立であるという．これは単純に任意の2つの事象をとったとき互いに独立であるということよりも厳しい定義になっていることを注意しておく．

10.1.3　条件付き確率とベイズの定理

条件付き確率　　事象 A と B について，$P(A) \neq 0$ のとき，A が起こったという条件のもとでの B の条件付き確率が

$$P(B|A) = \frac{P(A \cap B)}{P(A)} \tag{10.7}$$

によって定義される．

A と B が独立であるならば条件付き確率の定義式 (10.7) に独立の定義式 (10.5) を代入して

$$\begin{aligned} P(B|A) &= \frac{P(A \cap B)}{P(A)} \\ &= \frac{P(A)P(B)}{P(A)} \\ &= P(B) \end{aligned} \tag{10.8}$$

同様の計算で $P(A|B) = P(A)$ もわかる．この結果は2つの事象 A, B が互いに独立ならば，片方が起こったという条件下での確率は，条件をつけないもとの確率とおなじになるということを示しており直観的独立の考えと一致している．

上と逆のこともいえて，$P(B|A)=P(B)$ ならば，
$$P(B)=P(B|A)$$
$$=\frac{P(A)P(B)}{P(A)} \quad (10.9)$$

から，$P(A\cap B)=P(A)P(B)$ である．$P(A|B)=P(A)$ のときもおなじ結果を得るから

$$P(B|A)=P(B) \iff P(A\cap B)=P(A)P(B) \quad (10.10)$$

あるいは

$$P(A|B)=P(A) \iff P(A\cap B)=P(A)P(B) \quad (10.11)$$

であり，条件付き確率がもとの確率とおなじであることを独立性の定義と考えてもよい．

乗法定理 事象 A_1, A_2 と B について，A_1, A_2 が起こったという条件のもとでの B の条件付き確率は $P(B|A_1\cap A_2)$ とかく．

$$P(B|A_1\cap A_2)=\frac{P(B\cap A_1\cap A_2)}{P(A_1\cap A_2)} \quad (10.12)$$

したがって

$$P(B\cap A_1\cap A_2)=P(B|A_1\cap A_2)P(A_1\cap A_2) \quad (10.13)$$

ここで A_1 のもとでの A_2 の条件付き確率を考えると，

$$P(A_1\cap A_2)=P(A_2|A_1)P(A_1) \quad (10.14)$$

であるから，(10.14) を (10.13) に代入して

$$P(B\cap A_1\cap A_2)=P(B|A_1\cap A_2)P(A_2|A_1)P(A_1) \quad (10.15)$$

を得る．

n 個の事象 $A_1, A_2, \cdots, A_n$ についても，おなじような計算をおこなえば，以下の公式が得られる．

公式10.2（乗法定理）

n 個の事象 $A_1, A_2, \cdots, A_n$ について

$$P(\bigcap_{i=1}^{n} A_i) = P(A_n | \bigcap_{i=1}^{n-1} A_i) P(A_{n-1} | \bigcap_{i=1}^{n-2} A_i) \cdots P(A_1)$$

ベイズの定理 標本空間上の n 個の事象 $\{A_1, A_2, \cdots, A_n\}$ は以下の条件をみたしているとする．

$$A_1 \cup A_2 \cup \cdots \cup A_n = \Omega \tag{10.16}$$

$$A_i \cap A_j = \emptyset \quad (i \neq j) \tag{10.17}$$

(10.16) は n 個の事象のうちどれかは必ず起こるということをあらわしており，(10.17) はこれらの事象が同時に起こることはないことを表現している．

事象 B についての各事象 A_i のもとでの条件付き確率 $P(B|A_i)$ と $P(A_i)$ があたえられているとする．このとき

$$P(A_i | B) = \frac{P(A_i \cap B)}{P(B)} \tag{10.18}$$

をあたえられた確率 $P(A_i)$ と $P(B|A_i)$ $(i=1, 2, \cdots, n)$ からもとめることができるということがベイズの定理であり以下のような内容である．

命題10.1（ベイズの定理）

事象 $\{A_1, A_2, \cdots, A_n\}$ は，(10.16) と (10.17) をみたしているとする．このとき

$$P(A_i | B) = \frac{P(A_i) P(B|A_i)}{\sum_{k=1}^{n} P(A_k) P(B|A_k)} \quad (i=1, 2, \cdots, n)$$

が成り立つ．

ベイズの定理は以下のような手順で示すことができる．

$$B = B \cap \Omega \tag{10.19}$$

ここで (10.16) を (10.19) に代入して

$$B = B \cap (A_1 \cup A_2 \cup \cdots \cup A_n)$$
$$= \bigcup_{i=1}^{n} (A_i \cap B) \tag{10.20}$$

確率の性質を使うと，(10.17) と (10.20) から

$$P(B) = P(\bigcup_{i=1}^{n}(A_i \cap B)) = \sum_{i=1}^{n} P(A_i \cap B) \tag{10.21}$$

(10.18) に，(10.21) を代入し，条件付き確率の定義より得られる

$$P(A_i \cap B) = P(A_i) P(B|A_i)$$

をもちいれば，

$$P(A_i|B) = \frac{P(A_i) P(B|A_i)}{\sum_{k=1}^{n} P(A_k) P(B|A_k)} \qquad (i=1, 2, \cdots, n)$$

を得る．

例10.2（ベイズの定理の計算例）

製品の不良品率は 0.01 であるとする．簡単な検査によって不良品は 0.95 の確率でみつかるが，良品もこの検査によって確率 0.05 で不良品とみなされてしまうとする．このとき，この簡単な検査で不良品と判断された製品が良品である確率をベイズの定理でもとめる．製品は不良品であるか良品であるかのいずれかとする．検査で不良品とみなされることを事象 B，不良品であることを事象 A_1，良品であることを事象 A_2 とすると

$$P(A_1) = 0.01, \quad P(A_2) = 0.99$$
$$P(B|A_1) = 0.95, \quad P(B|A_2) = 0.05$$

もとめたい確率は，$P(A_2|B)$ であるから，ベイズの定理を使えば

$$P(A_2|B) = \frac{P(A_2) P(B|A_2)}{P(A_1) P(B|A_1) + P(A_2) P(B|A_2)}$$
$$= \frac{0.99 \times 0.05}{0.99 \times 0.05 + 0.01 \times 0.95} = 0.839$$

問10.2 以下の問いに答えなさい．
(1) 確率の公式（c）が成り立つことを示しなさい．
(2) クラス A_1 と A_2 があり，それぞれ40名と20名のクラスであるとする．男性の割合が A_1 の3割で，A_2 では5割であるとする．どちらかのクラスに属している人が男性であったとき，その人が A_1 のクラスに属している確率をもとめなさい．

10.2 確率変数と確率分布

10.2.1 確率変数

確率変数　標本空間のうえで定義される実数値関数を確率変数という．

$$X(\omega): \omega \in \Omega \to X(\omega) \in R \tag{10.22}$$

標本空間に確率が定義されていて，実数の集合 A にたいし，集合

$$\{\omega | X(\omega) \in A\} \tag{10.23}$$

ということが確率が定められる事象になるならば

$$P(X \in A) = P(\{\omega | X(\omega) \in A\})$$

で，X がある実数の範囲をとる確率が約束できる．したがって正確にいえば(10.23)が確率が定義できる事象族 $\mathcal{F}$ に属するような関数が確率変数である．

しかしながら最初から標本点が数値でありそれをそのまま分析対象としている場合には，変数 X は，それがとりうる値にたいして，その値をとる可能性として 0 から 1 の範囲の数値であらわされる確率があたえられているような変数であると考えておいてもよい．

関数 f を $\mathbb{R} \to \mathbb{R}$ の関数とするとき，$f(X)$ も確率変数である．これは

$$P(f(X) \in A) = P(X \in f^{-1}(A))$$
$$= P(\{\omega | X(\omega) \in f^{-1}(A)\})$$

で確率が計算できるということを考えればわかる．f はどんな関数でもよいとはいえないが，連続関数といった普通に思い浮かべることができる関数につい

てはこのことは成り立つ．

例10.3（定数の確率変数）
　任意の $\omega \in \Omega$ にたいし，$X(\omega)=a$ であり，X は標本空間上で定数関数とする．このとき X は確率変数である．なぜなら，
$a \in A$ であるような A にたいしては
$$\{\omega | X(\omega) \in A\} = \Omega$$
$a \notin A$ であるような A にたいしては
$$\{\omega | X(\omega) \in A\} = \emptyset$$

確率変数の独立性　　2つの確率変数 X と Y は任意の実数の集合 A, B について
$$P(X \in A \text{ かつ } Y \in B) = P(X \in A)P(Y \in B) \qquad (10.24)$$
のときたがいに独立であるという．(10.24) は任意の実数の集合 A, B について事象
$$\{\omega | X(\omega) \in A\} \text{ と } \{\omega | Y(\omega) \in B\}$$
が独立になるということであるといってもよい．
　X と Y が独立で，関数 f と g を $f(X)$ と $g(Y)$ が確率変数になるような関数であるとするとき
$$P(f(X) \in A \text{ かつ } g(Y) \in B) = P(X \in f^{-1}(A) \text{ かつ } Y \in g^{-1}(B))$$
$$= P(X \in f^{-1}(A))P(Y \in g^{-1}(B))$$
であるから，$f(X)$ と $g(Y)$ も独立になる．
　n 個の確率変数 $X_1, X_2, \cdots, X_n$ は，任意の集合 $A_i \subset \mathbb{R}$ に対して，事象
$$\{\omega | X_1(\omega) \in A_1\}, \{\omega | X_2(\omega) \in A_2\}, \cdots, \{\omega | X_n(\omega) \in A_n\}$$
が独立になるときに独立であるという．この定義も n 個の事象の独立性の場

合とおなじように単純に任意の2つの確率変数をとったときに互いに独立であるというよりも厳しい内容になっていることを注意しておく．

10.2.2　1次元の確率分布

離散型の分布　とりうる値が有限個であったり，自然数を使って数えることができるような確率変数は離散型確率変数であるという．

有限個の値をとる確率変数にたいして，確率が

$$P(X=x_i)=p_i \quad (i=1, 2, \cdots, n) \tag{10.25}$$

であたえられているとき，$\{p_i\}$ を確率変数 X の確率分布という．

無限個の値をとる確率変数にたいしてもおなじように，確率が

$$P(X=x_i)=p_i \quad (i=1, 2, \cdots) \tag{10.26}$$

であたえられているとき，$\{p_i\}$ を確率変数 X の確率分布という．

$\{p_i\}$ は確率をあらわしているから以下の性質をもっていなければならない．

$$0 \leq p_i \leq 1 \quad (i=1, 2, \cdots) \tag{10.27}$$

$$\sum_{i=1}^{\infty} p_i = 1 \tag{10.28}$$

離散型分布の例

例10.4（ベルヌーイ分布）

確率変数 X の確率分布が

$$P(X=k)=p^k(1-p)^{1-k} \quad (k=0, 1)$$

のとき X はベルヌーイ分布にしたがうという．ただし $0 \leq p \leq 1$ である．

例10.5（ポアソン分布）

確率変数 X の確率分布が

$$P(X=k)=e^{-\lambda}\frac{\lambda^k}{k!} \quad (k=0, 1, 2, \cdots)$$

のとき，X はポアソン分布 $P_o(\lambda)$ にしたがうという．ただし $\lambda > 0$ である．

例10.6（2項分布）

確率変数 X は，$0 \leq p \leq 1$ として，

$$P(X=k) = \binom{n}{k} p^k (1-p)^{n-k}$$

で確率があたえられるとき，2項分布 $B(n, p)$ にしたがうという．

連続型の分布　　確率変数 X がある範囲の実数をすべてとりうるとき，X は連続型確率変数であるという．

連続型の確率変数については，あるひとつの実数をとる確率については

$$P(X=x) = 0$$

であり，このような場合に連続型であるといってもよい．

連続型の確率変数にたいしては確率は，X が区間に入る確率が積分

$$P(a \leq X \leq b) = \int_a^b f(x) dx \tag{10.29}$$

で計算される．このとき $f(x)$ を確率変数 X の密度関数という．(10.29) のように関数 $f(x)$ の積分によって確率が表現されるのであるから，$f(x)$ は以下のような性質をもっている．(10.31) は確率は全部で1ということに対応している．

$$f(x) \geq 0 \tag{10.30}$$

$$\int_{-\infty}^{\infty} f(x) dx = 1 \tag{10.31}$$

連続型の場合には，密度関数の値 $f(x)$ が確率をあらわしているのではなく，密度関数と x 軸で囲まれた部分の面積が確率であることは理解しておかなければならない．

連続型分布の例

例10.7（一様分布）

確率変数 X は確率密度関数が

$$f(x) = \begin{cases} \dfrac{1}{b-a} & (a \leq x \leq b) \\ 0 & (その他) \end{cases}$$

であるとき，一様分布にしたがうという．

例10.8（指数分布）

確率変数 X は確率密度関数が

$$f(x) = \begin{cases} \lambda e^{-\lambda x} & (x \geq 0) \\ 0 & (その他) \end{cases}$$

であるとき，指数分布にしたがうという．ここで λ は定数で，$\lambda > 0$ である．

例10.9（正規分布）

確率変数 X は確率密度関数が

$$f(x) = \frac{1}{\sqrt{2\pi\sigma^2}} \exp\left\{-\frac{(x-\mu)^2}{\sigma^2}\right\}$$

であるとき，正規分布 $N(\mu, \sigma^2)$ にしたがうという．

分布関数　　X を確率変数とするとき，実数 x にたいして

$$F(x) = P(X \leq x) \tag{10.32}$$

を X の分布関数という．

X が離散型確率変数のときには

$$F(x) = \sum_{x_i \leq x} P(X = x_i) \tag{10.33}$$

であり，分布関数は確率変数 X がとる値の各点でその確率分だけ増加する階段状の関数になる．

X が連続型確率変数のときには密度関数を $f(x)$ とすれば

$$F(x) = \int_{-\infty}^{x} f(t)dt \tag{10.34}$$

であり，分布関数も連続な関数である．

一般に分布関数は以下の性質をもつことが定義式（10.32）からわかる．

(1) $0 \leq F(x) \leq 1$
(2) $\lim_{x \to \infty} F(x) = 1$
(3) $\lim_{x \to -\infty} F(x) = 0$
(4) $x_1 \leq x_2$ のとき $F(x_1) \leq F(x_2)$
(5) $h > 0$ として，$\lim_{h \to 0} F(x+h) = F(x)$

分布関数は確率分布があたえられればもとめられるが，逆に上述のような性質をもつ関数 F から確率分布が導かれる．

分布関数と密度関数あるいは確率関数の関係は，連続型の場合には（10.34）から

$$\frac{dF(x)}{dx} = f(x) \tag{10.35}$$

であり，離散型の場合には（10.33）から

$$P(X = x_i) = F(x_i) - F(x_{i-1}) \tag{10.36}$$

である．

問10.3 以下の問いに答えなさい．
(1) $0 < p < 1$ として p があたえられるとき，確率分布

$$P(X = k) = cp^k \quad (k = 1, 2, \cdots)$$

を考える．これが確率分布であるためには定数 c はどうなっていなければならないか．
(2) 上の問いの確率分布関数のグラフをかきなさい．

10.2.3　多次元の確率分布

同時確率分布と周辺確率分布　　2つの離散型の確率変数 X と Y にたいして，$X = x_i$ かつ $Y = y_j$ となる確率が

$$P(X=x_i, Y=y_j)=p_{ij} \qquad (i, j=1, 2, \cdots) \tag{10.37}$$

とあらわせるとき，$\{p_{ij}\}$ を X と Y の同時確率分布という．

同時確率分布が（10.37）のようになっているとき，確率変数 X のみに注目し，$X=x_i$ となる確率をもとめる場合，Y はどのような値をとっていてもかまわないので

$$P(X=x_i)=\sum_{j=1}^{\infty}P(X=x_i, Y=y_j) \tag{10.38}$$

$$=\sum_{j=1}^{\infty}p_{ij} \tag{10.39}$$

である．これを X の周辺確率分布という．Y にたいしてもおなじように考えて

$$P(Y=y_j)=\sum_{i=1}^{\infty}P(X=x_i, Y=y_j) \tag{10.40}$$

$$=\sum_{i=1}^{\infty}p_{ij} \tag{10.41}$$

で周辺確率分布がもとめられる．

2つの確率変数 X と Y が連続型の場合には

$$P(a<X<b, c<Y<d)=\int_a^b\int_c^d f(x, y)dxdy \tag{10.42}$$

となるとき $f(x, y)$ を同時密度関数とよび，

$$f_X(x)=\int_{-\infty}^{\infty}f(x, y)dy \tag{10.43}$$

を X の周辺密度関数

$$f_Y(y)=\int_{-\infty}^{\infty}f(x, y)dx \tag{10.44}$$

を Y の周辺密度関数とよぶ．

n 個の離散型確率変数 $X_1, X_2, \cdots, X_n$ についても

$$\begin{gathered}P(X_1=x_{i_1}, X_2=x_{i_2}, \cdots, X_n=x_{i_n})=p_{i_1 i_2 \cdots i_n}\\(i_1, \cdots, i_n=1, 2, \cdots)\end{gathered} \tag{10.45}$$

とあらわせるとき，$\{p_{i_1 i_2 \cdots i_n}\}$ を X と Y の同時確率分布とよび，X_k の周辺確率分布は

$$P(X_k = x_{i_k}) = \sum_{i_m \neq i_k} p_{i_1 i_2 \cdots i_n} \tag{10.46}$$

でもとめられる．ただし右辺の和の記号 $\sum_{i_m \neq i_k}$ は指標 i_k 以外についてすべての和をとることをあらわす．

　n 個の連続型確率変数にたいしても，同時密度関数や周辺密度関数が離散型のときとおなじように，2つの変数の場合を拡張して定義される．

例10.10（多項分布）

　事象 A_1, A_2, A_3 は互いに排反で，その和集合は全事象であるとする．このとき一回の試行でいずれかが起こり，$p_i = P(A_i)$ として

$$p_1 + p_2 + p_3 = 1$$

である．n 回の試行で，各 A_i が起こる回数を確率変数 X_i であらわすと，X_1, X_2, X_3 の同時分布は

$$P(X_1 = i_1, X_2 = i_2, X_3 = i_3) = \frac{n!}{i_1! i_2! i_3!} p_1^{i_1} p_2^{i_2} p_3^{i_3}$$

である．このような分布を多項分布という．

例10.11（2変量正規分布）

　$\mu_X, \mu_Y, \sigma_X, \sigma_Y, r_{XY}$ を定数とし，

$$0 < \sigma_X, \quad 0 < \sigma_Y, \quad -1 \leq r_{XY} \leq 1$$

であるとする．

$$f(x, y) = \frac{1}{2\pi \sigma_X \sigma_Y \sqrt{1 - r_{XY}^2}} \exp(-Q)$$

$$Q = \frac{1}{2(1 - r_{XY}^2)} \left(\frac{(x - \mu_X)^2}{\sigma_X^2} - 2 r_{XY} \frac{x - \mu_X}{\sigma_X} \frac{y - \mu_Y}{\sigma_Y} + \frac{(y - \mu_Y)^2}{\sigma_Y^2} \right) \tag{10.47}$$

を密度関数とする確率分布を2変量正規分布という．

独立性と確率分布　確率変数の独立性の定義によれば，2つの離散型確率変数 X と Y は任意の x_i と y_j にたいして

$$P(X=x_i, Y=y_j) = P(X=x_i)P(Y=y_j) \qquad (10.48)$$

となるとき独立である．これは同時確率分布が周辺確率分布の積であるということである．逆に (10.48) であれば，R_1 と R_2 を $\mathbb{R}$ の部分集合，I と J をそれぞれ，$x_i \in R_1, y_j \in R_2$ なるような添え数の全体とすれば

$$\begin{aligned}
P(X \in R_1, Y \in R_2) &= \sum_{i \in I}\sum_{j \in J} P(X=x_i, Y=y_j) \\
&= \sum_{i \in I}\sum_{j \in J} P(X=x_i)P(Y=y_j) \\
&= \sum_{i \in I} P(X=x_i) \sum_{j \in J} P(Y=y_j) \\
&= P(X \in R_1)P(Y \in R_2)
\end{aligned}$$

となり2つの確率変数は独立である．したがってつねに同時確率分布が周辺確率分布の積であるということは確率変数が独立であるということと同値であることがわかる．

　3個の確率変数 X, Y, Z の場合には，独立であれば

$$\begin{aligned}
&P(X=x_i, Y=y_i, Z=x_k) \\
&= P(X=x_i)P(Y=y_j)P(Z=z_k)
\end{aligned} \qquad (10.49)$$

であり同時確率分布が周辺確率分布の積でかけている．また逆に，(10.49) であれば，X と Y の2つの変数の組については，

$$\begin{aligned}
&P(X \in R_1, Y \in R_2) \\
&= P(X \in R_1, Y \in R_2, Z \in R) \\
&= \sum_{i \in I}\sum_{j \in J} P(X=x_i)P(Y=y_j) \sum_{k=1}^{\infty} P(Z=z_k) \\
&= \sum_{i \in I} P(X=x_i) \sum_{j \in J} P(Y=y_j) \sum_{k=1}^{\infty} P(Z=z_k) \\
&= P(X \in R_1)P(Y \in R_2)
\end{aligned}$$

となる．このような計算は X, Y, Z の任意の組み合わせにたいしておなじように成り立つから，同時確率分布が周辺確率分布の積であれば独立というこ

とがわかる．一般に n 個の離散型確率変数にたいしても以上のことはおなじように確かめられるから，同時確率分布が周辺確率分布の積であれば独立であるといえる．

連続型の確率変数に関しては，離散型の場合の確率分布を密度関数ということばに変えて，同時確率密度が周辺確率密度の積になっていれば独立であることがわかる．

問10.4 X と Y は 2 変量正規分布にしたがうとする．
(1) 2 変量正規分布の密度関数 (10.47) で，$r_{XY}=0$ のとき，変数として x だけをふくむ関数 $g(x)$ と変数として y だけをふくむ関数 $h(y)$ によって

$$f(x, y) = g(x)h(y)$$

となっていることを確かめなさい．
(2) $r_{XY}=0$ ならば，X と Y は独立であることを説明しなさい．

10.3 確率分布の特性値

10.3.1 確率変数の期待値

1次元分布の場合 離散型確率変数 X の確率分布が

$$P(X=x_i)=p_i \quad (i=1, 2, \cdots, n)$$

であたえられているとき，

$$E(X)=\sum_{i=1}^{n} x_i p_i \tag{10.50}$$

を確率変数 X の期待値という．

とりうる値が無限個のときもおなじ定義であるが，その場合は期待値が必ず存在するとは限らない．

関数 g について，確率変数 $g(X)$ を考えるとき

$$E(g(X))=\sum_{i=1}^{n} g(x_i) p_i \tag{10.51}$$

を $g(X)$ の期待値という．

X が密度関数 $f(x)$ をもつ連続型確率変数のとき X の期待値は

$$E(X)=\int_{-\infty}^{\infty} xf(x)dx \tag{10.52}$$

であり，$g(X)$ の期待値は

$$E(g(X))=\int_{-\infty}^{\infty} g(x)f(x)dx \tag{10.53}$$

である．連続型の場合もつねに期待値が存在するとはいえない．

例10.12（ベルヌーイ分布の期待値）

例10.4のベルヌーイ分布にしたがう確率変数 X について，(10.50) にしたがって計算すれば

$$E(X)=1\times p+0\times(1-p)=p$$

例10.13（ポアソン分布の期待値）

例10.5のポアソン分布にしたがう確率変数 X について

$$\begin{aligned} E(X) &= \sum_{k=0}^{\infty} k \times e^{-\lambda}\frac{\lambda^k}{k!} \\ &= \lambda e^{-\lambda}\sum_{k=1}^{\infty}\frac{\lambda^{k-1}}{(k-1)!} \\ &= \lambda e^{-\lambda}\sum_{k=0}^{\infty}\frac{\lambda^k}{k!} \\ &= \lambda \end{aligned}$$

例10.14（一様分布の期待値）

例10.7の一様分布にしたがう確率変数 X については，区間 $[a,b]$ 以外では，$f(x)=0$ であるから

$$E(X)=\int_a^b \frac{x}{b-a}dx=\frac{1}{b-a}\int_a^b xdx=\frac{b+a}{2}$$

である．

例10.15（正規分布の期待値）

例10.9の正規分布にしたがう X について

$$E(X)=\mu, \quad E(X-\mu)^2=\sigma^2$$

である．あとで10.3.2節において説明することばでいえば，平均が μ で分散が σ^2 である．

例10.16（期待値が存在しない例）

X の確率分布が，

$$P(X=2^k)=\left(\frac{1}{2}\right)^k \quad (k=1, 2, \cdots)$$

であるとき，期待値は

$$E(X)=\sum_{k=1}^{\infty} 2^k \left(\frac{1}{2}\right)^k$$

であるが，この和は無限に大きくなり一定の値に収束しない．

例10.17（$aX+b$ の期待値）

$g(X)=aX+b$ の期待値は，離散型の場合について計算すると

$$\begin{aligned}
E(g(X)) &= \sum_{i=1}^{n}(ax_i+b)p_i \\
&= a\sum_{i=1}^{n}x_i p_i + b\sum_{i=1}^{n}p_i \\
&= aE(X)+b
\end{aligned} \tag{10.54}$$

であるが，これは連続型の場合にも成り立つ．

多次元の分布の場合　　離散型確率変数 X と Y の同時確率分布が

$$P(X=x_i, Y=y_j)=p_{ij}$$

であるとき，$g(X, Y)$ の期待値は

$$E(g(X, Y))=\sum_i \sum_j g(x_i, y_j) p_{ij} \tag{10.55}$$

$g(x, y) = aX + bY$ のとき，$P(X=x_i, Y=y_j) = p_{ij}$ とおくと，期待値は

$$E(aX+bY) = \sum_i \sum_j (ax_i + by_j)p_{ij}$$
$$= a\sum_i x_i \Big(\sum_j p_{ij}\Big) + b\sum_j y_j \Big(\sum_i p_{ij}\Big)$$
$$= a\sum_i x_i P(X=x_i) + b\sum_j y_j P(Y=y_j) \quad (10.56)$$
$$= aE(X) + bE(Y)$$

となる．
X と Y が独立ならば

$$P(X=x_j, Y=y_j) = P(X=x_j)P(Y=y_j)$$

であるから，$g(X, Y) = XY$ の期待値は

$$E(XY) = \sum_i \sum_j x_i y_j P(X=x_j, Y=y_j)$$
$$= \sum_i x_i P(X=x_i) \sum_j y_j P(Y=y_j) \quad (10.57)$$
$$= E(X)E(Y)$$

である．
X と Y が連続型の場合には確率密度関数を $f(x, y)$ として，$g(X, Y)$ の期待値は

$$E(g(X, Y)) = \int_{-\infty}^{\infty} g(x, y) f(x, y) dxdy \quad (10.58)$$

で定義され，(10.56) と (10.57) はおなじように成り立つことがわかる．
期待値に関する公式としてまとめると

公式10.3（期待値の公式）
期待値について以下の公式が成り立つ．
(1) a と b を定数とするとき，$E(aX+bY) = aE(X) + bE(Y)$．
(2) X と Y が独立ならば，$E(XY) = E(X)E(Y)$．

問10.5 どの目がでる確率も $\frac{1}{6}$ であるサイコロを投げたときでる目を確率変

数 X とする.
(1) $E(X)$ をもとめなさい.
(2) でた目の5倍のポイントが得られる場合と，でた目の2乗のポイントが得られる場合のそれぞれについて期待値をもとめなさい.

10.3.2 分散と共分散

統計学では確率変数 X の期待値のことをたんに平均とよぶこともある.

$$\mu = E(X)$$

とおくとき，

$$Var(X) = E(X-\mu)^2 \tag{10.59}$$

を分散といい，分散の正の平方根を標準偏差という.

$P(X=x_i) = p_i$ という離散型確率変数の場合には，(10.59) は

$$Var(X) = \sum_{i=1}^{\infty}(x_i - \mu_X)^2 p_i \tag{10.60}$$

であるが，$p_i \geq 0$ であるから，和の各項は正であり，

$$Var(X) \geq 0 \tag{10.61}$$

である. 連続型のときも積分の性質から分散は非負であることがわかる.

$\mu_X = E(X), \mu_Y = E(Y)$ とおくとき

$$Cov(X, Y) = E(X-\mu_X)(Y-\mu_Y) \tag{10.62}$$

を X と Y の共分散という. 定義から $Cov(X, X) = Var(X)$ である.

共分散については，(10.62) の右辺を展開して

$$\begin{aligned}
Cov(X, Y) &= E(X-\mu_X)(Y-\mu_Y) \\
&= E(XY - \mu_X Y - \mu_Y X + \mu_X \mu_Y) \\
&= E(XY) - \mu_X E(Y) - \mu_Y E(X) + \mu_X \mu_Y \\
&= E(XY) - E(X)E(Y)
\end{aligned} \tag{10.63}$$

であるから，X と Y が独立であれば，$E(XY) = E(X)E(Y)$ から

$$Cov(X, Y) = 0 \tag{10.64}$$

となることがわかる．

ふたつの確率変数の1次結合 $aX+bY$ の分散については

$$E(aX+bY) = aE(X) + bE(Y) = a\mu_X + b\mu_Y$$

であるから

$$\begin{aligned}
&Var(aX+bY) \\
&= E\{(aX+bY) - (a\mu_X + b\mu_Y)\}^2 \\
&= E\{a^2(X-\mu_X)^2 + 2ab(X-\mu_X)(Y-\mu_Y) + b^2(Y-\mu_Y)^2\} \\
&= a^2 Var(X) + 2ab Cov(X, Y) + b^2 Var(Y)
\end{aligned} \tag{10.65}$$

が成り立つ．

X と Y が独立ならば (10.65) に，(10.64) を代入して

$$Var(aX+bY) = a^2 Var(X) + b^2 Var(Y) \tag{10.66}$$

が成り立つ．

共分散を $\sqrt{Var(X)Var(Y)}$ で割った量

$$r_{XY} = \frac{Cov(X, Y)}{\sqrt{Var(X)Var(Y)}} \tag{10.67}$$

を相関係数という．どんな確率変数についても相関係数にたいしては

$$-1 \leq r_{XY} \leq 1 \tag{10.68}$$

が成り立つ．

問10.6 以下の問いに答えなさい．
(1) $Var(X) = E(X^2) - \{E(X)\}^2$ を示しなさい．
(2) a, b を定数とするとき，$Var(aX+b) = a^2 Var(X)$ が成り立つことを示しなさい．

10.4 大数の法則と中心極限定理

10.4.1 大数の法則

コイン投げという試行を考え，その試行の回数を n とし，表のでた回数を n_h とする．もしコインが歪みのないものであり毎回の試行が独立になされているならば，n が十分大きくなるとき，表がでる比率 $\dfrac{n_h}{n}$ は表がでる確率 $\dfrac{1}{2}$ に近づくであろうということは経験的に多くの人が期待していることである．このことは確率論では一般的に大数の法則とよばれる定理でのべられる内容のことである．

上述のコイン投げの例を確率変数を使ってのべると以下のようになる．まず，表がでるとき 1 をとり，裏がでるとき 0 となるような確率変数を n 個考えこれらの確率変数は独立であるとする．n 回の独立試行をおこなったときの表のでる回数は

$$S_n = X_1 + X_2 + \cdots + X_n \tag{10.69}$$

であらわせる．試行回数 n を十分大きくすれば表がでる確率が $\dfrac{1}{2}$ に近づくということは

$$\frac{S_n}{n} = \frac{X_1 + X_2 + \cdots + X_n}{n} \to \frac{1}{2} \tag{10.70}$$

である．

しかしながら，S_n は確率変数であるから，(10.70) の収束は，たとえば普通の数列 $a_n = \dfrac{1}{n}$ についての

$$a_n \to 0 \quad (n \to \infty)$$

という意味での収束とおなじように考えることはできない．確率変数の収束についてはいろいろなのべ方があるが，以下では確率収束という意味での収束概念での大数の法則を説明する．確率収束の定義は以下のとおりである．

定義10.3（確率収束）

確率変数の列 $\{X_n\}$ は任意の $\varepsilon > 0$ にたいして

$$P(|X_n - X| > \varepsilon) \to 0 \qquad (n \to \infty) \tag{10.71}$$

となるとき，確率変数 X に確率収束するという．

チェビシェフの不等式　　平均が μ で分散が σ^2 の離散型の確率変数 X について，集合 I を

$$I = \{i \mid |x_i - \mu| > c\} \tag{10.72}$$

とする．

$$\begin{aligned}
\sigma^2 &= E(X - \mu)^2 \\
&= \sum_i (x_i - \mu)^2 p_i \\
&= \sum_{i \in I} (x_i - \mu)^2 p_i + \sum_{i \notin I} (x_i - \mu)^2 p_i \\
&\geq c^2 \sum_{i \in I} p_i
\end{aligned} \tag{10.73}$$

であるから，(10.72) と (10.73) より

$$P(|X - \mu| \geq c) \leq \frac{\sigma^2}{c^2} \tag{10.74}$$

がわかる．(10.74) で $c = k\sigma$ とおくと

$$P(|X - \mu| \geq k\sigma) \leq \frac{1}{k^2} \tag{10.75}$$

が得られる．この不等式 (10.75) をチェビシェフの不等式という．

大数の法則　　n 個の確率変数 $X_1, X_2, \cdots, X_n$ は

$$E(X_i) = \mu, \quad Var(X_i) = \sigma^2$$

であり，互いに独立であるとする．

このとき標本平均 $\bar{X}$

$$\bar{X} = \frac{1}{n} \sum_{i=1}^{n} X_i$$

は，平均 μ，分散 $\dfrac{\sigma^2}{n}$ であるから，不等式 (10.74) をもちいると

$$P(|\bar{X}-\mu|\geq\varepsilon)\leq\frac{\sigma_2}{n\varepsilon^2} \qquad (10.76)$$

となる．

したがって任意の $\varepsilon>0$ にたいして，$n\to\infty$ とすれば

$$P(|\bar{X}-\mu|\geq\varepsilon)\to 0$$

となり，$\bar{X}$ は平均 μ に確率収束することがわかる．これを大数の法則という．

10.4.2 中心極限定理

2項分布の正規分布による近似 図10.1は $p=\frac{1}{5}$ の2項分布からもとめられる確率を n が $5, 20, 40, 60$ の場合についてもとめ，それぞれ折れ線で描いたグラフである．n が増加するにつれて平均 np を中心とする左右対称のグラフになっていくことがみてとれる．この平均 np を中心とする左右対称のグラフは実は正規分布の密度関数で近似できる．つまり2項分布の確率の計算を近似的に正規分布の密度関数による確率計算でおきかえることができる．証明は複雑なので省略するが，以下のような命題が成り立つのである．

命題10.2（2項分布の正規近似）

X が2項分布にしたがう確率変数であるとき

$$\begin{aligned}P(X=k)&=\binom{n}{k}p^k(1-p)^{n-k}\\&\approx\frac{1}{\sqrt{2\pi np(1-p)}}\exp\left\{\frac{-(k-np)^2}{2np(1-p)}\right\}\end{aligned} \qquad (10.77)$$

が成り立つ．

中心極限定理 n 個の確率変数 $X_1, X_2, \cdots, X_n$ が独立にベルヌーイ分布にしたがっているとする．このときこれらの和 S_n

$$S_n = X_1 + X_2 + \cdots + X_n$$

の分布は，それぞれの確率変数が確率 p で1をとり，確率 $(1-p)$ で0となることから，2項分布 $B(n, p)$ になることがわかる．

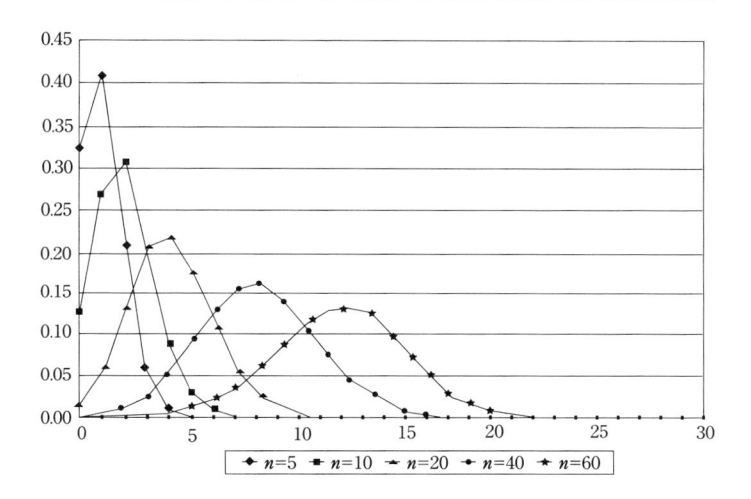

図10.1　2項分布の確率の折れ線グラフ

まえの命題から2項分布の確率は正規密度関数をもちいて近似的に計算できることはわかっているが，さらに

$$\lim_{n\to\infty}P(a<\frac{X-np}{\sqrt{np(1-p)}}<b)=\int_a^b\frac{1}{\sqrt{2\pi}}e^{-t^2}dt \tag{10.78}$$

を示すことができる．

以上のことから，独立にベルヌーイ分布にしたがう n 個の確率変数の和にたいして

$$\lim_{n\to\infty}P(a<\frac{S_n-np}{\sqrt{np(1-p)}}<b)=\int_a^b\frac{1}{\sqrt{2\pi}}e^{-t^2}dt \tag{10.79}$$

であることがわかる．

中心極限定理は，上述の内容が確率変数がベルヌーイ分布にしたがわない一般的な場合についても成り立つことを示すもので，以下のような定理である．

命題10.3（中心極限定理）

　互いに独立ですべておなじ分布にしたがう確率変数 $X_1, X_2, \cdots$ について，$E(X_i)=\mu$, $Var(X_i)=\sigma^2$ であるとき

とすると

$$S_n = X_1 + X_2 + \cdots + X_n \tag{10.80}$$

$$\lim_{n \to \infty} P\left(\frac{S_n - \mu}{\sqrt{n\sigma^2}} \leq x\right) = \int_{-\infty}^{x} \frac{1}{\sqrt{2\pi}} e^{-t^2} dt \tag{10.81}$$

が成り立つ．つまり $(S_n - \mu)/\sqrt{n\sigma^2}$ の分布関数は，$n \to \infty$ のとき平均 0，分散 1 の標準正規分布の分布関数に収束する．分布関数が定まれば確率は計算できるから，独立な確率変数の和の確率計算は足し合わせる変数の個数がある程度大きければ，中心極限定理をもちいて正規分布によっておこなうことができる．

練習問題

問題 10.1 以下の等式が成り立つことを示しなさい．
(1) $A \cap (B \cup C) = (A \cap B) \cup (A \cap C)$
(2) $A \cup (B \cap C) = (A \cup B) \cap (A \cup C)$

問題 10.2 確率の公式 $P(A \cup B) \leq P(A) + P(B)$ を示しなさい．

問題 10.3 商品が良品である (A_1) か不良品である (A_2) かのいずれかであるとし，$P(A_1) = 0.8$ であるとする．値引きせずに売られていると事象を B とあらわすとき

$$P(B|A_1) = 0.8, P(B|A_2) = 0.1$$

の場合，値引きされていない商品を買ったとき，それが不良品である確率をもとめよ．

問題 10.4 以下の問いに答えなさい．
(1) $(p+q)^4$ の展開式の各項が 2 項分布 $B(4, p)$ の確率をあらわしていることを示しなさい．ただし展開後に $q = 1 - p$ と考える．
(2) (1) の結果を使って

$$\sum_{k=0}^{4} P(X=k) = \sum_{k=0}^{4} \binom{4}{k} p^k (1-p)^{4-k} = 1$$

を示しなさい．

問題 10.5 2 項分布 $B(n, p)$ にしたがう X について $E(X)$ をもとめなさい（ポアソン分布とおなじようにすればよい）．

問題 10.6 X がベルヌーイ分布にしたがうとき $Var(X)$ をもとめなさい．

問題 10.7 $X_1, X_2, \cdots, X_n$ が独立にベルヌーイ分布にしたがうとき

$$S_n = X_1 + X_2 + \cdots + X_n$$

が2項分布 $B(n, p)$ にしたがうことを，ことばできちんと説明しなさい．またこの事実を使って，2項分布の平均と分散をもとめなさい．

問題 10.8 $E(X-c)^2$ を最小にする c をもとめなさい．

問題 10.9 $X_1, X_2, \cdots, X_n$ が独立であり，同一の平均 μ と分散 σ をもつとき，標本平均 $\bar{X}$ の平均が μ で分散が $\dfrac{\sigma}{n}$ であることを示しなさい．

問題 10.10 X_1 と X_2 が独立で，$a_1 + a_2 = 1$ のとき，$Var(a_1 X_1 + a_2 X_2)$ を最小にする a_1, a_2 をもとめなさい．

スタディー・ガイド

さらにこのあとの学習のために

　数学は現代の経済学や経営学を学ぶうえで必要不可欠な道具です．それは道具であると同時に，論理的思考を訓練するうえでも絶好の素材です．そして，一度身につけた数学は今後の勉学のうえでも非常に役立ちます．しかし，本書でとりあげた数学は本当の数学の第一歩です．より進んだ経済学やファイナンスの理論などを学ぶためには，さらに深く数学を学ぶ必要があります．

　今後の勉学のために，参考となる書物をいくつかあげておきます．書名の一部は後掲の参考文献と重複しますが，より高度な学習をするためのみちすじ，本書の水準の知識を充実するためのテキスト選択の広がり，個別のテーマのためのテキスト，より平易な入門書がどこにあるか，といった立体的な把握ができるように，そのまま記載しています．

第1章から第7章までについて　　経済学と関連づけた入門書としては，以下のものがあります．
（1）　ドウリング，E. 著『入門経済数学（上）・（下）』（大住栄治・川島康男訳），CAP（シーエーピー）出版，1990，91年．[1]
（2）　竹之内脩著『経済・経営系数学概説』（新経済学ライブラリ別巻9），新世社，1998年．[11]
（3）　チャン，A.C. 著『現代経済学の数学基礎（上）・（下）』（大住栄治・小田正雄・高森寛・堀江義訳），CAP（シーエーピー）出版，1995，96年．[2]
（4）　戸瀬信之・伊藤幹夫著『経済数学』，エコノミスト社，1999年．

　（1）は初級の入門書ですが，とくに経済学の問題を多数あつかっています．例題を解きながら，数学と同時に経済学になじむことができようになっています．公務員試験などの準備にも利用可能と思われます．（2）は著名な数学者による文科系大学生への数学入門書で，巧妙にデザインされています．経済データをもちいたりして解

説はきわめて平易ですが工夫されています．

　これらのテキストは，高校時代まで数学に壁を感じてきたり，まったくできないとか，記号をみるだけで拒絶したくなる，いわゆる文系一筋と思っている学生にとっても，ほぼ本書のあつかう範囲をやさしくかつ網羅的に記述しています．経済数学を負担に感じる向きにはおすすめと考えられるテキストです．とくに（1）では，豊富な解答つきの例題に根気よくとりくむことにより，数学にしだいに慣れてくると同時に，いつのまにかミクロ・マクロ経済理論に必要な数学が身についていることに気がつくでしょう．

　（3），（4）ではさらに数学的により厳密に，経済学で必要な幅広い数学をとりあげています．水準的には本書より高度な部分や，詳細な部分があります．（3）は大部ですが，教室での解説が不要なほど詳細に，丁寧に説明されています．独習も十分可能なほど充実した内容です．これらが理解できれば，学部高学年からもちいられる中級の理論経済テキストも戸惑うことなく着手可能になるでしょう．

　より進んだ勉強のためには，数学的な記述や論理に慣れる必要があるでしょう．また，卒業論文や修士論文研究のために中級以上の理論経済学を学ぶことになる経済学部生や大学院生にとって，数理経済学を参考にする局面もあることと考えられます．またこれは社会にでたエコノミストにとっても同様です．このため，つぎの段階では以下のようなテキストがあります．

（5）　神谷和也・浦井憲一著『経済学のための数学入門』，東京大学出版会，1996年．
（6）　入谷純・久我清著『数理経済学入門』，有斐閣，1999年．
（7）　丸山徹著『数理経済学の方法』，創文社，1995年．
（8）　二階堂副包著『数理経済学入門』，日本評論社，1971年．
（9）　西村清彦著『経済学のための最適化理論入門』，東京大学出版会，1990年．
（10）　ディキシット，A. 著『経済理論における最適化〔第2版〕』（大石泰彦・磯前秀二訳），勁草書房，1997年．

　（5）は厳密な数学的記述による経済数学のテキストです．ひととおり経済数学を学んだのちに，もう一度自分の知識を再整理するときに役立つでしょう．（6）は数学的に厳密性を維持しながら経済学への適用を積極的におこなっているテキストです．不動点定理の詳細な証明や不動点探索プログラムなど幅広い内容をコンパクトに整理しています．

　多くの初等のミクロ・マクロの経済学テキストは，経済学が文系と思って入学してきた学生にたいし，いかに平易にその内容を記述してあげるかを腐心するとともに，現実は学生が早々に教室を，大学を逃げ出さないために無理をしているきらいもあると思われます．しかし学習がすすむにつれて，ときおり数学的な表現をせざるをえないことも事実です．いくら初学者にたいしてつくろってみても，経済学は日々あらた

な数学的ツールをとりいれて駆使しているわけであり，講義がすすむにつれ早晩その姿はあきらかにならざるをえません．

学生や経済学的理解が必要な社会人の立場からすれば，単にその現実に戸惑うだけではなく，議論の中で数学的ツールが出現したときにあらためて参照すべき杖のようなテキストも必要です．(6)や，より大部な(7)といったテキストは大部分の数理経済学専攻の学生以外にとって，そのような使われ方をされるのではないかと思われます．

また，経済学においては設定された目的を利用可能なオプションのもとに最適化することが頻繁に登場するし，またそれは経済学自体の定義にかかわっています．古典的な極値問題は，本書をふくめて初等的な経済数学のテキストで十分議論されているのですが，現代的な最適化理論についてまで一冊のテキストで尽くすことは難しいものがあります．そのために(9)や(10)などの，経済学における最適化に焦点をあてて，特化したテキストが必要になります．ある局面では経済学は数理科学系ではない大多数の理工系の学部学生よりも高度な数学的ツールをもたなければならないのですが，できるだけ効率よく学習することが大切です．(9), (10)では(10)の方が記述が平易です．具体例で説明するのが特徴で，中級以上のミクロ・マクロ経済学のサブテキストで使われることが多いようです．

さて，これらのすすんだテキストでは集合，位相，写像など数学の基礎的概念を厳密にとりあげています．したがってその段階ではこのような概念からの勉強はさけて通れません．初学者を対象にしている本書では，位相から線型空間，線型作用素にかけての議論を省略しています．

(11) 高木貞次著『解析概論〔改訂第3版〕』，岩波書店，1983年．
(12) 二階堂副包著『現代経済学の数学的方法』，岩波書店，1960年．
(13) 二階堂副包著『経済のための線形数学』，培風館，1961年．[20]
(14) 丸山徹著『経済数学講義』，慶応通信，1984年．
(15) 小山昭雄『経済数学教室』(全8巻)，岩波書店，1994, 95年．[12][13][14][15]
(16) 伊理正夫・藤田宏・今野礼二他編著『岩波講座 応用数学』，岩波書店，1998-99年．
(17) 青本和彦・砂田利一他編著『岩波講座 現代数学への入門』，岩波書店，1999-2000年．

(11)～(13)は昔から定評ある数学および経済数学の入門書です．(11)は著名な解析学の本，(12)は位相から出発した名著，(13)は線形経済学をカバーし，産業連関理論の基礎も説明されています．今日これらの名著をじっくり腰をすえて読む必要があるかどうかは別として，現在活躍している研究者たちがどのような学習をしてきた

のかを知るには必見でしょう．

　(15) は別巻まで入れれば9巻に及びますが，必要な事項を詳細に網羅すればこの量になるであろうと納得ができます．テーマ別に分冊になっているので，必要な部分を通読することをすすめます．(16) と (17) は完全に数学サイドからのテキストで，いずれも数十分冊になるものですが，初等から高度なテーマにいたるまで整理されています．これも一分冊は100ページ程度のコンパクトなものなので，線型代数や基礎解析（微積分）といった必要なテーマを選んで通読するとよいでしょう．数学独特の記述法や論理の美しさを知るには適していると同時に，初学者も視野に入れた執筆がなされています．とくに (17) は高校生程度からも読めるように配慮されています．

　これまでは経済理論を学ぶ基礎力を形成するためのテキストを紹介してきましたが，一方，大学の教養課程であつかわれることもあり，微積分や線型代数に絞ったテキストも数多く出版されています．なかには特徴的なテキストもあり，効率的な学習も可能です．また最近は経済経営系に焦点をあてた入門テキストも多くなってきました．

(18)　蓑谷千凰彦著『経済分析のための微・積分入門』，多賀出版，1991年．[8]
(19)　津野義道著『経済数学Ⅰ；微分と偏微分』，培風館，1990年．[22]
(20)　津野義道著『経済数学Ⅱ；線形代数と産業連関論』，培風館，1990年．[23]
(21)　深見哲造・渡部隆一編『経済・経営のための基礎数学』（全8巻），培風館．[24]
(22)　西村和雄著『経済数学早わかり』，日本評論社，1982年．[5]
(23)　三土修平著『初歩からの経済数学（第2版）』，日本評論社，1996年．[3]

　(18) は高校の数学の復習から始まり，文科系の学生にもわかりやすく丁寧に説明してあるテキストです．ただし，多変数関数の積分についての解説は割愛してあります．(19) は微分の知識が多少あれば，コンパクトにまとめられているので読みやすい．同じシリーズの (20) は教養課程水準の線形代数を直接に経済理論や実証分析の基礎に結びつけた特色のあるテキストといえます．

　(22)，(23) はともに野心的な構成をもち，初学者は戸惑うほど非常にもりだくさんの内容です．適切な指導のもとならば，おもしろい教育ができると思われます．

　産業連関分析は，その創始者であるレオンチェフがつい最近まで存命で現役であったため，Leontief, W. (1986), *Input-Output Economics* (2nd edition), Oxford University Press が入門書としては不動でした．邦語の入門書・実務書も多くはこれを下敷きにしています．線型計画法は OR（オペレーションズ・リサーチ）側から執筆された多くのテキストがあります．逐一の紹介は省略します．

第8章と第9章について　　第8章と第9章では差分方程式と微分方程式の基礎を紹介して，これらを応用した経済モデルをいくつか考察しましたが，より詳しく差分方程式や微分方程式を勉強したい人には以下のテキストが続きます．

(24) 小山昭雄著『経済数学教室7，8；ダイナミック・システム（上）・（下）』，岩波書店，1995年．[15]
(25) ポントリャーギン著『常微分方程式〔新版〕』（千葉克裕訳），共立出版，1968年．[30]
(26) 稲田献一・宇沢弘文著『経済発展と変動』，岩波書店，1972年．[29]

　差分方程式と微分方程式をもちいた経済モデルは数多くあり，経済変動論，経済成長論などさまざまな分野で応用されています．(24)に加え，本書でも参考にした(26)にも多くのモデルが紹介されています．

第10章について　経済学では計量経済分析も非常に重要です．最初は確率について十分ページがさかれた確率統計の入門書を読むことをおすすめします．たとえば以下のような本があります．

(24) 田中勝人著『基礎コース　統計学』，新世社，1998年．
(25) 宮川公男著『基本統計学』，有斐閣，1999年．
(26) 森真・藤田岳彦著『確率・統計入門』，講談社，1999年．
(27) 小山昭雄著『経済数学教室別巻；確率論』，岩波書店，1999年．[16]
(28) 国沢清典編『確率統計演習（1，2）』，培風館，1966年．

　一昔前ならば確率統計の学習は，データの分析を目的としていたと思いますが，この分野は現代の金融工学（ファイナンス・エンジニアリング）などに直接結びついていく非常にホットなものになってしまいました．経済学部の教育は多くの金融機関従事者を輩出しましたが，その大半はこの分野を深く学習することがなかったために，大変苦労されているのではと心配されます．(26)はファイナンス理論の入門部分をふくんでいます．(27)は確率論の基礎からスタートして伊藤積分までをカバーしています．まずこれらから始めるといいでしょう．
　(28)は練習問題を解きながら学習することが好きな人に向いています．

参 考 文 献

[1] ドウリング，E. 著『入門　経済数学（上）・（下）』（大住栄治・川島康男訳），CAP（シーエーピー）出版，1990，91年．
[2] チャン，A.C. 著『現代経済学の数学基礎（上）・（下）』（大住栄治・小田正雄他訳），CAP（シーエーピー）出版，1995年，96年．
[3] 三土修平著『初歩からの経済数学（第2版）』，日本評論社，1996年．
[4] アーチボルド，G.C.，リプシー，R.G. 著『入門経済数学（学生版）』（作間逸雄・秋山太郎訳），日本評論社，1982-83年．

[5]　西村和雄著『経済数学早わかり』，日本評論社，1982年．
[6]　吉田和男著『経済学に最低限必要な数学』，日本評論社，1993年．
[7]　賀川昭夫著『演習　ミクロ経済学』，日本評論社，1990年．
[8]　蓑谷千凰彦著『経済分析のための微・積分入門』，多賀出版，1991年．
[9]　立石寛・武藤功著『経済数学への招待』，勁草書房，1994年．
[10]　岡部恒治著『経済数学入門』（新経済学ライブラリ13），新世社，1998年．
[11]　竹之内脩著『経済・経営系数学概説』（新経済学ライブラリ別巻9），新世社，1998年．
[12]　小山昭雄著『経済数学教室1，2；線型代数の基礎（上）・（下）』，岩波書店，1994年．
[13]　小山昭雄著『経済数学教室3，4；線型代数と位相（上）・（下）』，岩波書店，1995年．
[14]　小山昭雄著『経済数学教室5，6；微分積分の基礎（上）・（下）』，岩波書店，1995年．
[15]　小山昭雄著『経済数学教室7，8；ダイナミック・システム（上）・（下）』，岩波書店，1995年．
[16]　小山昭雄著『経済数学教室　別巻；確率論』，岩波書店，1999年．
[17]　須賀晃一著『経済分析入門Ⅰ・Ⅱ』，東洋経済新報社，1991年．
[18]　稲田献一著『経済数学の手ほどき』，日本経済新聞社，1967年．
[19]　岡本哲治・蔵田久作・小山昭雄編著『経済数学』，有斐閣，1973年．
[20]　二階堂副包著『経済のための線型数学』，培風館，1961年．
[21]　古屋茂著『行列と行列式』，培風館，1957年．
[22]　津野義道著『経済数学Ⅰ；微分と偏微分』，培風館，1990年．
[23]　津野義道著『経済数学Ⅱ；線形代数と産業連関論』，培風館，1990年．
[24]　深見哲造・渡部隆一編『経済・経営のための基礎数学』，培風館，1983-87年．
[25]　戸瀬信之・伊藤幹夫著『経済数学』，エコノミスト社，1999年．
[26]　戸瀬信之著『経済学を学ぶための微分積分学』，エコノミスト社，2000年．
[27]　パシネッティ，L. 著『経済成長と所得分配』（宮崎耕一訳），岩波書店，1985年．
[28]　高橋健人著『差分方程式』，培風館，1961年．
[29]　稲田献一・宇沢弘文著『経済発展と変動』，岩波書店，1972年．
[30]　ポントリャーギン著『常微分方程式［新版］』（千葉克裕訳），共立出版，1968年．
[31]　吉川洋著『マクロ経済学研究』，東京大学出版会，1984年．

数学公式

初学者にとってとくに重要と思われる数学公式を整理した．高校までの数学の知識としてもっているはずの事項から，それにつづく，きわめて基礎的な事項までを列挙している．読者は，これらの公式により，これまでの知識を確認してほしい．必要があれば高校の数学テキストで知識の確認をすること．

したがって，これら公式は本書でとりあげられた公式や定理をすべて列挙したものではないことに注意すること．さらに詳細は該当する各章を参照すること．

2次方程式の解　2次方程式 $ax^2+bx+c=0$ の解は，
$$x_{1,2}=\frac{-b\pm\sqrt{b^2-4ac}}{2a} \quad ただし，b^2-4ac\geqq 0$$

平面上の2点の距離　2点 (x_1, y_1), (x_2, y_2) 間の距離は，
$$\sqrt{(x_1-x_2)^2+(y_1-y_2)^2}$$

接線　関数 $y=f(x)$ の点 $(x^*, f(x^*))$ での接線の式は，
$$y=f'(x^*)(x-x^*)+f(x^*)$$

累乗の公式
$$x^a x^b=x^{a+b}, \quad \frac{x^a}{x^b}=x^{a-b}, \quad (xy)^a=x^a y^a$$
$$\left(\frac{x}{y}\right)^a=\frac{x^a}{y^a}, \quad (x^a)^b=x^{ab}, \quad x^0=1$$

有限の等比級数の和　初項 a, 公比 r の等比級数の第 n 項までの和は
$$S_n=a+ar+ar^2+ar^3+\cdots+ar^{n-1}$$
$$\begin{cases} =a\dfrac{1-r^n}{1-r} & |a|<1 \\ =a\dfrac{r^n-1}{r-1} & |a|>1 \\ =na & r=1 \end{cases}$$

無限の等比級数の和　$|r|<1$ にたいして，
$$S = a + ar + ar^2 + ar^3 + \cdots + ar^{n-1} + \cdots = \frac{a}{1-r}$$

2 項定理
$$(a+b)^n = \sum_{k=0}^{k=n} {}_nC_k a^{n-k} b^k = a^n + {}_nC_1 a^{n-1} + {}_nC_2 a^{n-2} b^2 + \cdots + {}_nC_n ab^n$$
ここで，${}_nC_k = \dfrac{n(n-1)(n-2)\cdots(n-k+1)}{k!}$ である．
また，$k! = 1 \times 2 \times 3 \times \cdots \times k$ である．

対数の表現　自然対数をとくに $\ln x = \log_e x$ と表す場合もある．ここで，x は正の数である．

導関数の公式
$$y = f(x) \pm g(x) \quad \rightarrow \quad y' = \frac{dy}{dx} = f'(x) \pm g'(x)$$
$$y = f(x)g(x) \quad \rightarrow \quad y' = f'(x)g(x) + f(x)g'(x)$$
$$y = \frac{f(x)}{g(x)} \quad \rightarrow \quad y' = \frac{f'(x)g(x) - f(x)g'(x)}{(g(x))^2}$$

合成関数の導関数　$z = f(y)$，$y = g(x)$ のとき，合成関数 $z = f(g(x))$ の導関数は，
$$z' = \frac{dz}{dx} = f'(g(x))g'(x)$$

逆関数の導関数　f の逆関数を f^{-1} であらわす．$y = f^{-1}(x)$ の微分は，
$$y' = \frac{1}{f'(f^{-1}(x))}$$

具体的な関数の導関数
$$y = x^a \quad \rightarrow \quad y' = ax^{a-1} \quad (a \text{ は定数})$$
$$y = (ax+b)^c \quad \rightarrow \quad y' = ac(ax+b)^{c-1} \quad (a, b, c \text{ は定数})$$
$$y = \ln x = \log_e x \quad \rightarrow \quad y' = \frac{1}{x}$$
$$y = e^x \quad \rightarrow \quad y' = e^x$$

全微分　　　$z=f(x,y)$ の全微分

$$dz=\frac{\partial f}{\partial x}dx+\frac{\partial f}{\partial y}dy$$

陰関数の微分　　　陰関数 $f(x,y)=0$ にたいして

$$\frac{dy}{dx}=-\frac{f_x}{f_y}\left(=-\frac{\frac{\partial f}{\partial x}}{\frac{\partial f}{\partial y}}\right)$$

積分の公式

$$\int\{f(x)+g(x)\}dx=\int f(x)dx+\int g(x)dx$$

$$\int cf(x)dx=c\int f(x)dx$$

$$\int f'(x)g(x)dx=f(x)g(x)-\int f(x)g'(x)dx$$

$$\int g(x)dx=xg(x)-\int xg'(x)dx$$

$x=\varphi(t)$ とすれば

$$\int f(x)dx=\int f(\varphi(t))\varphi'(t)dt$$

1変数の極値　　　関数 $y=f(x)$ で，$f'(a)=0$ なる a において，

$$\begin{cases}f''(a)>0 & \text{ならば}\quad f(x) \text{は} x=a \text{ で極小値である}\\ f''(a)<0 & \text{ならば}\quad f(x) \text{は} x=a \text{ で極大値である}\end{cases}$$

多変数関数の極値

1階の条件　　　目的関数を $f(\mathbf{x})$ とするとき，極値 $\mathbf{x}^*$ が存在するならば，

$$f_1(\mathbf{x}^*)=f_2(\mathbf{x}^*)=\cdots=f_n(\mathbf{x}^*)=0$$

2階の条件（2変数のケース）　　　1階の条件をみたす $\mathbf{x}^*$ について，

$$\begin{cases} \text{極小値} & f_{11}>0 \quad \text{かつ} \quad D>0 \\ \text{極大値} & f_{11}<0 \quad \text{かつ} \quad D>0 \\ \text{鞍点} & D<0 \end{cases}$$

ただし，$D=f_{11}(x^*, y^*)f_{22}-(f_{12}(x^*, y^*))^2$，$f_{12}=f_{21}$．

条件付き最適化問題の解法（ラグランジュ未定乗数法） 目的関数を $f(x, y)$，制約条件式を $g(x, y)=0$ とするとき，ラグランジュ関数は，

$$L=f(x, y)+\lambda g(x, y)$$

と定義される．問題の解は

$$\frac{\partial L}{\partial x}=\frac{\partial f}{\partial x}+\lambda\frac{\partial g}{\partial x}=0$$

$$\frac{\partial L}{\partial y}=\frac{\partial f}{\partial y}+\lambda\frac{\partial g}{\partial y}=0$$

$$\frac{\partial L}{\partial \lambda}=g(x, y)=0$$

を解いて得られる．

行列式

2 × 2 行列 $\quad \begin{vmatrix} a_{11} & a_{12} \\ a_{21} & a_{22} \end{vmatrix} = a_{11}a_{22}-a_{12}a_{21}$

3 × 3 行列 $\quad \begin{vmatrix} a_{11} & a_{12} & a_{13} \\ a_{21} & a_{22} & a_{23} \\ a_{31} & a_{32} & a_{33} \end{vmatrix} = a_{11}a_{22}a_{33}+a_{12}a_{23}a_{31}+a_{13}a_{21}a_{32}$
$\qquad\qquad\qquad\qquad\qquad\qquad -a_{13}a_{22}a_{31}-a_{12}a_{21}a_{33}-a_{11}a_{23}a_{32}$

逆行列

2 × 2 行列 $\quad \mathbf{A}=\begin{pmatrix} a & b \\ c & d \end{pmatrix}$ ならば，$\mathbf{A}^{-1}=\dfrac{1}{ad-bc}\begin{pmatrix} d & -b \\ -c & a \end{pmatrix}$

ただし $|\mathbf{A}|=\begin{vmatrix} a & b \\ c & d \end{vmatrix}=ad-bc \neq 0$

n×n 行列　$\mathbf{A}^{-1} = \dfrac{1}{|A|} \begin{bmatrix} \Delta_{11} & \Delta_{21} & \cdots & \Delta_{n1} \\ \Delta_{12} & \Delta_{22} & \cdots & \Delta_{n2} \\ \vdots & \vdots & \ddots & \vdots \\ \Delta_{1n} & \Delta_{2n} & \cdots & \Delta_{nn} \end{bmatrix}$

ただし，$|\mathbf{A}| \neq 0$，Δ_{ij} は，余因子行列．

差分方程式と解

$$x_{t+1} = ax_t + b \text{ の解は，} x_t = a^t + \sum_{s=0}^{t-1} a^{t-s-1} b$$

とくに $a \neq 1$ のとき，

$$x_t = a^t \left(x_0 - \frac{b}{1-a} \right) + \frac{b}{1-a}$$

微分方程式の解　以下，C は積分定数として，
変数分離形

$$\dot{x} = f(t)g(x) \quad \text{の解は，} \int \frac{dx}{g(x)} = \int f(t) dt + C$$

1 階同次線形微分方程式

$$\dot{x} + a(t)x = 0 \quad \text{の解は，} x = Ce^{-\int a(t)dt}$$

1 階非同次線形微分方程式

$$\dot{x} + a(t)x = b(t) \quad \text{の解は，} x = e^{-\int a(t)dt} \left\{ \int b(t) e^{\int a(t)dt} dt + C \right\}$$

ギリシア文字などの読み方

大文字	小文字	読み方	英翻字
A	α	alpha（アルファ）	a
B	β	beta（ベータ）	b
Γ	γ	gamma（ガンマ）	g
Δ	δ	delta（デルタ）	d
E	ϵ, ε	epsilon（エプシロン，イプシロン）	e
Z	ζ	zeta（ゼータ，ツェータ）	z
H	η	eta（イータ，エータ）	e

Θ	θ, ϑ	theta（シータ，テータ）	th
I	ι	iota（イオタ）	i
K	$\kappa, \varkappa$	kappa（カッパ）	k
Λ	λ	lambda（ラムダ）	l
M	μ	mu（ミュー）	m
N	ν	nu（ニュー）	n
Ξ	ξ	xi（クシー，グザイ）	x
O	o	omicron（オミクロン）	o
Π	π	pi（パイ）	p
P	ρ	rho（ロー）	r
Σ	σ, ς	sigma（シグマ）	s
T	τ	tau（タウ）	t
Υ	υ	upsilon（イプシロン，ユプシロン）	y
Φ	ϕ, φ	phi（ファイ）	ph
X	χ	chi（カイ）	ch
Ψ	ψ	psi（プシー，プサイ）	ps
Ω	ω	omega（オメガ）	o

数式アクセントの読み方

$\hat{a}$：—ハット　　$\acute{a}$：—アキュート　　$\dot{a}$：—ドット
$\check{a}$：—チェック　　$\grave{a}$：—グレイブ　　a'：—プライム
$\breve{a}$：—ブレイブ　　$\bar{a}$：—バー　　　　a^*：—アスタリスク，スター

練習問題略解

第1章

問題 1.1 $e \notin \mathbb{Q}$.

問題 1.2 (1) 5. (2) 5. (3) 1.

問題 1.3 (1) $x = \dfrac{3 \pm 3\sqrt{7}i}{2}$. (2) $\dfrac{x = -1 \pm \sqrt{3}i}{2}$. (3) $x = \dfrac{-(-3) \pm \sqrt{15}}{2}$.

問題 1.4 (1) $x = 1, y = 2$. (2) $x = \dfrac{4}{3}, y = -\dfrac{1}{3}$.

問題 1.5 $\sqrt{(3-(-1))^2 + (4-(-1))^2} = \sqrt{16 + 25} = \sqrt{41}$.

問題 1.6 $\begin{vmatrix} 1 & 3 \\ 3 & 1 \end{vmatrix} = 1 \cdot 1 - 3 \cdot 3 = -8$. これより平行四辺形の面積は $|-8| = 8$.

$2\mathbf{x} = \begin{pmatrix} 2 \\ 6 \end{pmatrix}, 2\mathbf{x} - \mathbf{y} = \begin{pmatrix} 2-3 \\ 6-1 \end{pmatrix} = \begin{pmatrix} -1 \\ 5 \end{pmatrix}$ より, $(2\mathbf{x}, 2\mathbf{x} - \mathbf{y}) = 2 \cdot (-1) + 6 \cdot 5 = -2 + 30 = 28$.

問題 1.7 利子率 $r = 0.03$ のとき, 割引因子は $\delta = \dfrac{1}{1+r} = \dfrac{1}{1.03}$.

よって, 投資の現在価値は, $V = \dfrac{50}{1-\delta} = \dfrac{50(1.03)}{0.03} = 1716.66\cdots$

問題 1.8

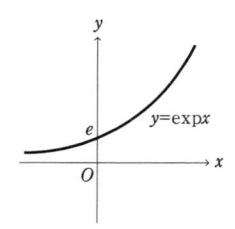

問題 1.9 (1) $\log 2 + \log 3 = \log(2 \cdot 3) = \log 6$.
(2) $3\log 4 - \log 2 = 3\log 2^2 - \log 2 = 2 \cdot 3\log 2 - \log 2 = 5\log 2$.

(3) $\log 2^3 + \log 5 = \log(2^3 \cdot 5) = \log 40$.
問題 1.10 (1) -3. (2) -3. (3) 0.

第2章

問題 2.1 (1) $f'(x) = 3x^2 + 2$. (2) $f'(x) = 9x^2 + 2x + 3$.
(3) $f'(x) = (1 + e^x)(4x^3 - 3) + e^x(x^4 - 3x)$. (4) $f'(x) = 1 + \ln(x)$.
(5) $f'(x) = \dfrac{-2x}{(1+x^2)^2}$. (6) $f'(x) = \dfrac{1 - x\ln(x)}{e^x x}$.

問題 2.2 (1) $f'(x) = 3(2x+3)(x^2+3x-1)^2$. (2) $f'(x) = 2(4x^3 + e^x)(x^4 + e^x)$.
(3) $f'(x) = -3e^{-3x}$. (4) $f'(x) = (-2x+1)\exp(-x^2+x+1)$. (5) $f'(x) = \dfrac{2x}{x^2+1}$.
(6) $f'(x) = \dfrac{e^x - e^{-x}}{e^x + e^{-x}}$.

問題 2.3 (1) $f'(x) = e^{-x}(2x - x^2), f''(x) = e^{-x}(2 - 4x + x^2)$.
(2) $f'(x) = \dfrac{e^{x^2}(1 + 2x^2\ln(x))}{x}, f''(x) = \dfrac{e^{x^2}(-1 + 4x^2 + 2(x^2 + 2x^4)\ln(x))}{x^2}$.

問題 2.4 省略

問題 2.5 (1) $f'(x) = 0$ として，$x = -2, 4$．$f''(-2) < 0, f''(4) > 0$ であるから，$x = -2$ で極大値，$x = 4$ で極小値をとる．
(2) $f'(x) = 0$ として，$x = 1$ を得て，$f''(1) < 0$ であるから，$x = 1$ で極大値をとる．

問題 2.6 $f''(x) = 12x(x-2)$ だから，$x > 2$ あるいは $x < 0$ のときは，$f'' > 0$ で関数は凸．$0 < x < 2$ のときは，$f'' < 0$ で関数は凹．

問題 2.7 $D'(p) = \alpha p^{\alpha-1}$ より，$(p/D)(dD/dp) = \alpha$．あるいは両辺の対数をとり，$\ln D = \alpha \ln p$ より，$d(\ln D)/d(\ln p) = \alpha$．

問題 2.8 $u''(x) = \alpha(\alpha-1)x^{\alpha-2}$ から，$0 < \alpha < 1$ のとき限界効用は減少．

第3章

問題 3.1 (1) $f_x = 3x^2y^2, f_y = 2x^3y, f_{xx} = 6xy^2, f_{yy} = 2x^3, f_{xy} = f_{yx} = 6x^2y$.
(2) $f_x = 2x, f_y = 2y, f_{xx} = 2, f_{yy} = 2, f_{xy} = f_{yx} = 0$.
(3) $f_x = 3x^2 + 6xy - 5y^2, f_y = 3x^2 - 10xy + 2y, f_{xx} = 6x + 6y, f_{yy} = -10x + 2, f_{xy} = f_{yx} = 6x - 10y$.
(4) $f_x = 12(4x - y)^2, f_y = -3(4x - y)^2, f_{xx} = 96(4x - y), f_{yy} = 6(4x - y), f_{xy} = f_{yx} = -24(4x - y)$.
(5) $f_x = \dfrac{1}{2}x^{-\frac{1}{2}}y^{\frac{1}{2}}, f_y = \dfrac{1}{2}x^{\frac{1}{2}}y^{-\frac{1}{2}}, f_{xx} = -\dfrac{1}{4}x^{-\frac{3}{2}}y^{\frac{1}{2}}, f_{yy} = -\dfrac{1}{4}x^{\frac{1}{2}}y^{-\frac{3}{2}}, f_{xy} = f_{yx} = \dfrac{1}{4}x^{-\frac{1}{2}}y^{-\frac{1}{2}}$.
(6) $f_x = \dfrac{1}{3}x^{-\frac{2}{3}}y^{\frac{2}{3}}, f_y = \dfrac{2}{3}x^{\frac{1}{3}}y^{-\frac{1}{3}}, f_{xx} = -\dfrac{2}{9}x^{-\frac{5}{3}}y^{\frac{2}{3}}, f_{yy} = -\dfrac{2}{9}x^{\frac{1}{3}}y^{-\frac{4}{3}}, f_{xy} = f_{yx} = \dfrac{2}{9}x^{-\frac{2}{3}}y^{-\frac{1}{3}}$.

問題 3.2 (1) $dz=10xy^3dx+15x^2y^2dy$. (2) $dz=4x^3ydx+x^4dy$.
(3) $dz=(9x^2-36xy^2-2y)dx+(36y^2-36x^2y-2x)dy$.
(4) $dz=x^2y(3+xy)e^{xy}dx+x^3(1+xy)e^{xy}dy$. (5) $dz=\frac{1}{2}x^{-\frac{1}{2}}y^{\frac{1}{2}}dx+\frac{1}{2}x^{\frac{1}{2}}y^{-\frac{1}{2}}dy$.
(6) $dz=\frac{1}{3}x^{-\frac{2}{3}}y^{\frac{2}{3}}dx+\frac{2}{3}x^{\frac{1}{3}}y^{-\frac{1}{3}}dy$.

問題 3.3 (1) $\iint_D xy\,dxdy=\frac{1}{4}$. (2) $\iint_D x\,dxdy=\frac{1}{3}$.

第 4 章
問題 4.1 省略

問題 4.2 (1) $(x,y)=\left(\frac{8}{3},\frac{2}{3}\right)$ で極小値 $-\frac{28}{3}$ をとる．
(2) 定理 4.1 の (2) の場合にあたり，この関数は極値をとらない．点 $(0,0)$ は鞍点である．
(3) 停留点は $(0,0)$ で，$D(0,0)=0$ となる．これだけからは極値についてなにも判定できないが，$x>0$ のとき $f(x,0)>0=f(0,0)$, $x<0$ のとき $f(x,0)<0=f(0,0)$ となることから，関数 $f(x,y)$ は $(0,0)$ で極値をとらない．

問題 4.3 (1) $(x,y)=\left(\frac{1}{2},\frac{1}{2}\right)$ で極小値（最小値）$\frac{1}{2}$ をとる．
(2) $(x,y)=\left(\pm\frac{1}{\sqrt{2}},\pm\frac{1}{\sqrt{2}}\right)$（複合同順）のとき，極大値（最大値）$\frac{1}{2}$ をとり，$(x,y)=\left(\frac{1}{\sqrt{2}},-\frac{1}{\sqrt{2}}\right)$ または $\left(-\frac{1}{\sqrt{2}},\frac{1}{\sqrt{2}}\right)$ のとき，極小値（最小値）$-\frac{1}{2}$ をとる．

問題 4.4 (1) 50. (2) 80.

問題 4.5 利潤が最大になる産出量は $x=10$ であり，このとき最適な設備規模は $k=1$ となる．

第 5 章
問題 5.1 **AB** および **BC** は次元条件に適合しないので定義できない．
$\mathbf{CA}=\begin{pmatrix}9&30&25\\6&21&17\\13&37&34\end{pmatrix}$, $\mathbf{BA}=\begin{pmatrix}14&38&36\\12&33&31\end{pmatrix}$ であるので $\mathbf{BA}+\mathbf{A}=\begin{pmatrix}15&42&39\\14&38&36\end{pmatrix}$.
$\mathbf{B}^2=\begin{pmatrix}16&42\\14&37\end{pmatrix}$ であるので $\mathbf{B}^2+\mathbf{B}=\begin{pmatrix}18&48\\16&42\end{pmatrix}$.
$\mathbf{AC}=\begin{pmatrix}30&21\\45&34\end{pmatrix}$ であるので $\mathbf{AC}-\mathbf{B}=\begin{pmatrix}28&15\\43&29\end{pmatrix}$.

$$\mathbf{C}^T\mathbf{A}^T = \begin{pmatrix} 5 & 4 & 3 \\ 2 & 1 & 5 \end{pmatrix} \begin{pmatrix} 1 & 2 \\ 4 & 5 \\ 3 & 5 \end{pmatrix} = \begin{pmatrix} 30 & 45 \\ 21 & 34 \end{pmatrix}$$ であるので $\mathbf{C}^T\mathbf{A}^T + \mathbf{B} = \begin{pmatrix} 32 & 51 \\ 23 & 39 \end{pmatrix}$.

問題 5.2 (1) $\mathbf{u}^T\mathbf{u} = 26$, $\mathbf{u}\mathbf{u}^T = \begin{pmatrix} 9 & 3 & 12 \\ 3 & 1 & 4 \\ 12 & 4 & 16 \end{pmatrix}$, $\mathbf{v}^T\mathbf{u} = 25$, $\mathbf{v}\mathbf{u}^T = \begin{pmatrix} 15 & 5 & 20 \\ 6 & 2 & 8 \\ 6 & 2 & 8 \end{pmatrix}$.

$|\mathbf{u}^T\mathbf{u}| = 26$, $|\mathbf{u}\mathbf{u}^T| = 0$, $|\mathbf{v}^T\mathbf{u}| = 25$, $|\mathbf{v}\mathbf{u}^T| = 0$.

(2) $\mathbf{v}^T\mathbf{v} + \mathbf{u}^T\mathbf{v} = 58$, $\mathbf{v}\mathbf{v}^T + \mathbf{u}\mathbf{v}^T = \begin{pmatrix} 40 & 16 & 16 \\ 15 & 6 & 6 \\ 30 & 12 & 12 \end{pmatrix}$ より $\begin{pmatrix} 2320 & 928 & 928 \\ 870 & 348 & 348 \\ 1740 & 696 & 696 \end{pmatrix}$.

(3) $\mathbf{u}\mathbf{u}^T + \mathbf{v}\mathbf{u}^T = \begin{pmatrix} 24 & 8 & 32 \\ 9 & 3 & 12 \\ 18 & 6 & 24 \end{pmatrix}$, $\mathbf{v}\mathbf{v}^T + \mathbf{u}\mathbf{v}^T = \begin{pmatrix} 40 & 16 & 16 \\ 15 & 6 & 6 \\ 30 & 12 & 12 \end{pmatrix}$ より $\begin{pmatrix} 2040 & 816 & 816 \\ 765 & 306 & 306 \\ 1530 & 612 & 612 \end{pmatrix}$.

問題 5.3 (1) 第 1 行で展開すれば, $\begin{vmatrix} x_2 & x_3 \\ x_2^2 & x_3^2 \end{vmatrix} - \begin{vmatrix} x_1 & x_3 \\ x_1^2 & x_3^2 \end{vmatrix} + \begin{vmatrix} x_1 & x_2 \\ x_1^2 & x_2^2 \end{vmatrix} = x_2 x_3^2 - x_3 x_2^2 - x_1 x_3^2 + x_3 x_1^2 + x_1 x_2^2 - x_2 x_1^2 = (x_2 - x_1)(x_3 - x_1)(x_3 - x_2)$.

(2) 第 1 行で展開すれば, $x_1 \begin{vmatrix} x_2 & 1 \\ 1 & x_3 \end{vmatrix} - \begin{vmatrix} 1 & 1 \\ 1 & x_3 \end{vmatrix} + \begin{vmatrix} 1 & x_2 \\ 1 & 1 \end{vmatrix} = x_1(x_2 x_3 - 1) - (x_3 - 1) + (1 - x_2) = x_1 x_2 x_3 - x_1 - x_2 - x_3 + 2$. (参考: さらに式を整理すれば, $(x_1 - 1)(x_2 - 1)(x_3 - 1)\left(1 + \sum_{i=1}^{3} \frac{1}{x_i - 1}\right)$ のようにもできる, 展開して確認せよ.)

(3) すべて第 1 行で展開すれば, $1\begin{vmatrix} 3 & 4 & 4 \\ 4 & 5 & 5 \\ 5 & 5 & 6 \end{vmatrix} - 2\begin{vmatrix} 3 & 4 & 4 \\ 4 & 5 & 5 \\ 5 & 5 & 6 \end{vmatrix} + 2\begin{vmatrix} 3 & 3 & 4 \\ 4 & 4 & 5 \\ 5 & 5 & 6 \end{vmatrix} - 3\begin{vmatrix} 3 & 3 & 4 \\ 4 & 4 & 5 \\ 5 & 5 & 5 \end{vmatrix} = (1 - 2)\left(3\begin{vmatrix} 5 & 5 \\ 5 & 6 \end{vmatrix} - 4\begin{vmatrix} 4 & 5 \\ 5 & 6 \end{vmatrix} + 4\begin{vmatrix} 4 & 5 \\ 5 & 5 \end{vmatrix}\right) = -(-1) \cdot (3 \cdot 5 - 4 \cdot (-1) + 4 \cdot (-5)) = 1$.

(最初の展開において第 1 項と第 2 項の行列式はおなじ, また第 3 項と第 4 項の行列式はそれぞれ同一の列ベクトルがあるためゼロ.)

問題5.4 $\mathbf{X}^T\mathbf{X} = \begin{pmatrix} 1 & 0 & 0 & 1 \\ 0 & 1 & 0 & 1 \\ 0 & 0 & 1 & 1 \\ 1 & 1 & 1 & 3 \end{pmatrix}$, $|\mathbf{X}^T\mathbf{X}| = \begin{vmatrix} 1 & 0 & 1 \\ 0 & 1 & 1 \\ 1 & 1 & 3 \end{vmatrix} + \begin{vmatrix} 0 & 1 & 0 \\ 0 & 0 & 1 \\ 1 & 1 & 1 \end{vmatrix} = \left(\begin{vmatrix} 1 & 1 \\ 1 & 3 \end{vmatrix} + \begin{vmatrix} 0 & 1 \\ 1 & 1 \end{vmatrix}\right) - \begin{vmatrix} 0 & 1 \\ 1 & 1 \end{vmatrix}$

$= (3 - 1 - 1) - 1 = 0$ よって $\mathbf{X}^T\mathbf{X}$ は特異. 計算過程でゼロにならない 3 次の小行列式があるので階数は 3.

$\mathbf{X}\mathbf{X}^T = \begin{pmatrix} 2 & 1 & 1 \\ 1 & 2 & 1 \\ 1 & 1 & 2 \end{pmatrix}$, $|\mathbf{X}\mathbf{X}^T| = 2^3 - 3 \cdot 2 + 2 = 4$, よって $\mathbf{X}\mathbf{X}^T$ は非特異 (行列式の計算法は問題5.3(2)を公式として利用できる).

問題 5.5 (1) $|\mathbf{PQ}| = \begin{vmatrix} p_{11}q_{11} + p_{12}q_{21} & p_{11}q_{12} + p_{12}q_{22} \\ p_{21}q_{11} + p_{22}q_{21} & p_{21}q_{12} + p_{22}q_{22} \end{vmatrix} = (p_{11}q_{11} + p_{12}q_{21})(p_{21}q_{12} + p_{22}q_{22})$

$-(p_{11}q_{12}+p_{12}q_{22})(p_{21}q_{11}+p_{22}q_{21})=(p_{11}p_{22}-p_{12}p_{21})(q_{11}q_{22}-q_{12}q_{21})$, $|\mathbf{P}|\cdot|\mathbf{Q}|=(p_{11}p_{22}-p_{12}p_{21})(q_{11}q_{22}-q_{12}q_{21})$, よって，$|\mathbf{PQ}|=|\mathbf{P}|\cdot|\mathbf{Q}|$.

(2) $|\mathbf{P}+\mathbf{Q}|=\begin{vmatrix} p_{11}+q_{11} & p_{12}+q_{12} \\ p_{21}+q_{21} & p_{22}+q_{22} \end{vmatrix}=(p_{11}+q_{11})(p_{22}+q_{22})-(p_{12}+q_{12})(p_{21}+q_{21})$, $|\mathbf{P}|+|\mathbf{Q}|=(p_{11}p_{22}-p_{12}p_{21})+(q_{11}q_{22}-q_{12}q_{21})$, $|\mathbf{P}+\mathbf{Q}|-(|\mathbf{P}|+|\mathbf{Q}|)=p_{11}q_{22}+q_{11}p_{22}-p_{12}q_{21}-p_{21}q_{12}$, よって，$|\mathbf{P}+\mathbf{Q}|\neq|\mathbf{P}|+|\mathbf{Q}|$.

第6章

問題 6.1 行列を $\mathbf{A}$ とおけば，

(1) $\Delta_{11}=\begin{vmatrix} x_2 & x_3 \\ x_2^2 & x_3^2 \end{vmatrix}=x_2x_3(x_3-x_2)$, $\Delta_{12}=-\begin{vmatrix} x_1 & x_3 \\ x_1^2 & x_3^2 \end{vmatrix}=-x_1x_3(x_3-x_1)$, $\Delta_{13}=\begin{vmatrix} x_1 & x_3 \\ x_1^2 & x_2^2 \end{vmatrix}=x_1x_2(x_2-x_1)$, $\Delta_{21}=-\begin{vmatrix} 1 & 1 \\ x_2^2 & x_3^2 \end{vmatrix}=-(x_3+x_2)(x_3-x_2)$, $\Delta_{22}=\begin{vmatrix} 1 & 1 \\ x_1^2 & x_3^2 \end{vmatrix}=(x_3+x_1)(x_3-x_1)$, $\Delta_{23}=-\begin{vmatrix} 1 & 1 \\ x_1^2 & x_2^2 \end{vmatrix}=-(x_2+x_1)(x_2-x_1)$, $\Delta_{31}=\begin{vmatrix} 1 & 1 \\ x_2 & x_3 \end{vmatrix}=x_3-x_2$, $\Delta_{32}=-\begin{vmatrix} 1 & 1 \\ x_1 & x_3 \end{vmatrix}=-(x_3-x_1)$, $\Delta_{33}=\begin{vmatrix} 1 & 1 \\ x_1 & x_2 \end{vmatrix}=x_2-x_1$ より，

$adj\mathbf{A}=\begin{pmatrix} \Delta_{11} & \Delta_{21} & \Delta_{31} \\ \Delta_{12} & \Delta_{22} & \Delta_{32} \\ \Delta_{13} & \Delta_{23} & \Delta_{33} \end{pmatrix}=\begin{pmatrix} x_2x_3(x_3-x_2) & -(x_3+x_2)(x_3-x_2) & x_3-x_2 \\ -x_1x_3(x_3-x_1) & (x_3+x_1)(x_3-x_1) & -(x_3-x_1) \\ x_1x_2(x_2-x_1) & -(x_2+x_1)(x_2-x_1) & x_2-x_1 \end{pmatrix}$.

また $|\mathbf{A}|=(x_2-x_1)(x_3-x_2)(x_3-x_1)$ より，

$\mathbf{A}^{-1}=\dfrac{1}{|\mathbf{A}|}adj\mathbf{A}=\begin{pmatrix} \dfrac{x_2x_3}{(x_2-x_1)(x_3-x_1)} & \dfrac{-(x_3+x_2)}{(x_2-x_1)(x_3-x_1)} & \dfrac{1}{(x_2-x_1)(x_3-x_1)} \\ \dfrac{-x_1x_3}{(x_2-x_1)(x_3-x_2)} & \dfrac{x_3+x_1}{(x_2-x_1)(x_3-x_2)} & \dfrac{-1}{(x_2-x_1)(x_3-x_2)} \\ \dfrac{x_1x_2}{(x_3-x_2)(x_3-x_1)} & \dfrac{-(x_2+x_1)}{(x_3-x_2)(x_3-x_1)} & \dfrac{1}{(x_3-x_2)(x_3-x_1)} \end{pmatrix}$.

(2) $\Delta_{11}=x_2x_3-1$, $\Delta_{12}=-(x_3-1)$, $\Delta_{13}=1-x_2$, $\Delta_{21}=-(x_3-1)$, $\Delta_{22}=x_1x_3-1$, $\Delta_{23}=-(x_1-1)$, $\Delta_{31}=1-x_2$, $\Delta_{32}=-(x_1-1)$, $\Delta_{33}=x_1x_2-1$ より，

$adj\mathbf{A}=\begin{pmatrix} x_2x_3-1 & -(x_3-1) & 1-x_2 \\ -(x_3-1) & x_1x_3-1 & -(x_1-1) \\ 1-x_2 & -(x_1-1) & x_1x_2-1 \end{pmatrix}$, $\mathbf{A}^{-1}=\dfrac{adj\mathbf{A}}{x_1x_2x_3-x_1-x_2-x_3+2}$.

(3) $adj\mathbf{A}=\begin{pmatrix} -1 & 3 & -3 & 1 \\ 1 & -8 & 7 & -1 \\ 0 & -1 & 2 & -1 \\ 0 & 5 & -5 & 1 \end{pmatrix}$, また $|\mathbf{A}|=1$ より，$\mathbf{A}^{-1}=adj\mathbf{A}$.

問題 6.2 $(\mathbf{I}_m-\mathbf{A}(\mathbf{I}_n+\mathbf{BA})^{-1}\mathbf{B})(\mathbf{I}_m+\mathbf{AB})=\mathbf{I}_m+\mathbf{AB}-\mathbf{A}(\mathbf{I}_n+\mathbf{BA})^{-1}\mathbf{B}(\mathbf{I}_m+\mathbf{AB})=\mathbf{I}_m+\mathbf{AB}-\mathbf{A}(\mathbf{I}_n+\mathbf{BA})^{-1}(\mathbf{B}+\mathbf{BAB})=\mathbf{I}_m+\mathbf{AB}-\mathbf{A}(\mathbf{I}_n+\mathbf{BA})^{-1}(\mathbf{I}_n+\mathbf{BA})\mathbf{B}=\mathbf{I}_m+\mathbf{AB}-\mathbf{AB}=\mathbf{I}_m$, また同様に，$(\mathbf{I}_m+\mathbf{AB})(\mathbf{I}_m-\mathbf{A}(\mathbf{I}_n+\mathbf{BA})^{-1}\mathbf{B})=\mathbf{I}_m$ も，$\mathbf{I}_m\mathbf{A}_{m\times n}=\mathbf{A}=$

$A_{m \times n} I_n$ をもちいて示せる.

問題 6.3 $(I_n - X(X^TX)^{-1}X^T)(I_n - X(X^TX)^{-1}X^T) = I_n - 2X(X^TX)^{-1}X^T + X(X^TX)^{-1}X^TX(X^TX)^{-1}X^T = I_n - X(X^TX)^{-1}X^T$.

問題 6.4

(1) $\begin{cases} Y - C = I_0 + G_0 \\ C - cY_d = c_0 \\ Y - Y_d - T = 0 \\ -tY + T = t_0 \end{cases}$

(2) $\begin{pmatrix} 1 & -1 & 0 & 0 \\ 0 & 1 & -c & 0 \\ 1 & 0 & -1 & -1 \\ -t & 0 & 0 & 1 \end{pmatrix} \begin{pmatrix} Y \\ C \\ Y_d \\ T \end{pmatrix} = \begin{pmatrix} I_0 + G_0 \\ c_0 \\ 0 \\ t_0 \end{pmatrix}$.

(3) $\begin{pmatrix} \bar{Y} \\ \bar{C} \\ \bar{Y}_d \\ \bar{T} \end{pmatrix} = \frac{1}{1-c+tc} \begin{pmatrix} 1 & 1 & -c & -c \\ c(1-t) & 1 & -c & -c \\ 1-t & 1-t & -1 & -1 \\ t & t & -tc & 1-c \end{pmatrix} \begin{pmatrix} I_0 + G_0 \\ c_0 \\ 0 \\ t_0 \end{pmatrix}$

$= \frac{1}{1-c+ct} \begin{pmatrix} I_0 + G_0 + c_0 - ct_0 \\ c(1-t)(I_0 + G_0) + c_0 - ct_0 \\ (1-t)(I_0 + G_0 + c_0) - t_0 \\ t(I_0 + G_0 + c_0) + (1-c)t_0 \end{pmatrix}$.

(4) 係数行列を A とおく. $|A| = -1 + c - tc$.

$\bar{Y} = \frac{1}{|A|} \begin{vmatrix} I_0 + G_0 & -1 & 0 & 0 \\ c_0 & 1 & -c & 0 \\ 0 & 0 & -1 & -1 \\ t_0 & 0 & 0 & 1 \end{vmatrix} = \frac{I_0 + G_0 + c_0 - ct_0}{1 - c + ct}$,

$\bar{C} = \frac{1}{|A|} \begin{vmatrix} 1 & I_0 + G_0 & 0 & 0 \\ 0 & c_0 & -c & 0 \\ 1 & 0 & -1 & -1 \\ -t & t_0 & 0 & 1 \end{vmatrix} = \frac{c(1-t)(I_0 + G_0) + c_0 - ct_0}{1 - c + ct}$,

$\bar{Y}_d = \frac{1}{|A|} \begin{vmatrix} 1 & -1 & I_0 + G_0 & 0 \\ 0 & 1 & c_0 & 0 \\ 1 & 0 & 0 & -1 \\ -t & 0 & t_0 & 1 \end{vmatrix} = \frac{(1-t)(I_0 + G_0 + c_0) - t_0}{1 - c + ct}$,

$\bar{T} = \frac{1}{|A|} \begin{vmatrix} 1 & -1 & 0 & I_0 + G_0 \\ 0 & 1 & -c & c_0 \\ 1 & 0 & -1 & 0 \\ -t & 0 & 0 & t_0 \end{vmatrix} = \frac{t(I_0 + G_0 + c_0) + (1-c)t_0}{1 - c + ct}$.

問題 6.5 (1) 問題 4.2(1) $f_x = 2x + y + 6$, $f_y = 2y + x - 4$, $f_{xx} = 2$, $f_{xy} = f_{yx} = 1$, $f_{yy} = 2$ よ

よりヘッセ行列式は定義域全体で, $|\hat{\mathbf{H}}|=\begin{vmatrix}f_{xx} & f_{xy} \\ f_{yx} & f_{yy}\end{vmatrix}=\begin{vmatrix}2 & 0 \\ 0 & 2\end{vmatrix}$, $|\mathbf{H}_1\left(\frac{8}{3},\frac{2}{3}\right)|=2>0$, $|\mathbf{H}_2\left(\frac{8}{3},\frac{2}{3}\right)|=4>0$, よって極小値. 問題4.2(2) $f_x=2x, f_y=-2y, f_{xx}=2, f_{xy}=f_{yx}=0, f_{yy}=-2$ よりヘッセ行列式は定義域全体で, $|\hat{\mathbf{H}}|=\begin{vmatrix}2 & 0 \\ 0 & -2\end{vmatrix}$, $|\mathbf{H}_1(0,0)|=2>0$, $|\mathbf{H}_2(0,0)|=-4<0$, よって極値をとらない. 問題4.2(3) $f_x=3x^2, f_y=4y^3, f_{xx}=6x, f_{xy}=f_{yx}=0, f_{yy}=12y^2$ よりヘッセ行列式は, $|\hat{\mathbf{H}}(x,y)|=\begin{vmatrix}6x & 0 \\ 0 & 12y^2\end{vmatrix}$, $|\mathbf{H}_1(0,0)|=0, |\mathbf{H}_2(0,0)|=0$, よって極値をとらない.

(2)問題4.3(1) $f(x,y)=x^2+y^2, g(x,y)=x+y-1=0, f_x=2x, f_y=2y, f_{xx}=2, f_{xy}=f_{yx}=0, f_{yy}=2, g_x=1, g_y=1$ より縁付きヘッセ行列式は定義域全体で, $|\hat{\mathbf{H}}|=\begin{vmatrix}0 & g_x & g_y \\ g_x & f_{xx} & f_{xy} \\ g_y & f_{yx} & f_{yy}\end{vmatrix}$

$=\begin{vmatrix}0 & 1 & 1 \\ 1 & 2 & 0 \\ 1 & 0 & 2\end{vmatrix}$, $\left|\hat{\mathbf{H}}\left(\frac{1}{2},\frac{1}{2}\right)\right|=|\hat{\mathbf{H}}|=-4<0$, よって極小値. 問題4.3(2) $f(x,y)=xy, g(x,y)=x^2+y^2-1=0, f_x=y, f_y=x, f_{xx}=0, f_{xy}=f_{yx}=1, f_{yy}=0, g_x=2x, g_y=2y$ より縁付きヘッセ行列式は, $|\hat{\mathbf{H}}(x,y)|=\begin{vmatrix}0 & 2x & 2y \\ 2x & 0 & 1 \\ 2y & 1 & 0\end{vmatrix}=8xy$, $x_0\ne 0, y_0\ne 0$ で停留点をとるとき, x_0 と y_0 が同符号ならば, $|\hat{\mathbf{H}}(x_0,y_0)|=8x_0y_0>0$ になるので極大値をとる. また x_0 と y_0 の符号が異なれば, $|\hat{\mathbf{H}}(x_0,y_0)|=8x_0y_0<0$ になるので極小値をとる.

問題6.6 (1) $\mathbf{x}=(x_1 \ x_2)^T$ として, $\mathbf{x}^T\mathbf{A}\mathbf{x}=-x_2^2\leq 0$, よって半負値(定符号).
(2) $|\mathbf{A}_1|=0, |\mathbf{A}_2|=0$ で, 行列式では判定できない.
(3)特性方程式 $|\mathbf{A}-\lambda\mathbf{I}|=\begin{vmatrix}-\lambda & 0 \\ 0 & -1-\lambda\end{vmatrix}=\lambda(1+\lambda)=0$ を解いて, 固有値は $\lambda_1=0, \lambda_2=-1$. よって $\lambda\leq 0$ より半負値(定符号).

第7章

問題7.1 (1)制約方程式 $m=3$ 本, 未知変数と制約方程式本数(スラック変数の数)の合計 $n=2+3=5$ 個, より最大 $_nC_m={}_5C_3=\frac{5!}{3!(5-3)!}=\frac{5\cdot 4}{2\cdot 1}=10$ 個.

(2)端点は $(0,0), (0,15), (0,5), (0,10), (5,0), (10,0), (4,3), \left(\frac{5}{2},\frac{15}{2}\right)$, 実現可能領域の屈曲点は $(0,0), (0,5), (5,0), (4,3)$.

(3)目的関数を $f(x_1,x_2)$ とおけば解は $f(x_1^*,x_2^*)=f(4,3)=18$, 他の屈曲点では $f(0,0)=0, f(0,5)=10, f(5,0)=15$.

(4) 省略（例7.1の解法を参考にせよ）．

(5) 主問題を $\max \mathbf{c}^T\mathbf{x}$ s.t. $\mathbf{Ax} \leq \mathbf{b}, \mathbf{x} \geq 0$, ただし，$\mathbf{c}^T=(3\ \ 2), \mathbf{A}=\begin{pmatrix} 3 & 1 \\ 1 & 2 \\ 2 & 2 \end{pmatrix}$ とすれば双対問題は，$\min \mathbf{b}^T\mathbf{z}$ s.t. $\mathbf{A}^T\mathbf{z} \geq \mathbf{c}, \mathbf{z} \geq 0$. すなわち，$\min 15z_1+10z_2+20z_3$ s.t. $3z_1+z_2+2z_3 \geq 3, z_1+2z_2+2z_3 \geq 2, z_1, z_2, z_3 \geq 0$.

(6) 主問題のスラック変数を s_1, s_2, s_3, 双対問題のスラック（サープラス）変数を t_1, t_2 とする．主問題の解を制約方程式に代入すれば，$3\cdot 4+3=15, 4+2\cdot 3=10, 2\cdot 4+3\cdot 3=17<20$ より，$s_1^*=s_2^*=0$ かつ $s_3^*>0$. 相補性定理より，$x_1^*>0, x_2^*>0, s_1^*=s_2^*=0, s_3^*>0$ から $t_1^*=t_2^*=0, z_1^*>0, z_2^*>0, z_3^*=0$. よって，$\begin{pmatrix} 3 & 1 & 2 & -1 & 0 \\ 1 & 2 & 2 & 0 & -1 \end{pmatrix}(z_1\ z_2\ 0\ 0\ 0)^T=\begin{pmatrix} 3 \\ 2 \end{pmatrix}$ すなわち，$\begin{pmatrix} 3 & 1 \\ 1 & 2 \end{pmatrix}\begin{pmatrix} z_1 \\ z_2 \end{pmatrix}=\begin{pmatrix} 3 \\ 2 \end{pmatrix}$ を解いて，目的関数を $g(z_1, z_2, z_3)$ とおけば解は $g(z_1^*, z_2^*, 0)=g\left(\frac{4}{5}, \frac{3}{5}, 0\right)=18$.

問題 7.2 (1) $(x_1^*, x_2^*, x_3^*)=\left(0, \frac{6}{5}, \frac{3}{5}\right)$, 最小値 $=12$.

(2) $(x_1^*, x_2^*, x_3^*, x_4^*)=(0, 22, 0, 9)$, 最大値 $=53$.

問題 7.3 (1) $x_{12}=5, x_{21}=3, V_1=5, X_1=10, X_2=12$.

(2) $\begin{pmatrix} \frac{1}{5} & \frac{5}{12} \\ \frac{3}{10} & \frac{1}{3} \end{pmatrix}$. (3) $\begin{pmatrix} 1.633 & 1.020 \\ 0.735 & 1.959 \end{pmatrix}$.

第8章

問題 8.1 (1) (8.67) の特性方程式は $\lambda^2-2\lambda-3=0$ となる．この解は $\lambda=3, -1$. したがって，一般解は $y_t=\alpha_1 3^t+\alpha_2(-1)^t$ となる．

(2) $y_0=3, y_1=1$ より，

$$\begin{cases} \alpha_1+\alpha_2=3, \\ 3\alpha_1-\alpha_2=1 \end{cases}$$

となる．これより，$\alpha_1=1, \alpha_2=2$ を得る．したがって，初期値 $y_0=3, y_1=1$ をもつ解は $y_t=3^t+2(-1)^t$ となる．

問題 8.2 (1) (8.68) の第2式と第3式を第1式に代入して整理すると，

$$Y_t-0.7Y_{t-1}+0.2Y_{t-2}=30 \tag{8.69}$$

となる．均衡点 Y^* は，任意の t にたいして，$Y^*=Y_t$ となるので，$Y^*-0.7Y^*$

$+0.2Y^{*}=30$ より，$Y^{*}=60$ となる．

(2) (8.69) にたいし，(8.25) を代入すると，

$$y_t - 0.7 y_{t-1} + 0.2 y_{t-2} = 0 \tag{8.70}$$

となる．(8.70) の特性方程式は $\lambda^2 - 0.7\lambda + 0.2 = 0$ となり，これを解くと $\lambda = 0.35 \pm \frac{\sqrt{0.31}}{2} i$ となる．特性根が複素数なので (8.70) の解は均衡点の周辺で振動するが，$\rho = \sqrt{(0.35)^2 + \left(\frac{\sqrt{0.31}}{2}\right)^2} < 1$（(8.62) をみよ）であるので，(8.64) より，(A.83) の解は振動しながら均衡点 Y^* に収束する．

第9章

問題9.1 平衡点は $(0,0)$ である．また，行列 $\mathbf{A} = \begin{pmatrix} 1 & 2 \\ 3 & 2 \end{pmatrix}$ の固有方程式は，$\lambda^2 - 3\lambda - 4 = 0$ となるが，これは $(\lambda+1)(\lambda-4)$ と整理できるので，固有値は $\lambda = -1, 4$ となる．そこで，これらの固有値にたいする固有ベクトル $\mathbf{h} = \begin{pmatrix} \bar{x} \\ \bar{y} \end{pmatrix}$ をもとめる．

($\lambda = -1$ のとき)　$A\mathbf{h} = \lambda \mathbf{h}$ より，

$$\begin{cases} 2\bar{x} + 2\bar{y} = 0 \\ 3\bar{x} + 3\bar{y} = 0 \end{cases}$$

を得るが，これは結局 $\bar{x} + \bar{y} = 0$ となるので，$\lambda = -1$ にたいする固有ベクトル $\mathbf{h}_1$ をもとめると，

$$\mathbf{h}_1 = s \begin{pmatrix} 1 \\ -1 \end{pmatrix} \quad (s \neq 0) \tag{9.84}$$

となる．

($\lambda = 4$ のとき)　$\mathbf{A}\mathbf{h} = \lambda\mathbf{h}$ より，

$$\begin{cases} -3\bar{x} + 2\bar{y} = 0 \\ 3\bar{x} - 2\bar{y} = 0 \end{cases}$$

を得る．これを整理すると $3\bar{x} = 2\bar{y}$ となるので，$\lambda = 4$ にたいする固有ベクトル $\mathbf{h}_2$ をもとめると，

$$\mathbf{h}_2 = s\begin{pmatrix}2\\3\end{pmatrix} \qquad (s \neq 0) \tag{9.85}$$

となる．したがって，(9.84),(9.85) より一般解は，$\begin{pmatrix}x\\y\end{pmatrix} = \omega_1 e^{(-1)t}\begin{pmatrix}1\\-1\end{pmatrix} + \omega_2 e^{4t}\begin{pmatrix}2\\3\end{pmatrix}$ となる．そして，平衡点近傍での位相図は図9.15のようになる．

図 9.15

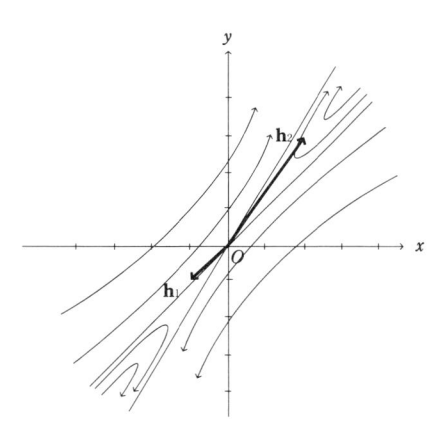

問題 9.2 各関数を (9.55) に代入し，(9.58) で変数変換すると，

$$\begin{cases} \dot{y} = 0.1y - 0.9i \\ \dot{i} = 0.5y - 0.1i \end{cases}$$

となる．したがって，係数行列 $\mathbf{A}$ は，$\mathbf{A} = \begin{pmatrix}0.1 & -0.9\\0.5 & -0.1\end{pmatrix}$ となる．そして，行列 $\mathbf{A}$ の固有方程式は $\lambda^2 + 0.45 = 0$ となり，これより固有値 $\lambda = \pm\sqrt{0.45}i$ を得る．固有値の実部は 0 であるので，平衡点の近傍には閉軌道が存在する．この様子を図9.16に示す．

問題 9.3 各関数を (9.55) に代入し，(9.58) で変数変換すると，

$$\begin{cases} \dot{y} = -i \\ \dot{i} = 2y - 3i \end{cases}$$

となる．したがって，係数行列 $\mathbf{A}$ は，$\mathbf{A} = \begin{pmatrix}0 & -1\\2 & -3\end{pmatrix}$ となる．そして，行列 $\mathbf{A}$ の固有方程式は $\lambda^2 + 3\lambda + 2 = 0$ となり，これより固有値 $\lambda = -1, -2$ を得る．固有値 $\lambda = -1$

図 9.16

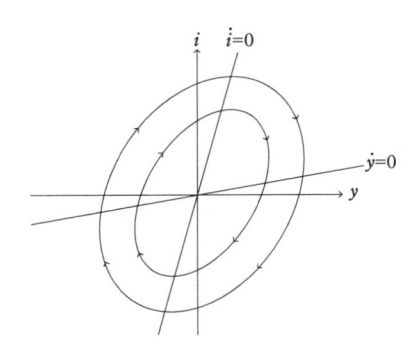

およびλ=−2にたいする固有ベクトル $\mathbf{h}_1, \mathbf{h}_2$ は，$\mathbf{h}_1 = s_1\begin{pmatrix}1\\1\end{pmatrix}$ $(s_1 \neq 0)$, $\mathbf{h}_2 = s_2\begin{pmatrix}1\\2\end{pmatrix}$ $(s_2 \neq 0)$ となるので，位相図を作成すると図9.17のようになる．図9.17に示すように平衡点は安定結節点となる．

図 9.17

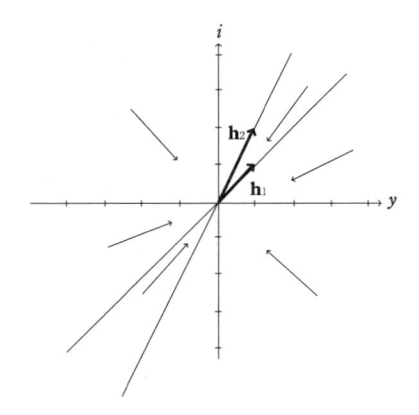

第10章

問題 10.1 (1) $\omega \in A \cap (B \cup C) \iff \omega \in A$ かつ $\omega \in (B \cup C) \iff \omega \in A$ であり

$\omega \in B$ または $\omega \in C \iff \omega \in (A \cap B)$ または $\omega \in (A \cap C) \iff \omega \in (A \cap B) \cup (A \cap C)$.
(2) も (1) と同じ.

問題 10.2 $A \cup B = A \cup (B \cap A^c)$ であり, A と $B \cap A^c$ は排反. $B \cap A^c \subset B$ であるから, $P(B \cap A^c) \leq P(B)$. よって $P(A \cup B) = P(A) + P(B \cap A^c) \leq P(A) + P(B)$.

問題 10.3 $P(A_2) = 0.2$. ベイズの定理を適用して, $P(A_2|B) = \dfrac{1}{9}$.

問題 10.4 (1) $(p+q)^4 = (p+q)(p+q)(p+q)(p+q)$ だから, 展開式で $p^k q^{4-k}$ の項は各 $(p+q)$ から, p を k 個とってくる組み合わせの数に等しくなり, 2 項確率と同じになる.
(2) 2 項確率の和は展開式に等しく, $q = 1-p$ だから.

問題 10.5 $\sum_{k=0}^{n} k \binom{n}{k} p^k q^{n-k}$ は $\sum_{k=1}^{n} \dfrac{n!}{(k-1)!(n-k)!} p^k q^{n-k}$ であり, これは $np \sum_{k=0}^{n} \dfrac{(n-1)!}{k!((n-1)-k)!} p^k q^{n-k}$. np のうしろは 2 項分布の $B(n-1, p)$ の確率の和であるから 1 である. したがって期待値は np.

問題 10.6 $E(X^2) = 1^2 \times p + 0^2 \times (1-p) = p$ から, $Var(X) = E(X^2) - (E(X))^2 = p^2 - p = p(1-p)$.

問題 10.7 S_n が k という値をとる場合の数とその確率を考えればわかる.

問題 10.8 $E(X-c)^2 = E(X^2) - 2cE(X) + c^2$ を c の 2 次関数とみれば, $c = E(X)$ のとき最小になることがわかる.

問題 10.9 $Var(a_1 X_1 + a_2 X_2) = a_1^2 Var(X_1) + a_2^2 Var(X_2)$ で, $a_2 = 1 - a_1$ を代入し, a_1 の 2 次関数とみて, $a_1 = Var(X_2)/(Var(X_1) + Var(X_2))$ のとき最小.

索　引

ア　行

アクティビティ，activity　231
鞍点，saddle point　105, 286

位相図，phase diagram　285
1次関数，linear function　7
1次結合，linear combination　99, 163
　非負――，non-negative ――　99
1次従属，linear independence　163, 164
1次独立，linear independence　163, 164
　――な解，linear independent solution
　　259
1次変換，linear transformation　139
1次方程式，linear equation　7
1対1対応，one-to-one　32
一様分布，uniform distribution　310
一般解，general solution　248, 255, 268
陰関数，implicit function　87
　――の導関数，derivative of ――　87, 114
陰関数定理，implicit function theorem
　87, 121

エピグラフ，epigraph　100

オイラーの公式，Euler's formulas　295
凹関数，concave function　58, 100
　狭義の――，strictly ――　100

カ　行

開区間，open interval　4
階数，rank　162
外生変数，exogenous variable　7
開放体系，open model　228
ガウスの消去法，Gaussian elimination　181
拡大係数行列，augmented matrix　181
確率，probability　301
　条件付き――，conditional ――　303
確率収束，stochastic convergence　322
確率分布，probability distributions　309
　同時――，joint ――　313
　周辺――，marginal ――　313
確率変数，random variable　307
　離散型――，discrete ――　309
　連続型――，continuous ――　310
可算加法族，countably additive family　300
関数，function　29

機会費用，opportunity cost　214
軌跡，trajectory　286
期待値，expectation　316
基底解，basic solution　220
基底ベクトル，basic vector　219
基本変形，elementary operation　181
逆関数，inverse function　32
逆行列，inverse matrix　171
競争輸入，competitive import　241
共分散，covariance　320
行ベクトル，row vector　135

行列，matrix　132
　——大きさ，size　132
　——行，row　132
　——次元，dimension　132
　——等式，equality of —　133
　——の加法，addition of —　151
　——の減法，subtraction of —　152
　——の乗法，multiplication of —　153
　——のスカラー倍，scalar multiples of —　152
　——分割，partition　136
　——要素，element　132
　——列，column　132
行列式，determinant　18,141,146,149
極限，limit　10
極限値，limit value　10,68
極小値，minimal value　60,104
極大値，maximal value　60,104
極値，extremal value　60
虚数，imaginary number　6
虚数単位，imaginary unit　6
許容解，feasible solution　206
許容領域，feasible area　206
距離，distance　13
均衡点，equilibrium point　252

空事象，empty event　299
クラメールの公式，Cramer's rule　179

形式，form　187
係数，coefficient　7
係数行列，coefficient matrix　138
結節点，node
　安定——，stable　286
　不安定——，unstable　286
決定変数，decision variable　205
限界概念，concept of marginal　54
限界効用，marginal utility　76
限界生産力，marginal productivity　76
限界代替率，marginal rate of substitution　88
　技術的——，marginal rate of technical

substitution　89
限界費用，marginal cost　54
減少関数，decreasing function　31,43
現在価値，present value, present worth　19
原始関数，primitive function　62
合成関数，composite function　35
　——の偏微分，partial differential of —　93
　——の微分，differential of —　48,90
構造変数，structural variable　205
効用関数，utility function　69
固有値，eigenvalue　196,282
固有ベクトル，eigenvector　196,282

サ　行

最終需要，final demand　226
最小値，minimum value　60
最大値，maximum value　60
最適解，optimal solution　220
サープラス変数，surplus variable　215
差分方程式，difference equation　247,251,253
三角関数，trigonometric function　16
三角公式，trigonometric formula　16
産業連関表，input-output table　228
産出，output　228

試行，trial　298
事象，event　299
指数関数，exponential function　24,51
指数分布，exponential distribution　311
システム，system　203
自然数，natural number　3
実現可能解，feasible solution　206
実現可能基底解，feasible basic solution　220
実現可能領域，feasible area　206
実数，real number　3
シャドウプライス，shadow price　114,225
集合，set　4
　——要素，element, factor　4

索　引

従属変数, dependent variable　7, 30
主座小行列式, leading principal minor　186, 189, 194
主問題, primary problem　221
準凹関数, quasi-concave function　102
　　狭義の――, strictly ――　102
　　強い――, strongly ――　103
準凸関数, quasi-convex function　102
小行列式, subdeterminant, minor　148, 162
乗数, multiplier
　　遅れをともなう――, delayed ――　250
　　動学――, dynamic ――　250
乗数効果, multiplier effect　248
消費関数, consumption function　244
乗法定理, multiplication theorem　305
初期条件, initial condition　269
初期値, initial value　247, 269
シンプレクス法, simplex method　220

随伴行列, adjoint matrix　170
数列, sequence of numbers　11
　　――収束, convergence　11
　　――極限値, limit of a sequence　11
スカラー, scalar　135
スカラー積, scalar product　154
スペクトル分解, spectral resolution for symmetric matrix　200
スラック変数, slack variable　212

正規分布, normal distribution　311
　　2変量――, bi――　314
生産可能性曲線, production probability frontier　206
生産関数, production function　70
生産誘発係数, inducement coefficient　237
整数, integer number　3
正則行列, regular matrix　144
正値（定符号）, positive definite　186, 189, 201
正方行列, square matrix　134
　　――次数, order　134
積事象, intersection　299

積分可能, integrable　64, 95
接線, tangent line　41
接平面, tangent plane　83
線型計画法, linear programming　205
線型変換, linear transformation　139
全事象, whole event　299
全射, surjection　32
全単射, bijection　32
全微分, total differential　83, 85
全微分可能, totally differentiable　82

増加関数, increasing function　30, 43
相関係数, correlation　321
相空間, phase space　272
双対性, duality　221
双対問題, dual problem　221
ソロー＝スワン・モデル, Solow-Swan model　274
ソローの条件, Solow's condition　232

タ　行

対角化, diagonalize　199
対角化可能, diagonalizable　199
対角行列, diagonal matrix　151, 199
対角要素, diagonal elements　151
対称行列, symmetric matrix　177
対数, logarithm
　　――底変換の公式　27
対数関数, logarithmic function　25, 52
大数の法則, law of large numbers　322, 324
タイム・ラグ, time-lag　247
多項分布, multinomial distribution　314
単位行列, unit matrix　151
単射, injection　32
単調関数, monotone function　31
端点, extreme point　206
弾力性, elasticity　55

チェビシェフの不等式, Chebyshev's inequality　323

中間需要，intermediate demand　226
中間投入，intermediate input　227
中心極限定理，central limiting theorem　325
調整速度，adjustment speed　289
直交行列，orthogonal matrix　177

定数関数，constant function　34
定数項，constant term　7
定積分，definte integral　63
データ行列，data matrix　139
転置行列，transpose, transposed matrix　134

導関数，derivative　40
　　2階の——，second-order ——　56
等効用線，equal utility curve　88
同次関数，homogeneous function　70
　　m次の——，—— of degree m　70
投入，input　228
投入係数，input coefficients, input-output coefficients　229
　　——行列，—— matrix　229
　　——表，—— table　229
投入産出表，input-output table　228
等比級数，geometric series　21
等量曲線，isoquant　89
特異行列，singular matrix　144, 161
特殊解，particular solution　248
特性根，characteristic root　196, 254
特性ベクトル，characteristic vector　196
特性方程式，characteristic equation　196, 254, 282
独立，independent　303, 308
独立変数，independent variable　7, 30
凸関数，convex function　58, 100
　　狭義の——，strictly ——　100
凸結合，convex combination　99
凸集合，convex set　99, 209
ド・モルガンの法則，De Morgan's rule　300

ナ　行

内生変数，endogenous variable　7

内積，inner product　154
2項分布，binomial distribution　310
2次形式，quadratic forms　186
2次方程式，quadratic equation　8
　　——根の公式，quadratic formula　8
　　——判別式，discriminant of ——　8
2重積分，double integral　95
任意定数，arbitrary constant　268

ハ　行

排反，exclusive　299
　　互いに——，mutually ——　301
ハイポグラフ，hypograph　100
配列，array　130
　　——行，row　131
　　——形式，format　130
　　——要素，element　130
　　——列，column　131
パラメータ，parameter　7, 123
半正値（定符号），positive semidefinite　187, 201
半負値（定符号），negative semidefinite　187, 201
非競争輸入，non-competitive import　241
非減少関数，nondecreasing function　31
非増加関数，nonincreasing function　31
非対角要素，off-diagonal elements　151
非特異行列，nonsingular matrix　144
微分可能，differentiable　38, 41
微分係数，differential coefficient　38
微分方程式，differential equation　268
　　自律系——，autonomous ——　270
　　定係数連立——，constant coefficients ——　280
表，table　129
標準偏差，standard deviation　320
標本空間，sample space　298
標本点，sample point　298

索　引

複素数, complex number　6
　　共役——, conjugate —　6
　　——の絶対値, absolute value of —　7
複利計算, calculation of compound interest　20
負値（定符号）, negative definite　186, 190, 201
不定積分, indefinte integral, antiderivative　62
部分行列, submatrix　137
部分事象, subevent　299
ブロック行列, block matrix　137
分散, variance　320
分布関数, distribution function　311

平均, mean　320
平均変化率, average rate of change　37, 71
閉区間, closed interval　4
平衡点, equilibrium　272
　　安定な——, stable —　273
　　不安定な——, unstable —　273
ベイズの定理, Bayes rule　305
べき等行列, idempotent matrix　177
ベクトル, vector　13
　　——積, inner product　17
ヘッセ行列, Hessian matrix　186, 189
ヘッセ行列式, Hessian　107, 185, 189
　　縁付き——, bordered —　115, 191, 193
ベルヌーイ分布, Bernoulli distribution　309
変曲点, inflection point　105
偏導関数, partial derivative　73
　　高階——, higher order —　80
　　2階の——, the second order —　78
偏微分可能, partially differentiable　71
偏微分係数, partial differential coefficient　71, 72, 73

ポアソン分布, Poisson distribution　309
包絡線, envelope curve　123
包絡線定理, envelope theorem　125

ホーキンス＝サイモンの条件, Hawkins-Simon conditions　234

マ　行

魔法陣, magic squares　140

密度関数, density function　310
　　周辺——, marginal —　313
　　同時——, simultaneous —　313

無理数, irrational number　3

目的関数, target function　204

ヤ　行

ヤコビ行列, Jacobian matrix　236
ヤコビ行列式, Jacobian determinant　236
ヤングの定理, Young's theorem　79

誘発投資, induced investment　251
有理数, rational number　3
輸入係数, import coefficient　241

余因子, co-factor　148, 170
余因子行列, cofactor matrix, adjoint matrix　170
陽関数, explicit function　87
余弦定理, cosine theorem　17
余事象, complement　199

ラ　行

ラグランジュ関数, Lagrangean　113, 191
ラグランジュの未定乗数, Lagrangean multipliers　113
ラグランジュの未定乗数法, Lagrange's method of undetermined multipliers　113
ラプラス展開, Laplace expansion　148, 149

零行列, null matrix　　150
レオンチェフ行列, Leontief matrix　　229
レオンチェフの基本方程式, the general form of the Leontief input-output model　　229
── の一般解, the general solution of the Leontief input-output model　　230
レオンチェフの逆行列, Leontief inverse matrix　　233
列ベクトル, column vector　　135
連続, continuous　　40, 68, 69
連続関数, continuous function　　39, 68
連続微分可能, continuously differentiable　　84

ワ　行

和事象, union　　299
割引率, discount rate　　20
割引因子, present worth factor　　20

編者略歴

藤田　渉（ふじた　わたる）
長崎大学経済学部教授
主要著作
『多変量解析』（共著），牧野書店，1998 年
『ネットワーク社会とペイメントメカニズム』（共著），日本クレジット産業協会，1998 年
「公益事業の行動と規制」（細江守紀編『公共政策の経済学』有斐閣，1997 年）

秋本耕二（あきもと　こうじ）
久留米大学経済学部教授
主要著作
「寡占市場の経済モデル」（細江守紀編『非協力ゲームの経済分析』勁草書房，1989 年）

福澤勝彦（ふくざわ　かつひこ）
長崎大学経済学部教授
主要著作
『ミクロ・エコノミックス』（共著），九州大学出版会，1999 年
「高等教育と日本の労働市場」（藤野哲也編『日本経済の競争力と国際化』ミネルヴァ書房，2000 年）
「雇用と賃金―日本的雇用慣行」（時政勗他編『入門現代経済学―日本経済を知るために』勁草書房，1995 年）

中村博和（なかむら　ひろかず）
佐賀大学経済学部教授

現代経済学のコア
経済数学

2000年12月15日　第1版第1刷発行
2021年3月10日　第1版第15刷発行

編者　藤田　　渉
　　　福澤　勝彦
　　　秋本　耕二
　　　中村　博和
発行者　井村寿人

発行所　株式会社　勁草書房
112-0005　東京都文京区水道 2-1-1　振替 00150-2-175253
（編集）電話 03-3815-5277／FAX 03-3814-6968
（営業）電話 03-3814-6861／FAX 03-3814-6854
理想社・中永製本

©FUJITA Wataru, FUKUZAWA Katsuhiko, AKIMOTO Koji, NAKAMURA Hirokazu　2000
ISBN978-4-326-54772-2　Printed in Japan

JCOPY ＜出版者著作権管理機構　委託出版物＞
本書の無断複製は著作権法上での例外を除き禁じられています。複製される場合は、そのつど事前に、出版者著作権管理機構（電話 03-5244-5088、FAX 03-5244-5089、e-mail: info@jcopy.or.jp）の許諾を得てください。

＊落丁本・乱丁本はお取替いたします。

http://www.keisoshobo.co.jp

今泉博国・駄田井正・藪田雅弘・細江守紀　監修
現代経済学のコア
A5判／並製／平均320頁

　現代経済学の今日的成果を取り入れた標準的教科書シリーズ．大学間の活発な交流をつうじた教育効果のある共通テキストをめざすとともに，大学でのカリキュラムの系統性に対応して，1・2年次，2・3年次，2・3・4年次，3・4年次および大学院むけにと分類し，そのレベルにあったテキストづくりをおこなう．

1・2年次
＊武野秀樹・新谷正彦・駄田井正・細江守紀編『経済学概論』2,900円
＊藤田渉・福澤勝彦・秋本耕二・中村博和編『経済数学』3,200円
＊永星浩一・福山博文編『情報解析と経済』2,900円

2・3年次
＊時政勗・三輪俊和・高瀬光夫編『マクロ経済学』2,900円
＊江副憲昭・是枝正啓編『ミクロ経済学』2,900円
＊江副憲昭・是枝正啓編『ミクロ経済学講義・演習』2,900円
＊内山敏典・川口雅正・杉野元亮編『基本計量経済学』2,700円
＊新谷正彦・山田光男編『計量経済学』3,200円
　大矢野栄次・長島正治編『国際経済学』
＊内田滋・西脇廣治編『金融』2,700円
＊水谷守男・古川清・内野順雄編『財政』2,700円

2・3・4年次
＊駄田井正・大住圭介・藪田雅弘編『現代マクロ経済学』2,900円
＊細江守紀・今泉博国・慶田收編『現代ミクロ経済学』2,900円
＊緒方隆・須賀晃一・三浦功編『公共経済学』2,900円
＊時政勗・藪田雅弘・今泉博国・有吉範敏編『環境と資源の経済学』2,900円

3・4年次および大学院
＊大住圭介・川畑公久・筒井修二編『経済成長と動学』2,900円
＊細江守紀・村田省三・西原宏編『ゲームと情報の経済学』2,900円

　　　　　　　＊は既刊．表示価格は2021年3月現在．消費税は含まれていません．